为中华文化之复兴

国民诗教·基本教材

实用古诗词解读

（含中小学生必背古诗词 133 首和
《大学语文》选读古诗词 53 首）

资料翔实　贴近现实　联系实际

顾　问：毛银河　　陈　炜　　刘辅绍
主　编：刘声锷　　骆德荣　　陈阳平　　周金陵
副主编：王　丹　　闫　安　　李和平　　周　悦
　　　　胡贻友　　章世和　　曾聆和　　程福斌

东南大学出版社
SOUTHEAST UNIVERSITY PRESS

内容提要

《光明日报》主办的月刊《博览群书》2013年第3期，以《诗词读物中的一朵新葩》为题向全国"推介"的是《实用古诗词解读》2013年1月版。为推进"国民诗教"特将《大学语文》中的53首古诗词也编入其中，使其功能更加完善。与同类书不同的是：(1)此前这类书都是单行本，本书则是把小学、初中、高中必背的和《大学语文》选读的古诗词汇编一册，且编排独特，查阅方便，具有小型工具书的功能。(2)资料更翔实。对作者、作品的时代背景和相关资料大多介绍得比较详细，有助于加深对诗词的理解。(3)贴近现实、联系实际。这是以往同类书未曾有过的，目的是"强化素质教育"、激发爱国主义热情和增加趣味性。(4)附一至附四是古诗词常识，这对小学高年级、中学、大学学生和诗歌爱好者，具有一定的研习参考价值。(5)123幅彩色图片集中附后，形象逼真，使人耳目一新。(6)少年毛泽东就显露出作诗的文采和志向，本书选了他三首古体诗词附后，以为"压卷之作"。

图书在版编目（CIP）数据

实用古诗词解读/刘声锷等主编. —南京：东南大学出版社，2014.1
ISBN 978-7-5641-4480-7

Ⅰ.①实… Ⅱ.①刘… Ⅲ.①古典诗歌-中国-中小学-教学参考资料 Ⅳ.①G634.303

中国版本图书馆CIP数据核字(2013)第203775号

实用古诗词解读

出版发行	东南大学出版社
出 版 人	江建中
社　　址	南京市四牌楼2号
邮　　编	210096
经　　销	全国各地新华书店
印　　刷	南京师范大学印刷厂
开　　本	160 mm×233 mm　1/16
印　　张	21　彩插8页
字　　数	446千字
版 印 次	2014年1月第1版　2014年1月第1次印刷
书　　号	ISBN 978-7-5641-4480-7
定　　价	38.00元

* 凡因印装质量问题，可直接向营销部调换。电话：025—83791830。

序

　　古诗词是我国古典文学的精华,是中华民族文学艺术宝库中一颗璀璨的明珠。它凝练含蓄的语言、音韵和谐的节奏、寓意深邃的意境,备受人们喜爱。古诗词又是中华民族精神文化的重要载体,蕴含着爱国主义、民族气节、社会和谐、人与自然和谐的思想以及朴素深奥的哲理。中国的传统是"不学诗,无以言"。普通老百姓讲话,都离不开成语、谚语、打油诗甚至古诗词。我国领导人和许多名人讲话、写文章都喜欢引用古诗词的一些名句,使人印象深刻、回味无穷。学习古诗词,能让人在欣赏过程中洗涤心灵,提高道德修养,增强审美情趣和想象力,培养敦厚善良的品格,树立正确的价值观,也是推动中华文化复兴的一个重要方面。

　　2001年,教育部将中小学生"背诵古诗文"列为深化教育改革、强化素质教育的一个重大举措。2002年1月,人民文学出版社率先出版了《小学生必背古诗70篇》《初中生必背古诗文50篇》和《高中生必背古诗文40篇》,其中初、高中生"必背古诗词"计63篇,也就是说,中小学生最少要背会古诗词133篇。大家知道,中小学生背诵古诗词,还能提高语文水平,增强记忆力。人在小学阶段,记忆力发展最快,初、高中阶段逐渐减慢,20岁以后基本停止发展;但中学阶段及其以后,理解能力发展加快,到老也不停止。所以说,中小学(尤其是小学)阶段是培养提高记忆力的最佳时期,而背诵古诗词是培养提高记忆力的有效方法之一。实践证明,教育部此举不但成效显著,而且是弘扬中华文化的一个战略决策。现在国家正倡导"诗教文化",这就不仅仅是学生的"校园诗教",而是全国人民的"社会诗教"。为此,该书特地汇集了53首《大学语文》选读的古诗词,为了体例一致,每首诗词也加了"今译"和"赏析"。

　　我粗略地读完了此书,感到很受启发,获益匪浅,而且赞赏编著本书的初衷。近年来,中小学生"必背古诗词"的单行本和教辅材料可谓汗牛充栋,但像这种把小学、初中、高中多种版本的"必背古诗词"和《大学语文》选读的古诗词筛选汇编、归纳推演、前后连贯、详尽解析、堪称"实用古诗词大全"的读本,此前还没见过。此书有三个特点:

　　一是资料翔实。如对作者的介绍和作品的时代背景,大多比较详细,这有助于加深对诗词的理解。某些资料和注释很有针对性,使人耳目一新。如黄鹤就是白天鹅,现实生活中从来就没有"黄鹤"这种鸟;芦芽就是芦苇的嫩芽,似笋非笋,而不是现在菜市场常见的芦笋;鲈鱼是淡水中最凶猛的动物,以鱼虾为食,故味道鲜美。某些资料还带有学术性,如李白的《静夜思》,原作有两个字不同(看、山);曹植《七步诗》,原作是六句(而不是现在的四句);岳飞的《满江红》,写作的时间、地点已找到,毋庸再疑。有些资料则把某些民俗文化演绎到极致,如通过李白"烟花三月下扬州"一句诗,把中国"农历月份的别称"都列了出来(第5页);通过杜甫"人生七十古来稀"一句诗,把人的"年龄的别称和雅称"也都列了出来(第34页);通过"常识"归纳的"中国历史朝代歌"(2页),容易记住,并可终身受益。还有那附在后面的123幅彩图,直观逼真,能增加感性认识。全书编排独特,容易区分,便于查寻,具有小型工具书的功能。它对诗歌爱好者和教师备课都可提供方便,是"国民诗教"的好帮手。

二是贴近现实。通过"相关链接"把十八大和新一届中央领导人的讲话、重大举措同一些古诗词联系起来(见"导读"第三段末三行),能深化其内涵,起到深入浅出的作用;把孟郊的《游子吟》同"新24孝"、丘逢甲的《春愁》同钓鱼岛(日本把钓鱼岛问题编入了高中教材,韩国把独岛问题也编入了高中教材)、杨立竣的《七绝》同新疆问题、李绅的《悯农》同"光盘行动"联系起来,都有其现实意义;把王维的《田园乐》同毛泽东和六世达赖的六言诗联系起来读,也颇有新意。还有环保减排,是全世界共同关注的大问题,我国已把它提升到"生态文明建设"的战略地位,该书在"常识"和"相关链接"里有40多处资料简介,也不觉得多余。

三是联系实际。最好的联系实际莫过于应用。该书应用古诗词的实例有20多处(见"导读"第一段末三行)。如毛泽东应用陆放翁《示儿》的诗、胡锦涛应用朱熹《春日》的诗句、温家宝引用屈原《离骚》的诗句、习近平引用李白《行路难》、郑板桥《竹石》的诗句等等。又如数字诗、趣味填空、叠韵填空、填写鸟名等等,与学生的作业有关;"常识"中有些资料与诗词的应用有关;有些资料与健康安全有关。从大的方面看,中华文化、社会和谐、民族团结和爱国主义等,是国内关注的问题,该书在"常识"和"相关链接"下面多有资料介绍,具有实用性和时代感。

古语云:"熟读唐诗三百首,不会吟诗也会吟①。"熟读古诗词将为读者打开广阔文化之门,开阔视野,增长见闻,是一种美的享受。学生家长是孩子最好、最直接的老师,在辅导孩子背诵、理解古诗词方面可以起到教师的"助手"作用。由此形成风气,推动广大中小学生背诵、大学生、家长和社会大众人人学习古诗词、运用古诗词的"校园诗教"和"社会诗教",这对家庭的和谐与社会风气的净化,进一步传承和弘扬诗教文化,必有莫大助益!也是为中华文化之复兴添砖加瓦。

②

2013年7月23日

---

①吟:至少有4层意思:一是吟咏;二是作诗(如第一个"吟"字);三是古体诗三种体裁之一(见《梦游天姥吟留别》注①);四是鸣叫(如莺吟、猿吟、龙吟等)。
②顾浩,曾任中共江苏省委副书记、江苏省文联主席,现任江苏省文联名誉主席。
另注:2012年11月23—25日,全国诗教工作(扬州)会议在扬州举行。这次会议指导思想是以邓小平理论和三个代表重要思想为指导,认真贯彻科学发展观,按照党的十八大精神,全面分析全国诗教工作形势,研究如何进一步搞好新形势下的诗教工作,制定相关的规章制度,引导诗教创先工作科学、持续、深入开展,促进中华诗词事业的全面振兴与繁荣,为社会主义文化发展大繁荣做出新贡献。

导 读

2001年,教育部将"中小学生背诵古诗文"列为深化教育改革、强化素质教育、弘扬中华文化的一项重大举措。常言道,背诗不难理解难,牢记和应用更难。对中小学生,尤其是小学生来说,要克服这"三难",还须有"两个积极性",即不仅要有老师教的积极性,还要发挥学生家长(包括爷爷奶奶和外公外婆等需要补上"必背古诗词"这一课的家长)抓的积极性,譬如:①抓复习。每周一两次、每次背诵两三首,花上三五分钟,坚持数年,133首"必背古诗词"定可牢记。②多提问。胡适说"问题是一切知识、学问的来源",提问越多的孩子学习就越好。家长可以身作则,问字、词、句和诗词大意、主题思想等;也可问其他一些问题,例如:何谓"黄口"和"米寿"(34页)、新的干部政策(41页)、钱姓为何排第二(136页)、何谓"宋代模式"(188—189页)、要打击哪"三股势力"(307页)、黄鹂和雎鸠长什么样子(图39、图38)等等。本书对中华文化包括思想文化、艺术文化和民俗文化等都有介绍(如5、34、59、65、85—86、93、114、125、126、132、136、137、177—178、186、189—190、195、196、208、211、214、215、236、243、247、252、254、284、292、293、300—301、302—303页),还有联系对比,目的都是为了加深理解古诗词。③学应用。只有牢记和理解了古诗词才会应用。本书通过"相关链接"提供了一些应用资料(如17、25、28、58、84、122、146、167、173、175、178、180、194、198、205、207、215、217、219、227、236、247、253、286、301页),可资参考。

在本书400余首诗词中,见诸目录的为277首,其中133首是教育部规定中小学生必背的,77首是一些省市后来增加的(可不背),53首是《大学语文》选读的(其中30首与中小学的重复),44首是本书增加的(非必背,但也精彩,如58、148、196、203、268、269、297、306、308页)。另外,在"相关链接"里还"藏"有130首,如目录上诗题右边有"含②"的,就表示在"相关链接"里面还有两首完整的相关诗词。为了便于区分,在"目录"每首诗词题目页码左边,将必背的133首分别标明"(小)""(初)""(高)";"增背"的77首分别标明"小""初""高";非必背的44首,页码左边为空白。

本书最大的特点是贴近现实,联系实际。如在"常识"下面,有常用的我国历史朝代歌(2—3页)、34个行政区划简称歌(11页)、数九歌(33页)、24节气歌(86页)等,环保减排(如25、31、34、38、47、66、67、69、80、87、96、97、99、

— 1 —

101、104、109、110、148、158、159、161、197、211、218、238、271、301页)、爱鸟知识(如31、34、47、65—67、69、88、96、97、110、126、131、147、159、199、226、234、254、265、278页)和健康安全(如15、31、63、97、137、159、167、168、171、254、272页)等方面的内容,正好符合十八大提升"生态文明"战略地位的要求(国家发展总体布局由"四位一体"拓展为"五位一体",即经济建设、政治建设、文化建设、社会建设、生态文明建设)。通过"相关链接"对一些相关的诗句归纳对比,以扩展思维,增加趣味性,如:瑜亮对诗(41页)、郭老释诗(144页)、数字诗(296页)、趣味诗词填空和猜谜语(9、124页)、叠词填空(306页)、填写诗中鸟名(97、141—142页)和"诗中冬"(50页)等。又通过"相关链接"把一些相关联的事物推演[1]简述,使本书贴近现实,更具思想性,例如社会和谐方面的(如181、204、211、300—301页),维护民族团结方面的(如58—59、136、149、297—298、306—307、308—311页),民族气节和爱国主义方面的(如58—59、209—210、212、242—243、247、269、306—307、308—311页),有关十八大精神和新一届中央主要领导人方面的(如本段、36、41、43、122、132、134、165、170、176、183、208、232、237、243、273、284、292、293、300、303、308、309页)等等。

榜样的力量是无穷的。毛泽东仅在新中国成立后的藏书中圈画批注过的古诗就有1 180首、词378首、曲12首、赋20篇,总计1 590首(篇)。其中唐诗600首,汉、魏、南北朝时期150多首,明诗近200首。他还圈画过鲁迅的诗44首。据估计,毛泽东一生中阅读过的各种诗词至少在2 000首以上。杨振宁的语文基础也很好,能背许多古诗文,是学文科的料子,他却选择了理科,并在后来和李政道一起获得了诺贝尔物理学奖,这是耐人寻味的。

"随风潜入夜,润物细无声。"如果能把中小学生背诵古诗词的活动推向新阶段,全社会人人都能熟读一些"古诗词",必能推动中华文化之复兴。

编著者[2]
2013年7月30日

注:[1]杨振宁在"2004文化高峰论坛"上作报告时指出,《易经》影响了中华文化的思维方式,80%是正面的,20%是负面的,"这个影响是近代科学没有在中国萌芽的重要原因之一"。他认为,中华文化有归纳法,可没有推演法。近代科学是把归纳法和推演法结合起来而发展的。中华文化的归纳法源于《易经》,但中华文化没有发展出推演法。

[2]编著者之一刘声锷,系解放军南京政治学院正师职教官、大校军衔。20世纪80年代中至90年代末,应聘为南京高校国防教育研究学会高级顾问,协助进行大学生军训试点、讲授军事理论课、编写军事教材等。1990年卸却主任职务后,在军内外教学和科研基础上,主编并正式出版的教材和专著有《三十六计故事》《军事教程》《现代局部战争条件下的人民战争》等11部。他出生在湖南安仁县一个教师家庭,业余时爱研究古诗词,退休后仍关注教育事业,笔耕不止,又主编了这部《实用古诗词解读》。

目 录

("小学43、中学33"是教育部规定中小学生必背的76首,"增背41"是一些省、市要求增加背诵的41首,"大学18"是《大学语文》选读的18首唐代的古诗词)

唐代 149 首
(小学 43、中学 33;增背 41、大学 18)

李　白　静夜思(含①)　　　　　　(小)/2
　　　山中问答(含①)　　　　　　　　/3
　　　黄鹤楼送孟浩然之广陵　　　(小)/4
　　　望天门山　　　　　　　　　(小)/5
　　　独坐敬亭山　　　　　　　　 小/6
　　　秋浦歌(其十四)(含①)　　　 小/7
　　　赠汪伦　　　　　　　　　　(小)/8
　　　早发白帝城(含①)　　　　　(小)/9
　　　峨眉山月歌(含④)　　　　　 小/10
　　　望庐山瀑布　　　　　　　　(小)/11
　　　古朗月行　　　　　　　　　(小)/12
　　　登金陵凤凰台(含①)　　　　 大/13
　　　渡荆门送别　　　　　　　初、大/13
　　　宣州谢朓楼饯别校书叔云
　　　　　　　　　　　　　　 初、大/14
　　　闻王昌龄左迁龙标遥有此寄
　　　　　　　　　　　　　　　(初)/15
　　　行路难　　　　　　　　 (初)、大/16
　　　梦游天姥吟留别　　　　　　(高)/17
　　　蜀道难　　　　　　　　 (高)、大/20
　　　将进酒(含①)　　　　　　　(高)/23
杜　甫　五绝二首(一)　　　　　　(小)/26
　　　五绝二首(二)　　　　　　　 小/26
　　　江南逢李龟年　　　　　　　 小/27
　　　赠花卿　　　　　　　　　　 小/27
　　　春夜喜雨　　　　　　　　　(小)/28
　　　绝句四首(其三)　　　　　　(小)/29
　　　江畔独步寻花(其五)(含①)
　　　　　　　　　　　　　　　(小)/29
　　　自京赴奉先县咏怀五百字(节录)
　　　　　　　　　　　　　　　　　/30
　　　月夜忆舍弟　　　　　　　　　/31

水槛遣心(二首选一)　　　　　　　/32
闻官军收河南河北　　　　　　 小/32
曲江对酒(其二)　　　　　　　　/33
望岳　　　　　　　　　　　　(初)/35
春望　　　　　　　　　　　　(初)/35
石壕吏　　　　　　　　　　　 初/37
茅屋为秋风所破歌(含①)　　　(初)/38
蜀相(含⑤)　　　　　　　　　(高)/40
登高　　　　　　　　　　 (高)、大/42
登岳阳楼　　　　　　　　　　(高)/43
客至　　　　　　　　　　　　(高)/44
旅夜书怀　　　　　　　　　　 高/45
咏怀古迹五首(其一)　　　　　 高/45
阁夜　　　　　　　　　　 (高)、大/47
兵车行(含⑨)　　　　　　　　(高)/48
羌村三首　　　　　　　　　　 大/51
秋兴(其一)　　　　　　　　　 大/53
王　维　九月九日忆山东兄弟(含①)
　　　　　　　　　　　　　　　(小)/55
　　　送元二使安西(含①)　　　　(小)/56
　　　鹿柴　　　　　　　　　　　(小)/57
　　　竹里馆　　　　　　　　　　 小/57
　　　田园乐(含②)　　　　　　　　/58
　　　使至塞上　　　　　　　　　(初)/59
　　　山居秋暝(含③)　　　　 (高)、大/60
　　　终南山　　　　　　　　　　 大/61
白居易　池上　　　　　　　　　　(小)/62
　　　赋得古原草送别(含③)　　　(小)/63
　　　忆江南(三首选一)　　　　　(小)/64
　　　忆江柳　　　　　　　　　　 小/65
　　　暮江吟　　　　　　　　　　 小/66
　　　大林寺　　　　　　　　　　 小/66
　　　钱塘湖春行(含①)　　　　　(初)/67
　　　观刈麦　　　　　　　　　　(初)/68
　　　琵琶行　　　　　　　　　　(高)/69

长恨歌	大/73	渔翁	高/116
刘禹锡 浪淘沙(九曲黄河)	(小)/79	**贺知章** 咏柳(含①)	(小)/117
望洞庭	(小)/80	回乡偶书	小/118
竹枝词(其一)(含②)	小/80	**张若虚** 春江花月夜	大/119
乌衣巷	小/81	**陈子昂** 登幽州台歌	/122
秋词(二选一)(含①)	初/82	**虞世南** 蝉(含①)	/123
酬乐天扬州初逢席上见赠	(初)/83	**李 峤** 风(含④)	(小)/123
石头城	高/84	**韩 翃** 寒食	小/124
杜 牧 清明	(小)/85	**颜真卿** 劝学(含⑥)	/125
山行	(小)/86	**岑 参** 白雪歌送武判官归京(含⑨)	
江南春	(小)/87		(初)、大/127
秋夕	小/88	**张 继** 枫桥夜泊	(小)/130
赤壁	(初)/89	**孟 郊** 游子吟(含①)	(小)/131
泊秦淮	(初)/89	洛桥晚望(含①)	/132
过华清宫	(高)/90	**李 绅** 悯农(其一)	/133
早雁	大/91	悯农(其二)(含①)	/134
李商隐 嫦娥(含①)	小/93	**刘长卿** 逢雪宿芙蓉山主人	小/135
乐游原	(小)/94	**钱 起** 归雁	/136
夜雨寄北	(初)/94	**李 端** 听筝(含②)	/137
无题	(初)、大/95	**李 贺** 南园(其五)(含②)	/138
锦瑟	(高)/95	雁门太守行(含③)	(初)/139
孟浩然 春晓	(小)/97	李凭箜篌引(含③)	(高)/140
宿建德江	小/98	**张志和** 渔歌子(其一)	(小)/142
望洞庭湖赠张丞相	初、大/98	**卢 纶** 塞下曲(其二)	小/143
王昌龄 出塞(二选一)	(小)/99	塞下曲(其三)(含②)	/144
芙蓉楼送辛渐	(小)/100	**韦应物** 滁州西涧	小/144
从军行(其四)(含②)	小/100	**韦 庄** 金陵图	小/145
采莲曲(含②)	/101	**崔 颢** 黄鹤楼	初/146
王之涣 登鹳雀楼	(小)/102	**常 建** 题破山寺后禅院	初/148
凉州词	(小)/103	**民 歌** 哥舒歌	/148
王 翰 凉州词(含③)	(小)/104	**张 籍** 秋思	小/149
高 适 别董大	(小)/105	**王 建** 雨过山村	小/150
燕歌行(并序)	大/106	**贾 岛** 寻隐者不遇	(小)/151
元 稹 闻乐天授江州司马	高/108	剑客(含①)	小/151
王 勃 送杜少府之任蜀州(含①)		**胡令能** 小儿垂钓	(小)/152
	(初)/109	**崔 护** 题都城南庄	/153
杨 炯 夜送赵纵	/111	**温庭筠** 商山早行	小/154
骆宾王 咏鹅	(小)/111	望江南(梳洗罢)	初/155
易水送别(含①)	/112	菩萨蛮(小山重叠)	(高)、大/155
韩 愈 左迁至蓝关示侄孙湘	初/113	**林 杰** 乞巧(含①)	小/156
早春呈水部张十八员外	(初)/114	**王 湾** 次北固山下	(初)/157
柳宗元 江雪(含①)	(小)/115	**罗 隐** 蜂(含②)	(小)/158

颜仁郁 农家　　　　　　　　　/159
杜荀鹤 田家(含③)　　　　　　/160
　　　 小松(含①)　　　　　　/161
吕　岩 牧童(含②)　　　　 小/161
黄　巢 题菊花(含②)　　　　　/162
皮日休 汴河怀古　　　　　　　/164

宋代 74 首
(小学 19、中学 16；增背 19、大学 15)

苏　轼 题西林壁　　　　　　(小)/166
　　　 六月二十七日望湖楼醉书(含⑤)
　　　　　　　　　　　　　(小)/167
　　　 饮湖上初晴后雨　　　(小)/168
　　　 惠崇《春江晚景》　　(小)/168
　　　 赠刘景文　　　　　　 小/169
　　　 花影　　　　　　　　　 /169
　　　 浣溪沙(山下兰芽短浸溪) 初/170
　　　 江城子·密州出猎　　 (初)/171
　　　 水调歌头(明月几时有)(初)/172
　　　 念奴娇·赤壁怀古　(高)、大/173
　　　 江城子·乙卯正月二十日夜记梦
　　　　　　　　　　　　　 高/175
王安石 元日　　　　　　　　(小)/177
　　　 登飞来峰　　　　　　(初)/178
　　　 泊船瓜洲　　　　　　(小)/178
　　　 书湖阴先生壁　　　　(小)/179
　　　 梅花　　　　　　　　 小/180
　　　 桂枝香·金陵怀古　　(高)/181
欧阳修 丰乐亭游春(含①)　　　 /183
柳　永 雨霖铃(寒蝉凄切)　 (高)/184
　　　 望海潮(东南形胜)　　 大/185
　　　 八声甘州(对潇潇暮雨) 大/186
司马光 客中初夏　　　　　　　/188
程　颢 春日偶成(含①)　　　 小/189
黄庭坚 牧童　　　　　　　　　/190
范仲淹 江上渔者(含②)　　　(小)/191
　　　 渔家傲·秋思　　　　(初)/192
晏　殊 浣溪沙(含①)　　　　(初)/193
秦　观 鹊桥仙(纤云弄巧)
　　　　　　　　　　　(高)、大/194
卢梅坡 雪梅(含①)　　　　　　/195

赵匡胤 咏初日　　　　　　　　/196
曾　几 三衢道中　　　　　　　/197
王　令 送春(含①)　　　　　　/198
周邦彦 苏幕遮(燎沉香)　　 高/199
贺　铸 鹧鸪天(重过阊门)　 大/200
王　观 卜算子·送鲍浩然之浙东
　　　　　　　　　　　　　　/201
岳　飞 满江红·写怀(含②)　 /203
陆　游 示儿(含①)　　　 (小)/205
　　　 秋夜将晓出篱门迎凉有感(含①)
　　　　　　　　　　　　　(小)/206
　　　 卜算子·咏梅(含②)　　 /206
　　　 冬夜读书示子聿(含①) 小/208
　　　 关山月　　　　　　　 大/208
　　　 游山西村(含①)　　 (初)/210
　　　 临安春雨初霁　　　　 高/211
　　　 书愤　　　　　　 (高)、大/212
　　　 诉衷情(当年万里觅封侯) 大/213
辛弃疾 青玉案·元夕　　　　 大/214
　　　 菩萨蛮·书江西造口壁 小、大/216
　　　 清平乐·村居(含①)　　小/217
　　　 西江月·夜行黄沙道中 初/218
　　　 破阵子·为陈同甫赋壮词以寄之
　　　　　　　　　　　　　(初)/218
　　　 永遇乐·京口北固亭怀古(含①)
　　　　　　　　　　　　　(高)/219
　　　 水龙吟·登建康赏心亭　 大/221
　　　 摸鱼儿(更能消几番风雨) 大/223
杨万里 小池　　　　　　　　(小)/225
　　　 晓出净慈寺送林子方　(小)/226
　　　 舟过安仁　　　　　　 小/227
　　　 宿新市徐公店(含①)　 小/227
李清照 夏日绝句　　　　　　(小)/228
　　　 醉花阴·九日　　　 初、大/229
　　　 武陵春(风住尘香花已尽) 初/229
　　　 一剪梅(红藕香残玉簟秋) 高/230
　　　 声声慢(寻寻觅觅)　(高)、大/231
　　　 如梦令(昨夜雨疏风骤)(含①)
　　　　　　　　　　　　　　大/232
范成大 四时田园杂兴(其一)
　　　　　　　　　　　　　(小)/233
　　　 四时田园杂兴(其二)　(小)/233

— 3 —

四时田园杂兴(其三)	小 234	

朱　熹　春日(含③)　　　　(小)/235
　　　　观书有感(含①)　　　 小/236
叶绍翁　游园不值　　　　　(小)/237
　　　　夜书所见　　　　　　 小/238
林　升　题临安邸　　　　　(小)/239
翁　卷　乡村四月　　　　　(小)/239
姜　夔　扬州慢(含①)　　　(高)/240
文天祥　过零丁洋(含①)　　(初)/242

其他各朝代 54 首
(小学 8、中学 14；增背 17、大学 20)

屈　原(战国)　离骚(节选)(含②)
　　　　　　　　　　　　　(高)、大/244
　　　橘颂　　　　　　　　　 大/247
　　　湘夫人　　　　　　　　 大/249
《诗经》(先秦)　关雎　　　　(初)/252
《诗经》(先秦)　蒹葭　　(初)、大/253
《诗经》(先秦)　君子于役(含①)
　　　　　　　　　　　　　　初/254
《诗经》(先秦)　氓　　　(高)、大/254
《诗经》(先秦)　采薇　　　　 大/256
《诗经》(先秦)　无衣　　　　 大/258
《诗经》(先秦)　黍离　　　　 大/259
《古诗十九首》迢迢牵牛星　 (高)/260
《汉乐府》江南　　　　　　　(小)/261
《汉乐府》园中葵　　　　　　 小/261
《汉乐府》山上亭　　　　　　 高/262
《汉乐府》陌上桑　　　　初、大/263
《汉乐府》饮马长城窟行　　　 大/265
《汉乐府》上邪　　　　　　　 大/267
项　羽(秦末)　垓下歌(含②)　 /268
刘　邦(汉)　大风歌(含①)　　/269
曹　操(东汉)　观沧海　　　(初)/271
　　　龟虽寿　　　　　　　　 初/271
　　　短歌行(二首选一)　(高)、大/272
曹　植(三国)　七步诗　　　　 小/274
　　　白马篇　　　　　　　　 大/274
陶渊明(东晋)　归园田居五首(其一)
　　　　　　　　　　　　(高)、大/277
　　　归园田居五首(其三)　　初/278
　　　饮酒(其五)　　　　(初)、大/279
　　　饮酒(其九)　　　　　　 大/279

咏荆轲　　　　　　　　　　　 大/280
民歌(北朝)　木兰辞　　　　　初/282
民歌(北朝)　敕勒歌　　　　(小)/284
李　煜(五代)　浪淘沙令(帘外
　雨潺潺)(含①)　　　　　高、大/285
　　　相见欢·秋闺　　　　(初)/286
　　　虞美人(春花秋月何时了)
　　　　　　　　　　　　(高)、大/287
马致远(元)　天净沙·秋思 (初)/288
张养浩(元)　山坡羊·潼关怀古
　　　　　　　　　　　　(初)、大/289
张可久(元)　醉太平·感怀　 高/290
王　冕(元)　墨梅(含①)　　(小)/291
于　谦(明)　石灰吟　　　　(小)/292
王　磐(明)　朝天子·咏喇叭 小/293
文　嘉(明)　明日歌(含②)　　小/294
夏完淳(明末)　别云间(含②)　初/295
王士禛(清)　题秋江独钓图(含⑤)
　　　　　　　　　　　　　　小/296
康　熙(清)　班师次拖陵　　　/297
纳兰性德(清)　长相思(山一程)
　　　　　　　　　　　　　　小/299
郑　燮(清)　竹石(含①)　　(小)/300
袁　枚(清)　所见　　　　　(小)/301
赵　翼(清)　论诗(其一)　　 初/302
　　　论诗(其二)　　　　　　 初/303
龚自珍(清)　己亥杂诗(一) (初)/304
　　　己亥杂诗(二)　　　　(小)/304
高　鼎(清)　村居(含④)　　(小)/305
杨昌浚(清)　七言绝句　　　　/306
丘逢甲(清末)　春愁　　　　　/308

附　录

附一　古诗词常识　　　　　　312
附二　古诗词鉴赏方法简说　　315
附三　古诗词鉴赏常识　　　　317
附四　古诗词常用意象一览　　319
附五　毛泽东青少年时代的三首诗词
　　　　　　　　　　　　　　321
参考文献　(彩图附后)　　326

唐代 149 首

（小学 43、中学 33；增背 41、大学 18）

李　白 (701—762)（图8）

　　盛唐伟大诗人，字太白，号青莲居士，祖籍成纪（今甘肃静宁西南），隋末出生于先人流徙地碎叶（今吉尔吉斯斯坦托克马克附近），5岁随父迁居昌隆（今四川江油市）青莲乡。少时博览群书，曾获"五岁诵六甲、十岁观百家""十五观奇书、作赋凌相如"之誉，才华即显。24岁出蜀，相继客居安陆（今湖北孝感）、任城（今山东济宁），先后漫游了长江、黄河流域各地，在观赏祖国秀丽山川的同时，也对社会生活多有体验，为产生其政治抱负打下了一定基础。

　　天宝二年（743），经挚友吴筠推荐，入仕翰林，但因不受朝廷重视，又遭权贵谗毁，一年多后便带着对唐玄宗沉溺声色的失望离开长安。这短暂的经历，也使他对当时统治集团的腐朽有了较深刻的认识。744年，在洛阳与杜甫结交。"安史之乱"中，李白怀着平乱安邦的志愿，曾为永王李璘幕僚。晚年漂泊困苦，宝应元年卒于当涂（今属安徽省马鞍山市）。

　　李白的一生，大部分时间处在开元盛世，这在政治上给他以极大鼓舞。但到天宝（742—755）年间，因玄宗沉溺声色，纵情欢乐，官吏贪渎，朝政日非，最终酿成"安史之乱"，导致大唐帝国从盛极的顶峰开始衰落。李白的诗歌创作因受这一经历的影响，形成了他特有的思想和艺术风格。

　　李白的诗歌充分流露着蔑视封建权贵的傲岸精神，对腐败的时政作了尖锐的批判；对人民的疾苦深表同情；对安史叛乱势力严厉谴责，讴歌维护国家统一的正义战争；他还善于描绘壮丽的自然景色，表达对祖国山河的热爱。诗风雄奇豪放，想象丰富，语言流畅自然，音律和谐多变，长于从民歌、神话中吸取营养和素材，构成其特有的瑰玮绚丽的色彩，是屈原之后积极浪漫主义诗歌的新高峰，被后人尊称为"诗仙"。但因政治上失意，有些作品也有纵酒、求仙等消极颓废情绪。韩愈《调张籍》诗云"李杜文章在，光焰万丈长"，故和杜甫被尊称为"李杜"。有《李太白集》传世。

唐代

静夜思　　（小）

床前明月光①，	"交床"前洒满深秋的月光，
疑②是地上霜。	看上去好像是地上的白霜。
举头③望明月，	抬头凝望天上的明月，
低头思故乡④。	不由得低头思念起自己的家乡。

【注释】①床：即胡床，也称马扎。隋炀帝有鲜卑血统，特别忌讳"胡"字，又因胡床腿部交叉，故下令改称"交床"（图49）。现在有专家认为，从诗的意境上看，这个"床"应是"井上围栏"。古乐府《淮南王篇》："后园凿井银作床，金瓶素绠(gěng梗)汲寒浆"。②疑：怀疑。③举头：抬头。举头望明月，因为广寒宫里有嫦娥。④低头思故乡：泛指思念故乡的亲友和山水草木（包括菊花）。

【赏析】这首诗里，作者既没有奇特新颖的想象，也没有华丽的辞藻，只运用朴素的语句，写出了远离家乡人的思乡之情。诗中把景物的描写，人物代表性动作的描写同抒情相结合，造成强烈的艺术氛围，抒发了诗人的独特感受，情真意挚，能把读者带入意境中去。这短短二十个字，创造了一种何等优美迷人、令人产生无限遐想的意境！

对这首诗的解释通常是：在一个深秋之夜，李白坐在床上，看到地上如霜的月光，思乡之情油然而生。有人质疑：如果是躺在床上，就没法"举头""低头"，顶多是探头看看床底；且唐代的建筑，门窗都非常小，月光几乎不可能照进屋内。由此推断李白应是坐在院子里的"交床"（即马扎，古称胡床）上，而不是躺在床上；这样"床"前才有明月光，才可以"举头"，也可以"低头"。(2008年4月6日《东方卫报》载文《苏东坡坐塌交椅》里说到上述观点)不管是哪种情况，诗的意境是一样的。有不同看法，正是这首诗的魅力所在，因为它给读者留出了更大的想象空间。

【相关链接】1. 2009年1月29日，日本共同社评述"《静夜思》见证中日文化渊源"一文说，日本流传的"床前看月光，疑是地上霜。举头望山月，低头思故乡。"是李白的原诗。而现在中国人所熟悉的《静夜思》则是明朝以后为普及诗歌而改写的（"看""山"二字被改了）。宋代以前的版本都与日本流传的版本一样。

2. 李白还有一首思念故乡的诗《春夜洛城闻笛》："谁家玉笛暗飞声，散入春风满洛城。此夜曲中闻折柳，何人不起故园情。"意思是：谁家吹奏出悠扬的笛声回荡在夜空，它伴随着春风飘散飞遍了洛阳古城，静夜里听到哀怨的《折杨柳》曲调，哪个人不涌起思念故乡的深情？

【常识】中国历史朝代歌："唐尧虞舜夏商周，春秋战国乱悠悠；秦汉三国晋统一,南朝北朝是对头;隋唐五代又十国,宋元明清帝王休。"这第一个"唐"字即陶唐氏,传说中的远古部落名,居于平阳(今山西临汾西南),尧为其领袖,德高望重,后人称之为"唐尧";第二个"唐"字才是指唐朝。

山中问答

问余何意栖碧山①,	有人问我为什么要住在碧山,
笑而不答心自闲②。	我笑而不答心里得意又安然。
桃花流水窅然去③,	飘落的桃花瓣随着溪水远远流去,
别有天地非人间④。	这里的景色非常优美,就像仙境一样。

【注释】 ①余:我;栖:居住;碧山:在今湖北省安陆县,山下桃花岩是李白的读书处。②闲:安然、泰然。③窅(yǎo 咬)然:深远的样子。④别:另外;非人间:不是人间,指诗人的隐居生活。

【赏析】 唐玄宗开元十三年(725),李白24岁。他乘船从蜀地沿长江东下,一路游览了三峡、洞庭湖、黄鹤楼、庐山、天门山等不少地方。到了广陵(今江苏扬州),结识了一位叫孟少府的朋友。孟少府告诉李白,他曾受安州(今湖北安陆)许员外之托,替许家找一位才貌出众的女婿,问他是否愿意入赘(zhuì)。李白表示可以考虑。于是邀他同去安州,面见许员外。他俩到了襄阳,李白听说资深诗人孟浩然隐居在城东南的鹿门山,就对孟少府说:"你先去许家,我拜访孟先生后再到安州找你前往。"

李白见到了孟浩然。孟老前辈看了李白的诗,大加赞赏,两人很快成了知交。李白就许家择婿之事征求他的意见,孟浩然说:"你虽才华出众,但如果没有依靠,仍然难登仕途。许员外的父亲是故相许圉(yǔ)师,倘能入赘,对你是比较有利的。"这番话对李白的婚事起了决定性的作用。几天后,李白就辞别孟浩然,到了许家。经孟少府介绍,许员外见李白一表人才,博学多才,当即同意了婚事,并择日与女儿成了亲。开元十六年(728),李白成了许家"倒插门"女婿,夫妻恩爱,但婚后十年并未谋到一官半职。

李白婚后在许家住了一年,这首诗正是写这新婚燕尔的"别有天地非人间"的生活。小诗虽然只有四句,但有问有答,转接轻灵,活泼流利。

【相关链接】 《李白的四次婚姻及其子女》一文说:李白自恃才高八斗,不走科举道路,想扩大名声,再由官府"举荐"为官。所以他出川后一直谋官,"遍于诸侯",仍未捞个一官半职。27岁那年,经朋友撮合,李白与前宰相许圉师的孙女结婚,当了"倒插门"女婿。谁知许家已是人走茶凉的官僚家庭,致使他在湖北安州碧山"自闲"整整十年,留下的仅李平阳、李伯禽姐弟二人。许氏死后一年,即开元二十七年(739),38岁的李白在剡(shàn 扇)越(今属浙江)与一刘姓女子第二次结婚,后举家迁至安徽南陵定居,天宝元年(742),刘氏与李白分手。天宝四年(745)春,44岁的李白在任城(今属山东)与"鲁地一妇人"第三次结婚,生子颇黎;此妇人约卒于天宝十年。李白在皖南浪迹几年,想回东鲁的家,途经开封时,应高宗时宰相宗楚客的孙子之邀,到其家做客,一天,古吹台下,三贤聚会,忽然飘来一阵美妙的琴声,李白胸中顿起狂澜,不假思索地在墙壁上写下《梁园吟》。三位诗人走后,一个端庄的姑娘来了,她如痴如醉地读着诗,连僧人进房也未察觉。僧人见墙被涂鸦,便拿起抹布想擦,姑娘竟拿一千两银子买下了这堵墙。李白得知后非常感动,两人顺理成章喜结良缘,一起过着幸福的生活。这是五十二三岁的李白第四次婚姻,也是他第二次与前宰相之孙女的正式婚姻,也是"倒插门",无子。婚姻是要经营的,李白整天喝酒、浪游,一走就是几月几年,婚姻名存实亡,上元二年(761),宗氏无奈入邝山学道。有他的《赠内》诗为证:"三百六十日,日日醉如泥。虽为李白妇,何异太常妻。"(太常就是太监),还有一种说法,因李白酗酒太甚,他的儿子有点弱智,都不成才。

【常识】 唐朝四个时期的诗坛亮点:

初唐(618—713)"四杰":王勃、杨炯、卢照邻、骆宾王。

盛唐(714—766):是顶峰中的顶峰,名人最多,其中以李白、王维及稍后的杜甫为代表。

中唐(767—827):以白居易和元稹为代表,号称:"元白"。韩愈和刘禹锡也都是中唐大诗人。

晚唐(828—907):以杜牧和李商隐为代表,号称"小李杜"。李贺也很有名,被称为"诗鬼"。

唐朝以后各代虽也出过不少优秀诗、词人,但都未超过唐的成就和影响。

黄鹤楼送孟浩然之广陵① (小)

故人西辞黄鹤楼②,	老朋友面向西方辞别黄鹤楼,
烟花三月下扬州③。	在春光明媚的三月乐下扬州。
孤帆远影碧空尽④,	孤帆渐渐成为远影消逝在碧空尽头,
唯见长江天际流⑤。	只见浩浩荡荡的长江在天际奔流。

【注释】 ①黄鹤楼:湖北省武昌市区西长江岸边的黄鹤矶上,即今武汉长江大桥南端西侧。相传三国吴末帝孙皓凤凰二年(273)所建,后历代屡毁屡建。最后毁于清光绪十年(1884)的火灾,1985年重建,楼为五层,高50.4米,耸立于蛇山之巅。之广陵:去扬州。黄鹤(即白天鹅):传说见135页,形状见图33。②西辞:黄鹤楼在广陵之西,"西辞"指孟浩然由西去东。③烟花:指

繁花盛开如烟云,亦说柳絮漫天飞舞,如烟遮眼。④碧空尽:在碧色的天空中消逝了。尽:望不见。⑤唯:只;天际:天边。

【赏析】 李白在安州(今湖北安陆)许家成婚后,夫妻恩爱。不久,他得知孟浩然将去广陵(今江苏扬州),便托人带信约孟浩然在江夏(今武汉市武昌)相会。第二年(728)春天,27岁的李白和39岁的孟浩然(图6)在江夏的黄鹤楼上愉快地重逢,两人各诉离衷。过了几天,孟浩然乘船东下,李白在黄鹤楼下的江边送行,目睹孤帆远尽,惆怅之情油然而生,便写下了这首传诵千古的七绝名篇。全诗语言清丽,气象开阔。首句点明送别地点,开头就说出老朋友要走了,而且是在同游的胜地分手的,这就隐约吐露出一片惋惜之意。次句点明送别的时间和朋友的去处,暗含对朋友的羡慕,这是因为扬州在当时是著名的繁华都市,何况又是在这烟花三月,春光明媚的时节呢!末尾两句,寄寓着诗人在朋友去后的惆怅情绪。表面上看来全是写景,但从中却可以鲜明地看到诗人在送走朋友后,还长久地伫立江边凝望的形象,也感触到了诗人对朋友深厚而热烈的友情。

【常识】 农历月份的别称:

一月——寅月、正月、元月、初春、始春、元春、孟春。
二月——卯月、杏月、如月、早春、仲春。
三月——辰月、桃月、炳月、三春、阳春、暮春、季春。
四月——巳月、槐月、余月、清和月、孟夏。
五月——午月、榴月、蒲月、端月、仲夏。
六月——未月、荷月、暑月、伏月、旦月、季夏。
七月——申月、桐月、霜月、巧月、新秋、孟秋、马月。
八月——酉月、桂月、中秋(月)、壮月、仲秋。
九月——戌月、菊月、玄月、季秋。
十月——亥月、阳月、孟冬。
十一月——子月、冬月、瑕月、辜月、仲冬。
十二月——丑月、腊月、涂月、季冬。

望天门山① (小)

天门中断楚江开②,	滚滚长江从天门山中间冲开一条新航道,
碧水东流至此回③。	东渡的江水在此形成漩涡,拐向北流。
两岸青山相对出④,	江两岸险峻的青山互相对峙直插云天,
孤帆一片日边来。	一叶孤帆从水天相接的太阳旁边驶来。

【注释】 ①天门山:地跨今安徽省和县与当涂县(今属马鞍山市)的长江

两岸,江北和县的叫西梁山(一称博望山),江南当涂县的叫东梁山。两山隔江对峙,形同门户,故称"天门"。②楚江:当涂一带,在战国时属于楚国,故称流经这里的长江为"楚江"。开:即通。③回:盘旋回转,长江在天门山附近由东拐弯向北流。④两岸青山:指博望山与东梁山。

【赏析】 这是一首赞美祖国大好河山的诗篇,作于李白出蜀漫游时。开头两句,诗人在自己奇异感觉中,为我们展示了一幅壮美的江山风景图。还使人联想到,浩瀚的长江有着冲开一切障碍的神奇伟力,联想到浩荡的江流被东西相对的天门山紧紧夹住,激起回旋,形成波涛汹涌的奇观。三四句写天门山的奇姿,"出"字用得传神,给静止的事物赋予动态美。把山写得升腾崛起,好像还在那里一直向上冲去,要直插云天。一条小船从太阳升起的地方悠悠驶来。可只见白帆,不见船身,暗切题中的"望"字。此诗境界既开阔雄奇,情调又轻快飘逸,语言更舒展自然,是作者豪放飘逸诗的代表作。

从此,天门山就因李白这首诗闻名天下。每当人们泛舟行于楚江之上,看到壁立千仞、夹江而峙、激流突奔的景象时,胸中都充满了豪迈之情。

【相关链接】 马鞍山市为什么称为"黑白之城"? 一是李白晚年居住并客死于今属马鞍山市的当涂族叔李阳冰家,其坟墓还在当涂市的青山上。他曾多次来到族叔家并在当涂、采石矶等地写下了诗歌50多首,这里还铭刻有关李白诗的石碑107块。马鞍山市还多次举办过国际诗歌节,故有"诗城"的雅称。二是新中国成立后马鞍山建成了我国重要的钢铁城市,毛主席曾两次莅临视察。所产火车轮箍居全国之冠,"鸟巢""神舟"等重点工程均留有"马钢"的标记。钢铁是黑的,加上李白,故称之为"黑白之城"。

独 坐 敬 亭 山①

小

众鸟高飞尽,	天上的鸟儿都高飞远去,
孤云独去闲②,	寥廓长空仅有的一片白云也悠然飘走了。
相看两不厌③,	与我相伴相看而不厌烦的,
只有敬亭山。	只有这满怀深情的敬亭山。

【注释】 ①敬亭山:在宣州(今安徽宣城市东北)。②独去闲:悠闲地独自飘走了。③两不厌:双方都一往情深,互不厌弃。诗中将敬亭山拟人化,将其视之为可以交流情感的朋友、知己。

【赏析】 李白一生七游宣州,本诗作于天宝十二年(753)秋游宣州时,距他被迫离开长安已达十年。诗人通过独坐敬亭山时的情绪抒写,流露出怀才不遇的孤独与寂寞(时年52岁)。"众鸟高飞尽,孤云独去闲。"写诗人一人独坐在敬亭,秀丽的山色、鸣叫的鸟儿都从他的眼前消失,这时刚才见到的一片白云也慢悠悠地飘向远方去了。由动到静,足见诗人内心深处的孤独和寂寞。"相看两不厌,只有敬亭山。"用浪漫主义手法,将敬亭山人格化、人性化。尽管鸟飞云去,诗人仍没有回去,也不想回去。他久久地凝视着幽静秀美的敬亭山,觉得敬亭山也正含情脉脉地看着和同情自己。他们之间不必说什么话,已达到了感情上的交流。"两不厌"表现了诗人与敬亭山感情的投契。"只有"并不意味着太少,而是一种"人生得一知己足矣"的骄矜(jīn 今)与满足。同时也将诗人内心的孤独寂寞、人间的世态炎凉表现得一览无余。

当一个人心情不好的时候,独自坐在一座秀丽清静的山上,看浮云远走、众鸟飞尽,只与巍巍高山相视相依,也不失为一种排遣郁闷的好方法。

秋 浦 歌①(其十四) 小

白发三千丈,	我满头的白发足足有三千丈,
缘愁似个②长。	只因为愁思也像它这般悠长。
不知明镜里,	对着镜子仔细审视我的容颜,
何处得秋霜③?	不知道哪来的白皑皑的秋霜。

【注释】①秋浦:今安徽省池州市石台县,以秋浦河而得名。李白曾五次乘舟游览,写下几十首脍炙人口的诗作。秋浦既是他一生中用诗歌赞颂最多的地方,也是他的"欲家于此"之地。②缘:因为,因。个:这般,这样。也写作"箇"(gě 葛),像长沙话。③秋霜:比喻头发像霜一样白。

【赏析】这组诗歌是天宝十三年(754)李白第五次游秋浦所作,共17首,此为第14首。诗人早年怀有为国出力、为民解忧的理想,但当时的政治环境却不容许他实现。这时诗人已53岁,长年愁苦使他显得衰老,头上的白发也增多了。他对着镜子自照,在愁怨中写下了这首名诗。

"白发三千丈,缘愁似个长。"这第一句用浪漫主义手法,夸张地描摹头发似有三千丈,极度夸张,似乎不可理解;第二句则为之注:原来是因为诗人心中的愁情之深长,然后展开奇特的想象,并用反问句:"不知明镜里,何处得秋霜?"诗人对镜自问,但这一问并非真的有疑问,对于"何处得秋霜"诗人并非不知,而是知之极深。只是不说出来,而以问代说,更显得痛切,更能表达出诗人愤激之情,而且比直说原因更能发人深思。全诗起势奇特,话语风趣,更显愁苦。

【相关链接】李白还有一首《秋浦歌①》(其十五):"炉火照天地,红星②乱紫烟。赧郎③明月夜,歌曲动寒川。"意思是,熊熊的炉火吟照耀着大地长空,紫色的烟焰中火星在四射飞进。红脸膛的工人在月光下辛勤冶炼,寒冷的江上回荡着他们的歌声。[注：①秋浦：在石台县，北临长江，是唐朝银和铜的著名产地，所以"炉火照天地"。②红星：指炉火中迸射的火星；紫烟：指炉火中升腾起来的紫色烟焰。③赧(nǎn)：因羞愧而脸红，而"赧郎"，指炉火烤得工人们脸膛都红了。]

【常识】 我国部分城市的古称：

岳阳：巴陵、岳州	苏州：吴地、姑苏	广州：南海、番禺
太原：并州、晋阳	北京：幽州、燕京、范阳	南京：金陵、建康、建邺、江宁、集庆
杭州：余杭、临安	开封：天梁、汴梁、汴京	九江：江洲、浔阳、柴桑
扬州：广陵、江都	汉口：汉皋、夏口	成都：蜀郡、益州、西京

赠 汪 伦① （小）

李白乘舟将欲行，　　　　李白坐船正准备出发远行，
忽闻岸上踏歌②声。　　　忽然从岸上传来踏歌声音。
桃花潭③水深千尺，　　　纵然桃花潭的水有千尺深，
不及④汪伦送我情！　　　也比不上汪伦送我的情谊深！

【注释】 ①汪伦：李白的友人，郭沫若曾说汪伦是当地农民。现经考证，汪曾任泾县县令，当地名士。《李白文集》杨齐贤注云："白游泾县桃花潭，村人汪伦常酿美酒以待白，伦之裔孙至今宝其诗。"②踏歌：唐代民间流行的一种手拉手两足踏地为节拍的歌唱方式。③桃花潭：在今安徽省泾县西南。④不及：比不上。

【赏析】 天宝十四年(755)，54岁的李白从秋浦(今安徽池州市石台县)前往泾县(今属安徽省)，当地名士汪伦盛情款待他，临走时汪伦又来送别。李白便作这首诗留别。

"李白乘舟将欲行"先写诗人正要乘船出发。"忽闻岸上踏歌声"突然听到岸上传来"踏歌声"，来的是谁，来意为何尚不知，给人留下悬念，使诗情产生了曲折。"桃花潭水深千尺，不及汪伦送我情！"其中桃花潭水回应第一句，进一步说明李白乘船的地方，同时又为后句埋下伏笔，并且点名了踏歌的人是谁，原来是汪伦。这使李白大为感动，不由从内心喊出汪伦对自己的感情比桃花潭千尺深的水更深厚。这首诗自然质朴，清新顺畅，像民歌一样自然。末尾两句借桃花潭水来反衬友情之深，为千古名句。

【相关链接】 《泾县志》与《汪氏宗谱》中记载："汪伦，又名凤林，为唐时名士，与李青莲(李白)相友善，数以诗文往来赠答，为莫逆之交。开元天宝年间，公为泾县令。"由此可见，汪伦曾是泾县七品县令。再往上追溯，汪伦是唐朝越国公汪华后裔，是个世家子弟。他有身份也有钱财，因而才能连日供应李白酒食，陪其游玩。

【常识】 唐玄宗时,李白的诗、张旭的草书和裴旻的舞剑,称为"三绝"。

早发白帝城① (小)

朝辞白帝彩云间②,	我清晨辞别彩云缭绕的白帝城,
千里江陵③一日还。	只用一天时间就到达千里之外的江陵。
两岸猿声啼不住④,	两岸猿猴啼叫的声音还在耳边回响,
轻舟已过万重山。	轻快的小船就已越过崇山万千重。

【注释】 ①白帝城:在今重庆奉节东长江边的白帝山上。②白帝彩云间:指白帝城地势高峻,下临长江,常有云霞缭绕。③江陵:今湖北省江陵县。唐上元元年(760)升荆州为江陵府,治所在江陵。④啼不住:啼叫不断(图92)。

【赏析】 公元755年12月,安禄山勾结史思明发动叛乱,从范阳(今河北涿州市)起兵,率15万人马向南进军,唐朝的官兵节节退败,安禄山的叛军33天攻破洛阳,随后西进潼关,占领长安。唐玄宗带着杨贵妃等向四川狼狈而逃,中途命令太子李亨为天下兵马元帅,又令第16子李璘(lín)负责保卫长江流域的东南一带。不久,李亨在灵武(今银川市南面)继位,史称唐肃宗。肃宗怀疑李璘想跟他争夺帝位,就下诏命他到城南去朝见唐玄宗。李璘不予理睬,率领水军东下,途经九江听说李白在庐山,便请李白到自己军中作参谋,李白欣然同意。第二年(757),唐肃宗下令讨伐,李璘兵败被杀,李白也因附逆下狱,幸得好友郭子仪(当时兵马大元帅)说情,肃宗才勉强同意不杀,令其流放夜郎(今贵州正安西北)。李白历经15个月到达白帝城时,已是乾元二年(759)三月,肃宗因立太子和关中大旱宣布大赦,李白也在赦免之列。获赦后,心情愉快的李白从白帝城乘船经三峡东下,写下了这首千古绝唱《早发白帝城》。

这首诗生动地表现了诗人遇赦后如释重负的轻松愉快的心情。首句"彩云间"三字,描写出了白帝城地势之高,为下句船行之快埋下了伏笔。而一个"辞"字更写得传神,表达了诗人一朝获得自由的惊喜心情。白帝城地势高耸云霄,长江水从这里东去就如脱缰的野马一般,因此下面写船之快、行期之短、耳闻猿声、目送万山,就笔笔有了着落。"千里江陵一日还",用"千里"之远和"一日"之短做对比,表现了诗人日行千里的痛快和喜悦。"轻舟已过万重山",用"轻"形容客船,既表现了船行如飞,也反映了诗人内心轻快。字里行间洋溢着诗人豪放的激情,也流露出他那飘逸的风采,典型地表现了诗人的艺术性。

【相关链接】 趣味诗词填空:
①最快的船:两岸猿声啼不住,_____。 (李白《早发白帝城》)

②最害羞的人:千呼万唤始出来,_____。（白居易《琵琶行》）
③最多的愁:问君能有几多愁,_____。（李煜《虞美人》）
④最消瘦的人:帘卷西风,_____。（李清照《醉花阴》）
⑤最高的楼:不敢高声语,_____。（李白《夜宿山寺》）

以上前四句都能在本书找到。最后一首见李白的《夜宿山寺》:"危楼高百尺,手可摘星辰。不敢高声语,恐惊天上人。"意思是说,山上的这座楼好像有一百尺高,站在楼上就可以用手摘下星辰。我不敢在这儿大声说话,恐怕惊动了天上的仙人。

峨眉山月歌

峨眉山①月半轮秋,	峨眉山的上空悬挂着半轮秋月,
影入平羌②江水流。	半月倒映在平羌江水静静地流。
夜发清溪③向三峡④,	夜里从清溪驿乘船出发驶向三峡,
思君⑤不见下渝州⑥。	那一半月亮始终见不着我却到了渝州。

【注释】①峨眉山:在今四川省峨眉县西南,为蜀中名胜之一。②平羌:即青衣江,发源于四川省芦山县,流至峨眉山东的乐山县入岷江。③清溪:即清溪驿,在今四川省犍为县,距峨眉山不远。④三峡:指四川省与湖北省交界处的瞿塘峡和四川省的巫峡、西陵峡;一说是乐山县的黎头、背峨、平羌三峡。⑤君:指友人或月。⑥渝州:今重庆市一带。

【赏析】 这是开元十三年(725)李白(24岁)离蜀漫游途中之作,诗人通过对明月、江水等的描绘,表达了对故乡和友人的思念。前两句回忆在峨眉山同友人赏月时所见景色,后两句写远行的孤独心情。因船是"夜发",故以峨眉山月起兴。前人对诗中叠用的五个地名而不显得堆砌呆板,评价很高,这也可以说是此诗的特色。

【相关链接】 咏月诗拾趣:

1. 李白在长安供奉翰林时,感到无事可做,郁郁不快,于是在彷徨苦闷中写下了《月下独酌》:"花间一壶酒,独酌无相亲。举杯邀明月,对影成三人。月既不解饮,影徒随我身。暂伴月将①影,行乐须及春②。我歌月徘徊,我舞影零乱。醒时相交欢,醉后各分散。永结无情③游,相期④邈⑤云汉⑥。"此诗因波澜起伏,无中生有,静中有动,丝丝相扣而为世人传诵。[注:①将:和,偕"同"。②及春:趁着春光明媚之时。③无情:忘情,尽情。④相期:相约。⑤邈(miǎo):遥远。⑥云汉:天河,这里指天上仙境。]

2. 张九龄(678—740),韶州曲江(今广东曲江县)人,进士出身,玄宗时迁中书令(右丞相),后受李林甫排挤,贬为荆州长史,敢于直言,被称为"贤相"。

晚年遭谗被贬后所作的"感遇"诗十二首,诗风转趋刚劲,寄兴讽喻与陈子昂的《感遇》诗相近,对扭转初唐以来形式主义诗风有所贡献。后人评论唐诗的转变,多以陈、张并称。有《张曲江集》,其代表作之一《望月怀远》:"海上生明月,天涯①共此时。情人怨遥夜②,竟夕③起相思。灭烛怜④光满,披衣觉露滋。不堪⑤盈手赠,还寝梦佳期。"意思是说,海上面升起了一轮明月,你我天各一方共享月光。有情人怨恨那漫漫长夜,彻夜不眠将你苦苦思念。熄灯后月光满屋令人爱,披衣起、露水沾挂湿衣衫。不能手捧美丽的银光赠你,不如快入梦乡与你共欢聚。[注:①天涯:很远的地方。②遥夜:漫漫长夜。③竟夕:终夜。④怜:怜爱。⑤不堪:不能。]

3. 中唐诗人戎昱(róng yù)在至德年间(756—758)被贬为辰州(今湖南沅陵以南和沅江以西地区)刺史,忧念时事。如所作《秋月》:"秋宵月色胜春宵,万里天涯静寂寥。近来数夜飞霜重,只畏婆娑树叶凋。"意思是:秋夜的月色比春夜的更皎洁美好,辽阔的天空多么高远寂静和空旷。可是近来连夜都下了很重的霜,真让人担心在风中起舞的树叶会凋零、飘落。[注:婆娑(suō):形容树叶在风中舞动的姿态。]

4. 罗隐视野比较开阔,如《中秋夜》:"圆魄上寒空,皆言四海同。安知千里外,不有雨兼风?"大意是:天空升起一轮明月,都说到处是一样的月色,哪里知道远在千里之外,就没有暴风骤雨呢?

【常识】 我国34个省(市)、自治区和特别行政区的简称歌:辽吉黑蒙,冀晋陕宁。鲁皖苏浙,渝沪京津。豫鄂湘赣,台闽滇琼。川黔粤桂,甘新藏青。港澳回归,举国欢庆。

望 庐 山① 瀑 布 （小）

日照香炉生紫烟②,　阳光照射香炉峰升起的紫色云烟,
遥看瀑布挂前川③。　远远望着瀑布像白绸挂在山前。
飞流直下三千尺,　　激流从三千尺的高空飞泻下来,
疑是银河落九天④。　真叫人怀疑是银河落下连接九天。

【注释】 ①庐山:在今江西省九江市南。②香炉:指庐山上的香炉峰;紫烟:香炉峰在日光照射下,雾气幻化出一团团紫色的云霞。③"看"应读 kān 刊。挂前川:瀑布下流接河,好像挂在前面河床的上空。④银河:天河;九天:九重天,形容天空极高。

【赏析】 庐山峰岩奇秀,泉瀑飞湍(tuān,急流的水),无限风光。李白在这里描写的只是庐山香炉峰的一道瀑布,大概作于开元十四年(726)他出蜀后的第二年(25岁)游览庐山时。原诗两首,这是第二首。首句以香炉生烟为

唐代

喻,描绘了香炉峰上紫色的云霞,美不胜收,为瀑布营造了一种处于奇丽自然景象中的美感。次句直叙遥望中的瀑布,比喻形象,气势雄伟。三、四句以浪漫的想象,高度夸张的比喻,对这条从高处腾空而下的瀑布(动态)的壮观景象,加以赞叹。诗人在对这一壮丽的自然奇景的描绘中,也展现着自己开阔的胸襟和昂扬的气概,给读者留下了更加广阔的想象和回味的空间。

古朗月行① (小)

小时不识月,	小时候不认识天上的圆月,
呼作②白玉盘。	把它称作白玉盘。
又疑瑶台③镜,	又想它大概是瑶台仙人的明镜,
飞在青云端。	坠入天空,飞向了彩色的云头。
仙人垂两足,	月中的仙人垂下两只脚,
桂树何团团。	圆圆的桂树长得多么旺盛。
白兔捣药成,	白兔在桂树下捣成了仙药,
问言与谁餐?	请问这药给谁吃?
蟾蜍④蚀圆影,	由于月亮被蟾蜍啮噬(niè shì)而残缺,
大明夜已残。	使我联想到传说中古代英雄后羿的故事。
羿(yì)昔落九乌,	后羿把肆虐大地的多余的九个太阳射下,
天人清且安。	才使得天上人间都免除灾难,变得"清且安"。
阴精此沦惑⑤,	可现在却缺少这样的英雄,月亮沦惑,
去去不足观。	走吧,走吧,月亮变成这样还有什么可看的!
忧来其如何?	心中的忧愤究竟如何呢?
凄怆⑥摧心肝。	说来真像摧残人的心肝一样叫人好不悲伤!

【注释】 ①行:古代诗歌的一种体裁。②呼作:称作。③瑶(yáo)台:古代传说中神仙居住的地方。④蟾蜍(chán chú):俗称癞蛤蟆,这里指蟾宫(指月亮)。⑤沦惑:沦为迷惑不清的东西。⑥凄怆(qī chuāng):很悲伤。

【赏析】 这是一首乐府诗。"朗月行",是乐府古题,属《杂曲歌辞》。鲍照曾有《朗月行》一诗,李白也采用了这个题目,故称《古朗月行》,但没有因袭旧的内容。此诗大概是李白针对当时朝政黑暗而发。唐玄宗晚年沉湎声色,宠幸杨贵妃,权奸、宦官、边将擅权,把国家搞得乌烟瘴气。但是诗人却不明说,而是化现实为幻景,说得十分深婉曲折。诗中一个又一个新颖奇妙的想象,展现出诗人起伏不平的感情,文静如行云流水,富有魅力,发人深思,体现了李白诗歌的雄奇奔放、清新俊逸的风格。

【常识】 十二生肖顺序:鼠、牛、虎、兔、龙、蛇、马、羊、猴、鸡、犬、猪。

登金陵凤凰台① 大

凤凰台上凤凰游，	凤凰台本是凤凰待的地方，
凤去台空江自流。	凤去台空，但江水照样流淌。
吴宫花草埋幽径②，	三国的吴宫成了花草湮没的幽径，
晋代衣冠成古丘③。	东晋王公变成了一座座荒凉的古坟。
三山④半落青天外，	三山并列南北相连屹立长江东岸，
一水中分白鹭洲⑤。	一水被白鹭洲分开以后又合拢。
总为浮云能蔽日，	有人以为浮云总能遮住太阳，
长安不见使人愁！	当长安云散时他们岂能不犯愁！

【注释】 ①参照《大学语文》(全军院校统编教材)。凤凰台：故址在今南京市中华门外的凤凰山，南朝宋文帝刘义隆(424—453)时建(今重建于百家湖畔)。②吴宫：三国时吴国的官殿。幽径：僻静小径。③晋代：指东晋，京都金陵时称建康。衣冠：指穿戴朝服的王公贵族。成古丘：指东晋的王公贵族们，只剩下了一座座荒凉的古墓。④三山：山名，在今南京市西南50余里的长江边上，山峰并列，南北相连。⑤一水：指秦淮河穿越金陵城而入长江，江中有白鹭洲，分水为二支后又合二为一。白鹭洲：即南京市西南的江心洲(待考)。

【赏析】 这首诗当是天宝初年作者因被排挤出翰林院而离开长安(时约43岁)南游金陵时所作。李白写的七律不多，此诗却是太白诗中名篇。作者通过登台所见所感，既描绘了祖国河山的壮丽景色，也在怀古的幽思中，抒发了自己在政治上失意的忧愤心情，表达了对"浮云蔽日"的奸佞小人的切齿痛恨。但仍存一线希望，总想有朝一日能重被举用。全诗语言流畅自然，对仗工整圆熟。古今对比，不胜感慨，情景交融，饶有余韵，体现了李白诗歌的艺术特色。

【相关链接】 李白在中华门外还有一首《劳劳亭》："天下伤心处，劳劳送客亭。春风知别苦，不遣柳条青。"是说，天下最叫人伤心之处，莫过于有名的送别场所劳劳亭了。就连亭边的春风也知道离别的痛苦，所以最好是不让柳条发青啊！[注：劳劳亭是一处长亭，宋改为临沧观，为三国时吴筑，在中华门外的劳劳山上。古人送客至此，无不举手劳劳，折柳相赠。]

渡荆门①送别 初、大

渡远荆门外，	(我)从荆门外的西蜀沿江而下，
来从楚国游②。	来到了楚地游览。
山随平野尽，	高山随着平原的出现逐渐消失，
江入大荒流③。	江水在一望无际的平原上奔流。

月下飞天镜④，	皎洁的明月像天上飞下的一面天镜，
云生结海楼⑤。	云彩从江面升起变幻莫测生成了海市蜃楼。
仍怜故乡水⑥，	我还是依恋故乡的水，
万里送行舟。	舟行万里送我去远游。

【注释】①荆门：荆门山，在湖北宜都市西北长江南岸，与北岸的虎牙山对峙，形势险要。②楚国：今湖北省一带长江两岸，秦代以前属楚国。③大荒：辽阔无边的原野。④月下：月落。飞天镜：像飞过天空的镜子。⑤结海楼：结成海市蜃(shèn 肾)楼，是由于光线折射而产生的幻境，形容江上云彩升腾变幻莫测。⑥怜：爱。故乡水：作者从小生活在蜀地，长江自蜀地流来，所以称江水为"故乡水"。

【赏析】此诗作于开元十二年(724)秋，是李白出蜀初游楚地时的作品。这是一首色彩明丽、对仗严谨的五言律诗，首联写送客的地点，颈联写荆门山尽野阔之景，而结句才现出别意。大江来自蜀地万山之中，此后是千里平原，一片茫茫。颔联以"天镜"喻月之明，以"海楼"喻云之奇，现出江天高旷。末联抒发的是因江水而产生对故乡的别样情怀，鲜明地反映了诗人"仗剑去国，辞亲远游"(引自《上安州裴长史书》)时乐观向上的精神。

宣州谢朓楼饯别校书叔云① 初、大

弃我去者，昨日之日不可留②；	离我而去的昨日不可能挽留；
乱我心者，今日之日多烦忧。	乱我心绪的今日又使我烦扰。
长风万里送秋雁，	万里的长风吹送南归的秋雁，
对此可以酣高楼③。	面对壮丽景色要畅饮醉高楼。
蓬莱文章建安骨④，	校书郎的文章刚健遒劲洒脱，
中间小谢又清发⑤。	我的文章像谢朓那样的清新明快。
俱怀逸兴壮思飞，	我们都怀有超凡脱俗的志向，
欲上青天揽明月⑥。	真想飞上天空一揽皎洁的明月。
抽刀断水水更流，	抽刀斩断流水水却更加奔流，
举杯消愁愁更愁。	举杯借酒消愁却是愁思更愁。
人生在世不称意，	人生之旅如此坎坷不尽如意，
明朝散发弄扁舟⑦。	不如披头散发高歌乘船四处漂游。

【注释】①宣州：今安徽省宣城市。谢朓(tiǎo 窕)楼：在城外陵阳山上，为谢朓所建，故又称谢公楼，唐末改名叠嶂楼。饯(jiàn 践)别：设宴饯行。校书：官名，校书郎的简称，从九品。云：李云。②弃我去者：抛弃我而去的。③长风句：通过写景，点明时令；此：指上句的秋景；酣(hān 蚶)高楼，在谢朓楼上畅饮。

④蓬莱:神话中的海上仙山,传说神府图书都藏在这里;又,汉代官府著述和藏书之处称东观,也称为"老氏藏书室,道家蓬莱山"。蓬莱文章:指汉代的文章,这里借指在秘书省的李云所写的文章。建安:汉献帝年号(196—220)。建安骨:建安时代,曹操和曹丕、曹植、孔融、王粲、陈琳、徐干、刘桢、应场、阮瑀等人的诗作反映了当时战乱时代的社会现实,风格刚健清新,后人称为"建安风骨"。⑤小谢:指谢朓(464—499),因谢朓出生在谢灵运之后,故称"小谢",而称谢灵运为"大谢",以示区别。二人均长于山水诗,李白在这里自比小谢。清发:指诗文写得清新明快。⑥俱:都,逸兴:雅兴;揽:原作"览",以手摘取。⑦散发:披头散发,指散漫无拘束。扁(piān)舟:小船。

【赏析】 李白的这首七言古诗代表作写于天宝十二年(753)游宣州饯别其族叔李云校书郎时。52岁的诗人从自己"被放还山"的遭遇中,看到了唐王朝政治日趋腐败,自己的政治抱负不能施展,理想不能实现,心情十分苦闷,这首诗就抒发了这种怀才见斥的抑郁苦闷之情。诗的起势如风雨聚起,连用两个11字的长句,把自己的抑郁不平之气倾泻无余。接下来两句转到饯别。"蓬莱"四句以赞美建安和谢朓的文章诗歌,抒发自己的抱负。名句"抽刀断水水更流,举杯消愁愁更愁",深刻地表达了诗人豪情满怀、壮志未酬的忧愤心情。最后两句意指人生处世极不顺心,倒不如辞官归隐,将无限的愁苦,化解在慷慨悲壮的举动中为好。全诗既写了两人才华横溢、胸有宏图大志,却无用武之地的忧愁心情,又表现了自己感情沉郁奔放,跌宕起伏。

【常识】 饭后10分钟是护齿的黄金时段,刷牙或漱口均可。

闻王昌龄左迁龙标遥有此寄① (初)

杨花落尽子规②啼,	杨花落尽杜鹃声声啼,
闻道龙标③过五溪。	得知你被贬龙标经过五溪。
我寄愁心与④明月,	我寄托哀愁的心给明月,
随风直到夜郎⑤西。	伴随风直到夜郎国西边。

【注释】 ①左迁:贬官降职,古人以右为尊,左为卑,故称。龙标:今湖南省黔阳县(一曰芷江县)。寄:寄托或托付。②子规:布谷鸟,农历三月末半夜啼叫尤甚(图31)。③龙标:这里指被贬为龙标尉的王昌龄。④与:给。⑤随风:一作"随君"。夜郎:古国名,泛指遥远的西南边地。实指湖南沅陵县的古夜郎县,不是指位于今贵州省的古夜郎国。夜郎县曾是由龙标分置的(黔阳县、芷江县)三县之一。沅陵在龙标的南方略偏西。

【赏析】 李白的诗风格豪放,想象丰富,音律和谐,语言流畅,表现出蔑视权势的傲岸精神。天宝晚期,王昌龄被贬为龙标县尉(掌管一县的军事和治安,与县丞同为县令的主要辅、佐),《闻王昌龄左迁龙标遥有此寄》是五十五六岁的李白听到王昌龄被贬为龙标尉的消息时写的。

诗的第一句点明时令(暮春时节),第二句叙事,用跋涉五溪简述路途的遥远与艰辛,流露出作者对被贬友人的深切挂念。第三、四句运用拟人手法,要把自己的"愁心"寄给明月,让"愁心"与明月一起,伴随王昌龄奔赴远方。这一奇特的想象,既饱含着对友人的无限同情,又抒发了对官场倾轧的憎恨。

【常识】 我国最大的诗歌集是清康熙时编撰的《全唐诗》,共900卷,收集诗歌48 900余首,作者达2 200余人。

行 路 难① (初)、大

金樽清酒斗十千②,	金樽里的美酒一斗要十千,
玉盘珍羞值万钱③。	玉盘里的佳肴价值上万钱。
停杯投箸④不能食,	停下酒杯放下筷子无法进食,
拔剑四顾心茫然⑤。	拔出宝剑环顾四周心存茫然。
欲渡黄河冰塞川,	想渡黄河却被坚冰堵塞,
将登太行雪满山⑥。	想登太行又让大雪阻拦。
闲来垂钓碧溪上⑦,	当年姜太公闲来在碧溪垂钓,得文王赏识,
忽复乘舟梦日边⑧。	伊尹梦中乘船经过日月旁,受到商汤重用。
行路难,行路难!	仕途何其艰难,何其艰难!
多歧路⑨,今安在⑩?	诸多岔路,不知如今身在何处?
长风破浪⑪会有时,	相信乘风破浪的时机一定会到来,
直挂云帆济沧海⑫!	到那时一定会船帆高挂横渡大海!

【注释】 ①行路难:古乐府《杂曲歌》名,其内容多叙写社会道途艰难和离愁别绪。②樽(zūn 尊):古代盛酒的小器皿。斗:有柄的盛较多酒的器皿。斗十千:一斗酒价值上万钱,极言酒价之高,说明酒很名贵。③珍馐:珍贵的菜肴。馐(xiū 羞):美味的食品。值:价值。④箸(zhù 铸):筷子。⑤顾:望。茫然:漫然无所适从的样子。⑥太行:即太行山,连绵今之河南、河北、山西三省之间。⑦垂钓碧溪:《史记·齐太公世家》记载,吕尚(姜子牙)年老垂钓于渭水边,偶遇西伯姬昌(即周文王)而得到重用。后来吕尚辅佐周武王灭了商纣王,建立了周朝。⑧梦日:相传伊尹曾做梦乘船经过日月旁边,不久就受到商汤的聘请,去做了相国。以上两个典故都是借古人的事迹来说明自己的远大抱负,并比喻人生际遇无常,往往出于偶然。⑨歧路:岔路。⑩安在:在哪里。⑪长风破浪:《宋书·宗悫(què 确)传》说,宗悫的叔父问他志向是什么,宗悫说:"愿乘长风破万里浪。"后人用"长风破浪"比喻施展抱负。⑫云帆:像白云般的船帆,这里指船。济:渡。沧海:大海。

【赏析】《行路难》为乐府古题,古辞今已消失。约在天宝三年(744)李白遭受谗毁而被排挤出长安时,曾以此为题作诗三首,这是第一首。此诗抒发了诗人壮志未酬后的牢骚与不平,对世道艰难的慨叹以及不愿服输的豪情壮志。"金樽"二句从反面起兴,故落在了"不能食""心茫然"上,引起以下咏叹。中四句是牢骚不平,黄河水塞,太行雪拦,世路之难,达到极点。但遥想吕尚和伊尹的经历,又让他看到了一线希望。接下来是美梦破灭后的清醒,用了四个"三字句"感叹行路之难。不过诗人并不甘心沉沦,仍坚信会有大展宏图的一天。"长风破浪会有时,直挂云帆济沧海。"既折射出李白不服输的性格,也成为激励和鼓舞后人奋勇向前的千古名句。诗三复三反,奔突激越,长短错综,如缚龙蛇。

【相关链接】 2012年11月29日中共中央总书记习近平在国家博物馆参观《复兴之路》展览时说,中华民族的昨天,可以说是"雄关漫道真如铁"(出自毛主席《忆秦娥·娄山关》1939年2月);中华民族的今天,正可谓"人间正道是沧桑"(出自毛主席《七律·人民解放军占领南京》1949年4月);中华民族的明天,可以说是"长风破浪会有时"(出自李白《行路难》,如左诗)。习近平指出,实现中华民族的伟大复兴是一项光荣而艰巨的事业,需要一代又一代中国人共同为之努力。空谈误国,实干兴邦。我们这一代共产党人一定要承前启后、继往开来,把我们的党建设好,团结全体中华儿女把我们国家建设好,把我们民族发展好,继续朝着中华民族伟大复兴的目标奋勇前进。(《新华每日电讯》2012.11.30)

梦游天姥吟留别① (高)

海客谈瀛洲, 烟涛微茫信难求②。	海上来客谈起神奇的仙境瀛洲, 说它烟雾迷茫海波滔滔难寻求。
越人语天姥, 云霓明灭或可睹③。	越地人说天姥更是奇峰异景, 那里的浮云和彩霞时隐时现。
天姥连天向天横, 势拔五岳掩赤城④。	天姥山直插云天卧如龙, 山势峭拔超过五岳盖赤城。
天台四万八千丈, 对此欲倒东南倾⑤。	天台山高四万八千丈啊, 也要拜倒在天姥山的东南。
我欲因之梦吴越, 一夜飞度镜湖月⑥。	我因此希望梦中游历吴越, 一夜间飞度镜湖去看明月。
湖月照我影, 送我至剡溪⑦。	湖上的明月照着我的身影, 飘飘然送我到了剡溪边上。

谢公宿处今尚在⑧，	谢灵运当年歇宿之处还在，
渌水荡漾清猿啼。	如今仍绿水荡漾清猿哀啼。
脚著谢公屐⑨，	我穿上谢公当年特制的木屐，
身登青云梯⑩。	登上那高入云天的层层石级。
半壁见海日⑪，	到半山时红日从海上升起，
空中闻天鸡⑫。	碧空中又听到报晓的天鸡。
千岩万转路不定，	峰岩沟谷中石径起伏不定，
迷花倚石忽已暝⑬。	靠着奇石赏花不觉天已朦胧。
熊咆龙吟殷岩泉，	熊咆龙吟与岩泉声相互呼应，
栗深林兮惊层巅⑭。	它们使丛林颤抖啊山峰震惊。
云青青兮欲雨，	乌云沉沉啊大雨将要来临，
水澹澹兮生烟⑮。	水汽迷蒙啊到处烟雾腾腾。
列缺霹雳⑯，	忽然间电闪雷鸣，
丘峦崩摧。	山峦好像要裂崩。
洞天石扉，	电光闪处一座仙洞显现，
訇然中开⑰。	訇然一声两扇石门打开。
青冥浩荡不见底，	这洞天福地浩荡辽阔不见底，
日月照耀金银台。	日月照耀神仙居住的金银台。
霓为衣兮风为马，	彩虹做衣啊风做骏马，
云之君兮纷纷而来下。	神仙们啊腾云驾雾纷纷降下。
虎鼓瑟兮鸾回车，	猛虎弹着琴瑟啊鸾凤驾着瑶车，
仙之人兮列如麻⑱。	群仙啊都列队迎接我的到来。
忽魂悸以魄动，	面对此情此景我感到心魄颤抖，
怳惊起而长嗟。	醒后才知是梦恍惚中起身长叹。
惟觉时之枕席，	眼前只有睡觉的枕头和床席，
失向来之烟霞⑲。	那神奇的梦境却倏然间消失。
世间行乐亦如此，	人世间寻求欢乐也如梦幻，
古来万事东流水⑳。	古今万事都像东流水一般。
别君去兮何时还？	朋友啊今天告别不知何时回还？
且放白鹿青崖间，	暂且先将这白鹿放之青崖间，
须行即骑访名山。	出游时才骑着它去寻访名山众仙。
安能摧眉折腰事权贵㉑，	我岂能低眉弯腰去侍奉权贵们，
使我不得开心颜！	使自己不能得到开心舒颜！

【注释】 ①天姥(mǔ)：指天姥山，在越州剡(shàn扇)县，即今浙江嵊县东。"吟"：是歌行体的一种，古体诗三种体裁分别是"歌、行、吟"，如岑参的《白雪歌送武判官归京》，白居易的《琵琶行》和李白的这首诗题。②"海客"两句：在海上来往的商人谈到三座仙山的奇境，但大海茫茫，实在难以访求。瀛(yíng)洲：古代传说东海有蓬莱、方丈、瀛洲三座山，是神仙居住的地方。③"越人"二句：听越州人讲他们那里的天姥山，其云霞变幻，或明或暗，倒是可能看得见的。④"天姥"二句：天姥山高入云天，雄伟超过五岳（泰山、华山、衡山、恒山、嵩山），神奇压倒赤城。赤城：山名，在今浙江天台县北。⑤"天台"二句：四万八千丈的天台山，也拜倒在天姥山的东南。以上四句都是夸张的说法，实际上天姥、赤诚、天台都是比较小的山。天台：山名，在浙江省天台县东北。⑥"我欲"二句：我因越人之言而梦想赴越地之天姥山，一夜之间从镜湖飞渡而过。吴越：指天姥山在越地，"吴越"之吴是连及而言。镜湖：即鉴湖，在今浙江绍兴南。此句说，天台山没有天姥山高，在天姥山面前，天台山好像要向东南倾一样。⑦剡(shàn扇)溪，在今浙江嵊州市的曹娥江上游。⑧"谢公"句：言谢公当年投宿的地方如今尚在。谢公：指（东晋、南朝）宋时著名山水诗人谢灵运(385—433)，他曾游过天姥，留下了遗迹。其《登临海峤》诗云："暝投剡中宿，明登天姥岑"。⑨渌(lù)水：清水。清猿啼：凄清的猿叫声。谢公屐(jī)：谢灵运当年登山时穿的一种带齿的木底鞋（图104），上山时去掉前齿，下山时去掉后齿。⑩青云梯：指山崖陡峭，如上青云之梯。⑪半壁：指半山陡峭如壁。海日：海上日出。⑫天鸡：神话传说中的鸡。⑬暝(míng)：天黑下来。⑭"熊咆"二句：熊的咆哮声、龙的呻吟声在岩泉之间回荡（一说形容岩泉的轰鸣像熊咆、龙吟一样），使山林树木都颤抖起来，山峰也惊得发抖似的（一说深林和山峰使人感到战栗惊恐）。殷(yīn)：声音宏大、众多。栗：因寒冷或惊恐而发抖。⑮"云青青"二句：乌云翻滚像要下雨，水汽迷蒙像烟雾一样。⑯列缺霹雳：电闪雷鸣。⑰"洞天"二句：神仙洞府的石门，忽然轰隆一声开了。洞天：道家称神仙所居之处。石扉(fēi)：石门。訇(hōng)然：形容声音很大。訇：同"轰"。⑱"青冥"六句：叙说神仙洞府中的景象：洞府高大无边，深不见底，日月之光照耀着神仙居住的金银台；只见云中的仙人们，穿着虹霓似的衣服，骑着疾风一样的骏马，坐着鸾凤的车子，还有老虎弹瑟开道，他们一群一群密密麻麻从天而降。青冥：这里指天空。云之君：云中的神仙。回车：拉车。⑲"忽魂悸"四句：述说梦醒的情况。悸(jì)：心惊。恍(huǎng)：即"恍"，忽然惊醒的样子。长嗟：感叹不已。向来之烟霞：指刚才梦中见到的种种景象。⑳东流水：比喻一去不复返。㉑摧眉折腰事权贵：低眉弯腰，即低三下四去侍奉那些有权有势的人。

唐代

【赏析】《梦游天姥吟留别》是李白浪漫主义诗歌的代表作之一。天宝元年(742)八月,41岁的李白奉诏入京,二进长安,自以为从此可以施展他救苍生、扶社稷的抱负了,但入朝之后才发现,朝政腐败,权贵横行。他壮志难酬,放荡不羁,又遭权贵谗毁,于天宝三年被玄宗"赐金放还",回到东鲁(当时他家居山东)。公元746年,45岁的李白准备南游越中,写下了这首与友人告别的诗,故诗题一作《别东鲁诸公》。

诗的开头8句写梦游起因,中间26句写梦游经历与所见所闻,最后11句写醒后的感慨。表面上好像以梦游山水向友人告别,实际上是以山水起兴,写入朝之梦与失败的感慨愤怒。他以天姥山喻朝廷,入山前把它想象得雄伟光明,无限美好,梦游中才发现其豪华中处处暗藏着迷乱、危机、惊险、恐怖,惊醒后断然与噩梦告别。"安能摧眉折腰事权贵,使我不得开心颜!"表现了诗人性格的本质特点,这才是本诗的真正主题。

诗人充分发挥了他浪漫主义的艺术天才,成功地运用夸张、想象、比喻、对偶等艺术手法,以精练形象而又如行云流水般的语言,描绘了一个曲折奇特、丰富多彩、变幻莫测的梦境,实实在在地表达了诗人憎恶(wù)邪恶、蔑视权贵、向往自由、渴望光明的真情。

蜀 道 难 (高)、大

噫吁嚱!危乎高哉①!	噫!哎呀呀!真是高啊真是险!
蜀道之难,难于上青天。	蜀道难走啊,真是难过了上青天!
蚕丛及鱼凫,	上古的蜀王蚕丛和鱼凫,
开国何茫然②!	他们开创这个古国竟不知是哪一年!
尔来四万八千岁,	从古到今足有四万八千载,
不与秦塞通人烟③。	蜀道也没有同秦地关中通过人烟。
西当太白有鸟道,	关西的太白山中有一条鸟儿路,
可以横绝峨眉巅④。	可以飞越秦岭到达蜀地峨眉山巅。
地崩山摧壮士死,	直到山崩地裂,压死迎亲的五位壮士,
然后天梯石栈相钩连⑤。	然后才建成天梯石栈,把秦蜀两地钩连。
上有六龙回日之高标⑥,	上有千峰高耸、六龙驾驭的太阳车碰到了也得回返,
下有冲波逆折之回川⑦。	下有万壑峥嵘、奔腾澎湃的激流在此倒退曲折回环。
黄鹤之飞尚不得过,	善飞的黄鹤也无法飞过去,
猿猱欲度愁攀援⑧。	能攀援的猿猴也为难于高攀而愁烦。
青泥何盘盘,	青山岭上的山路啊,盘来转去多曲折,
百步九折萦岩峦⑨。	绕着石岩,走一百步就有九道弯。

扪参历井仰胁息,	登上山顶,伸手就可摸着天上的参星和井星,
以手抚膺坐长叹⑩。	逼得人啊气也难喘,只好手按胸口坐地发长叹。
问君西游何时还?	请问您这次西行游历,何时能回返?
畏途巉岩不可攀⑪。	这险峻的山路啊,实在望而生畏难以登攀!
但见悲鸟号古木⑫,	只听见那古树上悲伤的鸟儿叫得真凄惨,
雄飞雌从绕林间。	雄雌相随林间、飞绕徘徊不前。
又闻子规啼夜月⑬,	又听到月夜下的杜鹃声声哀啼:
愁空山。	"不如归去!不如归去!"愁满空山。
蜀道之难,难于上青天,	蜀道难走啊,真是难过了上青天,
使人听此凋朱颜⑭。	即使听一听也会吓得人失去青春容颜!
连峰去天不盈尺⑮,	高山连着高山,峰顶离天不到一尺远,
枯松倒挂倚绝壁。	悬崖绝壁上,枯松倒挂根儿朝着天。
飞湍瀑流争喧豗,	急流瀑布争着抢着喧闹如雷吼,
砯崖转石万壑雷⑯。	冲山岩推巨石,响声震撼着万壑千山。
其险也若此,	蜀道是这样可怕,这样艰难,
嗟尔远道之人,胡为乎来哉⑰!	你这远方的人为何偏到这儿来冒险?
剑阁峥嵘而崔嵬⑱,	剑门山高峻崎岖山口更是险要,
一夫当关,万夫莫开。	一人把守,万人也别想冲过关。
所守或匪亲,	守将如若不是亲信者,
化为狼与豺⑲。	难免变成豺狼来反叛。
朝避猛虎,夕避长蛇,	那时行人白天要避猛虎,晚上要防毒蛇侵犯,
磨牙吮血,杀人如麻⑳。	它们磨利了牙齿吃肉又吮血,杀人难计算。
锦城虽云乐㉑,	锦城虽说是欢乐繁华的好地方,
不如早还家。	还不如早早转身把家还。
蜀道之难,难于上青天,	蜀道难走啊,真是难过了上青天,
侧身西望长咨嗟㉒!	回头向西望去啊,禁不住惆怅长叹!

【注释】 ①噫(yī)吁(xū)嚱(xī):三个字都是可以各自独立运用的感叹词,蜀地方言。危:高。②蚕丛及鱼凫(fú):传说中古蜀国两位开国君主。茫然,远古事迹因年代久远而渺茫不详。③尔来:从那(蚕丛、鱼凫开国时)以来。四万八千岁:形容时间久远,当是旧石器时代(距今约250万年—约1万年前)晚期。秦塞:指秦地,古代秦国(今属陕西)四面有山包围,被称为"四塞之国",故称秦地为秦塞。人烟:人家、人民。秦、蜀两地因蜀道太难,所以四万

八千年来两地人民互相不能交往。④太白：即太白山，在今陕西蜀县东南一带，属秦蜀岭山脉，因为它横亘在秦都咸阳西南，所以说"西当"。鸟道：鸟飞过的路。这句是说，太白山高人兽不能通过，只有那些稍微低缺的地方有鸟儿可以飞过的路线。横绝：横渡。峨眉：山名，在今四川省峨眉县西南。颠：顶峰。⑤地崩山摧：出自一个开通蜀道的神话传说：秦惠王许嫁五女给蜀王，蜀王派五力士迎接。从秦地回到梓潼，见一条大蛇钻入山洞，他们抓住大蛇的尾巴拽出来，结果山崩，五位力士和五位美女都被压死，从此山分为五岭，秦蜀两地终于相通。天梯：上天的梯子，比喻高山上险峻的路。石栈：在陡峭的岩壁上凿洞，很险要。这几句是说，蜀中险洞中插入木条，可在木条上铺木板，这样的路叫栈道，因为是在岩石上修成，故李白称之为石栈。⑥六龙：出自古代神话传说：太阳是被载于一驾有六条龙拉着的车中往来于天空，东升西落，周而复始。高标：山的最高峰，因为蜀道上的山太高，连日车也过不去，只能回转，所以说"回日"。⑦冲波逆折之回川：都是对蜀地河流惊险的描绘。⑧黄鹤：即黄鹄，善于高飞（图33）。猱(náo 挠)：古书上说的一种猕猴，善于攀援（图92）。⑨青泥：岭名，在今陕西省略阳县西北。盘盘：盘旋曲折的样子。百步九折：形容短距离内道路曲折回环；"百""九"都是虚数；萦：绕；岩峦(luán)：山峰。⑩扪：摸。历：经过。参(shēn)、井：两颗星宿的名字。古代把地面的区域和天上的星宿相对应，叫分野。按古代天文学家的说法，参宿是秦地的分野，井宿是蜀地的分野；扪参历井，即由秦入蜀。仰：仰头；胁息：屏住呼吸，很紧张的样子。此句意思是山高入云，行人仰头一看，伸手就可以摸到，一路所见星辰，会紧张得连大气都不敢出。膺：胸口。⑪畏途：令人望而生畏的路。⑫悲鸟：叫声凄厉悲凉的鸟。号：哀鸣。⑬子规：即杜鹃鸟（图31），又名杜宇，传说为蜀国故望帝魂魄所变，啼声哀怨，听起来像在说"不如归去"。⑭凋朱颜：使红润的容颜立即憔悴失色。⑮去：到，距离。盈：满。意思是说，高山离天不足一尺，极言至高。⑯飞湍(tuān)：急流。瀑流：瀑布。喧豗(huī 灰)：哄闹声。砯(pīng 乒)：水冲击岩石的声音，这里用作动词。壑(hè 贺)：山沟。⑰嗟(jiē 阶)：叹词。尔：你。胡为乎：做什么。乎：句中助词，无实义。⑱剑阁：在今四川剑阁县北，即大剑阁和小剑阁之间一条长约30里的栈道，又名剑门关，是由秦入蜀的必经之路，十分险要，倘若没有可靠的人把守，就会有据险作乱的情况出现。⑲匪：同非。狼、豺和下句的猛虎、长蛇，都是比喻可能造孽的凶狠叛乱者。⑳吮(shǔn)：吸。这几句是说，如果出现了叛乱，叛乱者会像毒蛇猛兽一样吃人吸血，百姓将无地容身，朝不保夕。㉑锦城：今四川成都市。因古代管织锦的官员居此，故称。唐代的成都又称为益州，有天下城"扬一益二"之说，"扬"指扬州，可见成都是当时繁华的商业城市之一，所以李白才有"锦城虽云乐，不如早还家"之句。㉒侧身：转身，这里指回头。

咨(zī)：叹词，长咨嗟，即长叹。

【赏析】《蜀道难》是乐府旧题，前人之作多短篇，李白发展为杂言长篇。此诗的写作年代、背景与寓意有多种说法，这是读此诗绕不开的问题。现在比较通行的说法有两种：一是天宝(742—756)初年在京送友人入蜀而作；一是开元(713—741)年间首次入长安为追求功业无成而作。南朝诗人阴铿的《蜀道难》诗有"蜀道难如此，功名讵可要"句，可见此题原有功名难求的含意。中唐诗人姚合《送李余及第归蜀》诗有"李白《蜀道难》，盖为无成归"句，可见唐代就有人认为这首诗明写"蜀道难"，暗写"仕道难"。前人有"诗无达诂"的说法，这两说均可通，本书认为送友人入蜀较合理。诗里的"锦城虽云乐，不如早还家"之劝，都表明是送友人入蜀。如此说来，蜀道之难是一难，友人唤而不回又是一难。

这首诗是李白的代表作。诗一开头7个字就用了5个感叹词，惊叹蜀道之高危。接着用夸张手法写蜀道之难攀，用神话传说描绘秦地入蜀道路之开拓，形容蜀道之险峻曲折，并以飞鸟悲鸣、峭峰飞瀑渲染气氛，从地理的险峻写到人事的险恶。"一夫当关，万夫莫开"，化用晋人张载《剑阁铭》中的"一夫荷戟，万夫趑趄(zī jū)，形胜之地，非亲勿居"，用典不着痕迹，自然流畅。三次出现"蜀道之难，难于上青天"之感喟(kuì)，形成诗歌的中心旋律，层层唱叹深入。想象丰富，比喻奇特，气势雄伟，极具浪漫色彩，有撼人心魄的艺术魅力。杜甫说李白"笔落惊风雨，诗成泣鬼神"，《蜀道难》就是一个典型例子。据说当时著名诗人贺知章读完这首诗后，连连称叹，把作者李白称为"谪仙"。

将 进 酒①

(高)

君不见，黄河之水天上来，	您可见过黄河之水从天上流下来，
奔流到海不复回！	波涛滚滚直奔东海不再返回。
君不见，高堂明镜悲白发②，	您可见过高堂上对着明镜为苍苍白发而愁，
朝如青丝③暮成雪！	早晨一头乌发晚上就变成了白雪！
人生得意须尽欢，	人在得意之时要尽情享受欢乐，
莫使金樽空对月④。	不要让金杯无酒时空对着明月。
天生我材必有用，	天造就了我这块材料必定会有用，
千金散尽还复来。	即使散尽千金也还会再聚积起来。
烹羊宰牛且为乐，	煮羊宰牛姑且尽情享受欢乐，
会须一饮三百杯⑤。	一气喝它三百杯也不要嫌多。
岑夫子，丹丘生⑥，	岑夫子啊，丹丘生，
将进酒，杯莫停。	快喝酒啊，不要停。

唐代

与君⑦歌一曲， 请君为我倾耳听： 钟鼓馔玉不足贵⑧， 但愿长醉不复醒。 古来圣贤皆寂寞， 惟有饮者留其名。 陈王昔时宴平乐， 斗酒十千恣欢谑⑨。 主人何为言少钱？ 径须沽取对君酌⑩。 五花马，千金裘⑪， 呼儿将出换美酒， 与尔同销万古愁⑫。	我为在座的各位高歌一曲， 请你们一定要倾耳细细听： 钟乐美食这样的富贵不稀罕， 我愿永远沉醉酒中不再清醒。 自古以来圣贤就寂然悄无声， 只有善饮酒的人才留下美名。 当年陈王曹植在平乐观里摆酒宴， 一斗美酒一万钱也不在乎，只管开怀畅饮， 店主人怎么能说，我买酒的钱已经不多， 你尽管端好酒来，让我陪朋友一醉方休。 管它名贵的五花马还是貂皮裘， 快快叫侍儿拿去统统换来美酒， 与你们开怀痛饮，以消融这无穷无尽的万古愁。

【注释】①七言乐府《将进酒》是劝酒歌，其中"将"读（qiāng 枪），"请"的意思。"将进酒"就是"请饮酒"。②君不见，高堂明镜悲白发：在高堂上悬挂的明镜中看到自己的白发而感到悲凉。③青丝：比喻黑头发。④"莫使"句：别让金杯在月下空着而不饮酒。⑤会须：正应当。⑥岑夫子：指岑勋；丹丘生：指元丹丘；二人都是李白的好友。⑦与君：为你。⑧钟鼓：指富贵人家的音乐。馔（zhuàn）玉：吃最名贵的东西。馔：食物；馔玉：形容饮食精美，这里是富贵利禄的代称。⑨陈王：指三国魏诗人、曹操之子曹植，他曾封陈王。斗酒十千：斗酒值十千钱，极言酒美价高。恣：尽情放纵。欢谑：调笑欢娱。⑩径须沽取：毫不犹豫地去买酒。径须：只管。沽：买。⑪五花马：一种毛色驳乱的名贵的马。千金裘：价值千金的名贵皮衣。⑫将出：拿去。销：同"消"。

【赏析】此诗是李白"赐金还山"后写于隐居河南嵩山的元丹丘住所，约在天宝十一年（时51岁）。嵩山之北，黄河从遥远的西天逶迤而来，所以诗的开头既是写景，也是起兴。李白当时胸中积郁很深，政治抱负既不能伸展，岁月又很容易流逝。因此此诗突兀而来的是这样一种叹息："黄河之水天上来，奔流到海不复回"；人生亦如此，岁月匆匆而过，悲愁能令人迅速衰老。既然人生在世不得意，那么就不如酩酊大醉，忘却烦扰。这是一句牢骚、悲愤语，但李白不是沉浸在悲愤中不能自拔的人，他立即又发出了"天生我材必有用，千金散尽复还来"这乐观自信的宣言。这是诗的第一段。诗的以下部分，李白劝朋友多饮酒，在酒中寻找快乐，寄托情怀；钟鸣鼎食的富贵不值得美慕，我们但愿长醉不愿醒！自古及今，只有善饮之人留名于后世，陈王曹植不就是一个例子吗?不要说没有沽酒钱,把五花马、千金裘统统拿出去换钱换酒来饮吧!我与你们一醉方休,忘却那无边无际的深愁吧!一个"愁"字,如同鬼魂一样在诗中出没。这愁,正是李白政治上不遇的悲愁,可以借酒消愁,但醉时苦短醒时苦长;虽说"天生我材必有用",但毕竟现在仍需借酩酊大醉来"与尔同销万古愁"啊!

此诗中,李白政治上不遇的悲愁与乐观自信交织在一起,诗语如长江大河,滔滔不绝,一气流注,充分体现出李白放纵不羁的性格。从诗的情感上看,开头是悲凉,接着是自信,一转又是悲激,完全是诗人个性的自由张扬,是情感上的浪漫。从诗中的数量词来看,"千金""一饮三百杯""斗酒十千""万古愁",有意用大额数量词,也很好地渲染了诗的崇高美和"浪漫美"。

【相关链接】 秋瑾①有一首诗《对酒》:"不惜千金买宝刀,貂裘换酒也堪豪②。一腔热血勤③珍重,洒去犹能化碧涛④。"[注:①秋瑾(1875—1907),字璿(xuán 玄)卿,号竞雄,又号鉴湖女侠,浙江阴山(今绍兴市)人。1894年随父秋寿南赴任湘乡,两年后嫁该县荷叶塘神冲(现属双峰)富商之子王廷钧,生子王沅德,女王灿芝。清末杰出的女革命家。1905年参加光复会、同盟会,1907年起义失败被捕,英勇就义。②貂裘换酒:语出李白《将进酒》:"五花马,千金裘,呼儿将出换美酒,与尔同销万古愁。"堪:称得上。③勤:多,经常。④碧涛:忠烈之血汇成的波涛。相传春秋时期,周大夫苌(cháng 长)弘忠于祖国,得罪了晋国,晋国迫使国王杀死苌弘。百姓十分怜惜他,用石匣藏起他的血,三年后这些血化成碧玉。后世烈士的血为碧血。]

【常识】 专家说,肉制品很浪费资源,每生产1磅牛肉需要16磅粮食。每人每年少吃0.5千克肉食,可节能0.25千克标准煤,相应减排二氧化碳0.7千克;如果全国平均每人每年少吃肉类0.5千克,每年可节约35.3万吨标煤,减排二氧化碳9 101万吨。少吃荤多吃素不但对自己身体有利,对绿色环保也很有好处。

杜 甫(712—770)(图10)

盛唐大诗人,字子美,诗中常自称少陵野老。其先代由原籍襄阳(今属湖北)迁居河南巩县(今属河南),杜审言之孙。自幼好学,知识渊博,对于政治很有抱负。开元后期,举进士不第,漫游各地。天宝三年(744),在洛阳与李白相识。安史之乱前,寓居长安(今属陕西)将近十年,未能有所发展,生活贫困,逐渐接近人民,对当时的黑暗政治有较深的认识,及安禄山军队攻陷长安,乃逃至凤翔(今属陕西),谒见肃宗,官至左拾遗。长安收复后,随肃宗还京,出为华州(治所在华山)司功参军,不久弃官居秦州、同谷。又移家成都,筑草堂于浣花溪上,世称浣花草堂,一度在剑南节度使严武幕中任参谋,被表为检校工部员外郎,故世称杜工部。晚年携家出蜀,病死在湘江舟中。(杜甫生于巩县,葬于巩县,其整修扩建后的陵园于1984年10月1日对游人开放。)

他的诗大胆揭露当时社会矛盾,对统治阶级的罪恶作了比较深的批判,对贫苦人民寄以深切同情。善于选择具有普遍意义的社会题材,反映出当时政治的腐败,在一定程度上表现了人民的愿望。他的许多优秀作品,显示出唐代由开元盛世转向分裂衰微的历史过程,故被称为"诗史"。在艺术上,善于运用各种诗歌形式,风格多样,而以沉郁为主;语言精练,具有高度的表达能力。继承和发展《诗经》以来的优良文学传统,成为我国古代诗歌的现实主义高峰,起着继往开来的重要作用,后人尊之为"诗圣"。《兵车行》《自京赴奉先县咏怀五百字》《望春》《羌村》《北征》"三吏""三别"《茅屋为秋风所破歌》《秋兴》等诗,皆为人传诵,但有些作品有比较浓厚的"忠君"思想。有《杜工部集》传世。

五绝二首(一) (小)

迟日①江山丽,	照耀着大地的红日使江山更加壮丽,
春风花草香。	轻抚着花草的春风飘来一阵幽香。
泥融②飞燕子,	飞回的燕子正衔着融化的泥土筑巢,
沙暖睡鸳鸯③。	贪睡的鸳鸯在温暖的沙滩上享受阳光。

【注释】 ①迟日:春天日渐长,故称"迟日",一指春天的太阳。②泥融:冬去春来,冻土融化,又湿又软。③沙暖:沙滩经日晒而温暖,故鸳鸯贪睡。鸳鸯:一种水鸟(图45),雄雌成双成对地生活在水边。

【赏析】 作者从安禄山攻占的长安城逃难出来,寄居四川,似乎得到了暂时的满足和安定,对江山和春光都加以赞赏,对燕子和鸳鸯都倍加怜爱。

这首诗描写了动人的春景图。一、二句从大处着眼,视野开阔,描写了自然界的景色。诗的开头突出"迟日",统领全篇。正因为春天来到,才会出现"花草香""泥融""沙暖"等现象。后两句生动地描写了两种可爱的飞禽:燕子的动态,显出春意繁闹;鸳鸯的静态,显得悠然自在。动静搭配,相映成趣。诗的意境优美,格调清新,自然流畅。

五绝二首(二) 小

江碧①鸟逾白,	江水碧绿愈显得飞鸟雪白,
山青花欲燃②。	山峦青翠更衬托出花儿火红。
今春看又过,	今年的春天眼看又要过去了,
何日是归年?	何时是我返回故乡的日程?

【注释】 ①碧:指绿色。②花欲燃:花儿红得像火在燃烧。
【赏析】 江碧、鸟白、山青、花红,景色不可谓不美,然而诗人此时却寄居

梓州（今四川三台），因"安史之乱"不能回家。眼看春天又将过去，不禁引起一种漂泊之感，为不能早日返回家乡而感叹。

江南逢李龟年①

	小
岐王②宅里寻常见，	岐王府里常常见到您的身影，
崔九③堂前几度闻。	崔九家中多次听到您的歌声。
正是江南好风景，	恰好是风景依旧大好的江南，
落花时节又逢君。	与您相逢却在这落花的暮春。

【注释】 ①江南：指湖北的长江南部和湖南一带。李龟年是当时著名的歌唱家。天宝年间，李龟年深受玄宗恩宠，经常出入于贵族官僚门第，杜甫年少时曾多次在洛阳听到他的歌声。那时正是唐帝国的全盛时期，但"安史之乱"后天宝年间的繁盛景象一去不复返；数十年后，杜甫晚年在潭州（今长沙市）再次遇到了流落江南的李龟年。②岐王：是唐睿（ruì 锐）宗李旦第四子，玄宗李隆基的弟弟，名隆范，爱好文学艺术，又喜欢结交文人，不管出身贫贱，都很热情礼貌地接待。③崔九：即殿中崔涤，是中书令（后改为右丞相，即宰相）崔湜（shí 时）的弟弟，玄宗很宠爱他。

【赏析】 这首诗通过李龟年的身世变迁，深切地抒发了对国家兴衰的感叹。短短四句，写尽世运之治乱，华年之盛衰。这是杜甫绝句中"最有情韵，最富含蕴的一篇"。

前两句写"安史之乱"前和李龟年频繁相见的情形，流露出诗人对"开元盛世"（713—742）的眷恋之情，也表达了希望破灭后的哀怨。后两句写"安史之乱"（755—763）后，这次在江南的相见。如今这江南的风光景物虽然正当美好，但已是"落花时节"了。在这种情景下相逢，国家衰败了，诗人自己也流落在外多年，又老又病，李龟年则沦落到卖唱度日的地步。这首诗包含了三四十年的国势衰变，人世沧桑，而看起来却自然流畅，毫无痕迹，显示了极高的艺术功力。

【常识】 "读书破万卷，下笔如有神"的作者是谁？（答：杜甫）

赠 花 卿①

	小
锦城丝管②日纷纷，	锦官城里丝竹管弦整日纷纷扬扬，
半入江风③半入云。	随着轻风飞上九霄飘入锦江。
此曲只应天上有④，	此种典调只应该在天宫里演奏，
人间能得几回闻⑤？	人间实难听到这绝妙的乐意？

【注释】 ①花卿：即花敬定，成都著名猛将，崔旰（gàn 干）属部，曾平定段

子璋之乱;卿:古代对别人的尊称。②锦城:成都的别名,又称锦官城,因锦江从成都旁边流过而得名;丝管:指弦乐器和管乐器,此处泛指乐器。③江风:锦江上的风。④此曲:这种美妙的音乐。天上:比喻皇帝居住的皇宫。只应天上有:是提醒花卿的行为已经越轨。⑤人间:比喻皇宫以外,花卿目无朝廷,用了只能皇帝听的音乐。几回闻:听到几次。

【赏析】 杜甫这首诗是写给成都守将花敬定的。花卿因平叛有功,曾放纵部下大掠东蜀,他本人更是居功自傲,经常大宴宾客,笙歌管弦,奢侈淫靡,不守法度。此诗表面上赞扬音乐的精妙,实则暗含讽刺。诗有虚有实,婉转含蓄,将讽刺寓于赞叹之中。诗中绵内藏针,诗意含而不露,是一首耐人寻味的讽刺、劝诫诗。

【常识】 二胡音乐柔和,能模仿人讲话的声调,称为"能说话的乐器"。

春 夜 喜 雨 （小）

好雨知时节,	好雨仿佛知道农事节气,
当春乃发生①。	正当春天需要雨水的时候就来了。
随风潜②入夜,	它随着微风在夜里悄悄地下着,
润物③细无声。	滋润着万物悄然无声。
野径④云俱黑,	云层遮住了星月,田野的道路陷入黑暗之中。
江船火独明。	只有江中渔船上的灯火显得分外明亮。
晓看红湿⑤处,	早晨看那被雨水打湿的红花,
花重锦官城⑥。	颜色更加浓厚,开遍锦官城。

【注释】 ①当春:正当春天需要雨水的时候。乃:就。发生:下雨。②潜:拟人手法,悄悄地。③润物:滋润万物。④野径:田野小路。⑤红湿:红花着雨而湿。⑥花重(zhòng):花因下雨而沉甸甸,且颜色更加浓厚。锦官城:即成都。

【赏析】 这首诗大约作于761年杜甫寓居成都草堂时。诗人经过流离转徙的"一岁四行役",终于在成都草堂定居下来,过着比较安定的生活,可是政治上还是没有出路,抱负不能施展。但诗人并未消沉,而是时时关心国家,所以在诗中表现出了一种积极的情绪。诗人细致入微的描写,刻画了成都春夜降雨后绚丽多姿的景色,表现了自己欢悦的心情。8句不着一个"喜"字,然"喜"意却从罅(xià)缝中迸透而出。"润物细无声"成为人们常用的语汇。春雨本是常见的,诗人却把一场平常的细雨写得有声有色、有情有意,这是因为诗人有细腻的观察力和丰富的想象力。我们平时也应该多看多听多思考,做生活的有心人。

【相关链接】 2009年4月5日有报道说,乌克兰也开展"润物细无声"式的爱国教育。在基辅街头,记者感受了这种别样的教育形式:现场气氛轻松,却又不失庄重;身着白色婚纱的新娘,一只手捧着鲜花,另一只手挽着满脸幸福的新郎,新人鞠躬敬礼,把鲜花放到纪念碑前的长明火旁。

【常识】 "四家诗"指的是"鲁诗""齐诗""韩诗"三家诗和"毛诗"的合称。

绝 句① 四 首(其三)　　　(小)

两个黄鹂②鸣翠柳,	两只黄鹂在翠绿的柳间鸣啭,
一行白鹭③上青天。	一行白鹭飞向湛蓝的青天。
窗含西岭④千秋雪,	从窗口可看到千年不化的西岭积雪,
门泊东吴⑤万里船。	门外江上停泊远隔万里的东吴航船。

【注释】 ①绝句:不是这首诗的题目,而是一种诗歌体裁,每首四句,且要对仗、押韵。②黄鹂:黄莺(图39)。③白鹭:鹭鸶(图32)。④含:窗户对着西边的雪山,就像把远山装在窗框里一样。西岭:泛指岷山,在成都西,冬夏积雪,千年不化。⑤泊:停船。东吴:三国时孙权在江南建立吴国,通称东吴,指今江苏一带。

【赏析】《绝句四首》是杜甫寓居成都草堂时所作,这是其中的第三首。诗人在这首七绝中写了四种景物:黄莺在青翠的柳丛中鸣叫,白鹭在万里碧空中飞翔;西岭千年不化的皑皑白雪,浣花溪中停泊的万里行舟,构成一幅明丽清新、开阔生动的图景。描写中有动有静:鸣啼的黄鹂、飞翔的白鹭是动景;千秋积雪,门泊行舟是静景,动静相间,和谐完美。这明快开朗景色的描绘,反映了诗人欢快激扬的思想感情。全诗通篇对仗,极为工整,表现了诗人对诗歌语言的锤炼。

江畔独步寻花①(其五)　　　(小)

黄师塔前江水东②,	黄师塔前看江水向东流淌,
春光懒困倚③微风。	和煦春风令我觉得懒洋洋。
桃花一簇开无主④,	一簇簇的桃花自由地盛开,
可爱深红爱浅红?	真不知是爱深红还是浅红?

【注释】 ①这是《江畔独步寻花》组诗的第五首。②黄师塔:黄姓僧人的墓葬,蜀地称僧人为"师",称僧人墓为葬塔。江水东:江水向东流淌。③懒困:指春天令人懒洋洋,觉得困倦。倚:凭靠,站立。④开无主:指桃花自由盛开,不属任何人,却又属于每一个人。

【赏析】 诗人来到成都建草堂的第二年春天述说自己访友不遇,索性独自漫步江边,赏花玩景。前三句,交代自己漫步的地点(黄师塔前、大江岸边)及时令(和煦春风、明媚春光);"懒困"二字,写尽春天醉人的特色。一簇簇桃花自由开放,无拘无束,生机勃勃,也是诗人此时此刻自由心态的写照。结尾反问一句,看似目迷五色,没有主张,实在是极赞春光的可爱,令人眷恋难舍,无不喜爱。诗人喜悦舒缓的心情,跃然纸上。

【相关链接】 杜甫《江畔①独步②寻花》组诗的第六首是:"黄四娘③家花满蹊④,千朵万朵压枝低。留连戏蝶⑤时时舞,自在娇莺恰恰啼⑥。"意思是,黄四娘的庭院里繁花把路径遮蔽,千朵花哟万朵花把花枝压得很低。流连忘返的蝴蝶在花间翩翩起舞,欢跃的黄莺也在为花香啾啾娇啼。[注:①江畔:浣(huàn)花溪边。②独步:一个人散步或走路。③黄四娘:是杜甫的邻居,唐人称排行是表示尊敬。④蹊(xī):小路。⑤留连:即留恋,舍不得离开的样子。戏蝶:作游戏的蝴蝶(图91)。⑥娇:可爱。恰恰:莺啼的声音非常和谐动听(图39)。唐时方言,恰好的意思。]

自京赴奉先县咏怀五百字①(节录)

朱门酒肉臭②,	权贵家门荒淫奢侈,酒肉飘香,
路有冻死骨。	贫苦人民冻饿而死,路遗白骨。
荣枯咫尺③异,	富贫只隔咫尺,意有天壤之别,
惆怅④难再述。	实在令人难过,难以再说什么。

【注释】 ①京:指唐朝京城长安。奉先:县名,今陕西省蒲城县。这是杜甫自长安到奉先县所见所闻的感言,原作500字,这里只节选四句20字。②朱门:朱红色的大门,指权贵豪门。臭:作为名词是各种气味的总称,应读xiù;又可解释为臭(chòu)气或香气。"酒肉臭"应理解为酒肉飘香,作为名词的"臭"与下句的"骨"正好是名词对名词。③荣:指朱门的荣华;枯:指冻饿而死的老百姓;咫(zhǐ)尺:比喻距离很近(古代"咫"为8寸)。④惆怅(chóu chàng):失意、伤感、难过。

【赏析】 "朱门酒肉臭,路有冻死骨。"是千古名句。短短10个字,生动地概括了"权贵豪门荒淫奢侈,酒肉飘香"和"贫苦人民冻饿而死"的天壤之别和封建社会制度的不合理。此句一般人理解是:富豪人家奢侈浪费,酒肉吃不完,都发臭了也不救济穷人,真是为富不仁。这种理解总体上是对的,没错,只是对"臭"的理解上有差异。洪义先生曾在《词语春秋》栏目里载文《"朱门酒肉臭"的"臭"是何意?》他认为是"气味",即酒肉的气味,是名词,应读xiù(秀)。其实,"臭"字有三个含义两种读音:一是气味,即各种气味的总称,名词,应读xiù。《广韵》:"'臭'凡气之总名。"不论秽恶之气,还是馥芬之气,皆名为"臭"。如《辞源》:"同心之言,其臭如兰"中的"臭",即香气。明代有一位叫叶敬平的儒生写过一首《正月赴天台山横溪堂》,其中有"未进君家舍,先闻酒肉臭"的句子,即是叙述他去为朋友祝寿,尚未进其家,却已先在路上闻到了美酒佳肴的气味。二是同"嗅"字,动词,如用鼻子闻一闻什么气味,也可用"嗅一嗅"或"臭一臭",也读xiù。《荀子·礼论》:"三臭之,不食也。"就是例证。三是香臭的"臭",形容词,应读 chòu。

【常识】 1.人类过度消费,地球不堪重负。一个美国人消费的能源是一个尼日利亚人的150倍,如果都按照西方人的生活方式,就需要一个比地球大两倍的星球才能满足这种全球消费。

2.肥胖,世界头号保健问题:体重越是增加,患上生活习惯病(心脏病、糖尿病、高血压)的几率越高,得癌症的风险也越大。美国一项调查表明,肥胖使人们患胆囊病的几率增加8倍,患糖尿病的几率增加6倍,患心脏病的几率增加3倍,患高血压的几率增加1.5倍。

月夜忆舍弟①

戍鼓断人行②,	戍楼上响起禁止通行的鼓声,
边秋③一雁声。	秋天的边塞传来孤雁的哀鸣。
露从今夜白,	今天是白露节,更思念家里人,
月是故乡明。	而且觉得家乡的月亮分外明亮。
有弟皆分散,	虽有弟弟但都已离散,各处一方,
无家问死生。	家已不存了,我更想知道家人是死还是生。
寄书长不达,	寄出的书信长时间不能到达,
况乃未休兵④。	只因为国家战乱还没有平定。

【注释】 ①舍弟:对他人称呼自己的弟弟。②戍(shù 术)鼓:军鼓,此指戍楼上的鼓声。断人行:禁止通行,今称"戒严"。③边秋:边塞的秋天。况乃:况且是。④未休兵:"安史之乱"8年(755—763),战未休。

【赏析】 这首诗是乾元二年(759)秋,杜甫在秦州(治所在今甘肃省天水)所作。这年九月,史思明从范阳(今河北涿县)引兵南下,攻陷汴州(今开封),西进洛阳,山东、河南都处于战乱之中。当时,杜甫的几个弟弟正分散在这一带,由于战事阻隔,音信不通,引起他强烈的忧虑和思念。此诗就是他当时思想感情的真实记录。

在思乡人的眼里,故乡的月色格外明亮;兄弟们因为离乱已久,也没得到他们的音信,连想要写封信都没办法收到,怀念之情一层一层递进。

【常识】 今日鸟类之最:最大的鸟是非洲鸵鸟:高2.5 m、体重135 kg、卵重1.5 kg。最小的是南美洲的蜂鸟:体长5~6 cm、体重2~3 g。飞得最快的鸟是野鸭和雨燕:北美的野鸭逃跑时可达128.7 km/h,雨燕最快300 km/h。飞得最高的是大天鹅:可达8 229.6 m;一说是斑头雁或秃鹫,能飞1万多米高。

注:杜甫《前出塞(其六)》见岑参《白雪歌送武判官归京》"相关键接"6。

水槛①遣心（二首选一）

原文	译文
去郭轩楹敞，	草堂离城郭较远，轩楹开阔宽敞，
无村眺望赊②。	远眺四周，皆无村庄很少有人家。
澄江平少岸，	清澈的锦江，江水快要与岸齐平了，
幽树晚多花③。	生长在幽僻处的花木，在晚春时开了很多的花。
细雨鱼儿出，	在蒙蒙细雨中，锦江的鱼儿时时浮出水面，
微风燕子斜④。	燕子在微风中飞得轻盈偏斜。
城中十万户，	成都城中有十几万户人家，十分繁华，
此地两三家⑤。	我这里却很偏僻，只有两三户人家。

【注释】 ①水槛(jiàn)：水亭的木栏，此指草堂的水亭。②去：离。郭：城郭。轩楹：廊柱，指草堂的轩廊。敞(chǎng)：开阔。赊(shē)：远。③澄：清澈；江：锦江。幽树：生长在幽静处的花木。④"细雨"两句是人们常常引用的名句。斜，古时读xiá。⑤城中：指成都。十万户：《旧唐书·地理志》称：成都"户十六万九千五百"这里是举其整数，意指成都很繁华。

【赏析】 杜甫经过十几年的战乱，终于在成都草堂定居下来，又修建了垂钓、远眺的水亭。《水槛遣心（二首选一）》大约作于公元761年。这是第一首，诗中通过远眺所感，描写了草堂四周开阔宽敞，幽静清雅的景色，开朗清新。在艺术表现上此诗也很有特色：起首两句写诗人在水亭远眺的感受，点明草堂离成都较远，附近人烟稀少，开阔无障；接着远望锦江，碧波荡漾，草堂周围花木繁茂，清新宜人；五六句由远而近，用精雕细刻的手法写出了细雨、鱼儿、微风、燕子的形态景象，表现了诗人入微的观察和高度的概括能力，高超的艺术技巧；七八句和篇首照应，写得更加具体。全诗由远及近，以工笔勾画，形象突出鲜明，意境开阔。

闻官军收河南河北

原文	译文
剑外忽传收蓟北①，	剑门关外忽然传来收复河南河北的喜讯，
初闻涕泪满衣裳。	我一听到消息泪水便沾满了衣裳。
却看妻子②愁何在，	回头看看妻儿，他们的愁容也没有了。
漫卷③诗书喜欲狂。	我胡乱地卷起诗书，高兴得几乎发狂！
白日放歌须纵酒④，	白日里我放声歌唱，痛饮美酒，
青春⑤作伴好还乡。	明媚的春光将陪伴我返回久别的故乡。
即从巴峡穿巫峡⑥，	即时从巴峡穿过巫峡，
便下襄阳向洛阳⑦。	过了襄阳就直奔洛阳。

【注释】 ①剑外:蜀地在剑门关之外,以长安言之,故称剑外。蓟北:泛指幽州、蓟州一带,即今河北北部,这里指"安史"叛军的根据地,763年被代宗李豫的军队收复。②却看:回头看;妻子:妻子和子女。③漫卷:随便卷起。④纵酒:开怀畅饮。⑤青春:春天。⑥巴峡:指今重庆市东面的巴峡,俗称"小三峡"。巫峡,长江三峡之一,在今重庆市东面。⑦襄阳:在今湖北,是杜甫的祖籍;洛阳:在今河南,杜甫后迁居于此。

【赏析】 "安史之乱"长达8年,给国家和人民带来巨大的灾难。杜甫当时寄居梓州(今四川三台),早就盼着能尽快平定。当这一天终于盼来时,他激动得悲喜交加,喜极而泣,便写下了这首震烁千古的七言律诗。诗的主线,着一个"喜"字。前四句由"忽传"到"初闻",再到"却看""漫卷",几个连续动作把惊喜的心情描绘得活灵活现。后四句通过想象,尽力描写"喜欲狂"的激动心情,他不但要高歌痛饮,而且恨不得趁着大好春光马上回到故乡,这从他一口气列出四个地名,就能看出他的心早已沿着这一路线飞走了!诗人在诗中直抒胸臆,奔流直泻,一气贯注,一改杜甫诗歌常见的沉郁顿挫的风格。此诗是杜甫"平生第一快诗",一是写作快,二是心里痛快。1945年8月15日,当日本帝国主义无条件投降的消息传到重庆,欢呼雀跃的市民都不约而同地背诵着这首诗。

【常识】 《九九歌》(冬至始数九):"一九二九不出手,三九四九冰上走。五九六九沿河看柳。七九河开,八九燕来。九九加一九,耕牛遍地走。"

曲 江① 对 酒（其二）

朝回日日典②春衣,	上朝回家拿着春衣去典当,
每日江头尽醉归。	每天都去江头,大醉而归。
酒债寻常行处③有,	我去过的酒店都欠了酒债,这很平常,
人生七十古来稀。	人生活到七十岁,自古以来都很稀奇。
穿花蛱蝶深深见④,	蝴蝶在花丛中穿来穿去,时隐时现,
点水蜻蜓款款飞⑤。	蜻蜓在水面上缓缓飞行,忽高忽低。
传语风光共流转⑥,	寄语大好春光,我要和蝴蝶蜻蜓同行游玩,
暂时相赏莫相违⑦。	即使给我短暂的欣赏也不与我的心愿相违。

【注释】 ①曲江:曲江池的简称,在长安(今属西安市)东南角,时为都中第一胜景(今与北面新修建的"大唐芙蓉园"相通)。②朝回:上朝归来;典:典当、抵押。③酒债:赊欠的酒钱;行处:所到之处。④蛱(jiá)蝶:蝴蝶的一种(图91),这里指蝴蝶。深深见:忽隐忽现。⑤款款飞:慢慢地飞。⑥传语:寄予;共流转:一起度或一起游玩。⑦莫相违:不要违背自然规律。

【赏析】 这首诗作于乾元元年(758)暮春,杜甫46岁虽任左拾遗,但无可谏之言,于是怀着一种失意的心情来到池边,面对落花纷飞的暮春景象和"安史之乱"(755—763)后曲江边的残破景象,不禁伤感,借诗抒怀。诗有两首,这是其中的第二首。前一首伤春感时,叹人事无常,何必被荣辱所牵连。这一首写散朝归来,赏春纵酒,苦中作乐的情态和心境。前两联着意描写一个"穷"字,"典春衣""酒债"与"尽醉归""行处有"似乎矛盾,实是诗人生活情形的真实写照。后两联宕开笔锋,由"穷"而"达",诗人写"达"并没有简单地说理,而是笔笔落在景上、物上,用"深深见""款款飞""共流转""相赏"极尽描写明媚多趣的春光,表现出人与自然的亲切和融洽。

【相关链接】 年龄的别称和雅称:

1岁以内—襁褓	24岁女—花杏年华
1岁多—婴儿	24岁男—花信之年(二十四番花信风,简称"花信风")
2~3岁—孩提	出嫁女—标梅之年
幼年儿童—总角、垂髫①	壮年—春秋鼎盛
7岁男—韶年	30岁(男)—而立之年
7岁女—髫年	40岁—不惑之年
10岁以下—黄口②	50岁—半百、知非之年、艾服、知命、知天命
12岁女—金钗之年	五六十岁—耆艾之年
13、14岁女—豆蔻之年③	60岁—耆艾、花甲、甲子、平头、耳顺之年
13~15岁—舞勺之年	70岁—从心之年、古稀之年、悬车之年
15~20岁—舞象之年	80岁—耋(dié喋)、杖朝之年、(伞寿)
15岁女—及笄之年④	88岁—米寿 (77岁—喜寿)
15岁男—志学之年	90岁—耄(mào冒)、上寿
16岁女—碧玉年华	八九十岁—鲐背之年、耄耋之年
16岁男—二八年华	100岁—期颐 (99—白寿)
20岁女—桃李年华	108岁—茶寿
20岁男—弱冠	(男孩七八岁和女孩7岁之前无性别意识)

[注:①髫(tiáo条):古时小孩额前下垂的短发。②雏鸟的嘴呈黄色,古称十岁以下的小孩为黄口小儿。③比喻处女。杜牧《赠别诗》:"娉娉袅袅十三余,豆蔻梢头二月初。"后谓女子十三四岁为豆蔻年华。梢(shāo烧):树梢,眉梢。娉(pīng乒):形容姿态美好的样子。④笄(jī基):古时盘头发用的簪子。]

【常识】 1. 2011年是保护蝙蝠年,蝙蝠是唯一具有飞行能力的哺乳动物。

2. 塑料袋的处理很麻烦:自然腐烂需200年,埋掉又污染地下水,烧掉又产生有害气体,所以请自觉使用环保袋。

3. 一般生殖率低的鸟类寿命较长,生殖率高的寿命较短,如金翅雀2~3岁、燕雀4~5岁、鹅10岁、家鸡20岁、鸽30岁、鸭40岁、鹦鹉40~60岁、鹰

70岁、雕80～90岁、天鹅属于100岁寿星。

望岳① (初)

岱宗夫如何？	如果登上挺拔矗立的泰山,会看到什么呢？
齐鲁青未了②。	从齐到鲁都可以看到那苍翠的峰峦延绵不断。
造化钟神秀③,	天地万物之主把神气秀美都凝集到泰山,
阴阳割昏晓④。	高耸的泰山南山北明暗清晰分明。
荡胸生层云,	山谷中升起的层层云气,使人看后胸怀开阔激荡,
决眦入归鸟⑤。	睁大眼睛远望,飞回泰山丛林的归鸟都尽收眼底,
会当凌⑥绝顶,	我将来总会登上泰山顶峰远眺,
一览众山小。	周围的群山将会显得低矮渺小。

【注释】 ①望岳:近泰山而望,没有登山,故题作《望岳》。②岱宗:泰山的别称,因泰山为五岳之首,故被尊称"岱宗";齐鲁:春秋时的两个诸侯国;青未了:泰山青苍的峰峦,延绵不断。③造化:天地万物的主宰者;钟:聚集;神秀:神奇秀丽。④阴阳:山南为阳、山北为阴;割:划分。昏晓:一作"分晓",暗。⑤荡胸:荡涤心胸;决:裂开。眦:眼眶;决眦:睁开眼睛远望。⑥会当:即"将来总会",表示将来终有一天要登上去。凌:登,升;览:看。

【赏析】 唐玄宗开元二十三年(735),杜甫赴洛阳科考,结果落第而归,于是北游齐鲁,此诗作于途中。诗人通过近泰山而望的感受,描写出一幅苍茫开阔的"泰山图"。诗中勾画出泰山磅礴高耸的气势,苍翠葱郁的景色,以及"一览众山小"的胸襟,表现了诗人热爱祖国河山和攀登(诗歌)顶峰的决心。全诗开阔明朗,情调健康;而"会当凌绝顶,一览众山小"之所以为人传诵,是因它不仅表达了作者的凌云壮志,而且富有哲理内涵。

【相关链接】 孔子登过泰山,并写下"登泰山而小天下"的哲理名言。宇航员在更高的高度看,"众山"就更小了,就连地球也成了"地球村"。

春望① (初)

国破②山河在,	国都沦陷山河依旧在,
城春草木深③。	京城春天草盛树阴深。
感时花溅泪④,	感伤时鲜花都洒眼泪,
恨别鸟惊心⑤。	悲恨离别飞鸟也惊心。
烽火连三月⑥,	战争打了两年多,到今年三月我仍困在长安,
家书抵⑦万金。	家信难传,得到一个字也抵得上一万金。
白头搔⑧更短,	我的白发越搔越短了,
浑欲不胜簪⑨。	简直无法插得上头簪。

【注释】 ①春望:春天看到的景象。②国破:唐肃宗至德元年(756)六月,国都长安被叛军攻破了。七月,杜甫听到肃宗在灵武(今银川市南面的灵武市)即位的消息,便把家小安顿在鄜州(今延安市南面的富县)的羌村,去投奔肃宗。途中被叛军俘获,带到长安。因他官卑职微,未被囚禁。③城:指长安城;草木深:草木疯长,一片荒凉。④感时:感叹时局,为国家的前途忧伤;花溅泪:看到花令人掉眼泪。⑤恨别:悲恨亲人离散;鸟惊心:飞鸟掠过也令人心惊。⑥烽火:古代边塞发生战争时以烽火报警,这里指战争。连三月:指整个阳春三个月都处于战乱之中。一指杜甫在长安度过了两个战乱的暮春三月。⑦家书:家信,因杜甫被叛军俘获带到长安,全家离散,不知下落;抵:值。⑧白头:白头发;搔:用指甲挠。⑨浑欲:简直就要;不胜簪:插不上簪子了。簪(zān):古时用来绾(wǎn)住长发的一种首饰。

【赏析】 唐肃宗至德二年(757)暮春三月,45岁的杜甫仍只身困居长安,他看到遍地战火,社稷残破,怀念离散的家人,不由得见花流泪,见鸟悲痛,见到一封家信就像得到万金一样珍贵。自己开始年老,渐白的头发越搔越稀,连簪子都快要插不上了。《春望》作题,大都写春天的美丽景色,而此诗却通过对春景的描写,抒发了家国之痛,深刻地表现了对国家、时局的关切忧伤。此诗的艺术特点:以景衬情,既以京城凄凉景象作正衬,又以春天的美好景象做反衬,处处照应,意在言外。特别是名句"烽火连三月,家书抵万金",使人感到言近旨远,意味无穷,是爱国诗歌里的佳作。

【常识】 "三吏""三别"是指杜甫的6首诗,即《石壕吏》《新安吏》和《潼关吏》;《新婚别》《无家别》和《垂老别》。

【相关链接】 1. 2011年3月26日,《今日美国报》网站发表题为《反对观点:又一场不必要的战争》。文章说,伊拉克战争是基于谎言发动的,战争的代价是4 441名美国军人的牺牲,以及超过3万亿美元的长期开支。基于对历史的曲解而发动的阿富汗战争造成了无数人丧生、1 511名美国军人的牺牲,以及5 000亿美元的开销。这些战争没有一场是必要的。……而战争的"人道主义"本质随着平民伤亡的不断增加已经荡然无存了。

2. 2013年2月《贵州日报》报道:原省委书记栗战书在开阳县信步走进一户农家。女主人说:前些年自家宅基地借给村委会办公,村委会搬走后,不还宅基地,我儿子去讨要,就被抓起来关了几天。栗书记回到车上,心情沉重地问随行人员:"你们读过杜甫的《石壕吏》吗?诗里讲述了'有吏夜捉人'的故事。今天农妇讲的事情,虽然发生在前几年,但我们能不能认真思考思考……一些地方干部作风粗暴,动不动就对群众来硬的、动粗的,怎么能不伤老百姓的心,不伤群众的感情呢!"

石壕吏①

暮投②石壕村，	我傍晚投宿石壕村，
有吏夜捉人。	晚上有差役来抓人。
老翁逾墙走③，	老头越过墙逃跑了，
老妇出门看。	老妇出门去查看。
吏呼一何④怒！	差役吼叫得多么凶狠！
妇啼一何苦！	老妇人啼哭得多么痛苦！
听妇前致词⑤：	我听到老妇走上前对差役说：
"三男邺城戍⑥，	"我三个儿子应征去防守邺城。
一男附书至⑦，	一个儿子捎信回来报告，
二男新⑧战死。	两个儿子最近刚战死了。
存者且偷生⑨，	活着的人暂且活一天算一天，
死者长已矣⑩！	死去的人永远回不来了！
室中更无人⑪，	家里再没有别的男丁了，
惟有乳下孙⑫。	只有一个还在吃奶的孙子。
有孙母未去⑬，	因为有孙子在，他的母亲才没有离去，
出入无完裙⑭。	她进进出出都还是衣不遮体。
老妪力虽衰，	老妇我虽然力气已经衰弱，
请从吏夜归⑮，	姑且请让我随你们到兵营去。
急应河阳役⑯，	以便应急到河阳去服役，
犹得备晨炊⑰。"	还能够为军队准备明天的早饭。"
夜处语声绝⑱，	深夜了，说话的声音没有了，
如闻泣幽咽⑲。	好像听到有人隐隐约约地低声哭。
天明登前途，	天亮了，我登程赶路，
独与老翁别⑳。	只能同那个老翁告别了。

初唐代

【注释】 ①石壕：也叫石壕镇，在今河南三门峡东南。吏：小官，这里指差役。②投：投宿。③逾(yú)：越过。走：跑了。④一何：多么。⑤前致词：走上前去(对差役)说。⑥邺城：即相州，在今河南省安阳县；戍(shù)：防守。⑦附书：捎信回来。⑧新：最近。⑨偷生：苟且活着。⑩长已矣：人死不能复生，永远完了。"已矣"连用，表示感叹；已：停止，这里引申为完结。⑪更无人：再没有别的男丁了。⑫乳下孙：正在吃奶的孙子。⑬有孙母未去：因为有孙子在，他的母亲才没有离去。⑭无完裙：没有完整的衣服。裙，这里泛指衣服。⑮请从吏夜归：请让我今晚跟随你们一起回兵营去。请：请让我。⑯急应河阳役：赶快到河阳去服役。应：应征。河阳：在黄河北岸，今河南省孟县。

邺城溃败后,郭子仪退守河阳。⑰犹得:还能够;备:办。⑱夜久:深夜了。⑲泣幽咽(yè):(有人)低声地哭;幽咽:形容低微、断续的哭声。⑳天明登前途,独与老翁别:(诗人)天亮登程赶路的时候,只同那个翁头告别了。

【赏析】 此诗作于唐肃宗乾元二年(759)春天,当时安禄山已被他儿子安庆绪杀死,长安和洛阳相继收复,但安庆绪还占据相州(今河南安阳),拥有重兵。郭子仪等九位节度使率60万大军包围相州,久攻未下,三月三日被叛将史思明的援军打败。60万唐军几乎全部溃败。以唐肃宗为首的统治集团,为迅速补充兵力强行征兵。杜甫这时由洛阳返回华州(今陕西华山地区),将沿途所见所闻,概括提炼写成著名的现实主义诗篇《新安吏》《石壕吏》《潼关吏》《新婚别》《垂老别》《无家别》。《石壕吏》就是"三吏"中写得较深刻的小型叙事诗。

在诗中通过官府差役在石壕村夜捉老妇应役的描写,揭露了封建统治阶级强迫人民服役的罪恶行径,反映了广大人民在战乱年代的悲惨遭遇。腐朽的唐王朝无力平定"安史"叛乱,为了维护其反动统治,采用极为残酷的手段,深夜捉人,连老妇也不能幸免。诗中没有一句直接对那黑暗统治予以谴责的话,而是以生动的艺术形象来表现诗人的批判精神。

此诗在艺术上有独特之处。从结构上看,诗人以时间为顺序展开描写。由夜暮投宿见官吏捉人,到夜深闻悲泣之声,再到天明独与老翁告别,层层深入,脉络清晰,完整紧凑。从艺术手法上看,诗人把复杂曲折的事件集中在一夕一朝,通过故事的发展和典型人物老妇的言行来抨击官吏的蛮横,揭示人民的苦难,有着较强的艺术感染力,现示诗人概括生活、表现生活的艺术能力。就诗歌语言而论,通俗流畅,明白如话,毫无雕琢之迹。

【常识】 减少使用洗涤精:洗食具时如果油腻过多,可先将残余油腻刷掉,再用热水烫或热肥皂水清洗,这样洗不会让油污过多的排入下水道,有重油污染的厨房用具也可用苏打加热水来清洗。

茅屋为秋风所破歌 （初）

八月秋高风怒号①,	八月秋高大风怒号,
卷我屋上三重茅②。	卷走我房上层层茅草。
茅飞渡江洒江郊③,	茅草飞过江南洒落江边,
高者挂罥长④林梢,	高的挂在长长的树梢,
下者飘转沉塘坳⑤。	低的飘落水洼塘坳。
南村群童欺我老无力,	南村一群小孩欺负我而无力,
忍能对面为盗贼⑥,	竟忍心当面做"盗贼",
公然抱茅入竹去⑦。	公然抱着茅草进入竹林,
唇焦口燥呼不得⑧,	我口干唇燥呼着不顶用,
归来倚杖⑨自叹息。	回家拄着拐杖独自叹息。

俄顷⑩风定云墨色，	转眼间风停云加厚，
秋天漠漠向昏⑪黑。	秋色来临天色变得阴暗昏黑。
布衾⑫多年冷似铁，	多年的布被冰冷如铁，
娇儿恶卧踏里裂⑬。	小儿睡不安稳将被里蹬裂。
床头屋漏无干处，	房里漏雨床前湿，
雨脚如麻未断绝⑭。	下雨如麻不断绝。
自经丧乱⑮少睡眠，	"安史之乱"以来睡眠就少了，
长夜沾湿何由彻⑯。	长夜潮湿如何挨到东方白！
安得⑰广厦千万间，	怎样才能得到宽敞房屋千万间，
大庇天下寒士俱欢颜⑱，	庇护天下受苦人，让他们开心，
风雨不动安如山。	不为风雨发愁，安稳得像山一样。
呜呼⑲！	唉！
何时眼前突兀见此屋⑳，	什么时候眼前突然耸现这样的房屋，
吾庐㉑独破受冻死亦足！	即使我的房破受冻致死心里也满足！

【注释】①秋高：秋深。风怒号(háo)：狂风吹得势猛、声大。②三重(chóng)茅：几层茅草。古诗文中"三""九"常表示多数。③洒江郊：散落在江岸郊野。④罥(juàn绢)：缠绕，牵挂；长(cháng)：意指高高的。⑤沉：深；塘：指堤岸；坳(ào)：地面低洼处。⑥"忍能"句：竟然能忍心当面做"盗贼"。⑦竹：竹林，住户周围有竹林；"入竹去"即回家去了。⑧呼不得：喊也不顶事，叫不动他们。⑨倚杖：拄着拐杖。⑩俄顷：一会儿。⑪漠漠：灰蒙蒙的；向昏黑：渐渐黑了下来。⑫衾(qīn钦)：被子。⑬娇儿：小儿；恶卧：睡觉不安稳(不规矩)；踏里裂：把被子都蹬破了。⑭雨脚：俗语，雨丝落地，犹如雨脚一样。⑮丧乱：战乱，指公元755年爆发的"安史之乱"，诗人一家在战乱中到处奔走逃难。⑯何由彻：怎么才能挨到天亮？彻：彻晓、天亮。⑰安得：怎么能得到。⑱"大庇"句：把天下贫寒之人全部庇护起来(不让风雨侵袭)，大家都欢欢乐乐地生活。庇(bì)：遮掩、庇护。⑲呜呼：唉！表示慨叹。⑳突兀(wù勿)：高耸突出。见，同"现"。㉑庐：房舍、茅庐。

【赏析】　唐肃宗乾元二年(759)，杜甫到达成都，第二年靠亲友帮助，在浣花溪边盖起一座茅屋，即草堂。公元761年秋(农历八月)，一场大风吹破了茅屋，接着又连夜下雨。诗人在屋漏又遭连夜雨的艰难愁苦中，不是只想到自己一人一户，而是忧国忧民，为天下万千寒士着想，写下了千古名篇《茅屋为秋风所破歌》。全诗分四部分。第一部分5句，句句押韵，写狂风怒吼，掀走茅草，气氛恐怖。第二部分5句，写群童抱茅入竹(也是因为贫苦所致，把茅草抢回家)，诗人无可奈何。第三部分8句，写阴雨夜冷，屋漏地湿，无法入睡，联想战乱之苦,何日是个尽头。最后6句,由叙事转到抒情,以三个九字句,两个七字句,一个二字句慨叹,组成铿锵有力的节奏和激情奔放气势,袒露了诗人以天下苍生为念,宁苦身以利人的博大胸怀和崇高理想。全诗语言通俗质朴,叙事形象细致真切,处处含情。最后几句更是永放光辉的千古名句。诵读时要注意叙事角度的三次转换中所包含的愁苦、无奈、忧愤等感情,特别是最后直抒胸臆的激情喷发,体会诗人胸怀,理解全诗主题。

【相关链接】 杜甫此诗的最后两句与李纲《病牛》的后两句有异曲同工之妙。《病牛》全诗四句:"耕犁千亩实千箱①,力尽筋疲谁复伤②?但得众生③皆得饱,不辞羸病卧残阳④。"大意是:耕种过千万亩地,收获的粮食装满了上千个粮仓,而今我力气耗尽、筋骨疲乏了,又有谁会同情?但愿世上百姓都得到温饱,即使我瘦弱病倒在夕阳下也在所不辞。[注:①实千箱:实就是粮食,一作充实、装满;箱:即粮仓。②伤:同情、哀怜之意;复:又。③但得:只要;众生:指广大老百姓。④不辞羸病:不计较瘦弱老病;羸(léi):瘦弱。李纲(1083—1140),南宋大臣,邵武(今福建邵武市)人,政和年间进士,靖康元年(1126)金兵初围开封时,阻止钦宗迁都,曾图结军民击退过金兵,后被排挤;次年,高宗赵构即位,用为宰相,主张用两河一军收复失地;在职70天又被排斥,后任湖广宣抚使等职,多次上疏,陈述抗金大计,均未被采纳。]这首诗,作者自比羸牛,甘为众生"卧残阳"。

蜀 相① (高)

丞相祠堂②何处寻?	蜀丞相的祠堂到哪里去寻找?
锦官城外柏森森③。	锦官城外柏树长得高大茂盛的地方。
映阶碧草自春色,	祠堂中的花草虽然好看,我却不愿细品,
隔叶黄鹂④空好音。	隔叶的莺歌虽然好听,我也无心欣赏。
三顾频烦天下计⑤,	刘备曾三顾茅庐,与他共商统一天下大计,
两朝开济老臣心⑥。	后又辅佐两朝匡济艰危,尽了老臣的忠。
出师未捷身先死,	可惜出师伐魏未捷而病亡军中,
长使英雄⑦泪满襟。	长使历代英雄们对此涕泪满衣裳。

【注释】 ①蜀相:三国时蜀国丞相诸葛亮。②丞相祠堂:据《方舆胜览》载:武侯祠在成都西南。③锦官城:古代成都的别称;成都产蜀锦,古代曾设官专管,所以又称成都为锦官城或锦城。柏森森:柏树长得高大而茂密。唐时武侯祠堂有老柏树,相传为诸葛亮亲手栽种。④黄鹂(图39):黄莺。"自春色""空好音",都是无心欣赏的意思。⑤三顾:三次拜访。频烦:多次烦劳。天下计:统一天下的谋略。⑥两朝:指蜀国刘备、刘禅父子两代。开:帮助刘备开创基业。济:辅佐刘禅匡济艰危。五、六句概括了诸葛亮一生的事业,早年辅佐刘备建立蜀国,晚年辅佐刘禅,耗尽心血。⑦出师:出兵。诸葛亮为了伐魏,曾六出祁山。234年率兵占领五丈原(今陕西西南),与司马懿相峙百余

日,8月病死军中,葬于定军山(今陕西勉县东南)。英雄:此指追怀诸葛亮的人们。

【赏析】 这是一首有浓厚主观情感的咏史诗。作者漂泊西南时,写了不少怀念诸葛亮的诗,这一首是乾元三年(760)寓居成都时所作。当时"安史之乱"尚未平息,作者深感朝中无人,希望能有诸葛亮这样的政治家来辅佐肃宗李亨,平定叛乱,恢复国家统一的局面。诗中体现了对诸葛亮的赞扬和希望革新朝政的思想。诗的前半首写祠堂的景色。首联自问自答,写祠堂的所在,颔联"映阶碧草自春色""隔叶黄鹂空好音",除了写祠堂的荒凉,字里行间也寄托着诗人睹物思人的情怀。后半首写丞相的为人。颈联写他雄才大略("天下计")和忠心报国("老臣心");末联叹息他壮志未酬身先死的结局,引发了读者的共鸣。

这首诗在艺术上的特点是:(1)抓住祠堂这一典型环境特征,如柏树森森,碧草萋萋,黄鹂空鸣来渲染寂静、肃穆的气氛,把诗人对诸葛亮的怀念之情表现得十分深沉。(2)通过对诸葛亮政治活动的概括描写,勾画出了他一生勤勉有为的形象,激起人们对他的崇敬。(3)结尾一联从诸葛亮功业未竟留给后人的怀念之情,表达了对他的赞美。

【相关链接】 1. 传说赤壁大战前,周瑜妒忌诸葛亮的才智,总想找个借口杀掉他。在一次酒宴上,周瑜对诸葛亮说:"孔明先生,我吟一首诗,你若对得出,有赏;对不出,以杀头为罚,如何?"诸葛亮从容笑道:"军中无戏言,请大都督先说。"周瑜大喜,开口吟道:"有水也是溪,无水也是奚,去掉溪边水,加鸟便是鸡(鸡)。得志猫儿胜过虎,落魄凤凰不如鸡。"诸葛亮笑笑,开口吟道:"有木也是棋,无木也是其,去掉棋边木,加欠便是欺。龙游浅水遭虾戏,虎落平阳被犬欺。"周瑜听罢大怒,但碍于有言在先,不便发作,便又出一首:"有手便是扭,无手便是丑,去掉扭边手,加女便是妞。隆中有女长得丑,百里难挑一个妞。"诸葛亮知道周瑜这是嘲笑自己的老婆长得丑,便立刻答道:"有木也是桥,无木也是乔,去掉桥边木,加女便是娇。江东美女大小乔,曹操铜雀锁二娇。"周瑜知道这是在奚落自己的夫人,怒发冲冠,正想发作,鲁肃见事不妙,急忙说道:"有木也是槽,无木也是曹,去掉槽边木,加米便是糟。当今之计在破曹,龙虎相急岂不糟?"话音未落,众人击掌喝彩。

2. 2013年6月29日,韩国总统朴槿惠在清华大学演讲,多次引用中国古语,称令其终身受益。她说自己年轻时曾梦想当一名电子工程师,但失去母亲和父亲的悲伤,让她转向哲学阅读,并把名言警句抄在笔本上,诸葛亮写给儿子的"非淡泊无以明志,非宁静无以致远"让她受益终身。

【常识】 1. 2008年《瞭望新闻周刊》第9期报道:今后干部选拔要"以德为先",在有德的基础上考察是否有才。德才兼备,破格重用;有德无才,培养使用;有才无德,限制使用;无才无德,坚决不用。十八大党章修正案对党员和党的干部提出新的要求是"德才兼备、以德为先、五湖四海、任人为贤"。

2.雷锋是道德的典范,1962年在沈阳军区汽车团牺牲时才22岁。1963年3月5日,毛主席号召全国人民向雷锋同志学习,因此每年的3月5日定为学习雷锋活动日。2012年3月2日,53岁的中国矿工郭明义因助人为乐被授予"当代雷锋"称号。他在过去16年里,用自己1/3的收入资助180名儿童上学,还在过去20年里,献血6万毫升,是自身血量的10多倍。

登 高

(高)、大

风急天高猿啸哀,	高天上急骤的秋风吹得猿声分外悲哀,
渚清沙白鸟飞回①。	洁白冷清的沙洲上几只水鸟回旋徘徊。
无边落木萧萧②下,	无边无际的树叶在秋风吹打下萧萧而落,
不尽长江滚滚来。	望不到尽头的长江波涛汹涌,滚滚而来。
万里悲秋常作客,	离家万里常年漂泊秋来更添愁悲,
百年多病独登台③。	一生多病年老体衰今日独自登台。
艰难苦恨繁霜鬓,	艰难苦恨折磨我两鬓生满了白发,
潦倒新停浊酒杯④。	穷困潦倒新近又停了浇愁的酒杯。

【注释】①渚(zhǔ主):水中小洲(一块陆地)。渚清:渚边的江水清澈。飞回:鸟因风急而在天空盘旋。②落木:落叶,萧萧:象声词,风吹飘落的树叶所发出的声音。③万里:指远离故乡,常作客:指长久客居异乡,这是引起悲秋的原因。百年:犹言一生;独登台:独自登高眺望。④苦恨:甚恨;繁霜鬓:两鬓白发繁多;新停浊酒杯("杯"可读pái排):重九登高本应喝酒,但因肺病停了酒。

【赏析】这首诗是"安史之乱"后4年、杜甫55岁时(公元767年)在夔(kuí葵)州(今重庆市奉节县)所作。前四句写登高所见,气象苍凉恢廓;后四句抒发感慨,交织着对国运艰难的关注,同时对自己沦落他乡不胜感伤。这首七律曾被前人誉为"古今七律第一"。在艺术表现上,有以下特色:(1)通篇对仗,而首联又是当句对,"风急"对"天高","渚清"对"沙白"。(2)句法交错而又相接。前四句是一、三句相接,都是写所闻;二、四句相接,都是写所见。后四句是五、七句相接,六、八句相接。在意义上是互相紧密联系的,因"风急"而闻落叶萧萧,因"渚清"而放眼滚滚长江,因"悲秋"而勾起"苦恨";因"多病"而引起"停杯"。(3)不仅写景(前四句写自然之秋)具有巨大的艺术概括力,而且是融情(后四句写人生之秋)于景,浑然一体,有着较强的感人力量。(4)颔(hàn汗)联秋景逼真,是后人传诵的名句。颈联十四字包含多层含意,讲述了人生的苦况,更令人寄予强烈的同情。

现在引用"无边落木萧萧下,不尽长江滚滚来"这两句常常赋予其以新的思想含义,说明自然和社会发展规律不以人的意志为转移,旧事物、旧势力必然衰败和死亡,新事物、新势力定然成长、壮大和胜利。

【相关链接】 由于战乱和当时的社会制度,使我们的"诗圣"生活潦倒。反观今日,胡锦涛在十八大报告中强调:解决好人民最关心、最直接、最现实的利益问题,在学有所教、劳有所得、病有所医、老有所养、住有所居上持续取得新进展,努力让人民过上更好的生活。

登 岳 阳 楼 （高）

昔闻洞庭水,	很早就听说过烟波浩渺的洞庭湖,
今上岳阳楼①。	今天才登上这居高临下的岳阳楼。
吴楚东南坼②,	东吴南楚分明被大湖切割成两地,
乾坤③日夜浮。	天地日月好像日夜在湖水上漂浮。
亲朋无一字④,	世乱年荒亲朋好友没有半点音信,
老病有孤舟⑤。	我已老病到处漂泊只守一叶孤舟。
戎马关山北⑥,	遥望北方啊外敌入侵战事仍不断,
凭轩涕泗流⑦。	靠着窗口我忧愤悲愁老泪纵横流。

【注释】 ①岳阳楼:在湖南岳阳西洞庭湖畔。②吴楚:春秋战国时两个诸侯国,位于长江中下游,后人用此泛称这一地区。坼(chè彻):分开,吴地在湖东,楚地在湖西,两地犹如被洞庭湖分开。③乾坤:天地。④字:指书信。⑤老病有孤舟:只有孤舟(图86)寄托老病之身。⑥戎马:战事;关山北:泛指北方。⑦凭轩:靠着岳阳楼窗口;轩:窗;涕泗(sì):眼泪鼻涕,形容心情沉痛而哭泣。

【赏析】 岳阳楼濒临洞庭湖,遥望君山,气势浩茫,久负盛名。杜甫之前的盛唐宰相张说被贬到荆州后,常与诗人们登楼赋诗,写在楼壁上的多达百余首。后来的骚人墨客更是登楼必赋,但就诗歌而言,都没有超出杜甫此诗。正如登楼之文没有超出宋代范仲淹的《岳阳楼记》一样。

岳阳楼之所以闻名遐迩,是因为它楼下有洞庭湖,湖上的楼与楼下的湖紧密相连。诗的开头两句中"昔闻"和"今上",写出了诗人久闻洞庭大名而今终于一偿夙愿的兴奋。两句诗分开来看只是叙事,合读则体现出浓烈的情感来。次联写登楼观感:洞庭之东为吴,其西的南北皆楚地,洞庭居中,吴楚天然而分;洞庭碧波万顷,水与天连,天随水动,上下无定,恍若空浮,仿佛天地都在湖中沉浮。这两句写出了洞庭湖的浩瀚和壮阔气势,同时也可以显出作者气吞山河的气魄和胸怀。

后四句是登楼所感。唐大历三年(768)冬,诗人从今湖北的公安县来湖南的岳阳,时年56岁,故说"老"。至于病,他在夔(kuí)州时作的《登高》诗中就有"百年多病独登台"的诗句,除了原先的肺病外,又患上风痹症,左臂僵枯,右耳已聋。流落到岳阳一带,住在一条小船上,居无定所,亲朋消息全无。那一年吐蕃(bō;中国古代藏族政权名)屡次进犯灵武(今甘肃、宁夏一带),唐军大将郭子仪率兵5万在奉天(今陕西乾县)防卫,北方战乱未平。身世时局,处处堪悲,不禁潸然泪下。景是壮丽的景,情是悲壮的情,不愧是传世之作。

客　至　　　　　　　　　　(高)

舍①南舍北皆春水,	我这草堂南北尽是漫漫春水,
但见②群鸥日日来。	每日只见群群白鸥飞去飞来。
花径不曾缘③客扫,	客人稀少花间小路从未清扫,
蓬门今始为君④开。	这扇蓬门到今天才为您打开。
盘飧市远无兼味⑤,	集市太远盘子里没有几样好菜,
樽酒家贫只旧醅⑥。	家境贫寒酒壶中是自酿的旧醅。
肯⑦与邻翁相对饮,	您若是愿与邻居老翁相对饮酒,
隔篱呼取⑧尽余杯。	我就隔着篱笆叫他来一起干杯。

【注释】　①舍:指杜甫寓居的成都浣花溪畔草堂。②但见:只见。③花径:两边长着花的小路;缘:为了。④蓬门:蓬草编的门,借指贫苦人家,这里暗含蓬荜生辉之意。君:指崔明府。⑤飧(sūn 孙):原指晚餐,这里指菜肴。兼味:多味;无兼味就是菜肴简单的意思。⑥醅(pēi 胚):未过滤的酒。⑦肯:如果愿意、如果肯。⑧呼取:唤来,叫来。

【赏析】　此诗为唐肃宗上元二年(761)春作于成都草堂。诗题下原注:"喜崔明府相过"。明府,是唐人对县令的美称。崔明府,即崔顼(xū 虚),是杜甫的舅舅。客居他乡,孤独寂寞,忽有亲人相访,兴奋喜悦之情可以想象。这首诗正是这种情感的记录。

诗题是"客至",但诗的开头两句却不写客人到来,而写自己居处环境的景色。杜甫草堂坐落在浣花溪畔,此刻正是春天,春草碧色,春水碧波,一片明媚春光惹人醉。这就暗示了客至的时间,客人随着春天到,这是双喜临门。同时,这优美的春光又为下句的群鸥出现布下了背景。鸥鸟日日飞来,可见草堂景致的清幽宁静。而"但见"二字,又表示只有群鸥光顾而没有亲友光临,现出了诗人的寂寞,为下面的客至而喜作了铺垫。"径"以"花"修饰,回应了首句的"春"字。花径不曾因客而扫,客知门庭冷落,来客近乎于无,回应了"但见"一句,有鸥无客。"不曾缘客扫"的花径今始为客扫,不曾开启的蓬门"今始为君开",对客人到来的喜悦之情跃然纸上,扫路开门,殷切之中见深情。

诗的前四句是客至,后四句是留客。诗人盛情款待来客,可惜盘无兼味,菜肴很少——菜少的原因是"市远"。离市场远又与诗的首句相呼应。古人喝酒,以新酒、清酒(已过滤、蒸馏的酒)为贵,而诗人只有未经过滤的旧酒。两句诗道出了诗人的一片歉意。天涯孤旅,亲友光临,本应以盛宴隆重接待,可惜诗人心有余而力不足,感情复杂而真挚。末两句是说,如果您愿和邻居老翁相对饮酒,我就隔着篱笆把他唤来共尽余杯,大家一起喝个够。可以想象,接下来应是"邻翁"邀过来后的热烈聚饮场面。全诗语言浅近,明白如话,情感真挚自然,人与自然和谐,主与客和谐,情与辞达到了高度的统一。

旅夜书怀 高

细草微风岸,	春夜里微风吹拂嫩草的岸边,
危樯①独夜舟。	停泊着一艘桅杆较高的小舟。
星垂②平野阔,	满天星斗低垂更觉原野广阔,
月涌大江流。	月下波涛涌动才知大江奔流。
名岂文章著,	人有名声难道只凭着文章好?
官应老病休③。	我已老病看来应罢官早退休。
飘飘何所似?	如今我四处漂泊到底像什么?
天地一沙鸥④。	真像天地之间孤弱的一沙鸥。

【注释】 ①危樯:危,高状;樯,船上挡风帆的长杆。②星垂:星星像挂在天空。③"名岂文章著,官因老病休"是名句。④沙鸥:飘零伤感的象征。

【赏析】 唐代宗(李豫)永泰元年(765)四月,西川节度使严武死去,53岁的杜甫在成都没有了依靠。不久,他称病辞官,带着家人乘船东下。这首诗是当年五月间,乘船过重庆时所作。诗人晚上看到小草在微风中抖动,船上长长的桅杆刺上天空,广阔的原野上闪亮的星星像挂在那里,大江的波涛像涌出了明晃晃的月亮。诗人面对茫茫世界,触景生情。自己本来胸怀经国大业,想不到只是因为诗文写得好而出名。人到晚年,在官场上受到排斥,只得借病辞职。现在到处漂泊,行无定踪,何处是归宿?真像在天地间孤独飞翔的沙鸥。全诗哀怨悲凉,抒发了抑郁不得志的情怀。

咏怀古迹五首(其一) 高

群山万壑赴荆门①,	连绵不断的山峦沟壑都像在奔赴荆门,
生长明妃尚有村②。	这里至今还存留着生长明妃的昭君村。
一去紫台连朔漠③,	昭君当年一离开汉宫就进入茫茫大漠,
独留青冢④向黄昏。	今天只留下一座青冢面对着夕阳黄昏。
画图省识春风面⑤,	凭借画图还约略可见您春风般的面容,
环佩空归月夜魂⑥。	然而月下归来的只有你凄苦的冤魂。
千载琵琶作胡语⑦,	千万年琵琶声中尽是胡人曲调话语,
分明怨恨曲中论⑧。	仔细听分明是你在倾诉着哀愁和悲愤。

【注释】 ①荆门：山名，在今湖北宜都市西北。②明妃：指王昭君。昭君名嫱（qiáng 蔷），汉元帝宫女。西晋文帝司马昭，为避"昭"讳，后人改称明君。汉元帝竟宁元年（前33）被遣送匈奴呼韩邪单（chán）于（匈奴首领的称号）为妃，所以明妃又被称为明妃。西汉时姊归县人。村：指昭君村，在今湖北省宜昌市兴山县（公元260从姊归县分出，面临大三峡，背靠神农架，有"神龙门户之称"）。③去：离开。紫台：宫廷。连：同"联"，联姻。朔漠：北方沙漠地区，是说王昭君远嫁匈奴，留在了沙漠地区。④青冢（zhǒng）：指昭君墓，在今内蒙古呼和浩特市南20里，传说王昭君墓上的草色长青不枯，故称"青冢"。⑤画图：传说汉元帝因为宫女太多，他下令画师给宫女画像，然后根据画像召幸宫女，凡宫女对画师行贿者，就画得好些，否则就画得丑一些。王昭君是古代四大美女之一，因未行贿，画不如人美，故未被汉元帝召幸。省识：只有大概印象，画得比较粗糙。春风面：指王昭君的美貌。⑥环佩：指妇女（这里指王昭君）佩戴的装饰品。空归月夜魂：昭君死后只有魂归故里。⑦胡语：指胡地音乐。⑧曲：传说昭君因怨恨远嫁他乡，唱起了悲怨的歌曲。古代琴曲中有《昭君怨》。论：说出、传出。

【赏析】 咏怀古迹是一组诗，共五首，本篇是咏王昭君的故事。昭君出塞，远嫁匈奴，最后留下了一座坟墓上草色长绿的"青冢"。昭君是一位刘汉王朝遣往匈奴和亲（用婚姻关系来实现维持两国和平友好关系）的女子，对历史有贡献。但对个人来说，毕竟是一个骨埋他乡的悲剧，因而引起古来无数内地人的无限同情，也留下了很多以王昭君为题材的诗歌。杜甫此诗是其中佼佼者之一。

首联着重描写昭君村的自然环境。用一个"赴"字，化静为动，写出丛聚在三峡一带的山岭，势若奔驰的生动姿态，很有气势。随即感叹王嫱人逝村存，点出题意。次联概写昭君一生的凄凉遭遇。"紫台"代表着繁华，"朔漠"意味着荒凉。昭君一生，就是在荒凉中度过的。身后留下一座青冢，这是叙事。而加上"独"字并以"黄昏"作为时间背景却是抒情，将昭君身后的凄凉体现出来。生前凄凉，死后孤独，这就是昭君的一生。三联一方面写汉元帝的昏庸，由于他只按画师所画的宫女肖像召幸，所以未能识得昭君美貌，致使她远嫁他乡；一方面写昭君死后仍然魂牵故园，魂魄夜归。用一个"空"字，以突出昭君遗恨之深，并深寓诗人的同情。末联以琵琶乐曲将昭君的怨恨传之千载，从侧面加强对汉元帝的批判，以收束全诗。

全诗重在对昭君遭遇的同情和感慨。王昭君美貌绝伦却不得幸遇，落得个身死他乡、有家不能归的结局。杜甫也是"自谓颇挺出，立登要路津"，终于是"漂泊西南天地间"，不为朝廷所用。不难体会出，诗人的怜昭君有自怜的成分在内,昭君怨中有诗人之怨。

【常识】 1. 我国古代四大美女是西施、王昭君、貂蝉、杨贵妃。

2. 生态经济学家估计,全球人造产品和人类服务的价值每年约150万亿美元,而全球生态系统价值高达330万亿美元。只要明白了这个账,就知道为了短期效益而破坏生态环境是多么愚蠢。

3. 猫头鹰的羽毛构造特殊,飞行时无声无息,听觉灵敏,捕鼠功勋卓著,1只猫头鹰在一个夏季能捕食1 000只田鼠,从而可保护1吨粮食。

阁　夜①　　　　　　　　　　高、大

岁暮阴阳催短景,	看日月匆匆一年将尽时光是这样短促,
天涯霜雪霁寒宵②。	我流浪天涯霜雪虽停却难熬孤凄寒宵。
五更鼓角声悲壮,	五更里响起嘹亮的鼓角声惨烈而悲壮,
三峡星河影动摇③。	三峡水倒映出天上星光在波涛中荡摇。
野哭千家闻战伐,	荒野上传来遍地哭声分明是战火绵延,
夷歌数处起渔樵④。	渔人和樵夫们唱起了聊以自慰的山歌。
卧龙跃马终黄土,	就连诸葛亮公孙述都免不了变成黄土,
人事音书漫寂寥⑤。	事业无成亲友阻绝的我只好任凭寂寞。

【注释】 ①阁:夔州西阁。②阴阳:指日月,这里指光阴。景:指日光、白天,冬天白昼短,所以说短景。天涯:指当时诗人所在的夔州。霁(jì):风雪停止初晴。③鼓角:古代军队中用以计时的鼓声和角号声。三峡,指长江的西陵峡、瞿塘峡、巫峡。星河:银河,这里指星星倒映在长江。④野哭千家:千家有人为战乱中死亡的哭吊;"千"泛言其多。夷歌:民歌。渔樵:渔人和樵夫,泛指百姓。⑤卧龙:指诸葛亮;跃马:指公孙述,他在西汉时倚仗蜀中天险而跃马自称"白帝",唐代夔州有这二人的祠庙。终黄土:最终都化为黄土,即都死亡。漫:任随。寂寥:沉寂稀少。

【赏析】 大历元年(766)冬,因蜀中兵戈未息,杜甫滞留夔州,寓居西阁。在一个霜雪之夜,有感于时事和漂泊天涯而作此诗。当时吐蕃(tǔ bō 中国古代藏族建立的政权)不断侵扰,松、维等州曾被占领,蜀中军阀混战,少有宁日,国势江河日下,杜甫衰老多病,举家辗转流徙,生计无着,心情异常沉郁。这首诗通过寒冬霜雪之夜所见所闻,抒发了由于军阀混战,人民惨遭涂炭的愤怒忧伤之情;也感叹飘零无依,"亲朋无一字"的孤寂,诗人的这种情怀深深地打上了时代的烙印。首句因为杜甫始终关心国家的局势和人民的苦难,也有希望抱负。但当时的现实使诗人痛心不已,所以,看到一年将尽,冬天日短,都给人以时光飞逝之感,而"催"字就正好把这种感受传达

出来。次句写诗题中的"夜"字。从景色上看,霜雪初停,寒气逼人,一幅凄清的图画。这幅画面本来是优美的,但有"天涯"二字限定,便透露出独立寒宵的寂寞意味。"五更"句写寒宵所闻。从日暮短景的感慨,到寒宵,再到五更,暗示了时间的推移。如此冷夜,诗人何以耿耿无眠?这就为下面的情感预留了空间。军营鼓角,声声悲壮,这是寒宵所闻;三峡流水,所以景中暗含战乱不息的意思。第五、六两句仍写所闻。天将亮时,野地不断传来乡人哭吊战死者的声音,揭示了"战伐"导致的"野哭千家"的惨景。据考证,"去年(765)四川有崔旴(gàn 干)之乱,从十月到今年八月才停息"。"野哭千家"正是这次战乱的结果。哭声里夹杂着些夷歌,歌里唱些什么没说,但歌而说"夷"(少数民族),便勾起了作者的漂泊之感,这就回应了第二句中的"天涯"二字。末尾两句说,夔州有诸葛亮和公孙述的庙,故借以引发感慨,诸葛亮是忠、贤的代表,公孙述则是奸、愚的代表。既然历史上连忠良与奸佞都不分,都归于黄土都建庙,自己何必为眼下"人事""音书"而耿耿于怀呢?表面上是宽慰自己,其实是一种愤激,一种忧伤国事、身世而又无可奈何而引发的愤激。

兵 车 行 (高)

车辚辚,马萧萧,	大路上车轮滚滚战马嘶叫,
行人弓箭各在腰①。	出征的青年弓箭挂在腰间。
爷娘妻子走相送,	父母和妻子纷纷跑来相送,
尘埃不见咸阳桥②。	灰尘弥漫天空不见咸阳桥。
牵衣顿足拦道哭,	亲人们牵衣顿足拦路痛哭,
哭声直上干云霄③。	凄惨的哭声直冲九天云霄。
道旁过者问行人,	过路的人站在旁边问原因,
行人但云"点行频④。	回说"官府征兵实在太频繁。
或从十五北防河⑤,	有人十五岁就到北方驻防,
便至四十西营田⑥。	四十岁又被派到河西去营田。
去时里正与裹头⑦,	走时年少里长替他缠头巾,
归来头白还戍边。	归来时发已白又要去戍边。
边庭流血成海水,	边疆的战士已经血流成河,
武皇开边意未已⑧。	而皇上扩张领土没有穷尽。
君不闻汉家山东二百州⑨,	你没听说华山东边二百州,
千村万落生荆杞⑩。	千村万寨野草丛和田荒芜。
纵有健妇把锄犁,	即使那有健壮妇人来耕种,
禾生陇亩无东西⑪。	田里庄稼东倒西歪不成行。
况复秦兵耐苦战⑫,	即使关中兵能吃苦耐鏖战,

被驱不异犬与鸡。	被人驱遣与鸡狗没有两样。
长者虽有问,役夫敢申恨?	老人问,征夫怎敢诉说苦怨?
且如今年冬,未休关西卒⑬。	今冬关西兵,打仗仍未休整。
县官急索租,租税从何出⑭?"	县官急催租,税从哪里出?"
信知生男恶,反是生女好。	百姓相信,生儿不如生女好。
生女犹得嫁比邻⑮,	生女还能嫁到街邻四坊处,
生男埋没随百草。	生儿白死埋没荒郊野草里。
君不见青海头,	你没看见,在那青海的边上,
古来白骨无人收⑯。	自古以来白骨遍野无人收。
新鬼烦冤旧鬼哭⑰,	旧鬼还没哭完新鬼抢着哭,
天阴雨湿声啾啾⑱!	阴雨天鬼哭声凄惨令人愁!

【注释】 ①辚辚:车声。萧萧:马鸣声。行人:将要出征的人。②爷娘:即爹娘;爷,原文为"耶"。妻子:妻子和孩子。咸阳桥:在今陕西咸阳市西南渭水上。③干:冲。④点行频:频频按名册点兵出征。自此句至"租税从何出?"全是役夫的话。⑤或从十五:有的人从十五岁起;北防河:去黄河以北驻防;唐玄宗时曾经调兵力驻守西河(今甘肃省、宁夏一带),亦称"防河"。⑥营田:屯田,即戍边士卒兼事垦荒。⑦里正:唐制百户为一里,设里正(即里长);裹头:古以皂罗三尺作为头巾以裹头,因有的人出征年龄太小,不能裹,故云"里正与裹头"。⑧武皇:此借汉武帝,实指唐玄宗李隆基;开边:以武力开拓疆土。⑨"君不闻"与下面的"君不见"都是乐体诗中常用的提示语。汉家:这里指唐朝。山东:华山以东。二百州:泛指华山以东广大地区。⑩生荆杞:生满了野草。此句描写农村的荒芜景象。⑪"禾生"句:意思是庄稼不成行列、长得不好。⑫秦兵:指这次应征的秦地之兵。⑬长者:即前面的"道旁过者",是征夫对杜甫的尊称。关西:函谷关以西,即秦地。⑭县官:国家。⑮比邻:近邻。⑯"君不见"两句:唐对吐蕃的战争,经常在青海一带进行。青海头:青海湖边。⑰烦冤:烦躁愤怒。⑱啾啾(jiū jiū):哭声。

【赏析】 此诗约作于天宝十年(751),这年四月剑南节度使鲜于仲通伐南诏大败,杨国忠反称其有功,在关中大举募兵再征南诏。人民听说云南多瘴疠,不肯应募,杨即令搜捕并枷锁送至军中。此诗很可能是针对此事而作的。

杜甫被后人誉为"诗史",此诗即其代表作之一。自南朝的齐梁以来,文士喜为乐府古题,然沿袭既久,往往失去本意。只有杜甫此诗与《无家别》等诗篇,因事立题,不蹈前人陈迹。开头至"哭声"6句为第一段,如风来潮涌,以寻常语画出一幅哭别图。"道旁"句至"租税"17句为第二段,设语词答,亦古乐府家数,诗人将自己所见所闻借"行人"之口带出,以所见者包举所不及见者,既真切而又省笔。其间又层层相接,累累贯珠,借汉喻唐,借山东以切关西,写得凄怆悲壮,词意沉郁。"信知"句至结尾7句为第三段,是诗人自己感慨,以人哭起始,以鬼哭终结,照应在有意无意之间。全诗曲折流畅,转韵处又磊落顿挫,开阖有度,是杜甫所作乐府诗中最为出色的一首。

【相关链接】 诗中冬(请把下列诗补充完整):

1. 且如今年冬,未休关西卒。 (杜甫《兵车行》)
2. 秋月扬明晖,冬岭秀孤松。 (陶渊明《四时》)
3. 僵卧孤村不自哀,尚思为国戍轮台。 (陆游《十一月四日风雨大作》)
4. 冬尽今宵促,年开明日长。 (董思恭《守岁》)
5. 鸣笙起秋风,置酒飞冬雪。 (王微《四气诗》)
6. 隆冬到来时,百花迹已绝。 (陈毅《梅》)
7. 不知近水花先发,疑是经冬雪未销。 (张谓《早梅》)
8. 儿童冬学闹比邻,据案愚儒却自珍。 (陆游《秋日郊居》)
9. 邯郸驿里逢冬至,抱膝灯前影伴身。 (白居易《冬至夜思家》)
10. 天时人事日相催,冬至阳生春又来。 (杜甫《小至》)

以上第1、7首可在本书查到,其余9首完整的诗如下:

2. 陶渊明《四时》:"春水满四泽,夏云多奇峰。秋月扬明晖,冬岭秀孤松。"3. 陆游《十一月四日风雨大作》:"僵卧孤村不自哀,尚思为国戍轮台①。夜阑②卧听风吹雨,铁马冰河入梦来。"[注:①轮台:在今乌鲁木齐米东区,这里泛指边疆。②夜阑:夜深。此诗写于宋绍熙三年(1192),当时陆游已年近七旬,隐居家乡。首句以"僵""孤"二字为衬,形容诗人虽身处困境而心"不自哀"的精神状态。次句点明之所以不哀伤,是因为他时刻牵挂国家的安危、边境的安宁。三四句写夜深风雨交加之时,作者卧听风雨而心念国事,就连梦境也是战马嘶鸣、横戈疆场的景象。作品意境开阔,大气凝重,言简意深,昂然向上,是一首广为传诵的爱国诗作。]4. (唐)董思恭《守岁》:"岁阴穷暮纪,献节启新芳。冬尽今宵促,年开明日长。冰消出镜水,梅散入风香。对此欢终宴,倾壶待曙光。"5. (南宋)王微《四气诗》:"蘅①若首春华,梧楸②当夏翳③。鸣笙起秋风,置酒飞冬雪。"6. 陈毅《梅》:"隆冬到来时,百花迹已绝。红梅不屈服,树树立风雪。"7. 见本书陆游《卜算子·咏梅》"相关链接"2。8. 陆游《秋日郊居》:"儿童冬学闹比邻,据案愚儒却自珍。授罢村书闭门睡,终年不着面看人。"9. 白居易《冬至夜思家》:"邯郸驿里逢冬至,抱膝灯前影伴身。想得家中夜深坐,还应说着远行人。"10. 杜甫《小至》:"天时人事日相催,冬至阳生④春又来。刺绣五纹添弱线,吹葭⑤六管动灰尘。岸容待腊将舒柳,山意冲寒欲放梅。云物⑥不殊乡国异,教儿且覆掌中杯。"[注:①蘅(héng横):杜蘅,多年生草本植物,开暗紫色的花,全草可入药。②楸(qiū秋):落叶乔木,干高叶大,夏天开花,木的质地致密,耐湿,可造船,也可做器具。③翳(yì益):遮盖,如树林荫翳。④阳生:从冬至开始太阳从北回归线向南移,天气转暖。⑤葭:芦管。古代用芦管吹灰测试冬至节:冬至前吹之则灰飞向下,冬至后反之。⑥云物:景象。]

羌村三首①
其一②

峥嵘赤云西③,	红色的晚霞层层重叠凸起,
日脚下平地④。	阳光从云缝中透出折射大地。
柴门鸟雀噪,	柴门就在眼前,鸟雀喳喳叽叽,
归客千里至⑤。	我千里周折,归心似箭,兴奋至极。
妻孥怪我在⑥,	妻子和儿女见我还活着又惊又喜,
惊定还拭泪。	惊定后还情不自禁地擦拭惊喜的眼泪。
世乱遭飘荡,	在这乱世之中全家飘泊在外,
生还偶然遂⑦。	我能生还已经实属不易。
邻人满墙头,	左邻右舍趴满墙头凭墙相望,
感叹亦歔欷⑧。	为我历险千辛与家人团聚感叹抽泣。
夜阑更秉烛⑨,	夜深了,一家人秉烛而坐互诉苦楚,
相对如梦寐。	不时面相觑,真是作梦都不曾想到的。

【注释】 ①选自《大学语文》(全军院校统编教材)。这三首诗是杜甫在安禄山(古月氏族)、史思明(突厥族)作乱第三年(757)闰八月从凤翔回到鄜州城北羌村时写的。公元756农历年六月潼关失守,杜甫从白水(陕西中部的一个县)携带妻子和两儿两女北上逃到鄜州(今陕西富县)羌村。是年七月太子李亨即位灵武(今宁夏吴忠市东北的灵武市)。八月杜甫只身北上延州,想投奔灵武,路上被安史部下捉住,送到长安,直到第二年四月才逃出长安,奔往凤翔(李亨临时政府所在地),任左拾遗。杜甫在朝廷上言论激烈,到八月即被放回,在闰八月初从凤翔(在陕西西南部)跋涉数百里回到鄜州。他写自己当时的情景是"青袍朝士最闲者,白头拾遗徒步归。"路上的艰难恐怖是"猛虎立我前,苍崖吼时裂","深夜经战场,寒风照白骨"(引自《北征》)。由于他对家庭怀念之深切和归途上的险峻,当看到晚霞,看到自家的柴门时,心里的兴奋会怎样呢?诗中形象地再现了当时的生活片断,也从一个侧面反映了安史之乱中的社会现实。②此为组诗的第一首,写诗人刚回到家中时悲喜交集的情景。③峥嵘:本形容山高,这里借以形容云层重叠凸起的样子。赤云,即晚霞。④日脚:夕阳从云缝中透出的光线。⑤归客:杜甫自称。⑥妻孥(nú奴):本指妻子和儿女,这里主要是指妻。她姓杨,跟杜甫感情很好。怪我在:惊讶我还活着。⑦偶然遂:不过是偶然如愿而已。⑧歔欷(xū xī):哭泣时抽噎。⑨夜阑:夜深。更:再,又。

其二⑩

晚岁迫偷生⑪，	人民深受战难，老朽却苟且偷生，
还家少欢趣。	虽得回家，也没有什么乐趣可言。
娇儿不离膝⑫，	小儿离开我一年多，挨冻又挨饿，
畏我复却去⑬。	生怕再次分开，于是跟我跟得很紧。
忆昔好追凉⑭，	回想过去，我喜欢乘凉，
故绕池边树⑮。	常常在池边树旁散步留连。
萧萧北风劲，	而今北风动吹，思忖过去和眼前的事，
抚事煎百虑⑯。	内心为国势家事的忧虑所熬煎。
赖知禾黍收⑰，	亏我知道禾黍才刚刚收割，
已觉糟床注⑱。	就闻到滤酒糟里的酒香了。
如今足斟酌⑲，	这年头家里能搞点浊酒喝就心满意足了，
且用慰迟暮⑳。	且愿用以慰藉我的晚年。

【注释】 ⑩此为组诗的第二首，抒写诗人回家后，心中仍然忧虑国事，烦闷不安却又无奈，只能耽酒遣愁聊以自慰。⑪晚岁：晚年。杜甫时年46岁，因饱经忧患，自觉衰老。迫偷生：被苟且活着。⑫娇儿：爱子。⑬"畏我"句：怕我还要离开。却，还，仍。⑭好（hào）追凉：喜爱乘凉。⑮故：常常。绕池边树：指在池边树旁散步。⑯抚事：思忖起过去或眼前的事。煎百虑：内心为国势家事的种忧虑所煎熬。⑰赖知：幸亏知道。黍，是北方的小米，好作酒的。⑱糟床：一种除糟滤酒的设备，即榨床。注，流出。⑲斟酌：斟酒，酌酒以供饮。⑳用：用来。迟暮：指晚年。《离骚》有"恐美人之迟暮"语。"赖知"以下四句：杜甫闰八月回家，禾黍才收，他就说"已觉糟床注"、"足斟酌"；正象《庄子》说的"见卵而求时夜"，看见鸡蛋想吃鸡。禾黍收才，酒还不知在哪里，他就说现在我酒够饮了，晚年足聊以自慰了，是夸张的写法。或是因为生还了，全家团圆了，有一种满足感；或是家里做的浊酒，有喝也就满足了。

其三㉑

群鸡正乱叫，	成群的鸡正在乱叫，
客至鸡斗争㉒。	见有来客它们争斗得更热闹。
驱鸡上树木，	我把它们赶到树上，
始闻叩柴荆㉓。	才听到有人把柴门敲。
父老四五人，	四五位村里的长者，
问我久远行㉔。	来问候远行归来的我。
手中各有携，	手里都拿着礼物，

倾榼浊复清㉕。	倒上一杯杯浊酒和清酒劝我喝。
苦辞酒味薄㉖,	父老们一再谦称"酒味太淡,
黍地无人耕。	因为黄黍地无人去耕作。
兵革既未息㉗,	(安史之乱)战争尚未停息,
儿童尽东征㉘。	年轻人都去东边打仗了。"
请为父老歌,	请让我为父老们唱上一曲歌,
艰难愧深情㉙。	表示愧对乡亲们的深情。
歌罢仰天叹,	一曲唱完,我不禁仰天长叹。
四座泪纵横㉚。	在座的各位都老泪纵横,悲伤至甚。

【注释】㉑组诗第三首,抒写邻里相访,共谈世事,感叹战乱造成田园荒废、生活艰难。㉒客:来访的客人,即下文的"父老四五人"。㉓柴荆:柴门,指园子的篱笆门。㉔问:问候,慰问。㉕倾榼(kē qī):从酒器中倒出酒。榼,古代木质的盛酒器具。浊复清:有浊酒,也有清酒。㉖苦辞:苦笑地说,伤心地说,一再说明。㉗兵革:兵器衣甲,借指战争。㉘儿童:指未成年的人,即现在说的"孩子们"。东征:指从军而东去征伐安史之乱。㉙艰难:指父老们生活困苦,酒来之不易。愧深情:是说父老们的深情使自己感愧。㉚四座:所有在座的人。为什么"泪纵横"呢?在杜甫回到羌村前一年多的时间里,有过两次规模较大的战争:一次是哥舒翰兵败潼关。杜写这次战争是"潼关百万师,往者散何卒。遂令半秦民,残害为异物。"另一次是房琯兵败陈陶斜,杜甫在《悲陈陶》里写道:"孟冬十郡良家子,血作陈陶泽中水。"乡亲们东征的孩子,大都在这两次战争中牺牲了。杜甫不可能把这两次战争的惨象一一相告,只有仰天长叹;"四座"的乡亲们也知道孩子们回不来了,于是"泪纵横"。

在《羌村三首》里,这首诗尤其高度集中地反映了劳动人民的思想感情,同时在风格上更加朴素明朗,近乎汉魏以来在民间传唱的五言乐府诗。

秋　兴(其一)①　　　　　　大

玉露凋伤枫树林②,	白霜凋伤了满山遍野的枫林,
巫山巫峡气萧森③。	巫山巫峡呈现出萧瑟、阴森。
江间波浪兼天涌④,	峡中波涛汹涌波浪滔天,
塞上风云接地阴⑤。	边塞阴云密布,仿佛与大地贴近。
丛菊两开他日泪⑥,	秋菊两度盛开,我还客居夔州像去年那样抹着眼泪。
孤舟一系故园心⑦。	孤舟系于江边,始终都牵动着我的故园之情。
寒衣处处催刀尺⑧,	为在外亲人赶制寒衣,家家户户都操刀拿尺。
白帝城高急暮砧⑨。	高高的白帝城傍晚传来急促的捣衣声。

唐代

【注释】①选自《大学语文》(全军院校统编教材)。②玉露:白露,指霜。凋伤:摧残。③巫山:在今重庆境内,绵延160余里,奇峰峭壁,夹江而立,形成巫峡。萧森:萧瑟阴森。④兼天涌:波浪滔天。⑤塞上:关塞。此指形势险要的巫山上空。接地阴:天地一片阴沉。接,连接迫近。安史之乱后,吐藩、回纥不断侵扰,战争频繁,节度使骄横,宦官专权,朝政日非,个人抱负不能实现,风尘飘泊,感慨万端,心情阴沉。⑥"丛菊"句:转过来写对身世坎坷的喟叹和故园之思。杜甫在代宗永泰元年(765)五月离开城邦,乘船东下,秋,卧病云安,第二年秋,羁留夔州(今重庆市奉节)。如今客居夔州已两年,东归之愿仍未实现,每见菊花开放就伤心流泪。开,双关语义,既指花开,又指引发诗人伤心溅泪。他日,往日,指多年来的艰难岁月。⑦"孤舟"句:既以孤舟长系岸边不发,暗指不能启程东归;又以孤舟自喻,谓虽飘落在外,而此心长系故园。系,语义双关。就船而言,是停系不发;就心而言,是牵系不忘。故园,当指长安。杜甫视长安为第二故乡。⑧催刀尺:指赶裁冬衣。⑨白帝城:在夔州东之白帝山上,传为汉代公孙述所筑。砧(zhēn针):捣衣砧,捣衣的垫石。在中国诗歌里"捣衣"是一个包含着思乡的意象。

【赏析】 组诗《秋兴》(共八首)作于唐代宗李豫大历元年(766)秋。此时,安史之乱虽已平息,但国家局势尚未安定,仍无法回到长安,而流入四川奉节,因秋兴感,百忧交集。由悲自然之秋到悲国运衰落之秋、悲人生遭际之秋,充满着身世之感和家国之思,含蕴深厚。全诗绘景抒情联系密洽,浑然一体。首联融情入景,写枫叶凋零、秋气萧森,引起流寓在外的伤悲情怀。颔联象征寓意,写巫峡景象,骇浪滔天,阴云匝地,暗寓时局动荡和心潮翻卷,象征着国运黯淡和心情沉闷。颈联移情于景,借"丛菊两开""孤舟一系"展开联想,抒发羁旅外地的伤感,彰显乡思之深长、浓烈。尾联则以暮色秋风里一片捣衣声的环境气氛,烘托心情之落寞惆怅、阴沉苍凉。全诗情景交融,意在言外。

这首诗是杜甫七律中的代表作,艺术上已臻精美圆熟。全诗章法严谨:首联总领秋风秋露秋山秋水;颔联分写江上波涛和山间风云;颈联错落为山间丛菊和水上孤舟;尾联则以急促的砧声渲染整体气氛,关合全篇。颔联、颈联的对偶极为精当工稳,山与水对照,情与景相得,句式又富于变化;尤其是颈联两句,语意双关,于平易流荡中显出新警奇特,到了出神入化的境地。

王 维(701—761,一作 698—759)(图7)

盛唐大诗人、画家,字摩诘,原籍祁州(今山西太原),父辈迁居山西蒲州(今永济县)。20岁中进士,作大乐丞,因伶人舞黄狮子事受到连累,被贬为济州(辖河南范县和山东济宁市一带)司仓参军。开元二十二年(734)张九龄执政,王维作诗自陈抱负,被任命为右拾遗。后张九龄为李林甫所谮而被贬,王维也因此被排挤出朝廷,以监察御史出使边塞(今宁夏地区)。天宝元年(742)被召回,他对李林甫专权,朝政腐败不满,因而半官半隐,态度消极。"安史"叛军攻下长安时,王维扈从不及而被俘,接受伪职,政治上失节,受到降职的处分。后在蓝田别墅过着拜佛念经、"弹琴赋诗,啸咏终日"的悠闲生活。"晚年惟好静,万事不关心",就是这种生活情趣的真实写照。乾元二年(759)任尚书右丞。

王维早期有积极进取的精神,写了一些格调昂扬、气概豪迈的诗篇。后来"长斋奉佛",虽然也有对封建立场不满的诗篇,但大多是寄情山水,描绘田园风光和宣扬禅理以及应制之作。其诗在当时影响很大,杜甫在《解闷十二首》中说的"最传秀句寰区满"就是例证。王维是唐代诗坛山水田园派的代表人物,是中国山水派的创始人。他在晚年写的大量山水诗,被苏轼誉为"味摩诘之诗,诗中有画;观摩诘之画,画中有诗"。

九月九日忆山东①兄弟　　（小）

独在异乡为异客②,	我孤零零一人客居在异乡,
每逢佳节倍③思亲。	每逢佳节更加把亲人怀想。
遥知兄弟登高处④,	今天是重阳节,兄弟们一定会登高饮酒。
遍插茱萸⑤少一人。	遍插茱萸时一定会念我缺席而失意惆怅。

【注释】 ①九月九日:即重阳节(1999年定为中国老年节)。山东:华山以东,此指作者故乡山西蒲州。②独:独自一人;异乡:他乡;异客:流落他乡的人。③倍:加倍、更加。④遥知:远远地推想。登高:登山或登上高处。⑤茱萸(zhū yú)(图73):又名"樾椒",有浓烈香味的植物。古代于重阳节折以插头,认为可延年益寿,消灾免祸。遍插:兄弟们头上都插茱萸或佩戴茱萸囊。

【赏析】 王维15岁离家去长安,两年后即17岁的重阳节写了此七绝,以抒发远在异乡的诗人思念亲人的感情。据说唐明皇曾朗诵过此诗。

开篇一个"独"领起,使读者触目即见诗人孤栖在外的形象和他凄凉愁苦的心情。接着两个"异"字连用,给"独"字说明了原因,也给全诗交代了背景。次句写了平日的思亲之情,在佳节之时更加强烈。三、四句由自己思念亲人,想到亲人也一定在思念自己。他知道兄弟们此时肯定和往常一样,登上高处,遍插茱萸,嬉戏玩乐,可今年却"少一人"。诗人通过这富有情趣的细节,表达了对家和兄弟们的怀念之情,反衬出远在异乡的自己的思亲之情。全诗委婉、含蓄,情意深远。作者在重阳节思念亲人,感情十分真挚。其中"每逢佳节倍思亲"一句,概括了人们共同的感受,历来为人传诵。

【相关链接】 1.电视剧《寻路》的主题歌就是毛泽东的《采桑子·重阳》:"人生易老天难老,岁岁重阳。今又重阳,战地黄花分外香。一年一度秋风劲,不似春光。胜似春光,寥廓江天万里霜。"

2. 王维还通过关心窗前一株梅树是否开花这样一件小事,表现思念故乡的深厚感情。如《杂诗》:"君自故乡来,应知故乡事。来日绮①窗前,寒梅着②花未?"意思是说,您刚从故乡远道而来,应该知道故乡的近况。请告诉我,在您启程的那天,我窗前的寒梅可有花儿绽放?〔注:①绮(qǐ 启):饰有花纹的窗子。②着(zhuó 卓)花未:开花了没有?〕

送元二使安西① （小）

渭城朝雨浥轻尘②,	清晨一场小雨洒湿了渭城的黄尘,
客舍青青柳色新③。	客舍青青的杨柳像洗过一般清新。
劝君更尽一杯酒④,	临别时劝您再干一杯饯行的美酒,
西出阳关无故人⑤。	走出了阳关再也没有熟悉的友人。

【注释】①元二:是王维的好友,排行第二。使:奉命出使。安西:在今新疆库车附近,时为安西都护府治所。此诗被谱入乐府,当作送别曲,故一作《渭城曲》,因末句"西出阳关无故人"反复吟唱,故又称《阳关三叠》。②渭城:即秦时咸阳城,汉代改称渭城,在今西安市西北渭水之北。唐代从长安往西去的人,多在此告别。朝雨:早晨下的雨;浥(yì):湿润。③客舍:指饯别友人的处所。柳色:指初春的颜色,因"柳"与"留"谐音,也暗示对朋友留恋不舍。④更尽一杯酒:再喝一杯酒。⑤阳关:故址在今甘肃敦煌市西南,是古代通往西域的要道,故称"阳关"。故人:老朋友。

【赏析】 这首七绝是一首送别名作。前两句写送别时的环境:渭城的一个早晨,下了一阵小雨,洒湿了路面,尘土不扬。雨后客舍周围的柳树一片青翠,清新宜人,正是行人上路的好时机。"柳"是"留"的谐音,这样描写环境,为后两句的正面写送别烘托了环境气氛。"劝君更尽一杯酒",有力地表现了诗人依依惜别之情。因为西出阳关以后,故人难逢,所以劝其更饮一杯。寥寥数语,把当时分别的情态生动地表现出来。因为这首诗有较强的艺术感染力,所以在当时就配上管弦,广为吟唱。

【常识】 丝绸之路是公元前2世纪以后千余年间横贯欧亚的著名通道,东起渭水,西止罗马,中国的陶瓷及养蚕、缫丝、冶铁、造纸、灌溉等技术由此传到中亚、西亚和欧洲,同时也引进了葡萄、核桃、石榴、无花果、黄瓜(隋炀帝将胡瓜改成黄瓜)、大蒜、芫荽、蚕豆、芝麻等大量植物。

【相关链接】 王维的早期作品《少年行》①虽然只有四句,却塑造了一个从军戍边的少年战士形象。全诗豪情奔放,昂扬乐观。原诗如下:"出身仕汉②羽林郎,初随骠骑战渔阳③。孰知不④向边庭苦,纵死犹闻侠骨香⑤。"

[注:①少年行:乐府旧题。②仕汉:作汉朝的官吏,此借汉喻唐。③渔阳:唐郡名,今河北省蓟县一带。④孰知不:谁不知。⑤侠骨香:流芳百世。]

鹿柴① (小)

空山②不见人,	空旷幽静的山谷里不见人影,
但闻人语响③。	只隐约听到友人说话的声音。
返景入深林④,	夕阳的余晖照进幽深的森林,
复⑤照青苔上。	透过林中的空隙又在青苔上投下斑驳的光影。

【注释】 ①鹿柴(zhài 寨):地名,在今陕西省蓝田县南终南山下。②空山:空阔的山林,平时都没人去。③但:只、仅。语:说话。④返景:落日的返照。景:同"影",日光。⑤复:又。

【赏析】 王维擅长山水田园诗的写作。他的诗歌追求一种寂静的意境,往往在幽静秀美的山水自然的描写中,表达出自己那种淡于世事的闲适心情。这首五言绝句写夕阳西下时空山深林中的幽静景色,诗的绝妙之处在于以动衬静,以局部衬全局,清新自然,毫不做作。先写"空山"寂静绝人迹,接着以"但闻"一转,引出"人语响"来。空山传音,愈见其空;人语过后,愈添空寂。最后又写几点夕阳余晖的映照,愈加给人幽暗的感觉。整首诗意境恬静优美,表达了诗人心如平镜、如入禅境的闲情逸绪。

【常识】 地名别称拾趣:

| 广东东莞—游泳之乡 | 河北吴桥—杂技之乡 | 新疆库车县—歌舞之乡 |
| 广东梅县—足球之乡 | 广东台山—排球之乡 | 江苏沛县—武术之乡 |

竹里馆 小

独坐幽篁①里,	我独自坐在幽深的竹林处,
弹琴复长啸②。	时而抚琴弹奏,时而悠然长啸。
深林③人不知,	在这寂静的竹林深处不为人知,
明月来相照④。	只有月光洒在身上关照、伴随我。

【注释】 ①幽篁(huáng):幽静的竹林。②啸(xiào):尖起嘴巴发出长而清脆的口哨声。③深林:竹林深处。④照:映照、关照。

【赏析】《竹里馆》是《辋(wǎng 网)川集》中第十七篇,竹里馆是辋川别墅中可供游赏的胜地之一。这首五言绝句描绘了一个清幽绝俗的意境,表现了诗人安闲自在、与世无争的内心世界。前两句写诗人独自一人坐在幽深茂密的竹林之中,一边弹琴,一边又发出长长的啸声。后两句是说自己僻居深林之中,但并未感到孤独,因为有一轮皎洁的明月还在时时照着自己。这里写"明月来相照",也衬托了前句的"人不知",表现出环境的寂静。诗中清幽的环境与澄净的心境融为一体,精练而又平淡的语言与恬静自然的情怀显得特别和谐。

田 园 乐

桃红复含宿雨①,	桃花的花瓣上还含着昨夜的雨珠,
柳绿更带朝②烟。	绿柳笼罩在早晨的烟雾之中。
花落家童未扫,	花瓣落在庭院里,家童还未打扫。
莺啼山客犹眠③。	黄莺啼叫也没把我这山客唤醒。

【注释】 ①宿雨:昨夜下的雨。②朝:早晨。③山客:隐居山庄的人。犹:还;犹眠:还在睡觉。

【赏析】 这首六言诗节奏感很强。诗人抓住"桃红""柳绿""花落""莺啼"几个富于春天特色的景物,描写春天夜雨过后,清晨美丽的景象,表达了诗人悠闲的心情,并给人以有声有色有画之感。全诗对仗工整,音韵铿锵。

【相关链接】 1. 六言诗①很少,毛泽东也只写了一首。那是1935年10月中央红军冲破蒋军的围追堵截,进入甘南,蒋介石急令驻甘肃的军阀马鸿逵、马步芳的骑兵对红军进行最后的追堵。毛泽东电示彭德怀:要给马家骑兵以沉重打击。彭德怀②亲自指挥作战,一举打垮了马家军。对此,毛泽东十分激动,写下了这首《给彭德怀同志》的六言诗:"山高路远坑深,大军纵横驰奔。谁敢横刀立马?唯我彭大将军!"③以示赞扬和鼓励。全诗短小精练,明白晓畅,读来如数鼓点,而意味深长。诗人成功地将事、景、人、情四者有机地结合,造就了这首诗思想内容和艺术形式的高度统一。[注:①六言诗:旧体诗的一种格式,每句六个字,偶句押韵,首句可押、可不押韵。句数和平仄都不像律诗那样严格。②彭德怀(1898—1974),湖南湘潭人,出身贫寒,当过苦工,大革命时期在国民革命军中任团长。大革命失败后,坚持反对新军阀,支持工会、农会和学生的革命活动,1928年4月加入中国共产党,7月领导平江起义,成立红五军。后上井冈山,参加中央根据地1~5次反"围剿"作战和两万五千里长征。解放战争中任西北野战军司令员,抗美援朝时任志愿军司令员兼政治委员,回国后任国防部长。③此诗首句是对长征路上历经艰险的反映。坑:指黄土高原特多的深壑。次句的"纵横"指红军战斗英勇、灵活,作战地域宽广;"驰奔"体现了红军行动迅猛、英勇善战、无往而不胜的精神。第三句描写性设问,把一个威风凛凛的大将军阻止"二马"军阀骑兵追堵的形象描绘得入木三分,让人猜测究竟是谁?第四句揭开谜底。"我"中流露的是亲切、信赖、骄傲和自豪!但彭总收到此诗后,立刻将末句改成"唯我英勇红军!"这又是何等宽广的胸怀和谦逊的品质!]

2. 康熙四十五年(1705)五月的一天,厌倦了流亡生活的六世达赖喇嘛仓央嘉措途经青藏高原上的错那湖畔时,不禁想起魂牵梦绕的故乡藏南门隅。并吟诵了一首六言诗:"鹦鹉知晓千情,千万不要泄密。杜鹃来自门隅,带来故乡气息。"300多年过去了,如今,六世达赖喇嘛依然难以魂归故里,而十四世达赖喇嘛却依然盘踞在印度从事"藏独"分裂活动,似乎忘记了祖宗的遗愿。[注:门隅,在西藏自治区错那县南面(亦称藏南地区),7世纪为吐蕃王朝管辖,13世纪元朝统治势力也到达这一地区。18世纪初西藏地方政府统一了整个门隅,在首府达旺建立了管委会领导全区事务。1951年前后,门隅大部分被印度非法侵占。1986年成立阿鲁纳恰尔邦,现有人口110万,其中60%是印度移民。]

【常识】 1.文成公主是唐太宗李世民收养的宗室女,贞观十五年(641)与吐蕃赞普①松赞干布联姻,布达拉宫最初是为文成公主建造的。②[注:①赞普:吐蕃君主的称号。②李世民的治国理念就是社会和谐和发展文学艺术。]

2."华夏民族"是中华民族的古称。中华民族是由56个民族组成的,又在长期的历史发展中形成一个有机整体,或者叫稳固的共同体。费孝通先生把它称为"多元一体",这个中华民族的总称在世界上具有独特性。

使 至 塞 上① (初)

单车欲问边②,	只有一辆车、带着几个随从前去慰问守边的将士,
属国③过居延④。	作为使者我路过居延向前行进。
征蓬⑤出汉塞,	蓬草随风飘出了汉朝的边界,
归雁入胡天⑥。	归来的大雁飞入胡人的天空。
大漠孤烟直⑦,	大漠中的烽烟挺直向上,
长河⑧落日圆。	浑圆圆的夕阳沉入黄河之中。
萧关逢候骑⑨,	到达萧关时遇上侦察骑兵报告,
都护在燕然⑩。	统帅正在燕然山前线迅速推进。

【注释】 ①使:出使。塞上:北方的边塞。②单车:一辆车,形容这次出使的随从不多。欲问边:将要慰问边塞。③属国:典属国的简称;典属国,官名,始于秦,汉朝以来,掌管少数民族事务的官员,称典属国,在这里,诗人是指自己的使者身份。④居延:故址在今内蒙古西北部额济纳旗一带。⑤征蓬:飘飞的蓬草。蓬:一种多年的草本植物,秋枯后风卷而飞,故又叫"飞蓬",这里借以形容作者自己孤寂而漂泊不定的行旅生活。⑥胡天:指西北地区。胡:古代统治阶级对西北少数民族的蔑称,亦指匈奴,此句喻指自己行程的遥远。⑦大漠:广阔无涯的沙漠。孤烟直:用狼粪烧的燧烟,其浓烟聚集直上,微风吹之不斜。⑧长河:黄河。⑨萧关:在今宁夏固原市东南部。候骑(jì 季):骑马的侦察兵。⑩都护:都护府的长官,边境的最高统帅,这里指河西节度使。燕(yān)然:燕然山,即现今蒙古国境内的杭爱山,代指边防前线。

【赏析】 开元二十五年(737)春,河西节度副使崔希逸战胜吐蕃(bō),唐玄宗李隆基命王维以监察御史的身份出塞宣慰,查访军情。这实际上是将王维排挤出朝廷,此诗即作于赴河西节度使幕府途中。前四句就是作者这种心情的写照,十分概括而又准确自然。五、六句中的"直"字和"圆"字,不仅准确地描绘了当时的景象,而且表现了作者的深切感受,王国维在《人间词话》中说它是"千古壮观"的名句。诗人领略了苍茫辽阔的塞外风光,但并没有驱散他的孤寂之感,而是将其巧妙地融入自然景象的描绘之中。最后两句,写诗人跋涉在广阔原野中,突然听到战争在迅速向前推进的消息,使他从凄寂转为喜悦,全诗就在胜利的气氛中结束。

山居秋暝①　　（高）、大

空山新雨后②，	阵雨过后,空旷的山中格外清新,
天气晚来秋③。	夜幕降临,轻风带来了秋意新凉。
明月松间照，	山松挺立,枝叶间洒满皎洁月光,
清泉石上流。	清清泉水,漫过了山石浣浣流淌。
竹喧归浣女④，	竹林喧闹,是洗衣女嬉笑着走回村口,
莲动下⑤渔舟。	莲叶抖动,是渔船顺流而下将它碰撞。
随意春芳歇⑥，	尽管春日万紫千红的百花都早已开过,
王孙⑦自可留。	这迷人的山间秋色呀特别值得我留恋欣赏。

【注释】　①暝(míng 鸣):黄昏或日落。②空山:指寂静无声、空荡的终南山(在今西安市南面,是秦岭山脉的主峰之一,相传吕洞宾、刘海蟾曾在此修道)。新:这里是"为之一新"的意思。③首联两句的意思是:雨后空山为之一新,黄昏时的天气已显示出凉秋的到来。④喧:这里指嘈杂的喧笑声。归:回家。浣(huàn 唤):洗衣。⑤下:这里指渔舟顺流而下。⑥随意:任凭。春芳:芳华的春色。歇:过去,消失。⑦王孙:原指出身高贵的年轻人,这里指诗人自己,是反用了《楚辞·招隐士》"王孙兮归来,山中兮不可久留"的诗意,说山居的景色特别留人。

【赏析】　这首五言律诗着笔于终南山秋天黄昏的景色,表现诗人投情于大自然的心态。首句的一个"新"字,马上给人以万象如洗的感觉,显得月明,水更清,竹更翠,叶更浓。"明月松间照,清泉石上流"两句,清明澄澈,格调高雅,毫无雕饰,浑然天成。"竹喧归浣女,莲动下渔舟"两句,句奇语巧,妙趣横生,形象生动,呼之欲出。这是唐诗的名句。末句一个"自可留",与前面所绘的景物扣得很紧,不仅体现出前后的因果关系,也把作者孤清高洁的志趣流露出来了。可以说这首诗承转有序,意境旷远,实为我国古典文学作品中难得的佳作。

【相关链接】 王维写过春夏秋冬四季景象的诗,除此诗外还有三首:

1.《鸟鸣涧①》描写的是春季的景象:"人闲②桂花落,夜静春山空。月出惊山鸟,时鸣春涧中。"大意是:在这人迹罕见的地方桂花轻轻飘落,寂静的夜空使这春天的山涧更加冷清。明月升起惊动了正在树丛里栖息的山鸟,它们不时地在这幽深的山涧中啼鸣。[①涧(jiàn践):夹在两山间的水沟。②闲:闲静;桂花:一称木樨花,一说为冬开春落的桂花。]

2.《莲花坞》描写的是夏季的景象:"日日采莲去,洲长多暮归。弄篙莫溅水,畏湿红莲衣。"大意是:每日去采莲花和莲子,只因洲长常到傍晚才回来,撑篙时不要溅起水花,只怕弄湿了红红的采莲衣。(图79)

3.《山中》描写的是冬季的景象:"荆溪白石出,天寒红叶①稀。山路元②无雨,空翠湿人衣。"大意是:荆溪的水好浅哦,露出几块白石来,天气寒冷了,山中的红叶也稀少了。山路本来没有下过雨,可这满山的翠色欲滴,行人的衣服要被打湿似的。[注:①红叶:见图60。②元:原来,本来。]

五言律诗　　　　　　　　终南山①

太乙近天都②,	高耸的终南山似乎接近天廷,
连山到海隅③。	山峦延绵不绝遥遥伸向海滨。
白云回望合④,	回望山下白云滚滚连成一片,
青霭入看无。	钻进青霭眼前雾团杳然不见。
分野中峰变⑤,	巍峨终南山能分隔星宿州国,
阴晴众壑殊。	山川里的阴晴也就各不相同。
欲投人处宿⑥,	我想投宿人家在这度过一夜,
隔水问樵夫。	隔着河川向打柴的樵夫询问。

【注释】 ①选自《大学语文》(南京大学出版社)。作者以游踪为线索,以时空变化为顺序,对终南山作了描绘,旨在咏叹终南山的宏伟壮观。终南山:在长安城南约40里处,西起甘肃天水,东至河南陕县,绵延800余里。②太乙:终南山的主峰,也是终南山的别名。天都:因太乙为洞天之最,故曰天都。一说指唐都长安。③"连山"句:山山相连,直到海角。④"白云"两句:诗句互文。意谓全山都弥漫着青白的云雾,连成一片。白云,白茫茫的雾气。青霭(ǎi矮),也是雾气,比白云淡。入看,走近细看。⑤"分野"句:中峰南北,属于不同的分野。古代天文学家将天空中星宿的位置与地上的州郡区域相对应,称某地为某星之分,即分野。⑥人处:人家、村子。

【赏析】 此诗大致是开元、天宝之际王维隐居终南山时所作。诗写终南山的景色,着墨不多,却极为传神。首联先用夸张手法勾勒终南山总体轮廓,

"近天都"极言其高,"接海隅"极言其广,也是诗人远眺时的感受。颔联写近景,"回望"、"入看",表明诗人已入山间。回首望去,刚走过之路,一片云海如合拢无隙;向前望去,一片蒙蒙青霭,但走入进去,却又不见其踪。两句互文,极为真切生动地写出游山情形与感受。颈联写登山纵目景象,诗人立足"中锋",故可见群山"分野"之"变","众壑"参差起伏,故犹如"阴晴"而"殊"态,写尽终南山雄阔苍莽之势。尾联收回自身,意欲投宿,既见天色向晚,诗人之游已自晨至暮,又见游兴未尽,还要留待明日再游,足见山景之美及诗人留恋之深,而以一"问"字收束全诗,则于完全的静景描述中加以音声,留不尽之余味。在这首诗中,诗人抓取最为典型的山景,表现岩峦起伏之万千姿态,极具尺幅万里之势,同时又以画家的笔法,写出山中烟云变幻,真如一幅泼墨山水。

白居易(772—846)(图16)

中晚唐大诗人。字乐天,晚年好佛,闲居洛阳,自号"香山居士"。祖籍山西太原,后迁居下邽(今陕西渭南县东北),生于新郑(今属河南省)。青年时期家境贫困,对社会生活及人民疾苦,有较多的接触和了解。28岁考中进士,授秘书省校书郎。曾任周至(今属陕西省)县尉。元和年间任左拾遗及左赞善大夫。后因上表请求严缉刺死宰相武元衡的凶手,得罪权贵,贬为江州(今江西九江)司马。长庆初年任杭州刺史,宝历初年任苏州刺史,后官至太子少傅、刑部尚书。有人说他前半生兼济天下,后半生独善其身。

在文学上,白居易积极倡导新乐府运动,主张"文章合为时而著,歌诗合为事而作",强调继承《诗经》"风雅比兴"的传统和杜甫的创作精神,反对"嘲风雪,弄花草"而别无寄托的作品。《与元九书》是他诗论的纲领,为我国文学批评史上的重要文献。早期所作讽喻诗,如《秦中吟》《新乐府》中的不少篇章,较广泛尖锐地揭露了当时政治上的黑暗现象,也反映出人民的痛苦生活。自遭受贬谪后,意志逐渐消沉,晚年尤甚,诗文多怡情悦性,流连光景之作。其诗语言通俗,相传老妪也能听懂。除讽喻诗外,长篇叙事诗《长恨歌》《琵琶行》也很有名。与元稹友谊甚笃,与之齐名,世称"元白"。晚年与刘禹锡唱和甚多,人称"刘白"。有《白氏长庆集》传世。

池上　(小)

小娃①撑小艇,	小姑娘撑着小船儿,
偷采白莲回。	偷偷地采了白莲自以为得意。
不解②藏踪迹,	她不懂得隐藏行踪,
浮萍一道开。	只顾冲开浮萍划船把家回。

【注释】 ①小娃:小女孩。②不解:不知道。

【赏析】 这首诗写得颇有童趣。诗的前两句写小姑娘的天真与顽皮,一个"偷"字用得很传神。后两句写小姑娘以为自己的行动不会被人发现,可是她没想到,小船行驶时,冲开了水面的浮萍,出现了一道长长的痕迹,完全暴露了她的行踪!这首诗惟妙惟肖地刻画了孩童的天真与调皮,具有浓郁的生活气息。

【常识】 1. 14岁是"最危险的年龄",他们感觉冒险比稳妥行事更好玩。
2. 美国研究人员说,老年人的脑萎缩可造成记忆力问题(痴呆症)。每周步行10~15千米的志愿者在记忆力方面出问题的风险会降低一半。

赋得古原草送别①   (小)

离离原上草,	茫茫原野上长着茂盛的草,
一岁一枯荣②。	一年枯萎一次又繁茂一次。
野火烧不尽,	野火烧都烧不尽它们,
春风吹又生。	春风一吹,又都生机盎然地长出来了。
远芳侵③古道,	那漫长的古道野草丛生,
晴翠④接荒城。	阳光映照下的绿草连接着荒凉的古城。
又送王孙⑤去,	又一次送我的友人离去,
萋萋⑥满别情。	连茂盛的野草也满含着惜别的深情。

【注释】 ①这首诗是贞元三年(787)白居易16岁时应考之作。按科场考试规定,凡指定限定的诗题,题目前要加"赋得"二字,就是"赋诗得到的某个题目"的意思,原限定的诗题就是《草》。②离离:野草茂盛的样子。原:原野。枯荣:由冬到春野草由枯萎到茂盛。③远芳:远处的青草。侵:蔓延。④晴翠:阳光照耀下的广阔绿野。⑤王孙:本指贵族子弟,这里指送别的友人。⑥萋萋:草茂盛的样子。

【赏析】 这首诗用萋萋春草,寄寓送别深情,想象别致,情味隽永。"野火"联写野草的顽强生命力,更是脍炙人口。前六句写草,虚写"枯",实写"荣";后两句写别,由草的无限生命力联想到人的坚毅顽强精神,景中含情,情景交融,写景为抒情作铺垫。全诗言尽而意不尽,耐人寻味。

当时,京都长安有个叫顾况的,他既有诗名,又是朝廷的著作郎。因此,士人们做了诗,纷纷向他请教,平定优劣。谁做的诗,顾况若连看两遍,就属上等。白居易听说后,竟也携带了一卷诗来到顾家,请其家人转送给顾况过目。家人接过诗卷说:"请相公等一会儿,听顾老爷回话。"白居易笑着说:"谢谢,我在此恭候了。"家人把诗送了过去,这时,顾况正坐在书房里看别人先送来的诗,看来看去,没有一首合格的,便把诗稿推到一边,饮茶叹息。看门人

唐代

把白居易的诗卷呈上。顾况看卷面上写着"太原白居易诗稿"七个大字。就不禁大笑说:"他姓白,名居易,只恐长安米贵,要"居"也不"易"啊。当他打开卷子,顺手一翻,翻到这首《赋得古原草送别》诗,特别是读到颔(hàn)联"野火烧不尽,春风吹又生"时,不禁拍案称赞说:"好诗,好诗,真是难得的好诗啊!有才如此,'居'当'易'了!"顾况站起来对家人说:"快请这位白相公进来!"家人刚出去,顾况等不及了,又马上亲自到大门口相见。顾况见了白居易,欣喜异常地说:"我本来认为当朝缺少杰出的诗才,想不到还会遇到像你这样出众的诗人,这是多么幸运啊!"顾况请白居易到书房叙谈,待他如贵宾,两人谈诗论文,成了忘年交。从此,白居易诗名远扬。后来,他考上进士,成了唐朝中期有名的大诗人。

【相关链接】 1. 顾况《宫词》:"玉楼天半起笙歌,风送宫嫔笑语和。月殿影开闻夜漏,水精帘卷近秋河。"意思是说,高高的玉楼上传来笙歌声,随风飘来宫女的欢歌笑语。月光映着殿堂只听夜漏难眠,卷起水晶帘凝望秋夜的银河。这是首宫怨诗。诗中巧妙地运用对比手法描写受宠宫女的欢歌笑语和失宠者的悲伤难眠。诗中没一个"怨"字,但将宫女心中的怨恨表现得淋漓尽致。

2. 王维也有一首类似的《送别》诗:"山中相送罢,日暮掩柴扉。春草年年绿,王孙归不归?"意思是:我沿着山间小路送别友人,黄昏才回来独自关上柴门。春草年年绿遍苍茫大地,远游的人何时才能踏上归途?此诗描写作者送别友人后惆怅,以及对友人的眷恋之情。诗的特点是朴素、自然、真切。
[注:○柴扉:柴门。○王孙:即公子。这里指送别的友人。]

3. 隋代无名氏还有一首《送别》:"杨柳青青着地垂①,杨花漫漫搅天飞。柳条折尽花飞尽②,借问行人归不归?"[注:①着地垂:垂到地面了。②第三句说明送别的时间很长。]

忆 江 南①(三首选一) (小)

| 江南好,
风景旧曾谙②。
日出江花红胜火③,
春来江水绿如蓝④。
能不忆江南? | 江南真好啊,
那里的风景我曾经熟悉得很哩。
水边盛开的鲜花映着初升的阳光比火还鲜艳,
春天的江水碧绿带青如同可作染料的蓝草。
这一切,怎能不撩起我对江南的回忆呢? |

【注释】 ①《忆江南》:即《望江南》,唐教坊曲名,后用为词牌。白居易依其调作《忆江南词》,始名《忆江南》。又名《梦江南》《江南好》等。分单调、双调两体,单调27字,双调54字,皆平韵。江南:这里指的是杭州、苏州一带。②谙(ān安):熟悉;旧曾谙:从前就熟悉。③红胜火:颜色鲜红得胜过火焰。

④蓝:蓝草,叶子可以提炼蓝染料。

【赏析】 白居易曾任杭州刺史(822—824)和苏州刺史(825—827),对秀丽的江南风景尤为熟悉。此词以形象的比喻和艳丽的色彩,把江南明媚的春光写得鲜明感人,也表现了诗人对江南的怀念之情。全词五句,四句都有"江"字,是以"江"为中心,展现绚丽夺目的江南春色。首句以赞叹领起,紧扣题目上的"忆"字;次句提出留在印象中的风景,前后紧密相连,且以赞颂之情一脉相通。"日出"两句对仗工整,色彩明丽,成为描写江南春色的千古绝句。在作者笔下,江花与火对照,花的红艳令人赞叹。

忆江柳

曾栽杨柳江南岸①,
一别江南两度春。
遥忆青青江岸上,
不知攀折是何人②?

我曾亲手把杨柳栽种在江南岸边,
离别江南又已经度过了两个春天。
遥想江南岸上一片青青、春光明媚,
不知是谁攀折柳枝把我深深思念?

【注释】 ①指作者曾在杭州、苏州栽过杨柳。宝历二年(826)秋冬时,白居易因病辞去苏州刺史之职回陕西渭南县,他离开苏州时,百姓沿江十里随舟送行。②古人有临别折柳相赠风俗,意为"不知有谁在攀折柳枝思念自己"。

【赏析】 此诗抒写作者对江南的怀念之情。怀念往往是相互的。百姓也怀念白居易,一是他为官清廉,二是他造福一方,为百姓做了不少好事。

【相关链接】 有一个《白居易怒打行贿人》的故事:唐贞元年间(785—805),白居易考中进士后被派往陕西周至当县令。上任不久,城西的赵乡绅和李财主就为争一块地跑到县衙打官司。为了赢对方,赵乡绅差人买了一条大鲤鱼,在鱼肚中塞满银子,送到县衙。而李财主则命长工从田里挑个西瓜,掏出瓜瓤后也塞满银子送到县衙。收到这两份"重礼"后,白居易吩咐手下贴出告示,明天公开审案。第二天,县衙门外挤满了看热闹的百姓。白居易升堂后问:"你们哪位先讲?"赵乡绅抢着说:"大人,我的理(鲤)长,我先讲。"李财主也不示弱,说:"我的理(瓜)大,该我先讲。"白居易沉下脸说:"什么理长理大?成何体统!"赵乡绅以为县太爷忘了自己送的礼,连忙说:"大人息怒,小人是个渔(愚)人啊!"白居易微微笑说:"本官耳聪目明,用不着你们旁敲侧击,更不喜欢有人暗通关节。来人,把贿赂之物取来示众!"衙役取来鲤鱼和西瓜,当众抖出银子,听审者一片哗然。白居易厉声喝道:"大胆刁民,胆敢公然贿赂本官,按大唐律法,各打四十大板!"百姓无不拍手称快。而那些行贿的银子,白居易用来救济了贫苦百姓。

唐代

暮江吟①

一道残阳铺水中②，　一道天边的晚霞铺展在江水中，
半江瑟瑟③半江红。　晚霞斜映，使江水半是青绿半是金红。
可怜④九月初三夜，　九月初三的夜景更加可爱，
露似真珠月似弓⑤。　露水像珍珠、新月如射箭的弓。

【注释】 ①暮江：黄昏时的江面。吟：吟诵。②残阳：夕阳,这里指天边晚霞。铺：铺展,残阳接近地平线似铺在水中。③瑟瑟：一种碧绿色的宝石,这里形容背阴处的江水是碧绿色的。④可怜：可爱。⑤真珠：珍珠。月似弓：农历九月初三晚上,是月牙儿开始出现的日子,形似弯弓。

【赏析】 这首诗大约写于长庆二年(822)秋,白居易从江州到杭州赴任途中。当刺史是升官了,作者的心情很好。这首风景诗,把晚霞斜映江上的绮丽景色和深秋夜的清爽,艺术地熔铸在一起,描绘出了一幅色彩绮丽的秋江暮景图。不管是傍晚景色(一、二句),还是夜间景色(三、四句)都是美丽、可爱,令人陶醉的。

大林寺①

人间四月芳菲②尽，　四月初夏人世间的春花已纷纷凋残，
山寺桃花始盛开。　山上寺院桃花却才盛开、倍觉鲜艳。
长恨春归无觅③处，　我一直怅恨春天归去后就无处寻觅,
不知转入此中来。　不知道她意转入这远离人世的寺院。

【注释】 ①大林寺：在庐山北端的云顶峰。②芳菲(fēi非)：花草美盛芬芳。③觅(mì密)：寻求。

【赏析】 这首诗描写了大林寺在初夏四月还保留着春光的奇异现象。宋代著名科学家沈括在《梦溪笔谈》中引用了这首诗,并用物候学知识对此作了科学的解释："地势高下之不同"影响到气候和土壤的温度。因此"平地三月花者,深山则四月花"。

【相关链接】 少年沈括读《大林寺》后和几个小朋友到山上一看,果真如此。后来他写道："山里地势比平原高,气温低,所以桃花开得迟呀！"

【常识】 1. 西班牙环保人士说,最环保的出行工具是自行车。因为汽车每行驶1千米会排放150～190克二氧化碳。选购小排量汽车：排气量为1.3升的汽车与2.0升的相比,每年可节油294升,相应减排二氧化碳647千克；如果全国每年新售出的轿车(约382.89万辆)排气量均降低0.1升,就可节油1.6亿升,减排二氧化碳35.4万吨。2. 有专家说,节约1度电可减排1千克

二氧化碳。3. 西班牙环保人士说,用热水器洗 1 次淋浴澡可产生 6.43 千克二氧化碳。减排最好的方法是缩短淋浴时间。

4. 1990 年至 2008 年受极端天气影响最严重的 10 个国家依次是:孟加拉国、缅甸、洪都拉斯、越南、尼加拉瓜、海地、印度、多米尼加、菲律宾和中国。

钱塘湖①春行 (初)

孤山寺北贾亭西②,	从孤山寺的北面到贾公亭之西,
水面初平云脚低③。	西湖的碧水涨到齐岸,云脚低低。
几处早莺争暖树,	几处早出的黄莺争着在向阳的树上歌唱,
谁家新燕啄春泥④。	刚从南方飞回的燕子忙筑巢嘴衔春泥。
乱花渐欲迷人眼,	多彩缤纷的春花渐渐迷住了人们的眼,
浅草才能没马蹄⑤。	浅浅的绿草刚刚能够遮没马儿的蹄。
最爱湖东行不足⑥,	我最喜爱西湖东边的美景,游览不够,
绿杨阴里白沙堤⑦。	尤其是垂柳成阴、平坦修长的白沙堤。

【注释】①钱塘湖:即今杭州西湖。②孤山:在西湖中后湖(北里湖)与外湖之间,孤峰耸立,景色秀丽,为湖山登临胜地,山上有孤山寺。贾亭:贞元(785—805)中,贾全出任杭州刺史,于钱塘湖建亭,名贾公亭。③水面初平:指春天湖水上涨,水平齐岸。云脚:雨前或雨后接近地面的云气叫"云脚"。④争暖树:争着飞上向阳的树。啄:衔。⑤乱:繁、多的意思。才能:刚刚能。⑥湖东:指杭州城,他在《忆江南》(其二)中写道:"江南忆,最忆是杭州。"行不足:游赏不够尽兴。⑦白沙堤:今称白堤或白公堤,又名断桥堤,在西湖东畔,建于唐长庆以前。曾误传为白居易所筑。

【赏析】 此诗作于长庆三年或四年(823—824)作者杭州刺史任上。它虽是流连山水之作,但在艺术上颇有特色。诗中不仅从动态中捕捉钱塘湖上的盎然春意,而且处处着眼于描绘春天那种喜人的明媚春光:莺是"早莺",燕是"新燕",花是"乱花",草是"浅草"。因为是早莺,才去"争暖树";因为是"新燕",才忙着"啄春泥";而"乱花"还不至于缤纷烂漫,所以说"乱花渐欲迷人眼";"浅草"才刚刚长出不久,所以说仅仅"才能没马蹄"。这样准确而生动的描绘,给人以清新明快的感觉。

【相关链接】 唐代诗人徐元杰陪友人畅游西湖所作《湖上》,一口气用了"花开""草长""鹭飞""莺啼"四个主谓词组,从植物写到动物,由静态写到动态,接着以"风日""人意""夕阳""箫鼓"四个名词组成另一幅生机勃勃、优美宁静的西湖图。全诗有声有色,动静相映,写出了西湖游人欢乐气氛。请看《湖上》:"花开红树①乱莺啼,草长平湖白鹭飞。风日晴和人意②好,夕阳箫鼓③几船归。"大意:在绿树红花丛中黄莺交相吟唱,在长满绿茵、湖水如镜的上空白鹭翱翔。风和日丽,人心欢畅,夕阳中有多少船归去箫鼓响。[注:①红树:红花满树。乱莺啼:嘈杂的黄莺(图39)的啼声。②人意:指游人的兴致和情绪。③箫鼓:古时多用于水上宴游助兴的管弦之乐。]

观 刈 麦① （初）

田家②少闲月,五月人倍忙。	农家少有空闲时,五月时节人更忙。
夜来南风起,小麦覆陇黄③。	夜晚来临南风吹,小麦成熟遍地黄。
妇姑荷箪食,童稚携壶浆④。	妇女扛筐送饭食,小孩提壶送水汤。
相随饷田去⑤,丁壮在南冈⑥。	跟随送饭到地头,男人收割在南冈。
足蒸暑土气,背灼炎天光⑦。	泥土滚烫烘双脚,脊背甘晒烈日光。
力尽不知热,但惜夏日长⑧。	竭力收割不管热,只是珍惜夏日长。
复有贫妇人,抱子在其旁。	又有一位女穷人,抱着孩子到此旁。
右手秉遗穗⑨,左臂悬敝筐⑩。	右手拾取小麦穗,左臂挎着破竹筐。
听其相顾言⑪,闻者为悲伤。	听她诉说一番话,大家都为她悲伤。
家田输税尽⑫,拾此充饥肠。	"土地全部抵了税,拾来麦穗充饥肠。"
今我何功德,曾不事农桑⑬。	如今我有何功德,从来不曾事农桑。
吏禄三百石⑭,岁晏⑮有余粮。	当官收入三百石,年终还有多余粮。
念此私自愧,尽日不能忘。	想到这里真惭愧,整天思虑不能忘。

【注释】 ①刈(yì 义):割,如刈麦,刈草。②田家:种田人家。③"小麦"句:遍地覆盖着的小麦都黄熟了。陇,通垄,即田埂。④"妇姑"二句:妇女们背着担着饭菜,娃娃们提着汤水壶罐。妇姑:媳妇和婆母,这里指妇女。荷(hè):担,负。箪(dān):盛饭的圆形竹器。浆:汤水。⑤饷(xiǎng):为田里劳动的人送饭。⑥丁壮:青壮年男子。南冈:泛指农田。⑦"足蒸"二句:脚下暑气热腾腾地熏蒸,背上烈日火辣辣地烘烤。灼(zhuó):烘烤。⑧"但惜"句:要珍惜夏日天长能多干点活(割麦是龙口夺粮啊)。⑨秉遗穗:拿着割麦后遗留在地里的麦穗。秉:拿。⑩敝筐:破旧的竹筐。⑪相顾言:这里是说贫妇人向割麦者诉说。⑫"家田"句:家里的田地因为缴纳田税而卖光了。输:缴纳。⑬"今我"二句:如今我有什么功劳和德行,从来也不从事农耕和蚕桑劳动。曾不:不曾,从来不。⑭"吏禄"句:每年拿三百石的俸禄。吏禄:做官每年得到的俸粟。汉朝和唐朝的县尉年俸大约三百多石(稻谷)。石(dàn旦):容量单位,十斗为一石(约70斤大米)。⑮岁晏:年终。

【赏析】 这首著名的讽喻诗是白居易在元和二年(807)任(今陕西)周至县尉时所写。诗人作为县尉,在五月夏收大忙时,亲自到田边视察割麦,在封建社会也属可贵。他观察很仔细,写得真实而形象。前12句写农民在夏收时全家男女老少一齐出动,下蒸上晒,酷热难耐,筋疲力尽,却不敢懈怠的劳累辛苦之状。中间8句写道旁一贫妇人,因为赋税太重,田地卖光,只能臂悬敝筐,拾遗穗充饥,听来令人更为悲伤。但今日拾穗妇,就是昨日刈麦者。今日刈麦者,明日很可能也因家田输税尽而沦为拾穗人。诗人以通俗形象的描述,深刻真实地揭示了农民生活的苦难。更为可贵的是(后6句),诗人为此而深受感动,他将自身与农民对比,不但同情农民,而且为自己枉食俸禄而自愧。实际上是在说:所有不劳而食的官吏们,对劳动人民都是有愧的。诵读时要注意体会作者在叙事中流露的对农民的同情,特别是最后表现的可贵的自责精神。

【常识】 1. 著名环保活动家梁从诚倡议:从一盆水、一张纸、一度电开始,过俭朴生活,以保护地球环境。美国出了一本书叫《俭朴生活》,呼吁人们关心环境、保护生物多样性。我们应该怎样做?2. 我国南海诸岛,海鸟群集,鸟粪积压成层,化作丰富的磷矿。仅永兴岛上的鸟粪,就有24万吨。

琵 琶 行(并序)

元和十年(815),予左迁九江郡司马。明年秋,送客湓浦口,闻舟中夜弹琵琶者。听其声,铮铮然有京都声。问其人,本长安倡女,尝学琵琶于穆、曹二善才。年长色衰,委身为贾人妇。遂命酒,使快弹数曲。曲罢悯然,自叙少小时欢乐事,今漂沦憔悴,转徙于江湖间。予出官二年,恬然自安,感斯人言,是夕始觉有迁谪意。因为长句,歌以赠之,凡六百一十六言。命曰《琵琶行》。

(高)

浔阳江头夜送客①,	黄昏时分浔阳江岸边我送客,
枫叶荻花秋瑟瑟②。	枫叶赤红芦花雪白秋风萧瑟。
主人下马客在船,	我们下了马将朋友送上客船,
举酒欲饮无管弦③。	举起别离酒却无音乐解忧愁。
醉不成欢惨将别,	忧伤中有醉意心情惨淡而别,
别时茫茫江浸月④。	茫茫的江水映照着一轮明月。
忽闻水上琵琶声,	忽然听到水上飘来了琵琶声,
主人忘归客不发。	此时我忘迈步友人也不出发。
寻声暗问弹者谁,	找到乐声出处问是何人弹奏,
琵琶声停欲语迟。	琵琶声停下却许久没人回答。
移船相近邀相见,	我们把船靠近请弹奏者相见,
添酒回灯⑤重开宴。	添上酒菜燃亮灯火重新开宴。
千呼万唤始出来,	我们再三恳请她才缓缓出来,

唐代

犹抱琵琶半遮面。
转轴拨弦三两声⑥，
未成曲调先有情。
弦弦掩抑声声思⑦，
似诉平生不得志。
低眉信手续续弹⑧，
说尽心中无限事。
轻拢慢捻抹复挑⑨，
初为《霓裳》后《六幺》⑩。
大弦嘈嘈如急雨，
小弦切切如私语。
嘈嘈切切错杂弹，
大珠小珠落玉盘。
间关莺语花底滑⑪，
幽咽泉流冰下难。
冰泉冷涩弦凝绝，
凝绝不通声暂歇。
别有幽愁暗恨生，
此时无声胜有声。
银瓶乍⑫破水浆迸，
铁骑突出刀枪鸣⑬。
曲终收拨当心画⑭，
四弦一声如裂帛。
东船西舫悄无言，
惟见江心秋月白。
沉吟放拨插弦中，
整顿衣裳起敛容⑮。
自言本是京城女，
家在虾蟆陵⑯下住。
十三学得琵琶成，
曲罢曾教善才服⑱。
妆成每被秋娘妒。
名属教坊⑰第一部。

还用怀中的琵琶遮住半边脸。
见她拧动弦轴轻弹了两三声，
虽然没弹出曲调却饱含深情。
她的弦声幽咽低沉思绪万千
就像在低声倾诉伤心的往事。
她垂下眉眼随手熟练地弹拨，
让琵琶叙说自己无限的心事。
她轻拢慢捻不断变幻着指法，
先弹了《霓裳羽衣曲》又弹《六幺》。
大弦沉重悠长好像一阵暴雨，
小弦短促细碎好似有人私语。
弦音缓急快慢任她随意变换，
犹如大大小小的珍珠坠玉盘。
又像黄莺在花丛中轻快吟唱，
乐意如泉流在冰下冷涩哽咽。
又仿佛泉水冰冻在弦上凝结，
凝聚不流乐音渐渐地要平息。
别有一种深沉的忧愁在萌生，
此时无声比有声更让人心醉。
突然如银瓶破碎迸发出乐意，
又雄壮像铁骑冲锋刀枪齐鸣。
乐曲结束时她收回拨予一划，
琴弦同时发声就像撕裂绢帛。
周围的船悄然无声默默聆听，
只见皎洁的月亮映照在江心。
她轻叹一声将拨子插弦中，
整理好装容现出庄重的神情。
她说"我原本是京城长安女子，
家就住在京城虾蟆陵的附近。
十三岁就学成了琵琶的技艺，
当时名字排列在教坊第一队。
我的技艺连曲师也心悦诚服，
我的容貌动人常被姐妹嫉妒。

70

五陵年少争缠头⑲,
一曲红绡不知数⑳。
钿头㉑银篦击节碎,
血色罗裙翻酒污。
今年欢笑复明年,
秋月春风等闲度。
弟走从军阿姨㉒死,
暮去朝来颜色故㉓。
门前冷落鞍马稀,
老大嫁作商人妇。
商人重利轻别离,
前月浮梁㉔买茶去。
去来江口守空船,
绕船月明江水寒。
夜深忽梦少年事,
梦啼妆泪红阑干㉕。
我闻琵琶已叹息,
又闻此语重唧唧㉖。
同是天涯沦落人㉗,
相逢何必曾相识!
我从去年辞帝京,
谪居㉘卧病浔阳城。
浔阳地僻无音乐,
终岁不闻丝竹声㉙。
住近湓江地低湿㉚,
黄芦苦竹绕宅生。
其间旦暮闻何物?
杜鹃啼血猿哀鸣。
春江花朝秋月夜,
往往取酒还独倾。
岂无山歌与村笛,
呕哑嘲哳难为听㉛。
今夜闻君琵琶语,

五陵的子弟争着送礼物给我,
弹奏一曲得的红绡不计其数。
镶金银珠宝的发篦碎了不可惜,
血红色罗裙泼了污也不在意。
年复一年寻欢作乐打发时光,
大好的青春就这样随便度过。
弟弟去当了兵母亲也入了土,
时光飞逝我最终也青春不再。
门前变得清冷车马变得稀少,
没有办法只好嫁个商人为妻。
商人只重财利哪在乎夫妻情,
上个月做茶叶生意去了浮梁。
留下我一人在江口独守空船,
四周只有寒冷的江水和月光。
深夜里忽然梦见少年时往事,
梦中哭醒泪水脂粉满脸纵横。"
我听了琵琶曲十分伤感叹息,
听过她这席话更是感慨不已。
我们同样是流落在天涯的人,
在此相遇无所谓是否曾相识。
我自从去年离开了京城长安,
抱病又被贬谪到这浔阳江城。
这里荒凉偏僻没有真正的音乐,
一年到头也听不到管弦之声。
住的地方靠近湓江低洼潮湿,
黄芦和苦竹在宅边杂乱丛生。
从早到晚这里能听到些什么?
只听见杜鹃啼血和猿猴哀鸣。
每当春江花开和秋月凌空时,
我常一人独自摆酒闷闷独饮。
难道此地没有山歌和村笛声?
不过那声音嘈杂嘶哑难入耳。
今夜听了你弹奏的琵琶曲后,

如听仙乐耳暂明。	真像仙乐入耳使人清朗明净。
莫辞更坐弹一曲，	请不要推辞再坐下弹奏一曲，
为君翻作琵琶行㉜。	我要按那曲调写一首《琵琶行》。
感我此言良久立，	我的话使她感动不已呆站立，
却坐促弦㉝弦转急。	然后回到座位曲调更紧更急。
凄凄不似向前声，	凄楚哀婉与方才的音调不同，
满座重闻皆掩泣。	重新听乐的人全都掩面哭泣
座中泣下谁最多？	在座的人中谁哭得最为心酸？
江州司马青衫㉞湿。	江州的白司马都已泪湿青衫。

【注释】 ①浔阳江头：长江流过九江以北的一段叫浔阳江。江头：即江边。②枫叶荻花秋瑟瑟：泛指秋天里的红叶植物和秋季开花形似芦苇的多年生草本植物。瑟瑟：形容草木声。③无管弦：没有音乐。④江浸月：月影沉浸在江里。⑤回灯：重新张灯。⑥转轴拨弦三两声：准备弹奏时调弦校音。转轴：是拧动琵琶上的弦柱。三两声：试弹几声。⑦弦弦掩抑声声思：指弹的时候，用掩、按、抑、借、遏的指法，声调低沉。声声思：指每一声都发出深长的情思。⑧信手续续弹：随手接连不断地弹。⑨轻拢慢捻抹复挑：拢、捻、抹、挑是弹琵琶时用的几种指法。左手叩弦为拢，左手操弦为捻，右手下拨为抹，反手回拨为挑。⑩初为《霓裳》后《六幺》：《霓裳》即《霓裳羽衣曲》，唐玄宗时有名的曲调；《六幺》是当时京师流行的曲调，原名《录要》，后讹为《绿腰》或《六幺》。⑪间关莺语花底滑：指莺的叫声婉转流利。间关：莺叫声。⑫乍(zhà)：突然。⑬铁骑(jì)突出刀枪鸣：像勇猛的骑兵飞驰，刀枪发出的声音，形容乐曲弹得雄壮，突然进入高峰。⑭曲终收拨当心画：连同下一句，是说曲子弹完了，将拨子在琵琶槽中心用力划过四根弦，四根弦一齐发出像撕裂丝绸的声音。拨：弹弦的工具，用象牙、牛角或其他材料做成。⑮敛容：因弹奏而使心情激动的面部表情，变得严肃，有礼貌。⑯虾蟆陵：在长安曲江附近，是唐时歌女聚居之地。⑰教坊：唐代设立掌管音乐和教练歌舞的机构。⑱善才服：善才，是指弹琵琶的艺人和曲师；服：佩服。秋娘妒：秋娘是当时长安有名的伎女，唐代歌伎多以秋娘为名。妒：嫉妒。⑲五陵年少争缠头：长安北郊有汉代五个陵墓（长陵、安陵、阳陵、茂陵、平陵），在这一带住着许多豪门贵族。五陵年少，指的是富豪子弟。缠头：当时歌舞伎表演完后，要赠送绫帛，称缠头。争：抢着相送。⑳"一曲"句：是说弹完一曲得到的红绡多得很。㉑钿(diàn)头句：是说用镶有金属和宝珠的发篦(bì)打拍子以致被打碎。㉒阿姨：这里是指母亲。㉓颜色故：容颜逐渐显老。㉔浮梁：今江西景德镇，是当时茶叶的一大集散地。㉕阑干：形容眼泪纵横交流。㉖重唧唧：更加叹息感慨。㉗"同是"句，同是流落在异乡的人。㉘谪居：降职居住（在这里）。㉙丝竹声：音乐声。㉚溢(pén)江：九江西边的

一条河,流入长江。㉛呕哑嘲(zhāo)哳(zhā)难为听:说嘈杂的音乐,难以入耳,有贬低山歌村笛之意,也是为了衬托琵琶女的技艺高超。㉜翻作:依曲写成歌词。㉝却坐促弦:退回原处重新坐下,把弦拨得更紧,把音调定得更高。㉞青衫:当时作者被贬为江州(九江)司马,官阶很低,只是穿青色官服的从九品将仕郎。

【赏析】 这首诗写于唐元和十一年(816),即诗人被贬为江州司马的第二年。诗中记述浔阳江船上一商人之妇弹奏琵琶的技艺高超和她坎坷不幸的身世,抒发了自己遭受贬谪的愤慨和不平的心情,揭示了封建社会的黑暗。诗中对琵琶女弹奏艺术的描写细腻真切,显示了作者对生活和客观事物观察理解的深切,以及文字表达能力的高超老练,而"犹抱琵琶半遮面""此时无声胜有声""门前冷落鞍马稀"及"同是天涯沦落人,相逢何必曾相识"等诗句都成了千古流传的名句。

【常识】 1. 毛泽东在庐山看过"花径",还亲书白居易《琵琶行》88句、616字。2. "琵琶"二字原来有"木"旁,是武则天改成现在这样的。3. 汉朝女子以瘦为美,唐朝女子以胖为美。

长恨歌①

七言古诗

汉皇重色思倾国,
御宇多年求不得②。
杨家有女初长成,
养在深闺人未识。
天生丽质难自弃,
一朝选在君王侧。
回眸一笑百媚生,
六宫粉黛无颜色③。
春寒赐浴华清池,
温泉水滑洗凝脂④。
侍儿扶起娇无力,
始是新承恩泽时。
云鬓花颜金步摇,
芙蓉帐暖度春宵⑤。
春宵苦短日高起,
从此君王不早朝。
承欢侍宴无闲暇,
春从春游夜专夜。

喜好美色的汉皇想得到绝代佳人,
他统治天下多年中意人却未求得。
杨家有个美丽姑娘刚刚长大成人,
养育在闺阁中还无人知晓她容颜。
她天生丽质且不甘心于自我埋没,
终于有一天被选入宫到君王身边。
她回眸微微一笑便生出百般妩媚,
六宫里的众多美女全都黯然失色。
春寒时节君王赐她到华清池沐浴,
温泉之水温润洗濯她细腻的身躯。
侍女扶起她娇软无力的妩媚身体,
那是她头一回承受到君王的恩泽。
面如桃花发似乌云头上插髻金步摇,
温馨的芙蓉帐里与君王共度春宵。
春夜良宵苦短一直睡到太阳高照,
从此君王再也不去议事的早朝了。
领受君王的欢爱侍奉君王的酒宴,
春日与君王郊游夜夜伴君王左右。

唐代

后宫佳丽三千人，三千宠爱在一身⑥。金屋妆成娇侍夜，玉楼宴罢醉和春⑦。姊妹弟兄皆列士，可怜光彩生门户。遂令天下父母心，不重生男重生女。骊宫高处入青云，仙乐风飘处处闻⑧。缓歌慢舞凝丝竹，尽日君王看不足⑨。	君王的后宫里有三千多美丽妃嫔，这三千人宠爱都集中她一人身上。她在宫室内妩媚娇柔伴君过春宵，她玉楼上醉酒后的姿态更加动人。于是她的兄弟姐妹们都分封爵位，令人美慕的光彩辉耀着她家门楣。于是天下的父母都滋生美慕之心，不看重生男孩一心只想生个女儿。那骊山上的华清宫高耸直入云霄，宫中的音乐像来自仙境飘然而来。歌声舒缓舞姿柔曼伴着优美乐曲，君王整天观赏一点也不觉得厌烦。
渔阳鼙鼓动地来，惊破《霓裳羽衣曲》⑩。九重城阙烟尘生，千乘万骑西南行⑪。翠华摇摇行复止，西出都门百余里⑫。六军不发无奈何，宛转蛾眉马前死⑬。花钿委地无人收，翠翘金雀玉搔头⑭。君王掩面救不得，回看血泪相和流。黄埃散漫风萧索，云栈萦纡登剑阁⑮。峨嵋山下少人行，旌旗无光日色薄⑯。蜀江水碧蜀山青，圣主朝朝暮暮情。行宫见月伤心色，夜雨闻铃肠断声。	忽然听见渔阳叛军战鼓震天动地，惊破了陶醉在霓裳羽衣曲的美梦。城阙坚固的京城长安里烟尘弥漫，千军万马拥着君王直奔西南蜀地。君王的旌旗飘扬行进着忽然停止，算来离开城门不过百余里的路程。要求惩治杨贵妃君王也奈何不得，这绝代美人啊最终被缢死在马前。她的花钿首饰散落满地无人收拾，还有翠玉的金雀钗和美丽的玉簪。君王掩面而泣却没有办法救她命，他不时回头怅望血与泪交相横流。黄土弥漫飞散秋风萧瑟凄凉天地，连云的栈道曲折盘旋君王登剑门。此时峨嵋山下行人稀少一片凄凉，旌旗晦暗日光淡薄大地尽显苍茫。来到蜀地江水碧绿蜀山树木葱郁，君王对她朝朝暮暮满怀眷念之情。行宫之中望见明月让他伤心欲绝，夜雨里听到风摇檐铃催人肝肠断。
天旋日转回龙驭，	时局改变君王的车驾要返回京都，

到此踌躇不能去⑰。	经过佳人离去之地犹豫徘徊不前。
马嵬坡下泥土中，	马嵬坡下的这一片黄泥尘土之中，
不见玉颜空死处⑱。	到哪里去寻找那佳人的美丽容颜。
君臣相顾尽沾衣，	君王哀痛难忍不禁涕泪沾湿衣服，
东望都门信马归。	向东远望着长安任马随意向前行。
归来池苑皆依旧，	回宫中却只见那池沼和苍圃依旧，
太液芙蓉未央柳⑲。	太液荷上灼灼伴着央宫依依柳枝。
芙蓉如面柳如眉，	荷花如她的面容柳叶如她的蛾眉，
对此如何不泪垂。	面对如此伤心景物不禁泪水洒落。
春风桃李花开日，	每当春风和煦伴桃红李白的日子，
秋雨梧桐叶落时。	每当秋雨凄凉且梧桐叶落的时候。
西宫南内多秋草，	太极宫未央宫长满了萋萋的秋草，
落叶满阶红不扫。	石阶上下都铺满了红叶无人清扫。
梨园弟子白发新，	梨园的艺人们也已经生出了白发，
椒房阿监青娥老⑳。	后宫的女官也已慢慢地红颜衰老。
夕殿萤飞思悄然，	黄昏时宫殿里流萤飞来伴君入夜，
孤灯挑尽未成眠。	深夜里孤灯燃尽也不能安然入眠。
迟迟钟鼓初长夜，	报更的钟鼓声从远处缓缓地传来，
耿耿星河欲曙天㉑。	艰熬的长夜刚刚开始以为天已明。
鸳鸯瓦冷霜华重，	鸳鸯瓦上因寒气太重覆盖着秋霜，
翡翠衾寒谁与共㉒？	翡翠被寒透肌肤有谁能与我共暖？
悠悠生死别经年，	这长长的生离死别熬过无数年月，
魂魄不曾来入梦。	那佳人的魂魄从未进入君主梦中。
临邛道士鸿都客，	有一位客居京城的临邛高明道士，
能以精诚致魂魄㉓。	能以至诚之心感召回死者的魂灵。
为感君王展转思，	被君王的绵绵情思感动搜寻贵妃，
遂教方士殷勤觅㉔。	历尽千辛万苦要帮君王把她找见。
排空驭气奔如电，	他腾空驾起清风好似闪电般飞驰，
升天入地求之遍。	上天入地寻找把宇宙四方来搜求。
上穷碧落下黄泉，	他上升到碧空又下降到黄泉之中，
两处茫茫皆不见㉕。	结果天地迷茫四处不见她的踪迹。
忽闻海上有仙山，	忽然听说海上有一座神奇的仙山，
山在虚无缥缈间。	那山在虚无缥渺若有若无的地方。

唐代

楼阁玲珑五云起，
其中绰约多仙子㉖。
中有一人字太真，
雪肤花貌参差是㉗。
金阙西厢叩玉扃，
转教小玉报双成㉘。
闻到汉家天子使，
九华帐里梦魂惊㉙。
揽衣推枕起徘徊，
珠箔银屏迤逦开㉚。
云鬓半偏新睡觉，
花冠不整下堂来。
风吹仙袂飘摇举，
犹似《霓裳羽衣舞》㉛。
玉容寂寞泪阑干，
梨花一枝春带雨㉜。
含情凝睇谢君王，
一别音容两渺茫㉝。
昭阳殿里恩爱绝，
蓬莱宫中日月长㉞。
回头下望人寰处，
不见长安见尘雾。
唯将旧物表深情，
钿合金钗寄将去㉟。
钗留一股合一扇，
钗擘黄金合分钿㊱。
但令心似金钿坚，
天上人间会相见。
临别殷勤重寄词，
词中有誓两心知。
七月七日长生殿，
夜半无人私语时㊲。
在天愿作比翼鸟，
在地愿为连理枝㊳。
天长地久有时尽，
此恨绵绵无绝期！

那里玲珑的楼阁缭绕着五彩祥云，
云彩的里面住着许多美丽的仙女。
其中有一位神秘的仙子名号太真，
花容月貌好似君王寻求的杨贵妃。
那道士叩击殿堂西厢的玉石门环，
辗转请求侍女小玉和双成传音信。
太真一听说是汉家天子派来使者，
她从华美的帷帐中猛然之间惊醒。
披上衣衫推开玉枕起身徘徊迟疑，
她接连推开重重珠帘和镶银屏风。
刚醒来她乌云般的发髻蓬松偏斜，
花冠没来得及整饰就匆匆下堂阶。
微风吹拂她仙衣的长袖轻轻飘飞，
就像当年和着曲子起舞一样动人。
她神色暗淡寂寞的面庞泪珠洒落，
仿佛一枝带着春雨的洁白的梨花。
她含情脉脉感谢君王的怀念之情，
诉说着别后声音容貌难见的惆怅。
当年昭阳殿内的万般恩爱已断绝，
我只得在这蓬莱宫里消度过岁月。
我有时回头向人世间远远地望去，
我却看不到长安城只见烟雾蒙蒙。
只有用旧日信物来表达我的深情，
将你这锦盒和金钗替我带给君王。
我已将锦盒与金钗用手掰开两半，
我与他两人钗各一股且盒各半边。
只要我们的爱情像黄金一样坚牢，
哪怕天上人间两遥远也总会相见。
临别时她又殷勤地委托道士捎话，
其中的誓言只有两人心里相互知。
七月七日那天我们曾在长生殿上，
夜半无人时我俩相互间窃窃私语：
"我们在天上愿作比翼双飞的鸟儿，
我们在地上愿做连根并蒂的花枝。"
虽然天长地久也会有穷尽的时候，
我们生死离别的遗恨却长远不绝。

【注释】 ①选自《大学语文》(南京大学出版社)。本诗在一气舒卷中有曲折离奇、自具首尾的情节描写和完整鲜明的人物形象的塑造;而在语言音节上则发挥了乐府歌行的特点,流畅匀称,优美和谐。恨:遗憾。②汉皇:指唐玄宗。倾国:指妇女美色足以使一国为之倾倒。御宇:指治理天下。御,驾驭。③六宫:原专指皇后寝宫,后泛指妃嫔居处。粉黛:代指美女。④华清池:在今陕西省临潼,华清宫里有温泉浴池。唐玄宗李隆基每年冬季都要到华清宫避寒。凝脂:形容体肤白嫩柔滑,犹如凝固的脂肪。⑤金步摇:金制垂珠头钗,行走时随步履摇晃,故曰"步摇"。⑥后宫:指后妃所居宫室。佳丽:美貌女子。⑦金屋:用汉武帝"金屋藏娇"典,指杨贵妃所居之处。醉和春:指酒与情同醉。⑧骊(lí厘)宫:即骊山华清宫。仙乐:形容乐声美妙,非人间所闻。⑨凝丝竹:谓歌舞紧扣乐声。丝竹,弦乐和管乐的合称。⑩鼙(pí皮)鼓:军鼓、战鼓。《霓裳羽衣曲》:舞曲名,本西域乐舞《婆罗门曲》,由西凉节度使杨敬述依曲创声,进呈宫廷,又经玄宗改编,更名《霓裳羽衣曲》。⑪九重城阙:指京城长安。阙,宫门前的望楼。乘(shèng剩):四匹马拉的车叫一乘。骑(jì计):一人乘一马叫骑。⑫翠华:皇帝仪仗用翠鸟羽毛为饰的旗帜。⑬六军:此处指皇帝的随从部队。宛转:哀婉委屈状。马前死:指杨贵妃死于兵乱之中。⑭花钿二句:指杨玉环死后,首饰散落无人收拾。花钿,金玉等嵌制的花形首饰;翠翘,形如翠鸟毛羽的首饰;金雀,钗名;玉搔头,玉簪,据载汉武帝曾取李夫人玉簪搔头,故名。⑮栈:栈道。在悬崖峭壁上凿孔支木架桥连成的一种道路。萦纡(yū迂):曲折盘旋。剑阁:地名,在今四川剑阁县东北大、小剑山之间,险峻难行,三国时诸葛亮令凿山建栈道三十里,名剑阁道,成为古代川陕间的主要通道。⑯峨嵋山:此处泛指蜀山。⑰天旋句:指肃宗至德二载十二月,大局转变,玄宗由成都返回长安。龙驭:皇帝的车驾。踌躇:犹豫。⑱马嵬坡:地名,今陕西兴平西,相传晋人马嵬在此筑城,故名。安史之乱中,玄宗西奔成都,缢死杨贵妃于此。⑲太液:池名,在大明宫北。未央:宫名,此处泛指宫。⑳梨园弟子:指玄宗时在教坊内学习技艺者。椒房:汉代皇后妃嫔居室以椒末和泥涂壁,故称椒房。阿监:宫中女官。青娥:原指少女,此处指青春容貌。㉑耿耿:明亮。星河:银河。㉒鸳鸯瓦:嵌合成对的瓦片。霜华:霜花。翡翠衾(qīn亲):饰以金翠的被子。㉓临邛(qióng穷):地名,今四川邛崃县。鸿都:东汉京城洛阳宫门名,此处代指长安。㉔方士:指道士。㉕碧落:天的代称。道书说东方第一重天叫作碧落。黄泉:地下的代称。㉖五云:五色云。绰约:姿态柔美状。㉗太真:杨玉环当女道士时号为太真。参差(cēn cī):看去差不多。㉘金阙:金碧辉煌的仙宫。扃(jiōng坰):门户。小玉:传说为春秋时吴王夫差之女。双成:传说中西王母的侍女。此处均指杨玉环在仙山的侍女。㉙九华帐:鲜艳的花罗帐。㉚迤逦(yǐ lǐ):曲折连绵。㉛袂(mèi 妹)：衣袖。㉜寂寞：阴沉，暗淡。阑干：纵横状。㉝凝睇(dì 弟)：凝视。㉞昭阳殿：汉代宫室名，代指唐玄宗宫室。蓬莱宫：传说中蓬莱仙山上的宫殿。㉟钿合金钗：指杨贵妃与唐玄宗生前定情的信物。乐史《太真外传》：定情之夕，玄宗授金钗钿合。钿合，镶金花的盒子。㊱擘(bò 薄)：用手将物掰开。㊲长生殿：唐代华清宫中殿名，泛指皇帝后妃寝宫。㊳连理枝：不同根的草木，枝条连生在一起。

【赏析】 这首长篇叙事诗作于元和元年(806)，诗人当时任盩厔(今陕西周至)县尉。他与友人陈鸿、王质夫游仙游寺(此处靠近马嵬驿)，谈论50年前唐玄宗李隆基(685—762)和杨贵妃(719—756)的故事，于是白居易写成此诗，陈鸿作《长恨歌传》。此诗可分四段：从开头至"尽日君王看不足"为第一段，写唐玄宗宠爱杨贵妃，荒淫失政。"汉皇重色思倾国"一句总领全段，具有讽刺性。整一段对唐玄宗与杨贵妃两人的淫乐生活一再渲染，正说明"重色"是造成安史之乱的根源。从"渔阳鼙鼓动地来"到"夜雨闻铃肠断声"为第二段，写杨贵妃之死和唐玄宗在流亡中的悲伤。描写细腻，情景凄惨。作者充满同情，从此全诗的感情基调起了变化。从"天旋日转回龙驭"到"魂魄不曾来入梦"为第三段，写唐玄宗返回京城后对杨贵妃的深切怀念。从"临邛道士鸿都客"到末句为第四段，写方士寻觅杨贵妃亡魂，使两人得以互通消息，重申爱情誓词。最后两句点明"长恨"，收束全篇，余味无穷。《长恨歌》的主题随着叙事的进程和感情的变化而显流动性。对唐玄宗晚年的谎淫误国，诗中给予尖锐的讽刺；对帝妃的爱情悲剧，诗中表示深切的同情。全诗结构井然有序而曲折多变，情节宛转动人。在叙事进程中，叙事与抒情、写景相融合，抒情性强烈，缠绵感人。诗的韵律优美，词采绚丽，读来流畅悦耳。"一篇长恨有风情"，这是作者的自我评价。这首诗奠定了作者在诗坛上的重要地位。

刘禹锡(772—842)(图14)

中晚唐思想家、文学家，字梦得，洛阳(今属河南)人(一曰彭城即今徐州市铜山人)，祖籍中山(今河北定县)。"安史之乱"起，其父刘绪率家人迁浙右(治所在今杭州)避难，刘禹锡生于吴郡(今苏州)。唐德宗贞元九年(793)中进士，授太子校书，后为淮南节度使杜佑幕僚调补京兆渭南主簿，升监察御史。永贞元年(805)正月，唐顺宗即位，刘禹锡参加王叔文、王伾(pī 丕)领导的政治革新活动，成为中坚人物。革新146天后失败，王叔文被赐死，刘禹锡贬为连州(今四川筠连县境)刺史(一州的行政长官)，途中又改贬为朗州(今湖南常德)司马(分管军事、军需的官)。10年后召回长安，为权贵所忌，初为播州(今贵州遵义地区)刺史，后又改任连州刺史。5年后(820)转夔州(今四川奉节地区)、和州(今安徽和县、含山县境)刺史。文宗大和元年(827)，回洛阳为主客郎中,次年召至长安,为集贤殿学士、礼部郎中,出为苏州刺史,移汝州(今河南汝州市)、同州(今陕西大荔、合阳、韩城、澄城、白水县境)刺史。开成元年(836)迁太子宾客,分司东都(洛阳)。终为检校礼部尚书。

刘禹锡的进步主张,建立在朴素的唯物主义基础上。在其哲学论著《天论》中,坚持天是由元气构成,天没有意志等观点,并进一步提出"天与人交相胜"的思想,论证人类社会和自然界的规律不同,"天之能",人未必能,"人之能",天也有所不能。同时指出,人的祸福天寿都是由人自取,与天无关。

在文学方面,他反对浮华而尚实用。与白居易并称"刘白",又被誉为"诗豪"。他和柳宗元并称"刘柳"。他的诗歌大多针砭时弊,有较强的现实性。有的反对分裂割据,维护国家统一;有的谴责宦官、藩镇的腐朽和专横;有的托物言意,反对大官僚集团;有的借古讽今,指斥时政。在诗歌创作上,一方面继承古乐府的现实主义传统,又很注意从当时当地民间文学中摄取养料,丰富其创作,写了一些独具风格的《柳枝词》《杨柳枝词》等优秀诗篇,表现了可贵的独创精神。这些诗篇,有描写淘金妇女的辛劳,揭露统治阶级的奢侈豪华;有表达自己被贬谪的悲愤和不平;有的表现男女恋情和别离相思,都很清新自然,富有生活气息和地方色彩,语言也很生动。有《刘宾客集》传世。

浪 淘 沙① (小)

九曲黄河②万里沙,	弯曲的黄河东流万里,卷夹着大量泥沙,
浪淘风簸自天涯③。	风卷浪翻从天边直流而下,与黄河相连。
如今直上银河去④,	如今可以沿着黄河逆流而上直到银河去,
同到牵牛织女⑤家。	跟我一同寻访牛郎和织女生活的家吧!

【注释】①《浪淘沙》:唐代教坊曲名,起于民间。诗人原作九首,这是第一首。②九曲黄河:九曲是虚数,指黄河曲曲折折,弯道很多。③浪淘风簸:形容黄河卷着泥沙在风浪滚滚中颠动;风簸,风颠动着;自天涯(yá):出自天涯,来自天边。④直上:直到。银河:古人以为黄河和银河相通。⑤牵牛织女:指牛郎星和织女星。相传他俩因触怒天规,被天帝分隔在银河两岸,只许在每年农历七月七日相会一次。

【赏析】这首诗是作者作于夔州刺史任上,是民歌体的政治抒情诗。这首清新明快的诗篇,诗人以飞动的笔触,描绘了黄河自天边滚滚而来,奔腾千里的壮丽图景。接着借用汉代张骞寻找河源的故事,驰骋想象,表示要驾船迎着狂风巨浪,顶着万里黄沙,逆流而上,直到牵牛织女家,表现了诗人不畏艰险,追求理想,迎难而上的豪迈气概。

这首绝句还模仿淘金者的口吻,表明他们对淘金生涯的厌恶和对美好生活的向往。同是在河边生活,牛郎织女生活的天河恬静优美,黄河边的淘金者却天天在风浪里憧憬。这种浪漫的理想,以豪迈的口语倾吐出来,有一种朴素无华的美。

望 洞 庭① (小)

湖光秋月两相和②,	清澈的湖水与明朗的秋月交相辉映,
潭面无风镜未磨③。	平静的湖面宛如一面没有磨过的镜子。
遥望洞庭山水色④,	遥远望去,湖中翠绿的洞庭山,
白银盘里一青螺。	就像白色银盘里一只小巧玲珑的青螺。

【注释】　①洞庭:即洞庭湖,在湖南省北部、长江南岸,我国第二大淡水湖,蓄水量相当于鄱阳湖的3倍、太湖的10倍,最深处达到30.8米。《水经·湘水注》:"湖水方圆五百余里,日月若出没于其中。"(参见孟浩然《望洞湖赠张丞相》注①)。②两相和:两者相互辉映、交融。③潭面:湖面;潭:深水,这里指洞庭湖水。镜未磨:未经磨拭的铜镜,这里比喻月光照在平静的湖面上,迷迷蒙蒙。④山水色:山,指的是洞庭湖中的君山。相传为舜妃湘君游处,故又名湘山。山是绿色的,映在水里,水也是绿色的。此句也有"遥望洞庭山水翠"一说。

【赏析】　这首诗是作者由夔(kuí 葵)州(今重庆市奉节)往历阳(安徽和州)赴任途中望洞庭湖而作。诗中描写了秋夜月光下洞庭湖的优美景色。诗人的飞驰想象,运用生动确切的比喻,把湖光山色勾画得鲜明生动。看湖光月色交相辉映,波平如镜;青翠的君山浮在湖面上,好像白银盘里的一只青螺;水白山青,浮光跃影,浩渺而又历历在目,令人心旷神怡,窥而忘返。全诗表现出一种静谧、澄明之美,色调淡雅,意境空灵,还渗透出一种"天人合一"的思想。

【常识】　1.湿地是"地球之肾"。它具有巨大的生态功能,对维护地球的生态平衡具有十分重要的作用。我国湿地资源占全球的10%,千万不能随便开垦!2.造纸业是造成全球变暖的第三大罪魁。我们要千方百计节约用纸、回收废纸,尽可能使用再生纸。美国媒体称,如果每个美国家庭都能使用一卷再生纸代替原浆纸,就有424万棵树免于砍伐。

竹 枝 词①(其一) 小

杨柳青青江水平,	岸上杨柳青青江水平平,
闻郎江上踏歌声②。	听到情郎在江上踏歌的声音。
东边日出西边雨,	东边出着太阳西边却下着雨,
道是无晴还有晴③。	以为它没有晴(情)原来却还有晴(情)。

【注释】　①竹枝词:流传于四川东部的一种民歌曲调。②踏歌声:西南地区的男女青年往往通过唱歌来表达爱情。③"道是"句:语意双关,借用"晴"与"情"谐音,既写了江上忽晴忽雨、变幻莫测的天气,又暗喻女子对情郎既眷恋又

捉摸不定的心情。此句一作"道是无晴却有情"。

【赏析】《竹枝词》是作者任夔州刺史时学习民歌而作。这是《竹枝词》中的第一首。这种词原是巴、渝(今重庆一带)民歌,唱时,以笛、鼓相和,同时起舞。诗人模拟民间情歌,采用谐音双关的手法,即景即情描写一位处在热恋中女子复杂微妙的心情,鲜明活泼,清新可爱。后两句因一语双关,常被后人引用。

【相关链接】 1. 南宋诗人杨万里也有一首《竹枝词》:"月儿弯弯照九州①,几家欢乐几家愁。愁煞人来关月事②,得休休处且休休③。"意思是说,月儿弯弯照着天下九州,在这同一轮明月下几家欢乐几家忧愁?烦恼忧愁关你月亮什么事,该欢乐时就尽情欢乐、不必忧愁。[注:①九州:泛指全中国。②关月事:关你月亮什么事。③休休:安适、高兴,如休戚(喜与忧)相关。]

2. 作者善于从民歌里吸取营养。如《宋·乐府民歌》就有一首《月子弯弯照九州》:"月子弯弯照九州,几家欢乐几家愁?几家夫妇同罗帐,几家飘零在外头?"[注:飘零:流浪。]

乌 衣 巷①

朱雀桥边野草花②,　　朱雀桥畔野草丛丛正开花,
乌衣巷口夕阳斜③。　　乌衣巷口夕阳斜照欲西下。
旧时王谢堂前燕,　　　昔日王谢堂前的小燕子,
飞入寻常百姓家④。　　如今飞入了普通百姓的家。

【注释】①乌衣巷:当时金陵城中的一条街,位于夫子庙秦淮河之南,与朱雀桥相近。三国时吴国在此设军营,士兵多穿黑衣,所以称为乌衣巷。东晋时宰相王导、谢安等豪门世族多聚居此地。②朱雀桥:六朝时金陵朱雀门外横跨秦淮河的大桥。花:动词,开花。③斜:不正,这里应读(xiá霞)。这两句是说曾经显赫一时的王、谢两家居住的地方,如今已是杂草丛生,野花点点,夕阳斜照,一片荒凉。④王、谢:指东晋时两个最大的家族。寻常:平常。这两句是说春天燕子(图44)照旧飞来,它们昔日出入的豪门之家,现已不复存在,如今都飞入普通百姓家了。

【赏析】 这首诗是《金陵五题》的第二首,也是诗人追怀金陵历史遗迹后抒发的今昔之感。它借描写朱雀桥、乌衣巷的变化,暗喻那些炙手可热的官僚和宦官集团,虽然权势盛极一时,但也会像昔日王、谢及其家族一样衰败沦亡。全诗意境深邃,寓意深刻。诗的后两句,是千古传诵的名句,经常被人们引用。这首诗通过景物渲染,今昔对比,寄托了作者的感情,具有强烈的艺术感染力。

【相关链接】 1. 1997年,南京市秦淮区政府恢复了乌衣巷,并重建了具有民族风格的王谢故居,广泛收集了有关历史资料文物,目的在于让海内外游客在观赏之余,了解东晋时期以王导、谢安为代表的王谢两大家族和古都

南京在六朝时期的历史风貌。古居的主体建筑为"来燕堂"和鉴晋楼,另附有王谢家族陈列,六朝历史和文化艺术陈列,淝水之战背景画室、东晋起居陈列室、六朝书画雕塑厅、洛神赋壁画厅等。楼堂外的墙壁上,还镌有史料和有观赏价值的竹林七贤图、行乐图等砖印壁画。庭中还建有仿绍兴兰亭的小品式游戏曲水流觞流杯渠。

2. 几种主要花卉的别称、美称或雅称:

(1)牡丹:被称为"花中之王"(图58),雅称"贵客",还有称为"国色天香""百两金""木芍药""富贵者"。

(2)莲花:是花中"高尚君子"(图79)。美称"花君子",雅称"净客",别称"朱华""水旦""水苏""泽芝",还有称"君子者"。

(3)兰花:美称"空谷佳人",雅称"幽客"(图68)。其他有称之为"香祖"、"王者之香""天下第一香""空谷幽兰""花中君子"。梅、兰、竹、菊共称花中"四君子"。

(4)月季花:历来被称为"人间不老春"。她的美称为"月月红""四季花""长寿花""斗雪花"。

(5)菊花:别称"黄花"(图78),雅称"寿客"。还有称"隐逸者",与兰花、水仙、菖蒲(图123)并称"花草四雅"。

(6)茉莉:古称"没利",美称"人间第一香",雅称"神客"。

(7)梅花:雅称"清客"(图80,图81)。它和松、竹合称"岁寒三友",与山茶、水仙、迎春花合称"花中四友"。

(8)杜鹃花:雅称"山客"(图95),与山茶花、仙客来、石腊红、吊钟海棠称"盆花五姐妹"。

秋　词　(二选一)　　　初

自古逢秋悲寂寥①,	自古逢秋天,文人叹寂寥,
我言秋日胜春朝②。	我说秋日好,有时胜春朝。
晴空一鹤排③云上,	晴空有一鹤,直冲云而上,
便引诗情到碧霄④。	激发我诗情,腾空上碧霄。

【注释】①寂寥:寂寞、空虚。②胜:超过。春朝(zhāo 招):春天。③排:推,这里是冲的意思。④碧霄:碧蓝的天空。

【赏析】　这首诗为作者被贬为朗州(湖南常德)司马后所作,原诗两首,这是第一首。战国时代楚人宋玉在《九辩》开头就说:"悲哉秋之为气也!萧瑟兮,草木摇落而变衰……"此后历代诗人描写秋景,大都离不开萧瑟空虚,冷落荒凉的感伤情调。此诗却一反常调,热情赞颂秋天的美好,把它写得极富诗意。诗一开始就否定古来的悲秋观念,认为秋日必有胜过春天之处,表现了一种激越向上的思想感情。你看那矫健的白鹤不是正趁着这清秋的寥廓浩渺,展翼高飞,排云而上吗?在这样的氛围中,诗人驰骋想象,自己的"诗情"也随着凌空的白鹤而飞到"碧霄"。全诗立意新颖,意境开阔,情调高昂,暗示自己虽然被贬,却不能悲观丧气。

【相关链接】 唐代文学家苏颋①(tǐng 挺)就是个"悲秋"者,其诗《汾②上惊秋》:"北风吹白云,万里渡河汾。心绪逢摇落③,秋声不可闻④。"大意:北风吹着天上的白云渡过汾河,路途有万里遥远。心绪不好又逢草木凋落,秋之响声让人不愿听闻。[注:①苏颋(670—727),唐文学家,字廷硕,京兆武功(今属陕西)人,武则天朝进士,袭封许国公,开元间居相位时,与宋璟合作,共理政事;工文,朝廷重要文件多出其手,当时和张说(封燕国公)并称为"燕许大手笔"。现存《苏廷硕集》系唐人所集。②汾:即汾河,在今山西省,是黄河第二大支流,汾阳市就在该支流上,著名的汾酒产自该市。③摇落:指秋天万木摇落的景象。④不可闻:不愿意听到这种声音。]

酬乐天①扬州初逢席上见赠 (初)

巴山楚水②凄凉地,	巴山楚水是个凄凉之地,
二十三年弃置③身。	二十三年来我被弃在这里安身。
怀旧空吟闻笛赋④,	怀念亡友空自吟着《思旧赋》,
到乡翻似烂柯人⑤。	重返京城倒好像隔世一般。
沉舟侧畔千帆过,	沉舟旁边千百只帆船正驶过,
病树前头万木春。	病树前头万木都在迎接春天。
今日听君歌一曲⑥,	今日听了您的"醉赠"歌,
暂凭杯酒长精神⑦。	暂借这杯酒振作我的精神。

【注释】 ①酬:酬谢、答谢;乐天:即白居易,字乐天。②巴山楚水:泛指四川和湖南、湖北一带。③弃置:抛弃,指被贬谪。刘锡禹从顺宗永贞元年(805)被贬朗州司马,宪宗元和十年(815)被召回长安,旋即又被贬至播州(今遵义)等地,到敬宗宝历三年(827)再次召回洛阳共23年。④空吟:徒吟。闻笛赋:指曹魏末年向秀的《思旧赋》。《晋书·向秀传》载:向秀的友人嵇康因不满司马氏夺取魏政权而被杀,后来向秀听到嵇康旧居的邻人吹笛,非常感慨,便写了《思旧赋》追念嵇康。⑤翻似:倒好像。烂柯人:诗人自比。《述异论》载:晋代人王质进山砍柴,看两个仙童下棋,棋还没下完,自己的斧柄已经腐烂,回到家乡,才知道世上已过百年,相识故友都已死去。诗人用此典故感叹世道沧桑。⑥君:指白居易。歌一曲:指白居易作的《醉赠刘二十八使君》一诗。⑦长精神:振作精神。长,这里读(zhǎng 掌)。

【赏析】 唐敬宗(李湛)宝历三年(827),55岁的刘禹锡再次应召回洛阳,途经扬州与白居易相逢。白居易在席间唱了他写的那首"醉赠"诗赠给刘禹锡,他便写了这首"酬乐天"诗答谢。诗中充分表露了刘禹锡经过23年的世道沧桑,已对人生有了全新的认识。

诗人以"沉舟""病树"自比政治上的不幸遭遇,同时坚信新事物终究要取代旧事物的客观规律。这两句一扫前面感伤低沉的格调,表现了诗人豁达的胸怀。这两句诗常被后人引用来比喻腐朽势力的必然衰亡和新生力量的不可战胜。白居易在《刘白唱和集》中称赞刘禹锡的诗说:"刘梦得,诗豪也。其锋森然,少敢当者。"

【相关链接】 2007年温家宝总理说:"海峡两岸和平发展是大势所趋,是任何人无法改变的。'沉舟侧畔千帆过,病树前头万木春'。"

石 头 城① (高)

山围故国周遭在②,	群山依旧环绕着故都石头城的城墙,
潮打空城寂寞回③。	潮水拍打着空城又悄悄退回到江上。
淮水东边旧时月④,	秦淮河东升的月亮仍和六朝时一样,
夜深还过女墙⑤来。	深夜还过城垛来看故都一片残破荒凉。

【注释】 ①石头城:故址在今江苏省南京市清凉山一带,战国时楚国称金陵邑,秦称秣陵,建安十七年(212)东吴孙权重建改此名(亦称建业);(东)吴、东晋、宋、齐、梁、陈六朝均建都于此称建康,历时300多年,极其繁华;唐武德九年(626)开始废弃,逐渐衰落,到刘禹锡写此诗时已有200年,竟成了一座"空城"。南唐、明初也建都于此,仍称金陵。②山围:青山环绕。故国:故都,即指石头城。周遭:即周匝(zā 扎),指石头城四周残破的城墙。③潮:长江的江潮,因长江与秦淮河相连,也含此河之江潮。空城:指石头城残破荒凉。寂寞回:悄悄地退回。④淮水:指秦淮河,六朝时金陵最繁华的地方,酒店舞榭林立,统治阶级在这里买欢逐笑,过着纸醉金迷的生活。旧时:指六朝时。⑤女墙:城墙上凹凸形的城垛(矮墙)。

【赏析】 刘禹锡第二次被贬,任和州(即安徽和县)刺史。唐敬宗宝历二年(826)从和州回洛阳,写下了组诗《金陵五题》咏怀古迹。诗前有小序,说白居易特别欣赏诗中的《石头城》一诗,刘禹锡深表赞同。

诗的首句点明石头城的地理形势,山围故都,虎踞龙盘,金陵有帝王州气派。"国"以"故"修饰,一是说当年曾为都城,十分繁华;二是说这繁华已成"故"事。惟有江潮依旧涌来拍打故城,城而说"空",见其荒凉,连江潮都感到故城的空旷而寂寞折回,则其荒凉孤寂可知。江月不知人事改,夜深还临空城,写出了月色依旧,人事全非的感慨。同时在"月"之前题以"旧时"二字,则有李白"今人不见古时月,今月曾经照古人"的意味。月亮多情,既曾照过繁华的故都,故都成为空城后情犹不变。月之多情又暗暗衬托出历史的无情。诗中虽然没有从正面抨击时政,但借古讽今的意味还是很清楚的。

杜 牧(803—852)(图18)

晚唐诗人,字牧之,京兆万年(今陕西西安)人。前宰相杜佑之孙,大和二年(828)进士。一生或在京任职,或出任黄、池、睦、湖等州刺史及司勋员外郎,官至中书舍人(正四品)。

杜牧生活在各种社会矛盾更加激化的晚唐社会里,为了拯救唐王朝,他对历史上的"治乱兴亡"以及军事、财赋等问题,都做了认真的研究。他主张削平藩镇,抗击吐蕃、回纥统治集团的侵扰,加强国防,实现全国的统一。他不满于达官贵人"俸佛求福",给国家及人民带来沉重的负担,要求严禁佛教,收回寺院土地。

在文学思想方面,杜牧主张文以致用,强调文章应有充实的思想内容,反对当时文坛那种无病呻吟,片面追求形式的文风。他说"凡文以意为主,以气为辅,……意在胜者,辞愈朴而文愈高;意不胜者,辞愈华而文愈鄙"。(引自《答庄充书》),并在作品中实践了自己的文学主张。

杜牧是晚唐杰出的诗人,与李商隐并称"李杜"(世称"小李杜")。他的诗,有的愤慨于朝政的昏乱和统治者荒淫误国;有的斥责朝中大官僚和边地将帅庸懦苟安,使边地人民遭受蹂躏;有的批判藩镇拥兵自重;有的揭露最高统治集团信奉佛教的虚妄。这些诗或取材于现实,或通过咏史的形式来表达,都具有较强的政治思想意义,反映了晚唐社会政治生活中的某些重大问题。

在艺术表现上,杜牧不务"奇丽"而追求"高绝",形成豪健俊爽、清丽淡雅的艺术风格,在晚唐轻浮艳丽的文坛上独树一帜。杜牧擅长近体诗,尤以绝句最出色。他在政治斗争中遭受打击、仕途失意时,消沉颓唐,寄情酒色,也写了一些消极颓废、绮靡秾艳的作品。有《樊川诗集》。

清 明 (小)

清明时节雨纷纷①,	清明时节春雨纷纷地下个不停,
路上行人欲断魂②。	路上行人思念已故亲人凄凉伤情。
借问酒家何处有③?	请问什么地方有酒店可以消愁?
牧童遥指杏花村④。	牧童指向远远隐现的杏花村。

【注释】①清明:又叫寒食节或踏青节,既是祭祖日,又是农历二十四节气之一,在三月上旬。始于周,距今已有2 600余年。雨纷纷:指蒙蒙细雨纷纷而降。农历书曰:"斗指丁为清明,时万物洁显而清明,盖时当气清景明,万物皆齐,故名也"。②行人:离乡旅行在外的人。欲断魂:忧伤、着急得六神无主。欲:要。③借问:向别人询问,请问。酒家:酒店。④遥指:即指向远方。杏花村:有人认为是安徽贵池县城西,以产酒闻名,杜牧曾任池州刺史二年;有人说是山西汾阳县之杏花村;也有人说是在湖北麻城市岐亭附近的杏花村;还有人

说在江苏南京城西南隅,坐落"在新桥西信府河、凤凰台一带"。杜牧第一次路过南京时31岁。据说全国有19个杏花村,其中4个与"酒"有不解之缘。

【赏析】 行旅之人远离故土,已是愁绪满怀。清明节赶回家祭祖扫墓眼看时间很紧了(即扫墓祭祖必须在清明节这一天的中午之前),祭祀必需的酒还没有着落,偏偏又是"雨纷纷",能不又急又愁像断了魂吗?"牧童遥指杏花村",看来是牧童并没有开口回答,只用手指向远处,那里是杏花树掩映的村落。至于诗人有没有去那个村子,到酒店是买酒还是饮酒,都不再写了,而让读者去想象、品味,这也是本诗含蓄不尽的妙处。此七绝描写了清明时节的雨景和行人忧伤着急的情绪,语言流利通俗,艺术形象鲜明生动。全诗不事雕琢,清新自然,诗意隽永,历来为人传颂。

【相关链接】 清明节和复活节(传说耶稣被钉死于十字架后第三天复活。每年春分月圆后第一个星期日为复活节)以不同的方式纪念亡灵、重生和冬去春来万物复苏的过程。世界是一代代父母创造的。父母不但创造人,还创造物质文明和精神文明,如此生生不息才有悠久的历史和更美好的未来。清明作为法定节日(2006年被列为国家非物质文化遗产名录),一来应共同缅怀并发扬中华文化慎终追远的美德,不能忘记祖辈的恩德和教诲,更不能忘记这一代的历史责任和时代使命。二来由于又称为民族扫墓节,是告知全体中华民族同胞勿忘过去的荣与辱,发扬中华文化优秀传统,记取前人的经验教训。

【常识】 1. 北宋风俗画《清明上河图》描写的景象是春季,而不是夏季或秋季。2. 二十四节气歌:"春雨惊春清谷天,夏满芒夏暑相连,秋处露秋寒霜降,冬雪雪冬小大寒。"即立春、雨水、惊蛰、春分、清明、谷雨("天"是为了押韵);立夏、小满、芒种、夏至、小暑、大暑(故曰"暑"相连);立秋、处暑、白露、秋分、寒露、霜降;立冬、小雪、大雪、冬至、小寒、大寒(即"小大寒")。

山 行① (小)

远上寒山石径斜②,	崎岖的小路远远地伸向充满秋意的峰峦,
白云生处③有人家。	在那白云缭绕的地方有几户人家隐现。
停车坐爱枫林晚④,	因爱这夕阳映照的枫叶特地停车观赏,
霜叶红于二月花⑤。	那经霜的枫叶比二月的春花还要红艳。

【注释】 ①山行:在长安城郊某山中漫游。②寒山:深秋时节的山,深秋天气寒冷,"寒"字是用来点明时令的。石径斜(xiá):指山中石路盘旋。③白云生处:指山林的最深处,远望白云层生;生,一作"深"。④坐:因为、由于。⑤于:介词,在形容词后,表示比较,跟"过"的意思相同,如:人民的利益高于一切。末联两句说,我停下车来在山中行走,是因为爱枫林的晚景,那经霜的

枫叶(图62)比二月的鲜花还要红艳。

【赏析】 这是一首优美的景物诗,写出了深秋山间的优美景色,抒发了作者热爱美好自然景色的情感。诗的前两句写秋山远景,把一幅白云缭绕的景象呈现在读者眼前。而这幅景色却不是冷幽的,在那"白云生处"的深山之中,仍然"有人家",有着生活的活力。后两句着力写了一片火红的枫林,分外艳丽。全诗把秋天的景物写得极富生命力,使这首诗具有开朗的意境,成为世人传诵的佳作。尤其是末句"霜叶红于二月花",英爽俊拔,跳出骚人悲秋窠(kē 颗)臼,经常被人引用。

【常识】 1. 森林是"地球之肺"。据测算,树木每生长 1 立方米(木材)就能吸收 1.83 吨二氧化碳,释放 1.62 吨氧气。人类应多绿化造林,保护"地球之肺"。2. 一棵健康生长的树实际上是一个污染处理装置和一个小型空调器。它呼吸时吸收二氧化碳、释放氧气。

江 南 春 (小)

千里莺啼绿映红①,	千里江南红绿相映,黄莺在婉转啼鸣,
水村山郭酒旗风②。	水畔村落山前城郭,酒帘在空中摆动。
南朝③四百八十寺,	覆亡的南朝留下了四百八十座佛寺
多少楼台烟雨中④。	多少楼台笼罩在那迷蒙的烟雨之中!

【注释】 ①千里:指江南大地。绿映红:绿树青山映衬着烂漫的山花。②水村山郭:水边的村庄,依山的城郭。酒旗:指在酒店门前的酒幌子,作为酒店的标记,其实是高挂的布招牌。③南朝:东晋、十六国后,中国历史上出现了南北朝时期(420—589)。在我国南半部先后存在过的宋、齐、梁、陈四个王朝,统称南朝。南朝的封建统治者都崇奉佛教,据载梁时仅都城建康(今江苏南京)就有佛寺 500 余所、僧尼 10 余万人,比较有名的佛寺有 480 座。梁武帝萧衍三次舍身当和尚,每次用 1 亿文钱赎回,说明佛教在当时是何等盛行。④楼台:原指楼台亭阁,这里指高大的寺院建筑。烟雨:烟雾蒙蒙的细雨。

【赏析】 这首绝句紧扣诗题,通篇写江南村舍、城郭、寺庙,写足了江南春景。层层布景,色彩明丽。一、二句展现了千里江南的广阔背景,既有莺啼的婉转,又有绿映红的色彩,有声有色,一派春天朝气勃勃的景象。同时又见处处依山傍水,还有酒店的旗幌在春风中飘扬,使自然景物又增加了人的生气。江南春色无边,仅用了十四个字,选取有代表特征的景物,高度概括,犹如一幅绝妙的风景画。三、四句写南朝四百八十寺,楼台都在烟雨中,一方面兼及上两句所写景物都在烟雨中,一方面又突出了寺庙房舍的庄严华丽。在烟雨迷蒙中,这么多的庙寺,掩映在绿树映红的花木丛中,夹杂在水村山郭之间,又是一番景象。诗人触景生情,由寺庙的兴衰而慨叹南朝君王妄想长生不老,大兴土木,广修寺庙,结果还是人亡寺在,所留下的许多寺院至今隐现在迷蒙的烟雨之中。作者咏江南春景,思南朝旧事,叹唐代统治者步其后尘,求佛拜神,不知前鉴。这首诗讽喻之意,中肯而深刻。

【常识】 花间四友:蝶、莺、燕、蜂。品花三标准:色、香、韵。

秋 夕①
<small>小</small>

银烛秋光冷画屏②,	银烛在秋夜发出寒光映照着画屏,
轻罗小扇扑流萤③。	她轻轻挥动团扇扑打着点点飞萤。
天阶④夜色凉如水,	皇宫里的石台阶深夜冰凉如水,
卧看牵牛织女星⑤。	仰望牛郎织女七夕相会的情景。

【注释】 ①秋夕:指农历七月初七日的晚上,故标题一作"七夕"。②银烛:白色的蜡烛。画屏:彩绘的屏风。③轻罗小扇:极薄的丝织品制成的团扇(圆形小扇)。流萤:飞动的萤火虫(图89)。④天阶:皇宫里的石头台阶;一作露天的石台阶。⑤卧看:有的书上是"坐看",因为是坐在石头台阶上,半坐半卧的可能性比较大。牵牛织女星:两星分隔在天河两边,神话传说里把它们说成是牛郎、织女,每年农历七月七日,通过"鹊桥"相会一次。诗的主人公"她"究竟是一位碧玉年华的"姑娘"还是一位"宫女"?从首联的"银烛""画屏"和"轻罗小扇"看,应是宫女。当然,也有可能是富家小姐或少妇,而不是普通的少妇。"她"给我们留下了较大的想象空间。

【赏析】 这首七绝应是写失意宫女生活孤寂幽怨的。首句写室内景致,白色的蜡烛泛着冷冷的光芒,照射着画屏。画屏的"冷"给人带来几分凉意,这并不是画屏自身的,而是诗中宫女的感觉。次句写室外活动,宫女耐不住寂寞,到外面去,用小小罗扇扑打飞着的萤火虫,借此排解胸中的苦闷,在追逐流萤中忘掉烦恼。宫女的扇子具有象征意义,扇子本是夏天用来纳凉的,秋天并没有用,古诗中常用"秋扇"来比喻弃妇和失宠的女子。第三句写宫女回到房间前的石阶上,这时夜已深了,月光像凉水一样泻满一地。末句写她坐(卧)在台阶上,不由想到今天(是七月七日),正是牛郎、织女相会的日子,于是呆呆地仰望天空。这一"看"又触动了她的心绪,使她想起了自己不幸的身世,也使她产生了对于真挚爱情的向往。全诗虽无一抒情语,但人物的哀怨与期待尽在不言中。蘅塘退士评曰:"层层布景,是一幅着色人物画。只'卧看'两字,逼出情思,便通身灵动。"

另有一说,这首诗写一个富家少女在秋天的夜晚乘凉。她一会儿活泼地跑着追赶萤火虫,一会儿又静静地躺着乘凉,看夜出的星星,想象着牛郎织女的神话故事。

赤壁① (初)

折戟沉沙铁未销②，	尚未销蚀的断戟头深深地埋进泥土里，
自将磨洗认前朝③。	自己捡来磨洗干净才鉴别是前朝遗物。
东风不与周郎便④，	若不是东风给予了周郎以火攻的方便，
铜雀春深锁二乔⑤。	连"二乔"也可能成了铜雀台里的俘虏。

【注释】 ①赤壁：山名，位于湖北省嘉鱼县东北、长江南岸，相传是三国吴蜀联军打败曹操的地方；山岩呈赭红色，故称赤壁。②折戟(jǐ挤)：折断的戟头。戟：古代一种长杆、头上装有月牙状利刃的兵器。销：毁。③将：捡起。认前朝：辨认出是前朝遗物。④周郎：周瑜。这句的史实是：汉献帝建安十三年(208)，曹操领兵南下攻吴，北方士兵不习水战，所以用铁链将战船首尾连接，以求平稳。周瑜部将黄盖以船载浸油枯柴，上盖帷幕，诈降曹操。当船靠近曹操的战船时，吴兵纵火焚烧，这时恰好东南风乍起，火势向北蔓延，烧毁了曹操的船队，曹军大败。⑤铜雀：台名，曹操建于建安十五年(210)，台上有楼，楼顶立有一丈五尺高的铜雀，为曹操晚年享乐之处，故址在今河北省南部临漳县的古邺城西北隅。二乔：东吴乔家二姐妹，大乔嫁给孙策，小乔嫁予周瑜。

【赏析】 这首咏史七绝，嘲讽了赤壁之战中周瑜侥幸取胜，也感慨自己怀才不遇。

作者从赤壁之战的遗物入手，发表对这场战争的看法，认为周瑜的成功是侥幸。这一看法不一定正确，因为从当时的历史角度看，周瑜、诸葛亮采取的联合政策，以及在军事部署上的优势，是可以击败曹操的。诗的主旨在于感叹兴亡。

泊秦淮① (初)

烟笼寒水月笼沙②，	月光笼罩着水汽弥漫的河面和沙滩，
夜泊秦淮③近酒家。	我的船停泊在繁华热闹的秦淮河畔。
商女④不知亡国恨，	歌女哪知亡国的痛苦和人民的忧恨，
隔江犹唱后庭花⑤。	对岸酒楼还在唱着《玉树后庭花》！

【注释】 ①标题一作《秦淮夜泊》或《夜泊秦淮》。秦淮：即秦淮河，源出今江苏溧水县，向西流经南京城后，入长江，河道相传为秦始皇时开凿，以疏通淮水，故名秦淮。②烟笼寒水月笼沙：为互文见义的句法，即"烟"和"月"都笼罩着"水"和"沙"。③夜泊秦淮：夜晚停泊于秦淮河的岸边。④商女：卖唱的歌女或商人的妻妾。⑤江：指秦淮河。后庭花：即《玉树后庭花》，传说为南朝陈后主(陈叔宝)所作，词曲内容淫靡腐朽，哀婉凄伤，故称为"亡国之音"

（详见王安石《桂枝香·金陵怀古》注⑪）。后两句是说，秦淮河畔的歌女，不知亡国之恨，只知唱歌挣钱，还在唱那《玉树后庭花》呢！这是借"商女"来讽刺那些有意买唱亡国之音的淫词艳曲，追求寻欢作乐的达官贵人。

【赏析】 这首七绝通过写夜泊秦淮所见所闻的感受，揭露了晚唐统治阶级沉溺声色、醉生梦死的腐朽生活；抨击他们只知贪图享乐，不问国家前途的罪行。诗写得凝练、含蓄。一、二句，诗人以一幅月色迷蒙、轻烟漫雾、笼罩着秋月的河水的图景，引出人物。一个"近"字点明了诗人观景的视觉位置。后二句着重抒情，是全诗的重点。由"酒家"引出"商女"，又由"商女"引出《后庭花》曲，由视觉转向听觉，自然顺畅，景中生意，意中生情，独具匠心。

过 华 清 宫① （高）

长安回望绣成堆②，	从长安回头望骊山好像是锦绣一堆堆，
山顶千门次第开③。	山顶上的宫门一扇接一扇地依次打开。
一骑红尘妃子笑④，	望见红尘中一骑飞来杨贵妃破颜而笑，
无人知是荔枝来⑤。	没有人知道是征骑把新鲜的荔枝运来！

【注释】 ①原作三首，这是第一首。华清宫：建在骊（lí厘）山上，是唐玄宗、杨贵妃游乐的地方，也是唐代帝王的行宫。这里有温泉，冬暖夏凉，风景优美；骊山在今西安市临潼区。②绣成堆：指骊山右侧的东绣岭、左侧的西绣岭，唐玄宗在岭上广植林木花卉，从长安或远处回望骊山，宛如一堆堆锦绣。③千门：形容山顶宫殿壮丽，门户众多。次第开：山上宫门一扇接着一扇地依次打开。④一骑（jì寄）红尘：指送荔枝的人骑着快马奔驰而来，扬起一阵阵微红的尘土。妃子：指贵妃杨玉环，她喜欢吃新鲜荔枝，唐玄宗就命地方官从涪州（今四川省涪陵县）送到长安，沿途设驿站，用快马飞驰接运，致使"人马僵毙，相望于道"。笑：杨贵妃会心地笑了，因为她知道荔枝已送到。⑤别人都不知道是荔枝送来了。

【赏析】 这首诗讽刺了唐玄宗和杨贵妃不顾人民死活，过着穷奢极欲的腐朽生活，揭露他们荒淫误国的罪行。南宋女词人李清照在评"安史之乱"时说：为什么一打就败呢？因为战马送荔枝都累坏了。

前两句描写骊山景色的绚丽繁华和华清宫的壮丽宏伟，借以讽刺唐玄宗的穷奢极侈。后两句转到写想象中的宫廷人物，以杨贵妃喜欢吃鲜荔枝这一典型事件，用含蓄的笔调进一步揭露他们的腐化生活。

【常识】 世界六大宫殿是：中国的故宫，美国的白宫（奥巴马政府认为美国没有宫殿，应叫"白屋"），俄罗斯的克里姆林宫，英国的白金汉宫，法国的凡尔赛宫，文莱的文莱王宫。

早雁①

金河秋半虏弦开②，	边地回纥举兵南侵拉弓射箭，
云外惊飞四散哀③。	雁群为之惊飞四散哀鸣连连。
仙掌月明孤影过④，	月明之夜孤雁掠过承露仙掌，
长门灯暗数声来⑤。	哀鸣声传到昏暗的长门宫前。
须知胡骑纷纷在⑥，	要知道我北方正当烽烟四起，
岂逐春风一一回⑦？	再也不能随着春风回归家园。
莫厌潇湘少人处⑧，	请莫嫌弃潇湘一带人烟稀少，
水多菰米岸莓苔⑨。	水边的菰米绿苔可免受饥寒。

【注释】 ①选自《大学语文》(全国高等教育自学考试指定教材)。唐武宗李炎会昌二年(842)八月，回纥(维吾尔古称，公元788年唐朝皇帝批准其可汗请求改称"回鹘"hú狐)奴隶主乌可介汗乘唐王朝衰微之机，大举南侵，进入大同川(今内蒙古境内)一带，直逼云洲(今山西大同市)城门，沿途大肆劫掠，边地百姓四处流散。这首诗以早雁比喻南逃的难民。雁是一种候鸟，春夏在北方，秋天飞回南方过冬。这时尚未到北雁南飞之时，故称"早雁"。②金河：地名，在今内蒙古自治区呼和浩特市南。秋半：秋季第二个月，农历八月。虏弦开：胡人开弓控弦猎射大雁，暗指回纥(hé河)统治者发动战争。③惊飞：大雁受到惊吓而四处散飞去。这里比喻百姓遭到侵扰而逃难。④仙掌：原指汉武帝在长安建章宫内创建掌托"承露盘"的铜铸仙人。这里代指长安。⑤长安：汉武帝幽禁其失宠的陈皇后的冷宫。这里代指长安的宫殿。"仙掌""长门"两句是说南飞的大雁经过长安宫殿上空。⑥胡骑：指回纥入侵的兵马。⑦"岂逐"句：意谓人们何时能像大雁随着春风飞回北方那样而返回故乡。⑧"潇湘"句：意谓不要嫌弃潇湘一带空旷冷寂、人烟稀少。相传北雁南飞，到衡阳回雁峰为止，来年春天再飞回北方。潇湘，湘水在零陵与潇水会合，那段湘水称潇湘。这里泛指湖南南部。⑨"水多"句：意谓这里食物丰富，可以暂且栖息。菰(gū姑)，即茭白，是一种生长在浅水中的多年生草本植物，野生状态可结子实，叫菰米(图112)，又叫雁胡米。莓(méi枚)苔，一种蔷薇科植物开白花，结红色果实(图101)。菰米、莓苔，用来泛指雁的食物。

【赏析】 这次回纥进犯唐王朝北方边境地区时，杜牧在黄州(今湖北黄冈)任刺史，闻讯后深为边地人民担忧，写这首诗表达他的关切与同情。这是一首咏物诗，托物言志，通篇运用比兴象征手法，表面上句句写雁，实际上句句关系时事与逃难的人民。首联点明时间地点，同时用雁遭到惊吓而四散飞逃、声声哀鸣，比兴百姓流离失所、纷纷逃难的痛苦生活。颔联写失群的孤雁飞过长安、经过皇宫时的凄凉情景，暗示朝廷对百姓的漠不关心。颈联用反问的语气告诫大雁暂时不要返回北方，反映出敌人的猖狂、朝廷的无能，以致百姓有家难回。尾联叮嘱大雁暂留南方,定居潇湘,实为同情百姓而又无可奈何的宽慰。全诗表层意象与深层意蕴两相契合,含蓄而深沉。

作者对百姓深切同情,对朝廷则有所讥讽。诗中用汉武帝为了求得长生不老而建的承露仙人和陈皇后失宠后居住的长门宫指代宫廷,加上月夜灯暗冷寂的气氛,隐含了对君王腐败堕落、于百姓苦难麻木不仁的斥责,也包含着对朝廷无能的愤慨。

李商隐(813—858)(图 19)

晚唐诗人,字义山,怀洲河内(今河南省沁阳县)人,文宗开成二年(837)进士。因生活在晚唐,他对皇帝的昏庸,宦官专权,藩镇跋扈,深为不满,也热衷政治,企望革新。但在当朝朋党倾轧中,他始终遭排斥,于禄微位卑的幕僚生活中度过一生,45岁就抑郁而终。他的友人崔珏(jué 厥)在《哭李商隐》诗中说:"虚负凌云万丈才,一生襟袍未尝开。"

李商隐现存诗歌 600 余篇,主要内容有以下几个方面:(1)批判当时政治黑暗和反映人民在横征暴敛下所遭受的痛苦。如长篇史诗《行次西郊作一百韵》,对"安史之乱"产生的根源及由此带给国家和人民的灾难,以及社会的种种腐败现象,揭露较深,谴责了统治集团"疮痍几十年,不敢抉其根"的因循苟且状况,并认为是由政治的好坏造成的,而不是由天造成的。他的某些咏史诗,总结历史教训,托古讽今,提出了"历览前贤国与家,成由勤俭败由奢"。(2)反对宦官专权和藩镇割据。如《有感》《重有感》,就是描写关于"甘露之变"这一重大历史事件的,要求讨伐宦官,表现了他的才识和胆略。他还在一些诗中,对维护国家统一,讨伐藩镇叛乱的正义事业,予以热情颂扬。(3)赞扬历史上起进步作用的政治家。他的一些咏史怀古诗,推崇历史上励精图治的人物,表达了他"欲回天地"振兴唐王朝的政治理想。(4)反对少数民族贵族集团所发动的分裂战争。为了维护统一,他在一些诗中抒发了自己愿意投笔从军的爱国热情,还在《骄儿诗》中,希望儿子迅速长大,学习兵法,为国立功。对于抗击侵扰有功的李德裕,他曾写诗赞扬。(5)还写了不少"无题"诗,有的在政治上有所寓意,有的是回顾自己经历或描写爱情,内容较为复杂。

在艺术上,李商隐继承了屈原、李白、李贺的积极浪漫主义精神和杜甫严谨、深沉、雄浑的特点,又融会了齐梁诗的绚丽秾艳的色彩,以自己的创作实践开创了新的风格和流派。他的诗构思新颖,想象奇妙,词句精辟,形象鲜明,能以短小的篇幅,容纳丰富的思想内容,具有强烈的艺术感染力。他擅长近体诗,以七律成就最高,绝句写得也很好。他是晚唐杰出的诗人,与杜牧并驾齐驱,人称"小李杜",又和温庭筠并称"温李"。因处于政治腐败的晚唐,有感于自己的政治理想难以实现,一些诗歌带有感伤情调,有的还寄情佛教,流露出颓废情绪,并写了一些不够健康的艳情诗。在形式上也有语言晦涩,用典生僻的毛病,这对宋初形式主义的发展有所影响。有《李义山诗集》和《樊文集》流存于世。

嫦娥①

<small>小</small>

云母屏风②烛影深，	镶着云母的屏风映着残烛昏昏，
长河③渐落晓星沉。	随着银河渐渐落下晓星也西沉。
嫦娥应悔偷灵药④，	独守月宫嫦娥应悔恨偷吃灵药，
碧海青天夜夜心⑤。	空对着碧海青天夜夜愁苦煎心。

【注释】 ①嫦（cháng 常）娥：我国古代神话传说她是后羿（yì 易）的妻子，因偷吃了不死药而飞升到月宫中，成为仙子。②云母屏风：装饰有云母的华丽屏风，是一种室内陈设品。云母：一种片状的矿物质，精亮不透明。③长河：即银河。④灵药：灵芝。见《嫦娥奔月》的传说：有个叫逢蒙的奸诈贪婪之徒趁后羿出远门，夜闯其家，逼嫦娥把灵药交给他，嫦娥不肯，他就四处搜寻。眼看就要搜到百宝匣了，嫦娥疾步向前，取出灵药，一口吞了下去，便飞入月宫，成了仙女。⑤夜夜心：夜夜愁眉苦脸，心受煎熬。

【赏析】 李商隐与妻子王氏婚后相亲相爱，志同道合。不幸在他40岁时王氏早逝，诗人心情受到沉重打击，于是在深沉的悲恸中写下了许多悼亡的名篇，这首《嫦娥》就是其中之一。

又是一个孤枕难眠的漫漫长夜，李商隐秉烛独坐着。那烛光轻轻摇曳，照在云母镶嵌的屏风上，屏风泛出微弱的光芒，时明时暗，就像主人此刻的心情。亡妻的音容笑貌，还那样历历在目，而如今却只剩下自己孤身一人，好不凄凉。走到庭院中，仰望清晓的天空，长河已渐渐西落，天上的星星也一个个地隐没了。不知不觉，又是一夜过去了。对着天上一轮残月，诗人不禁遥想那月宫里的嫦娥，无人陪伴，那样孤寂冷清，她一定懊悔当初不该偷吃仙丹，离开挚爱的亲人，否则便可与丈夫比翼双飞、共享人间的乐趣了。如今她冷冷清清住在月宫里，对着无边的碧海般的青天，心中一定日日夜夜都不能平静吧！嫦娥的处境和自己的处境，难道不是很相似吗？自己和嫦娥，都是天涯孤独人啊！

【相关链接】 李商隐还写了一首《霜月》："初闻征雁①已无蝉，百尺楼台②水接天。青女③素娥俱耐冷，月中霜里斗婵娟④。"大意：初次听到南飞大雁的叫声已没有鸣蝉，在那百尺楼台上眺望，秋水与青天相连。掌管霜雪的青女与月宫里的嫦娥都不怕冷，月光皎皎霜花洁白，是她们在争艳斗妍。[注：①征雁：由北南飞的大雁；蝉：知了，点明时令已到深秋。②楼台：又作高楼。③青女：即青霄玉女，是掌管霜雪的女神；素娥：即嫦娥。④婵（chán 馋）娟：美好的姿容，喻美好艳丽。]诗人性格孤傲耿直，其诗风"高情远意"，构思精细，语言清丽。此诗以深秋之夜为时间背景，着墨于霜天月色的景象描写。他在高高的楼台上独自倚栏，远望大雁南飞，却听不到蝉鸣，极目水光天色交相辉映，托出一轮明月，霜神和嫦娥都在寒霜中争妍斗艳，各显异彩。诗人展开想象的翅膀,诗意浪漫,反映了诗人对光明、美好事物的向往。

乐游原① (小)

向晚意不适②,	傍晚时分我的心情有些不畅快,
驱车登古原③。	驾车登上乐游原宽舒一下胸怀。
夕阳无限好,	落日的景色是多么美好,
只是近黄昏。	可惜的是黄昏就要到来。

【注释】 ①乐游原:又名乐游园、乐游苑,在长安东南,那里有唐太宗的陵墓。②向晚:傍晚;向:近;不适:不痛快。③古原:即乐游原。

【赏析】 全诗言淡意深。前两句写心情不好,坐着马车去乐游原散心,后两句是对夕阳西下的赞叹。"只是近黄昏",是说夕阳最美好的时光正是接近黄昏的时候。"只是"是"正是"的意思。人们常常理解为"只不过""但是"的意思,其实作者不是感叹哀伤好景不长,而是说夕阳的美是以将近黄昏的时刻尤为令人惊叹和陶醉!

这首仅20个字的小诗,千百年来为人喜爱,主要就在于对夕阳晚照的赞美,不给人以消极之感,而有"老境最佳"的哲理意味,给人以积极向上、乐观奋进的鼓舞。诗的最后两句,充分表达了人类的一种普遍感情,引起后人的广泛共鸣,成为千古传诵的名句。这首描写乐游原黄昏景色的诗,表达了作者对时光流逝的慨叹和对美好晚景的流连。

夜雨寄北① (初)

君问归期未有期,	你问我何时回去却没有确定的日期,
巴山②夜雨涨秋池。	巴山今夜的秋雨已涨满了所有水池。
何当共剪西窗烛③,	何时才能和你共在西窗下剪烛谈心,
却话④巴山夜雨时。	重新谈起这巴山夜雨时心情的孤寂。

【注释】 ①寄北:当时作者在四川做客,写诗寄给住在长安的亲友,所以泛说"寄北"。②巴山:今四川省南江县北,也泛指四川的山。③何当:何时能够。共剪西窗烛:意指长时间倾心夜谈。蜡烛点的时间长了,烛心结成烛花,烛光就会昏暗;用剪刀把烛花剪掉,烛光就会明亮起来。④却话:追忆,重新谈起。

【赏析】 这首诗是李商隐寓居梓州(今四川三台县)柳仲郢幕中所作。身居"巴山",又值秋天"夜雨",在羁旅寂寞之中,自然会想到亲人。但作者于开头却说"君问归期",是写亲人思念自己;"未有期"是作者的回答。在一句之中,一问一答,一虚一实,把自己怀念妻子,同时想到妻子也在怀念自己这种深厚的感情,用推进一层的写法,真挚地表达出来了。后两句以希望作结,预想着将来会面的时候,能把今夜的情景向亲人诉说,那该是怎样的高兴啊!描写这种对未来的希望和设想,就把怀念亲人的内心活动,表现得更加具体和深沉。此诗内容并不复杂,而艺术构思却颇具匠心。全诗感情真挚,语言质朴,描写细腻,意味深长。"巴山夜雨""剪烛西窗"被后人广泛用于同窗好友。此诗还被认为是以诗代书(信)的一种传递形式,也是众口交赞的一首怀人诗。

无 题 (初)、大

相见时难别亦难, 东风无力百花残①。 春蚕到死丝方尽, 蜡炬成灰泪始干②。 晓镜但愁云鬓改③, 夜吟应觉月光寒。 蓬山此去无多路, 青鸟殷勤为探看④。	相见时难、分别时更是难舍难分, 何况是在春风衰减、百花凋谢时节分别呢! 春蚕直到死时丝才吐尽, 蜡烛燃尽成灰泪才流干。 你早晨照镜,只怕会为容颜憔悴而发愁, 月下吟诗,也会感到孤单凄冷吧! 蓬莱山离这里本来就没有多少路, 希望殷勤的青鸟代为传信常探看。

【注释】 ①东风:春风。无力:衰减。残:凋谢。②丝:双关语,与"思"谐音,既指蚕丝,又指思念。蜡炬(jù巨):蜡烛泪,蜡烛燃烧时留下的油脂叫"烛泪"。三、四句比喻自己一往情深,要不相思流泪,除非身死成灰。③晓镜:早晨照镜子。但愁:只愁。云鬓:旧时形容妇女浓软如云的发鬓。改:指容颜变得憔悴。月光寒:指处境凄寂。五、六句转到写对方相思之苦。"但愁""应觉"是设想的语气。④蓬山:蓬莱山,相传为海中仙山之一。这里借指对方的住处。无多路:没有多远。青鸟:神话中为西王母传递信息的神鸟,这里借指信使。探看(kān刊):探望、慰问。这末联两句表示希望有人替自己给对方传递信息。

【赏析】 李商隐写的诗一部分称无题,因其内心有隐秘而不宜立题。这首无题诗描写诗人同心爱的女子在暮春花残季节里难舍难分的离别,抒发两人海誓山盟、生死不渝的感情,表现了分别后对女方容颜易改、夜吟悲凉的体贴,表达了自己要经常请人去探望对方的心愿,深刻地反映了诗人对爱情的坚贞。"春蚕到死丝方尽,蜡炬成灰泪始干。"则是后人经常引用的名句。

锦 瑟(图52) (高)

锦瑟无端五十弦①, 一弦一柱思华年②。 庄生晓梦迷蝴蝶③, 望帝④春心托杜鹃。 沧海⑤月明珠有泪, 蓝田⑥日暖玉生烟。 此情可待成追忆, 只是当时已惘然⑦。	锦瑟呀你无缘无故惹人烦,为何偏偏就有五十根弦, 每一根弦系着一根柱,根根都使人思念逝去的年华。 正如庄周梦里变蝴蝶,早晨起来也说不清,迷茫又短暂, 又如那望帝化做杜鹃,带血而啼,寄托着深深哀怨。 皓月照映沧海,沉没海底的明珠,只有望月而垂泪悲叹, 深埋蓝田山的美玉,在春日映衬下散发出缕缕轻烟。 这种种情景何须等待来日的追忆, 只是当时已不堪回首满心惘然。

【注释】 ①瑟：是一种弦乐器，锦瑟即宝瑟，美好的瑟。无端：平白无故。②柱：弦的支柱，每一根弦都有一个支柱。年华：即盛年。③庄生：指战国时庄周。《庄子·齐物论》说，他梦见自己变成了蝴蝶（图91），醒来后感到迷茫，不知是庄周梦为蝴蝶，还是蝴蝶梦为庄周。④望帝：是古代蜀国一位君主的称号，名叫杜宇，传说他因感伤亡国之痛，死后化为杜鹃，悲啼不止（图31）。⑤沧海：碧色的大海。传说南海有鲛人，像鱼一样生活于海中，哭泣时眼泪变成珍珠。⑥蓝田：即蓝田山，在今陕西蓝田县，是著名的玉产地。传说有美玉的地方有若有若无的烟雾，远看则有，近看却无，可远望不可近及。⑦后两句是说这些感情不是等到追忆时才有，当时就已产生，只是当时已经觉得怅惘。

【赏析】 此七律以首句头两字为题，却不咏锦瑟，实际上还是无题诗。首联以锦瑟弦柱所发之悲声兴起"思年华"，尾联以"成追忆""已惘然"点醒思华年之感受，已显示此诗系闻瑟追思华年往岁，不胜惘然之作。中间两联，借助象征性意象，将弹瑟时所展现的各种音乐意境和由此触发的华年之思，化为四幅象征性图景，以概括华年所历之种种人生境界和感受，传达其迷惘、哀伤、清寂、虚无的心声心态。这种惘然之思，内涵宽泛，不妨任人自行领悟。中间两联可解为身世遭遇如梦似幻，伤春忧世如杜鹃泣血，才而见弃如沧海遗珠，向往之事有如蓝田玉烟，可望难及。上述象征性图景兼有音乐意境、画面形象和诗歌意象等多重暗示性，意蕴丰厚而境界朦胧。其间无明显逻辑联系，但都带有浓重的悲怆迷惘情调。加以工整的对仗，凄清的声韵及相关意象的映带关系，诗仍有整体感。此诗最能代表李商隐诗意朦胧、情调感伤，寓于象征暗示色彩的特点。

【常识】 1．一只杜鹃每天捕获食100～200条松毛虫，一只灰喜鹊一年捕食1.5万条松毛虫，黄鹂和画眉都爱吃松毛虫。它们都是护林军。

2．天鹅是有名的忠贞之鸟，白天，它们在长空比翼齐飞，在河湖中成对嬉游，夜晚则交颈依偎同眠。若一方不幸夭折，另一方会在尸体边终日肃立，迟迟不忍离去。

孟浩然(689—740)（图6）

盛唐诗人，襄州襄阳（今湖北襄樊市）人，早年隐居鹿门山，后漫游吴越。40岁时，西入长安考进士，失意而归。张九龄作荆州长史，被召为从事，后病疽而死，终身布衣。在所谓"开元盛世"，孟浩然渴望求得一官半职，但没有如愿，因而发出"不才明主弃，多病故人疏"的感慨。

他的诗在当时颇负盛名，杜甫在《解闷十二首》中说："复忆襄阳孟浩然，清诗句句尽堪传。"孟浩然不甘落寞，却在隐沦中度过一生。所以他的诗多写求官不遂，洁身自好的失意情绪，山水田园的幽静景物，因而形成清新淡远的艺术特色。他的诗以五言居多，与王维齐名，称为"王孟"。但他的诗缺乏深刻的社会内容,又缺乏绚丽的色彩和豪放的风格。

春　晓① （小）

春眠不觉晓②,	令人酣睡的春夜不知不觉已天亮,
处处闻啼鸟③。	自然界生机勃勃,处处有鸟儿在歌唱。
夜来风雨声,	昨夜似乎有风吹雨打的声音,
花落知多少?	不知有多少花儿飘落在地上?

【注释】　①春晓:春天的早晨。晓:即拂晓,天刚亮的时候。②眠:睡觉。不觉晓:不知不觉已经天亮了。③闻啼鸟:听到鸟的叫声。

【赏析】　"一年之计在于春。"春天是历代诗人吟诗最多的季节,此诗更是家喻户晓,妇孺皆知的名作。孟浩然是著名的田园诗人,他在此诗中描述自己一夜酣睡,等醒来时天已大亮,外面百鸟啼鸣,春意盎然,诗人忽然又想到昨夜的风雨,不知吹落了多少花儿!诗人通过听觉、感受来描写百花盛开、万紫千红的灿烂春色,巧妙地抒发了自己的惜春、恋春之情,其笔法、构思、境界都别具一格。

【相关链接】　在下列名句中填写恰当的鸟名:
(1) 几处早(　　)争暖树,谁家新(　　)啄春泥。
　　　　　　　　　　　　　　　(白居易《钱塘湖春行》)
(2) 争渡、争渡,惊起一滩(　　)。　(李清照《如梦令·常记溪亭日暮》)
(3) 枯藤老树昏(　　),古道西风瘦马。　(马志远《天净沙·秋思》)
(4) 北风吹(　　)雪纷纷。　　　　　　　　(高适《别董大》)
(5) 杨花落尽(　　)啼,闻道龙标过五溪。
　　　　　　　　　　　(李白《闻王昌龄左迁龙标遥有此寄》)
(6) 明月别枝惊(　　),清风半夜鸣蝉。　(辛弃疾《西江月》)
(7) 两个(　　)鸣翠柳,一行(　　)上青天。　(杜甫《绝句》(其三))

【常识】　1. 2005年6月5日,一环保组织发布报告说,地球上超过1/5的鸟类濒临灭绝。国际鸟盟称:"目前,面临灭绝的鸟类总数为1 212种,加上接近灭绝的鸟类,处于不幸中的鸟类总共有2 000种,占现有9 775种鸟类的1/5还多"。

2. 白头翁、喜鹊、黑颈鹤、燕子、杜鹃、大雁、乌鸦等几十种鸟都能预报天气。如黄鹂发出类似猫叫的声音,天气即将阴雨,发出长笛般声音则预示天气转晴。竹鸡早晨鸣叫预兆当日晴,中午鸣叫预告傍晚变天,傍晚鸣叫预告次日下雨。在四川,斑鸠鸣叫预告要下雨。

3. 睡眠太多不利于解乏。专家认为,成年人如果每天睡眠不足5小时或超过8小时,而且长期如此,死亡风险会上升。

4. 室内禁放的花卉:丁香、夜来香、郁金香和夹竹桃。

宿建德江① 小

移舟泊烟渚②，	我将小船停靠在雾气笼罩的小洲边，
日暮客愁新③。	暮色使新的愁思涌上了游子的心田。
野旷天低树④，	远望野旷天空似乎比近处的树还低，
江清月近人⑤。	清澈的江水把倒映的月亮送到我眼前。

【注释】①建德江：指新安江流经浙江省衢县至建德县的那一段。②泊烟渚：泊，停船靠岸；烟，这里指水雾；渚，水中的小洲（小块陆地或半岛）。③日暮：傍晚。客愁新：身在他乡的人增添了新的愁思。④野旷：原野很广阔。天低树：天空低于树木，这是远望中的感受。⑤月近人：月亮倒映在清澈的江水中，觉得月亮好像就在身边。

【赏析】孟浩然40多岁漫游吴越时所作。这是一首写"愁"的诗，但诗人并没有干巴巴地说忧道愁，而是用景物说话。诗人夜泊建德江上，在船中所见到的景色（"日暮""野旷天低树"、江心月亮的倒影）触景生情（孤寂之情，思乡之情）。他又不是一味地主观宣泄，而是把情感渗透到细心描写的景物之中，使情景融为一体，让周围的景成为愁思的"代言人"。整首诗勾勒出了一幅意境清远的图画。诗人将淡淡的愁思融注在这悠远似画的景物中，语言清新，情韵悠然，堪称佳作。

【常识】盛唐山水田园诗以王维和孟浩然为代表。

望洞庭湖赠张丞相① 初、大

八月湖水平②，	八月的湖水与岸齐平，
涵虚混太清③。	水天相连晴空倒映。
气蒸云梦泽④，	雾气弥漫着云梦泽，
波撼岳阳城⑤。	湖波摇撼着岳阳城。
欲济无舟楫⑥，	想渡过湖水却苦无船只，
端居耻圣明⑦。	隐居村野有愧于时代圣明。
坐观垂钓者，	坐在岸边看别人垂钓，
徒有羡鱼情⑧。	我只有空怀羡慕之情。

【注释】①洞庭湖：长约200里，宽约100里，其余见本书刘禹锡《望洞庭》注①。张丞相：张九龄。②八月湖水平：农历8月长江水涨，洞庭湖水漫溢，一望弥漫，与岸齐平。③太清：指天空。此句是说湖水漫无边际，与天混为一体。④云梦泽：古代"云梦"本是二泽，在今湖北省大江南北一带地方，江南为梦，江北为云，后来大部分渐成陆地，故称"云梦泽"。⑤岳阳：今湖南省岳阳市，在洞庭湖东岸。⑥欲济：过河，同舟共济。楫：划船用的桨。⑦端居：犹言闲居、隐居；圣明：颂扬皇帝之辞。⑧"羡鱼情"句：源于古谚"临渊羡鱼，不如退而结网"，又见于张衡《归田赋》"徒临川以羡鱼"。徒：空有。

【赏析】 孟浩然是唐代一位不愿隐沦却以隐沦终老的诗人。他曾到长安求官未果,只好回到故园。作者通过对洞庭湖的雄壮景象描绘,抒发自己经世致用的积极抱负和渴望出仕的心情。当时玄宗的丞相张九龄与作者为忘年之交,此诗言外之意是希望得到张九龄的举荐,从诗的后四句可以体会到作者的心情。

【常识】 瑞士达沃斯世界经济论坛年会2009年1月30日发布报告指出,全球正面临"水破产"危机。今后20年内,人类争夺水资源的竞争将愈演愈烈,水有可能"比石油还昂贵"。中国水资源总量2.8万亿立方米,但人均占有量仅2 200立方米,相当于世界人均水平的1/4。中国是一个严重缺水的国家,更要自觉节约用水。

王昌龄(698—756)

中唐诗人,字少伯,长安(今西安市)人,29岁中进士,开始做官。授汜水(在河南省中部偏北,现并入荥阳)尉,不久迁校书郎,再迁江宁府(今南京市)丞,晚年贬为龙标(湖南黔阳县)尉。因"安史之乱"还乡,道出亳州,被刺史闾丘晓杀害。其诗擅长七绝,被称为"七绝圣手",多写当时边塞军旅生活,气势雄浑,格调高昂,《从军行》七首,《出塞》二首都很有名;也有愤慨时政及刻画宫怨之作。他能把错综复杂的事件和深挚委婉的感情进行提炼集中,写出言简意赅、耐人吟咏和思索的诗句。

出　　塞①(二选一)　　　　　　(小)

秦时明月汉时关②,	明月还是秦汉时的明月,边关还是秦汉时的边关,
万里长征人未还③。	可如今出征万里的守关将士却还没有回还。
但使龙城飞将在④,	如果龙城的飞将军李广还健在,
不教胡马度阴山⑤。	决不会让匈奴越过阴山来侵犯。

【注释】 ①出塞:古代一种军乐(歌)的题目。塞:边疆防线,出塞的意思是行军至边境抗敌。②秦时明月汉时关:意思是秦汉以来,这里就一直是对外作战的边关,那时的边关是何等强固。③万里长征人未还:指内地到边塞去抵抗匈奴入侵的戍边将士尚未回家,说明边关危急。④但使:倘若是、只要是。龙城:即卢龙城(今属河北省),汉代叫右北平郡。飞将:指汉代名将李广。⑤不教:不让的意思。胡马:泛指外族入侵的军队。度阴山:越过阴山(在内蒙古中部,东西走向,西起狼山、乌拉山,中为大青山、灰腾梁山,东为大马群山,长1 200千米,海拔1 500～2 000千米,仅吴公坝、昆都仑沟等山间垭口自古为南北交通孔道,易守难攻,是古代中原的北方屏障)。

【赏析】 这首边塞诗,意在讽刺当时的戍边将领无能。诗人从眼前边关的现状,联想到秦汉时代边关的形势,特别是汉武帝时的李广、卫青、霍去病等一批名将,令匈奴闻风丧胆,而今大批戍边将士,却还没有回家,原因何在?后两句用假设的语气作了回答:国无良将。而这与唐玄宗李隆基后20年专宠杨贵妃、武备松弛不无关系。全诗含蓄深沉、耐人寻味,是唐人七绝的压卷之作。

芙蓉楼①送辛渐 (小)

寒雨连江夜入吴②,	在寒雨与江天相接的夜晚,我从江宁送辛渐到润州,
平明送客楚山孤③。	清晨与他惜别,只剩我像楚山一样寂寞孤独。
洛阳亲友如相问,	洛阳的亲戚朋友如果问起我的近况,
一片冰心在玉壶④。	说我虽遭诬陷,但心仍像玉壶里的冰一样晶莹洁白。

【注释】 ①芙蓉楼:在唐代润州(今江苏镇江市)西北角。②吴:春秋时国名,后并入楚地润州(今镇江一带)。③平明:早晨或天大亮的时候。④冰心:比喻心像冰一样明净晶莹。诗人被贬江宁遭诬陷,但问心无愧,故用冰心玉壶自比,表明自己高尚纯洁的品格。

【赏析】 这首七绝是诗人被贬为江宁(今南京)丞后,借送朋友去洛阳以抒写自己的情怀,含蓄地反映了诗人遭受打击的愤懑和孤寂的心境。首句写自己与辛渐从江宁出发,雨夜来到润州彻夜长谈,渲染了离别的凄清;第二句写次日清晨送别的情景,地点在芙蓉楼,友人惜别而去,那雨后晨雾中的远山,显得格外孤独,景物的凄清更增加了离情别绪,更巧妙的是把自己的孤独寂寞之感移入楚山,又让楚山代而言之,以山之"孤"言人之"孤";后两句写话别,诗人托辛渐告诉洛阳的亲友,谈自己虽遭诬陷,但于心无愧,就像玉壶中的冰那样澄澈透明,纯净无瑕,决不会改变志节,为人为官都会清廉高洁,也显示了诗人不同流俗的抗争精神。

日本中学生语文课本也选有两首唐诗:一是此诗,二是《枫桥夜泊》,可见这两首诗的影响多么深远。

从军行①(其四) 小

青海长云暗雪山②,	青海湖上浓云密布,遮暗了终年积雪的祁连山,
孤城遥望玉门关③。	回头遥望西北方向,那城正是玉门雄关。
黄沙百战穿金甲④,	在黄沙莽莽的疆场,将士的盔甲都被磨穿,
不破楼兰终不还⑤。	若不彻底消灭入侵之敌,誓死不把家乡还。

【注释】 ①从军行:乐府《相和歌辞平调曲》旧题,多写军旅征战之事。从军:参军。行:古代歌曲的一种体裁。王昌龄作的《从军行》共七首,这是第四首。②青海:即青海湖,在今西宁市西面。长云:多云,漫天皆云。雪山:终年积雪的祁连山。③孤城:指玉门关,因地广人稀,给人以孤城之感,在青海湖西北较远的甘肃西北角。这句诗,词序倒装,意思是"遥望孤城玉门关"。④穿:磨破。金甲:战衣,是金属制成的盔甲。⑤楼兰:即西汉时西域的鄯善

国(今新疆若羌县一带)。公元前108年,楼兰国王与匈奴勾结屡次杀害汉朝通西域的使臣,被大将霍光派人用计刺斩其王。诗中"楼兰"泛指侵扰西北地区之敌,"还"是指不彻底消灭入侵之敌,决不回归本土。

【赏析】 这首诗描写了守边战士的英勇顽强,表现了他们不畏艰险,誓死击败敌人的坚强决心。开头两句写环境的孤寂、艰苦,用"雪山""孤城"及"暗""遥"等词语具体描绘了边塞悲凉的环境。接着写战争的频繁和环境的严酷,连铁甲都磨破了,但将士们的报国壮志却没有被消磨,而在艰苦的环境中磨炼得更加坚贞不屈。最后一句抒发"不灭敌人决不班师回朝"的胸臆,充分表达了将士誓死捍卫国家的英雄气概,诗境广阔博大,诗情慷慨悲壮,达到了十分动人的艺术境界。

【相关链接】 王昌龄还有两首《从军行》,其一:"大漠风尘日色昏,红旗半卷出辕门①。前军夜战洮河②北,已报生擒吐谷浑③。"意思是,浩瀚的沙漠风沙滚滚地暗天昏,驰援的部队半卷着红旗冲出营门。忽然间前军送来振奋人心的捷报,昨夜在洮河北一场激战生擒了吐谷浑的首领。此诗生动描绘了一次具体的军事行动,歌颂了守边将士奋勇杀敌,速战制胜的英雄气概。[注:①辕门:军营的门,古时行军扎营时,用战车环卫,出入处用两车竖立两旁,车辕相对如门,故称辕门。②洮(táo)河:即洮水,发源于甘肃临潭县西北的西倾山,是黄河上游的支流之一。③吐谷(yù)浑:我国古代居于洮水西南的少数民族(辽东鲜卑的一支,首领也叫吐谷浑),当时地域辽阔,势力很大,经常骚扰边境,后被唐高宗和吐蕃(bō)联军击败。]

其二:"琵琶起舞①换新声,总是关山②旧别情。撩乱边愁③听不尽,高高秋月照长城。"大意:随着舞姿的变换,琵琶又奏出新的曲声,无论曲调怎么变,总离不开守边将士的离愁别情;听不尽的边愁,搅得人们心烦意乱,徘徊回望,只见一轮秋月照耀着万里长城。全诗一波三折,写出了无言的相思和离情,最后一句使诗情得到升华。[注:①琵琶起舞:舞姿随着琵琶声变换。换新声:奏出新的曲调。②关山:边塞,这里指守卫边疆的壮士。③边愁:守边将士的愁苦。]

【常识】 1. 美国国务院1997年发布的第一个环境年度报告,将环境问题归纳为5个方面:即全球变暖、有毒化合物污染、物种灭绝、森林消失、海洋退化。2. 英国《自然》杂志,1997年发表论文说,地球平均每年向人类无偿提供的服务总价值高达33万亿美元,超过每年全球各国国内生产总值之和。然而,1/3的自然财富已经消失;工业化国家的消费者对自然环境造成的压力是发展中国的2.5倍。

采 莲 曲①(图79)

| 荷叶罗裙一色裁,
芙蓉②向脸两边开。
乱③入池中看不见,
闻歌始觉有人来。 | 姑娘的罗裙碧绿就像荷叶一样,
姑娘的脸庞红润得有如荷花开放。
小船荡入荷塘人、花已难以分清,
歌声响起才知道过来了采莲姑娘。 |

【注释】 ①采莲曲:六朝民歌,这是诗人有意向民歌学习而写的作品。②芙蓉:荷花的别名。③乱:混淆,形容采莲姑娘的脸蛋与荷花相似,难以分辨。

【赏析】 在这首七绝里,作者抓住采莲的特点,生动地反映了采莲女的劳动生活,但又不是直接描写采莲的动作,而是从侧面刻画采莲女的形象,表现采莲的场面。着墨虽然不多,但给人留下了深刻的印象和想象空间。全诗写得有声有色,别致清新。

【相关链接】 1. 唐代诗人刘方平也有一首《采莲曲》:"落日清江里,荆歌①艳楚腰。采莲从小惯,十五②即乘潮。"意思是:夕阳西下的余晖映照在清澈的江面上,那悠扬的荆歌声出自艳丽苗条的姑娘口中。她们从小就习惯了驾着小船采莲。十五岁就能勇敢地乘风破浪出没于江湖中。[注:①荆歌:荆楚地区的民歌。艳楚腰:艳丽苗条的姑娘。②十五:十五岁。]

2. "莲"与"廉"同音,一些廉洁的清官常以"莲"自比或受到赞扬。有一首无名氏写的《荷花》:"叶子青青花粉红,长在池塘污泥中。为人处世皆清白,一尘不染真英雄。"

王之涣(688—742)

盛唐诗人,字季陵,原晋阳(今山西太原市)人,后迁居绛郡(今山西省新绛县)。早年做过衡水县主簿(典钦文书,办理事务,与县丞同为佐官),因其性格十分刚直,敢于向上司和朝廷提意见,结果被罢了官。此后漫游十余年,足迹遍及黄河南北,也到过遥远的边地。晚年任文安县(在河北省中部大清河下游,邻接天津市)尉,不久病逝。

王之涣擅长"歌从军,吟出塞",是盛唐时期著名的边塞诗人。他和王昌龄、高适等人交谊很深,常以诗歌和(hè)赠答。因为他的诗"情致雅畅",所以"每有作,乐工辄取以被声律";许多作品"传乎乐章,布在人口",流传很广,可惜大多失传。其诗具有豪放雄浑的风格和浪漫主义的色彩,语言质朴、自然,诗情饱满深厚。

登鹳雀楼① (小)

白日依山尽②,	淡淡的夕阳沿着小峦缓缓下沉,
黄河入海流③。	滔滔的黄河向着大海滚滚奔流。
欲穷千里目④,	想要看很远很远的山河美景,
更上一层楼⑤。	请君继续攀登更高的一层楼。

【注释】 ①鹳(guàn)雀楼:在山西省永济县(时称蒲州)城外西南黄河河道中的高坡,楼有三层,前望中条山,下临黄河,常有很多鹳雀栖息在此,后被洪水冲毁。因是中国古代"四大名楼"之一,当地政府1999年开始重修一座仿唐高台楼阁,明三层暗五层,总高73.6米,主楼占地108亩,体现大唐风韵

和"欲穷千里目,更上一层楼"的意境。鹳雀,见图46。②白日:指太阳;尽:消逝,指太阳落山。③黄河入海流:滔滔黄河一泻千里,向东流入渤海。④欲:要,希望。穷:穷尽。⑤更:再。

【赏析】 诗的主题是赞美祖国河山,表达了诗人不断进取的精神,体现出作者高瞻远瞩的气概,同时也道出了"只有站得高才能望得远"的道理。在写法上,是采用先写景后发议论的方法,即先写登楼远眺华山、黄河、落日的景色,后发"更上一层楼"才能看得更远的议论。由于在远眺的基础上发感慨,故写景与议论结合自然紧密,浑然天成。

凉 州 词① (小)

黄河远上白云间,	黄河的水从白云间奔腾而来,
一片孤城万仞山②。	那儿有一座孤城依偎着高山。
羌笛何须怨杨柳③,	羌笛为什么吹奏着《折杨柳》的曲调,
春风不度玉门关④。	春风总是吹不到这荒凉的玉门关。

【注释】 ①凉州词:凉州唱的歌词;凉州:今甘肃省武威。②仞(rèn):古代八尺为一仞。③羌笛:羌族(发源于青海)使用的一种管乐器;怨杨柳:双关语,即说羌笛所奏曲调《折杨柳》的哀怨,兼说埋怨杨柳尚未发青(《折杨柳》是古代一种乐曲的名称,内容与离别有关,古人还有折杨柳作临别的赠礼风俗,"柳"的谐音是"留")。④春风不度:春风吹不过;玉门关:边关名,在今甘肃敦煌西北。

【赏析】 这首诗前两句描绘了北漠广阔的边塞风光,后两句委婉地传达出戍守将士思乡的哀怨之情。情调悲壮、苍凉而深沉。该诗自然浑成,字字珠玑,一唱三叹,余味无穷。

《集异记》载:唐朝诗歌盛行。玄宗开元年间(713—741),诗人王昌龄、高适、王之涣三人共诣(yì,前往)旗亭饮酒,座中有梨园伶(líng)官数十人唱宴乐。三人相约以伶官演唱名人诗篇的情形来确定优劣,第一个唱的是"寒雨连江夜入吴……"王昌龄面带喜色地在墙壁上画了一画;接着高适也在墙壁上画了一画,王昌龄又划了第二画。王之涣心想,自己比王、高成名早,于是很不服气地说:"这几个女伶都不识货,只会唱通俗诗歌,我写的高雅作品,她们怎么会唱呢?"接着,他用手指着一位最漂亮的女伶说:"她如果不是唱我的诗,我就再也不与你二人争高低了。"结果最美的那位女伶所唱的果然是王之涣的《凉州词》。这就是"旗亭画壁"(在画壁上比高低)的故事。

【相关链接】 关于"黄河"一词,我国著名地质专家、地理学家竺可桢认为,在玉门关和古凉州看不到黄河,只能看到黄沙。他果然在甘肃的一座博物馆发现了最早的《凉州词》石碑,上面刻的第一句就是"黄沙远上白云间"。可能是后人传唱时改成了"黄河",而这一改又增加了诗的意境美,于是得到了大家的认同。

【常识】 我国近年来为保护生态环境,建立了很多自然保护区,其中最大的是三江(长江、黄河、澜沧江)源自然保护区。

王 翰(生卒不详)

一作王澣(huàn 浣),字子羽,并州晋阳(今山西省太原市)人。唐睿宗李旦景云元年(710)进士。张说为相时,召为秘书省正字,擢通事舍人,转驾部员外郎,后出任汝州(今河南汝州市)长史,陟(zhì 峙)仙州别驾后,贬道州(今湖南道县)司马,随卒。其诗善写边塞生活,尤善写人物神情心态,原有集,已失传。(注:陟:登高,上升;引申为升迁。)

凉 州 词 (小)

葡萄美酒夜光杯①,	端起盛满葡萄酒的夜光杯,
欲饮琵琶马上催②。	刚要喝,催促将士出征的琵琶响了。
醉卧沙场君莫笑③,	如果我醉倒在沙场您不要笑,
古来征战几人回。	自古以来出征打仗的有几个能回来。

【注释】 ①夜光杯:相传周穆王时,西胡以白玉制作的酒杯,有如"光明夜照",故称夜光杯。这里指精美的酒杯。②"欲饮"句,意思是正要喝酒,却传来了琵琶的声音,催促将士们马上出征。③沙场:战场。

【赏析】 这首诗写边塞将士出征前开怀畅饮,一醉方休的情景,慷慨激昂,豪情满怀,体现了盛唐边塞诗的特色。有人认为此诗有悲伤情绪,其实早有人指出"作悲伤语读便浅,作谐谑语读便妙。"(见《岘佣说诗》)。谑(xuè血):戏谑、开玩笑。

【相关链接】 1. 与王翰同时代的陈玉兰写过一首《寄夫》:"夫戍边关妾在吴,西风吹妾妾忧夫。一行书信千行泪,寒到君边衣到无?"大意:你守卫在边关,我守在吴地,寒冷的秋风吹到我身上的时候,我正在为你而担忧。我寄上一封简短的书信,信中的每一行字上都浸透了我的眼泪,寒气到你身边的时候,我寄出的寒衣不知收到了没有?

2. 唐代诗人金昌绪写了首《春怨》:"打起黄莺儿,莫教枝上啼。啼时惊妾梦,不得到辽西。"大意是:我拍打树枝把黄莺(图39)打走,不让它在枝头上直啼鸣。因害怕啼声惊醒我的美梦,使我不能到辽西见丈夫。此诗写一位女子思念远征在外的丈夫,构思巧妙,不正面写女子思夫,而从侧面写出女子的内心情感,极尽曲折之妙,表达她对远征在外的丈夫的深切思念。[注:辽西:故郡名,今辽宁省辽河以西。]

3. 李白有一首《客中行》:"兰陵①美酒郁金香②,玉碗盛来琥珀光③。但使④主人能醉客,不知何处是他乡⑤。"意思是:兰陵的美酒散发郁金花的芬芳,碧玉杯映射着琥珀的光芒。只要主人能让我大醉,何必管他是不是家乡。

这首诗一反常见的乡思客愁,通过对兰陵美酒的赞颂,一展大丈夫四海为家的乐观、旷达。前两句,从酒的香味、颜色、光泽等不同角度描写美酒的珍贵。后两句极赞主人的热情好客,诗人开怀畅饮,毫无作客他乡的愁苦,其乐观、豁达可见一斑。[注:①兰陵:今山东枣庄。②郁金香:一种珍贵的香花。③琥珀光:色呈金黄,有琥珀一样的光亮。④但使:只要有。⑤他乡:异乡。]

高 适(700？—765)(图9)

盛唐诗人,字达夫,沧州蓨(tiáo 条)县(今河北省景县)人,少家贫,早年仕途失意,长期在梁、宋(河南开封、商丘)一带漫游,后北上燕、越,最后客居淇上(今河南淇县)。开元二十三年(735),得到宋州刺史张九皋的推荐,中"有道科",授封丘尉,不久弃官而去。哥舒翰为陇右节度使,适入其幕府掌书记;"安史之乱"起,佐哥舒翰守潼关。潼关失守后,他向唐玄宗陈述兵败的原委,升侍御史,后又拜谏议大夫。肃宗即位,为御史大夫,出为扬州大都督府长史、淮南节度使。曾参与讨伐李璘。后因李辅国谗毁,贬为太子少詹事,不久出为彭州、蜀州刺史,转升成都尹、剑南节度使。代宗时,为刑部侍郎转散骑常侍(是唐代诗人中官职最高的),封渤海县侯,所以《旧唐书》说:"有唐以来,诗人之达者,唯适而已。"

他的诗语言质朴精练,气势雄健高昂,感情真挚爽朗。其七言歌行,粗犷豪放,遒劲有力,尤具特色。殷璠《河岳英灵集》说:"适诗多胸臆语,兼有骨气,故朝野通赏其文。"这就简括扼要地指出了高适诗歌的特点和在当时的影响。因与岑参齐名,并称"高岑",风格也略相近。有《高常侍集》。

别 董 大① (小)

千里黄云白日曛②,	黄色的云铺天盖地,夕阳的余晖显得更暗,
北风吹雁雪纷纷。	北风呼啸,大雁南飞,雪花纷纷落下。
莫愁前路无知己③,	不要担心旅途没有知心朋友,
天下谁人不识君。	天下有谁不认识你大名鼎鼎的董大?

【注释】 ①董大:高适友人,生平不详,疑为天宝年间善弹琵琶的艺人董庭兰。②黄云:黄沙在云层下飞扬,看上去成了"黄云"。曛(xūn):太阳落山时的余光。③莫愁:不要担心。知己:知心朋友。

【赏析】 这是高适早期的一首送别绝句。原作两首,这是第一首。诗中表达了诗人对友人真挚而深厚的感情。前两句描写眼前的景象,北方的初冬,黄云密布,遮天蔽日,北风吹雁大雪纷飞,在这荒凉黄昏的环境中送别朋友,给全诗蒙上了一层悲怆的气氛,也暗示了董大此去环境的恶劣。三、四句是写诗人送给董大的临别赠言,劝慰友人不要担心前方的路没有知心朋友,天底下谁人不知你的品德和技艺呢? 诗人当时也不得意,借送友人之机,既劝友人,也在自慰自律,写得开朗乐观,情调昂扬,这两句既表述了两人之间的深厚友谊,也是对友人德才的高度赞美和前程的美好祝福。全诗先抑后扬,写景逼真,为抒情作铺垫,情真语明,质朴自然,常为人引用。

燕歌行(并序)①

开元二十六年,客有从御史大夫张公出塞而还者,作《燕歌行》以示适,感征戍之事,因而和焉。

七言乐府　　　　　　　　　　　　　　　　　　　　　　　高适

汉家烟尘在东北, 汉将辞家破残贼②。	在汉朝的东北边关烽烟弥漫, 汉朝大将告别家乡扫荡贼寇。
男儿本自重横行, 天子非常赐颜色③。	男子汉应在战场上纵横驰骋, 汉天子对其礼遇隆重恩惠深。
摐金伐鼓下榆关, 旌旗逶迤碣石间④。	大军起程鸣金击鼓发兵榆关, 旌旗迎风招展盘绕在碣石山。
校尉羽书飞瀚海, 单于猎火照狼山⑤。	边塞校尉紧急文书飞过大漠, 敌首点燃的战火在狼山烧起。
山川萧条极边土, 胡骑凭陵杂风雨⑥。	过境之地山川寂寞荒无人烟, 敌骑猖狂恣意侵掠挥刀舞剑。
战士军前半死生, 美人帐下犹歌舞。	士兵们在前线拼杀伤亡过半, 将帅们却在营帐里听歌饮酒。
大漠穷秋塞草衰, 孤城落日斗兵稀⑦。	时已是深秋大漠上荒草丛生, 落日的孤城里没有多少士兵。
身当恩遇常轻敌, 力尽关山未解围⑧。	身受朝廷信任却常轻视强敌, 虽拼死厮杀仍无法冲出重围。
铁衣远戍辛勤久, 玉箸应啼别离后⑨。	铁甲战士辛苦地戍守在边疆, 家中妻子怨恨别离伤心落泪。
少妇城南欲断肠, 征人蓟北空回首⑩。	少妇城南思念役夫愁肠寸断, 出征的人在边塞回头望故乡。
边风飘飘那可度, 绝域苍茫更何有⑪!	塞上寒风飘飘怎能载我飞度, 塞外边地辽远荒僻渺无人烟。
杀气三时作阵云, 寒声一夜传刁斗⑫。	白日里列阵沙场天昏地又暗, 寒夜中传警军营胆战心又惊。
相看白刃血纷纷, 死节从来岂顾勋⑬。	你看那刀光剑影伴血雨纷纷, 誓死报国哪是为了得到功勋?
君不见沙场征战苦, 至今犹忆李将军⑭。	谁不知沙场上征战千辛万苦, 难怪人们至今怀念李广将军。

【注释】　①选自《大学语文》(南京大学出版社)。御史大夫:指幽州节度张守珪。唐玄宗李隆基开元二十三年(735),张领兵与契丹作战有功,拜辅国大将

军兼御史大夫。遂恃功骄纵,不恤士卒,三年后,其部将败于契丹,张却隐瞒败绩,虚报战功,并贿赂奉命前去调查的官员。高适从"客"处得到实情,乃作诗以"感征戍之事"。和(hè贺):特指依照别人所作诗词的题材和体裁而写作的诗。②汉家:中原代称,借以指唐朝。烟尘:烽烟与尘土相接,泛指边塞有警。在东北:指唐开元年间东北边境发生的唐与契丹的战争。汉将:借指唐将。残贼:开元二十五年,张守珪大破契丹,但契丹余党未尽,不久又叛唐。残贼即指此。③横行:指驰骋疆场。非常:不一般,破格,破例。赐颜色:即赏脸,指皇上的恩宠。此处指赏识、重视。④挝(chuāng窗),通"撞",击打。金:指钲,古代军队中的乐器,形如钟而狭长,有柄可持,铜制(图96)。伐:击。下:指出兵。榆关:即渝关,山海关。逶迤:蜿蜒不断。碣石:山名,在今河北昌黎县北、北戴河附近。此处泛指山间海边。⑤校尉:军官,位次于将军。这里泛指武将。羽书:紧急军书。瀚海:指沙漠。蒙古大沙漠古称瀚海。单于:指敌方首领。猎火:指军队的火炬。狼山:狼居胥山,今内蒙古西北部。这里指敌方阵地。⑥萧条:寂寞冷落,毫无生气。极边土:边境之地。凭陵:仗势侵犯。⑦穷秋:秋天已尽。衰(cuī崔):一作"腓"(féi肥):枯蓬,废黄。⑧当:受。恩遇:指受人恩惠和信任。关山:关隘山口。这里指战场。未解围:未取胜。据《新密书·张守珪传》载,张部将轻敌,与契丹战,不胜,还。⑨铁衣:铠甲。这里指代士兵。玉箸:白色的筷子。这里喻指妇女的眼泪,代指思妇。⑩少妇城南:唐代长安城北为宫廷区,城南是住宅区,"少妇城南"指战士的妻子。蓟北:今天津蓟县以北地区。此处泛指东北边地。⑪绝域:与中原隔绝的边远之地。⑫杀气:凶残险恶的气氛。三时:早、晚,指整日。刁斗:军中打更用的铜器(图97)。⑬死节:为志节而死。勋:功勋。⑭李将军:指汉代名将李广,为右北平太守,匈奴畏之,号为"飞将军",数年不敢侵犯边境。因能与士卒同甘共苦,深受将士爱戴。李广与匈奴大小七十余战,功高盖人,却未封侯,故有"冯唐易老,李广难封"之说。

【赏析】《燕歌行》乃乐府《相和歌辞·平调曲》旧题,歌词多咏北方边地(燕地)征戍之苦及思妇相思之情。始见于曹丕之作。此诗亦然,只是对传统题材有所开拓。诗以张守珪平定契丹可突干及其余党叛乱的几次战争为背景,热烈歌颂了守边将士排除万难、克敌致胜的爱国精神。诗的开头先交代战争的地点及性质,写出唐军出师时一往无前的形象;接着极力渲染边地艰苦、为将士们献身报国作了很好的铺垫,然后转而抒发征人思妇、相思之情。将士们也是血肉之躯,不能没有儿女、夫妇之情,然而大敌当前,只能忍受"少妇城南欲断肠,征人蓟北空回首"的感情煎熬。全诗的结尾以"李广难封"的历史典故运用,把将士们的思想境界提高到一个更高的高度,他们拼死血战,含辛茹苦,甚至为国捐躯,并非为了个人的功名利禄。这就比众多为封万户侯而立功边塞的人思想高尚多了。全诗四句一换韵,也差不多四句一转意,而且平仄韵交替,又大量运用律句与对仗,这与"元和体"诗有某些相似,故虽充满金戈铁马之声却音节流利酣畅,从而成为当代边塞诗之"第一大篇"(近人赵熙评语)。

唐代

元 稹(zhěn)(779—831)(图17)

中唐诗人,字微之,河南河内(今河南省洛阳市)人,早年家贫。15岁时贞元及第,授秘书省校书郎。元和元年(806)为左拾遗,对王叔文等人的政治改革持保留态度。元和四年(809),任监察御史,5年后因弹奏守旧官僚遭宦官凌辱,被贬为江陵(今湖北省江陵县)士曹参军,后又结交宦官崔潭峻,以及枢密魏弘简,得拜礼部郎中,知制诰(起草诏命书的官)。穆宗长庆二年(822)拜宰相,先后出任同州(辖今陕西大荔、合阳、韩城、澄城、白水等县)刺史和越州(辖浙江浦阳江、曹娥江流域及余姚县境)刺史,兼御史大夫、浙东观察史。文宗大和四年(830)为检校户部尚书,兼鄂州(辖今武汉市武昌、黄石、咸宁地区)刺史、御史大夫,后以暴疾死于武昌军节度使任所。

元稹与白居易、李绅同为中唐新乐府运动的积极倡导者。他认为我国古代诗歌的传统在于"讽兴当时之事",主张写诗要揭露"病时之尤者""寓意古题,刺美见事"(《乐府题序》)。这与白居易的"诗歌合为事而作"一致,都提倡诗歌要为现实服务。在手法上,元稹主张学习杜甫"即事名篇,无复依旁"的精神。他的乐府诗也确是如此,多是创新题,写新事,即使是古题乐府,也决不"沿袭古题,唱和重复",而是借古题,写新事。其诗作不少是反映当时社会政治和民间疾苦,但抨击现实的勇气远不及白居易;在艺术成就上,也和白居易相差甚远。元稹的诗往往一题数意,较为枝蔓,主题不够明确,不如白诗一事一吟,题材单一,主题突出;诗的语言也不如白诗语言流畅、通俗。在句法上,元稹多用七言古诗形式,拘谨呆滞,不如白诗常以三、七言参差间杂,行文自由活泼。但在晚年,元稹向白居易学习,这些缺点有所克服。因他们诗的风格很接近,文学史上称他们为"元白"。除乐府外,元稹的绝句也有不少出色的。他还善作传奇,《莺莺传》(一名《会真记》)就是其代表作。虽然思想意境不高,但语言艺术在唐代传奇中是较优秀的。有《元氏长庆集》传世。

闻乐天授江州司马①(图85) 高

残灯无焰影幢幢②,	小油灯的火苗将要熄灭,只有灯影在昏暗中摇晃,
此夕闻君谪九江③。	就在这凄风苦雨的夜晚,听说您贬到荒远的九江。
垂④死病中惊坐起,	这重病将死的人都不禁吃惊地坐起来为此悲愤,
暗风吹雨入寒窗。	阴风吹着阵雨,一阵阵扑进我的寒窗。

【注释】 ①乐天:白居易字。授江州司马:元和十年(815),李师道派人刺死力主削平藩镇的宰相武元衡,白居易直言力谏,力主抓捕凶手,为当权者所忌,由左善赞大夫贬为江州(今江西九江)司马。司马:刺史下面分管军事的佐官,唐代州司马常由被贬的京官充任,没有实权,是个闲员。元稹这时已被贬为通州(今四川达县)司马,可以说是"同病相怜"。②焰:火苗。幢幢(chuáng床):昏暗、摇摆不定的样子。③谪:贬。④垂:将要,作者这时病情很重。

【赏析】 元稹在蜀中听到白居易被贬的消息,写了这首七绝寄给他,表达了对友人被窜谪的同情和深厚友谊。全诗寓情于景,借景抒情,塑造了一种凄寂的意境。诗的首尾两句写景,中间两句写事;景是夜景,特征是暗淡、心情暗淡、灯光暗淡,因为自己远贬通州,身染疾病;正当心情暗淡时,又突然传来挚友远贬九江的消息,以致"垂死病中惊坐起",足见这消息之突然,对诗人震惊之大;末句写景,凄风冷雨,既是写实,又是借景抒情。此诗由于情感悲痛真挚,极其动人。白居易后来给元稹的信中说:"此句他人尚不可闻,况仆心哉!至今每吟,尤恻恻耳!"

【常识】 1. 我国唐朝卓越的天文学家僧一行,领导完成了世界上第一次对地球子午线的科学实测。2. 有些鸟类能传播种子和花粉,使原本人迹罕至的地方变成了大森林和花草之地。如樫鸟在越冬埋藏橡子,春天来临,取走发芽的橡子喂雏鸟,无意中留下的幼苗,后来成长为橡树。星鸦也嗜食并传播橡树的种子。有80多种鸟类以花蜜为食,无意中传播了花粉。

王　勃(650—676)(图3)

盛唐诗人,字子安,绛州龙门(今山西省河津县)人,14岁科试及第,授朝散郎。沛王李贤闻其名,召为修撰。当时诸王好斗鸡,王勃为沛王写了一篇对英王斗鸡挑战的檄文,触怒了唐高宗李治,说他挑拨诸王之间的关系,斥逐出府。后任虢(guó)州(今河南卢氏、灵宝一带)参军,不久犯了死罪,遇赦革职。其父王福畤(zhì 痔)受到连累,贬为交趾(治所在今越南河内西北)县令。高宗上元三年(676),王勃远道去看望父亲,因渡海溺水而死,仅26岁。

在诗歌创作上,王勃反对以上官仪为代表的浮艳诗风,认为那种以"**绮错婉媚为本**"(《唐书·上官仪传》),"**骨气都尽,刚健不闻**"(杨炯《王子安集序》)的绮靡诗风应该改革,并以自己的创作实践,突破了齐、梁艳情诗的内容,扩大了诗歌的题材。王勃的诗虽不多,但他那些清新流畅的文字,抒写积极进取和怀才不遇情怀的诗篇,比较朴实自然,有一定的社会意义,在"初唐四杰"中成就较高。五言律诗到他手里渐趋成熟,因此在唐代五言律诗的发展上,王勃是起过积极作用的。有《王子安集》传世。

送杜少府之任蜀州① (初)

城阙辅三秦,	雄伟的长安城被三秦环卫着,
风烟望五津②。	透过迷蒙的风烟遥望着四川。
与君离别意,	我与你离别的心情同样缠绵,
同是宦游人③。	因为你我都是宦海沉浮的人。
海内存知己,	四海之内到处都有知心好友,
天涯若比邻④。	即使远在天涯也好像是近邻。
无为在歧路,	我们可不要在分别时,
儿女共沾巾⑤。	像妇孺那样泪湿衣襟。

唐代

【注释】 ①杜少府：王勃的友人，生卒不详。少府：县尉（主管军事、治安）的别称。之：往。蜀州：即今四川省，一作"蜀川"。②阙（què确）：皇宫门前两边的楼观（guàn贯），也称望楼。城阙：指京城长安。辅：护卫。三秦：今陕西关中地区，古为秦国，秦亡后，项羽分其地为雍、塞、翟三个诸侯国，分封给秦军三位降将，故称"三秦"。烟：风尘烟雾。五津：长江自湔堰至犍为有白华津、万里津、江首津、涉头津、江南津等五个渡口，合称"五津"，这里代指四川。③君：杜少府。意：离别时的情意。宦游人：远离家乡外出做官的人。④海内：四海之内，指国内。存知己：有知心朋友。天涯：天边，指遥远的地方。比邻：近邻。曹植《赠白马王彪》："丈夫志四海，万里犹比邻。"这里化用其意。⑤无为：莫如此或没有必要。歧路：岔路，指离别之处。

【赏析】 这是王勃的一首赠别名诗，它和一般送别诗充满伤感情调迥然不同，有一种奋发有为的精神。开始即以工整的对偶句，写出送别的地点和友人要去的地方，暗示了朋友间恋恋不舍的深厚友谊。接着对友人进行劝慰：彼此处境相同，感情一致，请对方不要因和挚友分别而感到孤凄；接着进一步宽慰友人：虽然天各一方，只要知心朋友存在，就好像近在咫尺，相亲相爱，这就使人心胸为之开阔，一扫离情别绪；最后劝友人不要作儿女之态，语壮而情深，表现了诗人开阔的胸襟。全诗笔力矫健，格调高昂，气势壮阔，给初唐的诗坛带来了一种清新健康的气息。从押韵来看，这首诗符合五律的要求，但在对仗上却和后来标准的五律有异，即首联对仗，颔联散行。这正表明初唐律诗还没有定型的特点。

【相关链接】 杜甫有一首诗是肯定"王杨卢骆"的，叫《戏为①六绝句》（其二）："王杨卢骆②当时体，轻薄为文哂③未休。尔曹④身与名俱灭，不废⑤江河万古流。"意思是说，王杨卢骆讲究骈俪是当时文体的格调，轻薄之士写文章加以嘲笑却无尽无休。可你们的声名要随着躯体一块儿消失，而挡不住的长江黄河照样汹涌澎湃万古奔流。[注：①戏为：戏作，其实杜甫写这首诗态度十分严肃，议论恰当；六绝句：六首关于文艺批评的绝句，这是第二首。②王杨卢骆：王勃、杨炯、卢照邻（药王孙思邈的关门弟子）、骆宾王，即"初唐四杰"；体，这里指诗的风格。③哂（shěn）：讥笑。上官仪（上官婉儿之父）是四杰的对立面。④尔曹：彼辈，"你们这班人"，指那些轻薄之徒。⑤不废：无妨。江河万古流：喻指"四杰"的诗文像长江、黄河一样，万古流传。]

【常识】 1."物华天宝，人杰地灵"常常被用来夸赞某个地方是风水宝地，它出自王勃的《滕王阁序》。滕王，即李世民（秦王）之弟李元婴。滕王阁，李元婴为洪州刺史时始建。其后阎伯屿为洪州牧，宴群僚于阁上，王勃省父过此，即作《滕王阁序》。其中有脍炙人口的"落霞与孤鹜齐飞，长天共秋水一色"等名句。

2. 中国领土辽阔，气候多样，加上遍布全国的自然保护区（截至1997年，我国已建自然保护区799个、风景名胜区512个、森林公园755个、植物园和树木园110个），更是鸟类栖息与繁衍的天堂。

杨　炯（650—693后）

　　初唐诗人。华阴（今陕西省华阴县）人。12岁举神童。授校书郎，后官盈川令。唐高宗永隆二年（681）为崇文馆学士，迁詹事司直。后因讥讽一些朝臣的矫（jiǎo，嚼）饰之风，被权贵忌恨，同时因堂弟参加徐敬业反武则天一事，被贬为梓州（今四川省三台县）司法参军。后改授盈川（今四川省筠连县境）县令，卒于官。

　　杨炯的作品主要是文，不是诗。他是"初唐四杰"之一，擅长五律。诗作虽不多，但在内容和艺术风格上，开始突破齐、梁以来的"宫体"诗，一扫南朝浮靡之气。他的几首描写边塞征战的诗，更显得雄健激扬。原有集，已失散，明人辑有《盈川集》。

夜 送 赵 纵

赵氏连城璧①，	赵氏像那连城璧一样宝贵，
由来天下传。	其美名早已传遍天下。
送君还旧府②，	今夜我送你回故乡，
明月满前川。	明月照满河流伴你行。

【注释】　①连城璧：价值连城的和氏璧，比喻作者友人赵纵。②旧府：指赵纵的故乡山西，古属赵国，也是连城璧的产地。

【赏析】　这是一首送别诗，写得精巧别致。诗人送友人赵纵回山西，于是将赵纵比喻成赵国的连城璧，十分贴切。最后一句既点明了送别的时间，又寄托了诗人对友人的深深祝福。

骆宾王（640—约684）（图4）

　　初唐诗人，婺（wù务）州义乌（今浙江省义乌）人，7岁即能诗，与王勃、杨炯、卢照邻并称为"初唐四杰"。早年为道王李元庆属官，后授武功、长安主簿，入朝为侍御史。不久因罪入狱，获释后贬为临海（今浙江台州）县丞，郁郁不得志，弃官而去。后随徐敬业起兵反对武则天，起草《讨武氏檄》，兵败后下落不明，或说被杀，或说为僧。其诗多悲愤之词，又善骈文，五言律诗和七言歌行颇具特色。诗歌内容虽然多抒发个人失意愁怨之情，但在诗歌语言和技巧上，精练圆熟，铺排而不堆砌，对扭转初唐浮华的诗风，起过一定作用。

咏　鹅　　　　　　（小）

鹅，鹅，鹅，	漂亮的大白鹅呀，大白鹅，
曲项向天歌①。	弯着脖子朝天唱歌，
白毛浮绿水②，	洁白的羽毛，浮在碧绿的水面，
红掌拨清波③。	鲜红的脚掌，拨起清清的水波。

【注释】　①曲项向天歌：弯着脖子对着天空唱歌，这里指鹅的叫声。②浮绿

水：漂浮（或浮游）在绿水上。③红掌：鹅的脚掌是红色的。清波：清清的水波。

【赏析】 骆宾王7岁那年，有一天村里来了一位客人。客人见他面容清秀，聪明可爱，就问了他几个问题，骆宾王一一对答如流，使客人又惊又喜。下午，骆宾王又到骆家塘边去转悠，客人也跟在后面去观看景色。客人看到池塘中的一群白鹅，就对骆宾王说："刚才你说正在学习做诗，现在你不妨拿白鹅为题，做一首诗给我看看？"骆宾王看着池塘里的鹅群，有的伸长脖子对天欢叫，有的扑棱着肥大的翅膀，有的飞快地划着红蹼（pǔ）⋯⋯于是略加思索，便高声吟出了这首诗。充分体现了作者对白鹅的喜爱之情，和对美好春天的无限热爱与追求。在写法上，诗的开头连用三个"鹅"字反复吟唱，以引出下文，对鹅的具体描写，同时也表现出儿童看见鹅后的惊喜。整首诗对仗工整，音律轻快，风格自然活泼。

【相关链接】 1. 骆宾王的讨武檄文因为文采过人（如"请看今日之域中，竟是谁家之天下"等），武则天看后不但不生气，还高兴地说，我大周竟有这样的人才。2. 美国前商务部长、现任驻华大使骆家辉是骆宾王第36代孙。他祖籍广东台山，生于华盛顿州西雅图，是第三代移民。

易水送别

此地别燕丹①，	荆轲在这里告别燕太子丹，
壮士②发冲冠。	为除掉强暴，壮士怒发冲冠。
昔时人已没③，	古代的勇士虽然已经逝去，
今日水犹寒④。	今日的易水仍然奔流不息，水汽令人心寒。

【注释】 ①燕丹：战国时燕国太子丹。②壮士：勇士，这里指荆轲。③没：消失、逝去。④水：指易水，在今河北省易县。犹寒：水还是寒冷的。荆轲在《易水歌》唱道："风萧萧兮易水寒，壮士一去兮不复还。"荆轲以此诗得名，而短短的两句诗乃永垂于千古。

【赏析】 这首诗是诗人与朋友在易水边分别时所作。诗中讲述了燕太子丹送荆轲刺杀秦王的历史故事，对荆轲的壮志未酬感叹不已，第四句诗人一下将时限移至"今日"，将古今在易水边发生的事巧妙地联系起来，写得荡气回肠，将荆轲的慷慨形象描绘得淋漓尽致。

【相关链接】 1. 古往今来，有大量的诗歌颂荆轲，如陶渊明《咏荆轲》的名句："其人虽已没，千载有余情。"也有人不认同，如司马光说荆轲是"愚蠢之人"。今人甚至有人说荆轲是"雇佣军"、是逆历史潮流而动的"反动派"。2002年张艺谋导演的电影《英雄》颇有新意，提出了"大英雄观"的概念。荆轲、长风、飞雪是侠义英雄；秦王、残剑、无名是时事英雄，因为残剑和无名终于认识到，为了天下太平、百姓安居乐业，只有秦王能做到（大一统），故最后放弃了刺杀秦王的计划；无名则毅然放弃"十步一杀"绝活，故意刺在秦王的非要害处，结果被"万箭穿心"而死。

2. 2012年诺贝尔文学奖得主莫言的剧本《我们的荆轲》，则把荆轲写成一个梦想一夜成名的冒险家。

韩　愈(768—824)(图13)

中唐文学家、哲学家,字退之,河阳(今河南省孟县)人。自谓郡望昌黎,世称韩昌黎,早孤,由嫂抚养。刻苦自学,德宗贞元八年(792)中进士。贞元末年,官至监察御史,因关中大旱,上疏请求减免赋税,得罪权贵被贬为阳山(今广东省阳山县)令。宪宗时随宰相裴度平淮西吴元济有功,迁刑部侍郎。后因谏迎佛指骨,触犯宪宗李纯,被贬为潮州(今广东省潮州市)刺史。穆宗时召回长安,官终吏部侍郎。

韩愈以孔孟道统的继承者自居。认为天可以决定人的贵贱,人不能违反天命。同时宣扬人性三品说,把人性分为上、中、下三品,统治者的人性是上品,被统治者的人性是下品。但在《师说》中却承认"人非生而知之者"并提出"弟子不必不如师,师不必贤于弟子"的合理见解。在政治上主张以儒家的礼、乐、刑、政来统治人民,治理国家。对宦官擅权、藩镇割据、统治者崇道佞佛、横征暴敛深为不满,力主扫平不听朝命的藩镇,坚决排斥危害国家和人民的佛、道二教,希望"鳏、寡、孤、独、废、疾者有养"(《原道》)。

韩愈和柳宗元倡导古文运动,反对六朝以来的华靡文风,主张语言独创和文从字顺,对中唐时期散文的发展起过重要作用,被列为"唐宋八大家"之首,其诗歌也有较高成就。在诗歌创作上,力求独创,另辟蹊径。他的诗歌用字生僻,用韵险拗,形成一种奇崛险怪的风格。他还好在诗中发议论,有以文为诗的倾向,也写了不少清新自然、别具一格、在艺术上富于独创的好诗。有《韩昌黎集》传世。

左迁至蓝关示侄孙湘①

一封朝奏九重天,　　早上才把谏书呈奏给宪宗皇上,
夕贬潮州路八千②。　　晚上就被贬往八千里外的潮阳。
欲为圣明除弊事③,　　我本来是想为圣朝革除弊政,
肯将衰朽惜残年④。　　岂肯因衰老而顾惜这臭皮囊。
云横秦岭家何在⑤?　　秦岭云雾密布,不知家在何方?
雪拥蓝关马不前⑥。　　蓝关满是积雪,马儿前行艰难。
知汝远来应有意,　　知道你远道来送必有所想,
好收吾骨瘴江边⑦。　　好在瘴江边为我收尸安葬。

【注释】　①左迁:古代以右为尊,以左为卑,所以称贬为左迁。蓝关:即蓝田关,又称峣关,在今陕西省蓝田县东南。侄孙湘:即韩湘,字北渚,韩愈之侄、韩老成的长子。②封:指谏书。朝奏:早上送呈谏书。九重天:指皇宫。潮州:今广东潮阳。这两句是说,唐宪宗元和十四年(819)正月,信佛的宪宗派宦官将法门寺所藏的一节佛指骨迎进宫中供奉,劳民伤财,韩愈极力反对,

便上了一道《论佛骨表》的奏章来劝阻,结果激怒了皇帝,要判韩愈死罪,经宰相裴度和诸大臣说情,才免死,把韩愈由刑部侍郎贬为潮州刺史。③圣明:一作圣朝,古代称颂朝廷惯用的成语。弊事:就是弊政,指迎佛指骨事。④"肯将"句:肯因年老体弱而顾惜自己的晚年呢!韩愈这年51岁,所以称为残年。肯:岂肯;将:因。⑤秦岭:东起河南省陕县,西至甘肃省天水县,连绵数百里,横亘关中南部。寓意是:离开长安感到前途渺茫,看到白云横亘的秦岭,自己今后的归宿在哪里?⑥"雪拥"句:继续南行,只见白雪皑皑,拥堵蓝关,车马也难于前行。⑦汝:指韩湘;应有意:应是知道我此去凶多吉少。瘴江边:这里指潮阳,当时岭南一带多瘴气。这两句是说:你应该知道我此去凶多吉少,抛尸他乡,好到潮州收掩我的尸骨。

【赏析】 此诗是韩愈七律中的佳作,朝奏夕贬,且贬地有八千里之遥,但君为国,牺牲老命也在所不惜。回望京都家园,云遮雾罩,策马前行,却雪拥蓝关。诗人刚直不阿,正气堂堂,虽获罪被贬而不悔。行至蓝关,正好侄孙韩湘前来送行,诗人就写了这首诗,抒发当时的心情和感受,叮嘱韩湘准备前往收尸。全诗沉郁顿挫,大气磅礴,格律严整,叙事、写景、抒情紧密结合,融为一体。其中,高度概括、笔势纵横的首联,老而弥坚、流水为对的颔联,境界雄阔、激情悲壮的颈联,都是诗人经常引用的或仿拟的千古名句。尾联两句情调是感伤凄苦的,这句中也蕴含着诗人的愤激之情。诵读此诗含悲壮之情,显雄阔之势。

【常识】 1.古代座位以左为尊,空着左边的位置以待宾客称"虚左"。2.秦朝李斯奉命统一的文字叫做小篆;秦朝大将蒙恬用鹿毛和羊毛混合发明了毛笔。

早春呈水部张十八员外① （初）

天街小雨润如酥②,　　细雨如酥油,轻轻地飘洒,滋润着皇城的街道,
草色遥看近却无。　　远看那地上绿茸茸的,近看却好像没长什么草。
最是一年春好处③,　　啊,早春的景色多么美好,
绝胜烟柳满皇都④。　　远胜过晚春时节满皇城的柳荫笼罩。

【注释】 ①原作两首,这里选的是第一首。水部:官名,水部郎中简称。张十八:指张籍,曾任水部员外郎。"十八"是张籍在兄弟辈中的排行。标题一作《初春小雨》。②天街:皇城中的街道。酥:酥油,从牛羊乳汁中提取的脂肪。③意指早春是一年中景色最美的时候。④绝胜:远胜过。烟柳满皇都:烟柳笼罩着整个京城。烟:指烟花,是春天繁华的景物。柳:指柳絮在空中飞舞,比喻晚春景象。

【赏析】 这是韩愈晚年时于唐穆宗长庆三年(823),写给诗人张籍的一首七绝,"呈"是恭敬地送上。诗人通过对初春细雨草色转明这一细微变化的描写,把早春如画的美景传神地勾画出来,又以饱满的激情盛赞小雨,于小中见大,于景中寓理寓情。第二句用白描的手法写郊外草色,抓住了最具早春

特色的景象。第三句用一个"最"字对早春之美作了高度评价。最后一句又用本来也十分美好的晚春景色对比陪衬,更强调了早春的可爱。"最是"和"绝胜"二词,把诗人的感受和评价表述得无以复加。本诗短短28字,运用比喻、对比等手法和形象逼真的描绘,还包含着作者的感觉和评论,真不愧为大家妙手神笔。韩愈是"韩孟诗派"的代表人物,以写奇崛险怪的诗著称,而此诗则语言清新、自然、流畅,体现了韩愈诗歌特色的另一侧面。第二句既是诗人仔细认真观察的亲身体验,又饱含哲理意味。

【常识】 1."唐宋八大家"是指韩愈、柳宗元、欧阳修、王安石、曾巩、苏洵、苏轼、苏辙。2."太学"是中国封建时代的教育行政机构和最高学府。

柳宗元(773—819)(图15)

中唐文学家、哲学家。字子厚,河东(今山西省运城市永济一带)人,世称柳河东。贞元九年(793)中进士,授校书郎,后又考取博学宏词科。与刘禹锡等参加主张革新的王叔文集团,任礼部员外郎。失败后贬为永州(今湖南零陵地区)司马,后迁柳州刺史(4年后死于任上),故称柳柳州。与韩愈等倡导"古文运动",写了不少优秀散文,同被列为"唐宋八大家",并称"韩柳"。所作散文峭拔矫健,说理透彻。《捕蛇者说》揭露社会矛盾,批判时政,尖锐有力。《三戒》等寓言,篇幅精短,笔锋锐利。《永州八记》等山水游记,写景状物,多所寄托。他的诗虽然只有160多首,但别具一格,卓然成家,言畅意美,具有浓郁的导扬讽喻的艺术魅力。苏轼在《书黄子思诗集后》一文中说:"独韦应物、柳宗元发千秋于简古,寄至味于淡泊,非余子所及也。"清人沈德潜在《唐诗别裁》中说柳诗"得骚之余意"。这些评论,都说明柳诗的特色。在哲学上,有《天说》《天对》等重要论着,认为元气是物质的客观存在,根本否认在"元气"之上还有什么最高主宰。并提出天地、元气、阴阳不能"赏功而罚祸",打击了当时流行的因果报应思想。他具有朴素唯物的自然观,还以进步的历史观肯定秦始皇实行郡县制的功绩。他还主张儒、释、道"三教调和"。有《柳河东集》传世。

江 雪① (小)

千山鸟飞绝②,	所有的山都看不到飞鸟的影子,
万径③人踪灭。	所有的路都没有人走过的踪迹。
孤舟蓑笠翁④,	只有孤单单的小船上坐着一位披蓑戴笠的老者,
独钓寒江雪⑤。	独自顶风冒雪在寒冷的江面上钓鱼。

【注释】 ①江雪:江上的雪景。②千山:很多座山,这里指所有的山。鸟飞绝:飞鸟的影子都没有了。绝:尽。③万径:很多很多的小路,这里指所有的小路,与上面的"千山"对仗。④孤舟:孤独的一条船(图86)。蓑笠翁:穿蓑(图50)戴笠的老者。⑤独钓:独自一个人在钓鱼。

【赏析】 作者生活的年代是唐王朝日益走下坡路的时期,军阀割据和宦官专权成为当时政府身上的两个毒瘤。王叔文集团一上台,先进行了一系列的小改革,如禁止"宫市",免除人民历年积欠的租税,惩办贪官污吏等等,并继而想把掌握在太监手里的兵权夺过来。然而,王叔文他们才上台140多天,就遭到旧势力的疯狂反扑,支持革新的顺宗皇帝也被迫退位(805),宪宗李纯登基,革新派的主要成员遭到残酷迫害。柳宗元被贬为永州(今湖南零陵市)司马,本诗是第一次被贬后在永州所作。

这是柳宗元的代表之一。诗以"千山""万径"衬托"孤舟";"鸟飞绝""人踪灭"衬托"独钓",鲜明地刻画出一个不畏冰冻、不怕风雪,敢于寒江独钓的渔翁形象。这个被幻化、美化了的渔翁形象,实际上就是诗人自己思想感情的寄托和写照,充分表现了诗人脱世绝俗、孤傲高洁的品格,也表达了自己在遭受打击之后不屈而又深感孤独的情绪。把此诗四句的首字相连,还是一首"千万孤独"的藏头诗。

【相关链接】 1. 十年后,即元和十年(815)柳宗元和刘禹锡等人重新被宪宗皇帝召回长安。由于刘禹锡到长安后,写了《戏赠看花诸君子》一诗,加上皇帝身边的谗言,又重新把柳宗元贬为柳州刺史,把刘禹锡贬到连州(今广东连州市)做刺史。柳宗元到柳州后不久,由于心情抑郁,工作辛劳,原有的病越来越严重。病重期间,柳宗元几次写信,请刘禹锡将来代为照管自己的子女,并将自己一生的全部文稿托付给他,希望能代为编辑成书。就在弥留之际,柳宗元的口中还断断续续地低声喊着:"吾友……梦得。"柳宗元离开人世时,才46岁。

2. 刘禹锡《戏赠看花诸君子》:"紫陌红尘拂面来,无人不道看花回。玄都观里桃千树,尽是刘郎去后栽。"意思是:长安郊野的路上飞扬着扑面的尘埃,车水马龙没有一人不说是看花归来。玄都观里红霞般的上千棵桃树,全是我离开这里后道士们所栽。此诗以桃花为喻,对踩着革新派上台的保守派新贵给予了辛辣的嘲讽。[注:观:这里读 guàn 贯。]

渔翁

高

渔翁夜傍西岩宿①,	渔翁晚上靠着永州西边的山岩住下来,
晓汲清湘燃楚竹②。	早上饮用的是湘江水,烧的是"楚竹"柴。
烟销日出不见人,	等到烟雾消散太阳出来时,已见不到渔翁了,
欸乃一声山水绿③。	只听到渔歌一曲,回荡于青山绿水之间。
回看天际下中流,	船入湘江中流,回望水天相连,
岩上无心云相逐④。	只见西岩上空悠然飘荡的云彩,在相互追逐。

【注释】 ①傍:靠;西岩:指永州城西边的山岩。②晓汲清湘:早上在清澈的湘江中汲水。楚竹:永州属楚地,故称其所产的竹子为"楚竹"。③欸(ǎi)乃:象声词,形容摇橹声,这里指渔歌,唐代民歌有《欸乃曲》。④无心:晋代陶

渊明《归去来辞》有"云无心以出岫（xiù袖）"之句，这里是悠然随意的意思。

【赏析】 在这首诗中，作者摄取渔翁（自己）一天的日常生活，只淡淡几笔，就描绘出了一幅闲适恬淡、自由自在、奇妙动人的艺术境界，反映了作者被贬永州之后既愤世嫉俗，只愿"行歌坐钓，望青天白云，以此为适"（《杨诲之第二书》），而又感到离群孤独，想以超然的态度来排解精神苦闷这种复杂的思想感情。

【常识】 1. 对联"一门父子三词客，千古文章四大家"是指哪几位文人？
答：上联指苏洵、苏轼、苏辙；下联指韩愈、柳宗元、王安石、苏轼。

2. "三戒"是指唐代散文家柳宗元的三篇寓言《临江之麋》《黔驴技穷》《永某氏之鼠》。

贺知章(659—744)

初、盛唐长寿诗人，字季真，越州永兴（今浙江萧山）人，武则天证圣元年(695)进士，唐玄宗开元十三年(725)为礼部侍郎兼集贤院学士，又充太子宾客、礼部侍郎，后累官秘书监。他为人旷达不羁，晚年尤加放诞，自号"四明狂客"，且不拘礼法，与下层人士来往。好饮酒，与李白、张旭等交谊很深。工书法，尤善草隶。天宝三年(744)出于对李林甫专权的不满，贺知章上疏请求度为道士，返回故乡。他的诗不多（仅存20首），但"奉和圣制"的不少。这类诗歌，思想内容不足取，艺术上拘谨呆滞，倒是一些表现他的切身感受、抒发感情的诗篇，显得清新自然。如《回乡》和《咏柳》流传甚广。《全唐诗》录存其诗一卷。

咏　柳① （小）

碧玉妆成一树高②，	高高的柳树像装饰着碧绿的琼瑶，
万条垂下绿丝绦③。	长长的柳枝如垂下的千万条丝绦。
不知细叶谁裁出？	不知是谁剪裁出片片细巧的柳叶？
二月春风似剪刀④。	二月的春风就像一把神奇的剪刀。

【注释】 ①咏柳：一作《柳枝词》。咏：歌唱，赞美。②碧：形容柳叶的颜色像绿色的玉石；妆：打扮。③丝绦（tāo滔）：丝缕，丝织的带子，这里比喻柳条。④春风送暖，柳树才抽芽放叶，所以作者把春风想象成剪裁柳叶的剪刀。二月：农历二月。

【赏析】 这是一首构思新颖的咏物绝句。通过对柳树的描绘，赞美了春天给大地带来的生机勃勃，欣欣向荣，使人们感受到春天的气息。前两句用"碧玉""绿丝绦"来形容柳树、柳枝，既写出了动人的形态，又写出了碧绿逗人的色彩。作者将柳当作人来写了，人即柳，柳即人，二者浑然一体；第三句故意设问，更加突出了最后一句中"春风"的作用。两句一问一答，引人遐想。

这首诗写得清新自然，比喻奇巧，想象丰富，历来被人们视为咏物诗的经典之作。

【相关链接】 北宋文学家曾巩（为王安石所推许）对在任者的因循苟且

表示不满,提出"法者所以适变也,不必尽同,道者所以立本也,不可不一",主张在"合乎先王之意"的前提下,对"法制制度"进行一些改革,他的《咏柳》就是一首寓意深刻的批评诗:"乱条犹未①变初黄,倚②得东风势便狂。解③把飞花④蒙日月,不知天地有清霜。"这首诗名为"咏柳",实为指桑骂槐,批评一些仗势凌人的官员胡作非为,甚至想一手遮天,却不知道有倒霉的那一天。劝人低调,谦虚些,以免日后吃苦头。[注:①犹未:还没有。②倚:仗着。③解:懂得。④飞花:指飞扬的柳絮。]

回乡偶书①

小

少小离家老大回②,	年少时离开家乡,回来却已年迈,
乡音无改鬓毛衰③。	一口乡音虽未变,两鬓早就苍白。
儿童相见不相识,	天真的儿童不认识我这八旬老翁,
笑问客从何处来。	笑着问:"尊敬的客人,您从哪儿来?"

【注释】 ①回乡偶书:回到家乡后随意写下的诗,原作两首,这是第一首。偶书:随手写下来。②诗人36岁擢(zhuó)进士之前就已离开故乡,天宝三年(744)归隐故乡时,已是85岁高龄。③鬓毛衰(古音 cuī 摧):两鬓的头发都疏落了。鬓毛:脸庞边靠耳朵的头发。

【赏析】 这首七绝写的是诗人"少小离家",到了晚年才返回故乡的情景。回到思念已久的故乡,眼前的事物既熟悉又陌生,作者内心的感情纷繁复杂。像贺知章这样的高官荣归故里,其场面通常是很大的,就算没有大场面,也还有别的事可写哦,然而他都不写。后两句,诗人巧妙地抓住一个具有典型意义的喜剧性场面来描写,既有生活情趣,又非常自然地把他当时的喜悦、感慨之情很好地表达了出来。这还是一首耐人寻味的药谜诗,每句诗里隐藏一味中药名,谜底分别是:当归、白头翁、栀子(稚子)、问荆四味中药名。

【相关链接】 1957年,刘少奇在谈及职工两地分居这个问题时说,唐朝像贺知章这样的人物在京城做大官都不带家属……毛泽东认为这样解释难以成立,于1958年2月10日给刘少奇写了一封信:"前读笔记小说或别的诗,有说贺知章事者。今日偶翻《全唐诗话》,说贺事较详,可供一阅。"信中说,贺在长安数十年,且与明皇有君臣而兼友好之遇,不可能没有眷属。或夫人中年逝世,他就变成独处;他是信道教的,也有可能摒弃眷属,但未闻朝官严禁带眷属的。信中还说,近年文学选本注家,有说"儿童"是贺之儿女者,只能是臆造,毫无确据。他(贺)从长安辞官归会(kuài 快)稽(绍兴)年已85岁,可能妻子早死,其子被命为会稽司马,也可能六七十岁了,"儿童相见不相识",此儿童我认为不是他自己的儿女,而是他的孙儿女或曾孙儿女,或第四代儿女,也可能有别户人家的小孩子。从这封对名诗的解释中可以看出,毛泽东对诗歌的研究是认真的,分析也是对的。

张若虚（生卒不详）

初、盛唐之交的诗人，曾任兖州（在山东省西南部）兵曹。唐中宗李显神龙年间（705—710），以文词俊秀名扬京都。玄宗开元初又与贺知章、张旭、包融并称"吴中四杰"。其生平事迹已难详考，所作诗篇多已散失，《全唐诗》仅存《代答闺梦还》和《春江花月夜》两首。这后一首诗，以不同凡响的艺术构思，开拓出新的意境，表现了新的情趣，使其成为千古绝唱。而张若虚也就以这首诗确立了文学史上永不磨灭的地位。

春江花月夜①

大

春江潮水连海平， 海上明月共潮生②。 滟滟随波千万里③， 何处春江无月明！	春天的江潮水势浩荡，与大海连成一片， 一轮明月从海上升起，好像与潮水共生。 月光照着春江，跟随潮浪闪耀千万里， 哪一处春江没有粼粼闪耀的月光！
江流宛转绕芳甸④， 月照花林皆似霰⑤。 空里流霜不觉飞⑥， 汀上白沙看不见。	江水曲曲弯弯地绕着花草丛生的原野流淌， 月光照射着花林，好像给花林撒了一层雪霜。 如霜的月光从空中流下，觉察不到它在飞翔， 江滩上的大片白沙也难以辨认了。
江天一色无纤尘， 皎皎空中孤月轮。 江畔何人初见月？ 江月何年初照人？	江水天空成一色，没有些微灰尘， 只有那明亮的一轮孤月高悬空中。 江边上是谁第一个见到这轮明月？ 这月光又是哪一年开始照耀人间呢？
人生代代无穷已⑦， 江月年年只相似。 不知江月待何人⑧， 但见长江送流水⑨。	人生代代相传，无穷无尽， 而江月却年复一年总是相像。 不知月亮在等待何人， 只见长江不停地流淌，何时才能把我期待的人送来？
白云一片去悠悠⑩， 青枫浦上不胜愁⑪。 谁家今夜扁舟子⑫？ 何处相思明月楼？	游子像一片白云缓缓地离去， 只剩思妇站在离别的青枫浦不胜忧愁。 谁家的游子今晚坐着小船在外漂流？ 何处的思妇又在哪座楼上与他相思？
可怜楼上月徘徊⑬， 应照离人妆镜台⑭。 玉户帘中卷不去⑮， 捣衣砧上拂还来。	月影似乎有意与思妇作伴，总在闺楼徘徊， 想必已经照到了她的梳妆台。 月光照在门帘上，卷也卷不去， 照在捣衣砧上，拂去了又回来。

此时相望不相闻， 愿逐月华流照君⑯。 鸿雁长飞光不度⑰， 鱼龙潜跃水成文。	我俩互相望着月亮，可彼此听不到声音， 我愿随着月光投入你的怀抱，可相距太远。 擅长飞翔的鸿雁尚且不能随月光飞度到你身边， 潜跃的鱼龙也只能泛起层层波纹而不能游到你跟前。
昨夜闲潭梦落花⑱， 可怜春半不还家⑲。 江水流春去欲尽， 江潭落月复西斜。	昨夜梦见闲潭落花，春已过半， 可惜我的心上人啊还不见回家。 江水流走了春光，春光将要流尽， 江潭上的落月啊，如今又在西斜。
斜月沉沉藏海雾， 碣石潇湘无限路⑳。 不知乘月几人归， 落月摇情满江树㉑。	斜月慢慢地下沉，淹没在海雾之中， 碣石与潇湘的离人还相距那么遥远。 不知有几人能乘着月光归来， 只有那落月的余晖摇曳着江树，牵系着思妇的离情别绪，仿佛怀着无限的同情！

【注释】 ①选自《大学语文》（南京大学出版社）。《春江花月夜》是乐府《清高曲辞·吴声歌》旧题，相传为南朝陈后主叔宝所创，隋炀帝也曾写过此题目，都是浮华艳丽的宫体诗。这一旧题到了张若虚手里，突放异彩，获得了不朽的艺术生命。本诗抒写了真挚动人的离情别绪，发出富有哲理意味的人生感慨，语言清新优美，韵律宛转悠扬，给人以澄澈空明、清丽自然的感受。②第二句用"生"，另有一番意味。明月共潮"升"比较平淡，而"明月共潮生"就渗入了诗人的主观想象，仿佛明月和潮水都具有生命，她们像一对姐妹，共同生长，共同嬉戏。这个"生"字使整个诗句变活了。③第三句的滟（yàn厌）滟：是水波动荡闪光的样子。这里指月光。④芳甸：花草丛生的原野，郊外之地叫做甸。⑤霰（xiàn散）：细密的雪珠或雪霜。⑥"空里"二句，月光皎洁柔和如流霜暗中飞泻，江畔白茫茫一片空明。流霜，比如月光悄悄泻满大地。汀，水中或水边平地。这里指江畔沙滩。一句写天上，一句写地上，整个宇宙仿佛都被净化了。从这样的境界，很自然地会想到深邃的人生哲理，引出第三段：两个天真而稚气的问号，是一个永无答案的谜。后来，李白、苏轼也发出过类似的疑问。李白在《把酒问月》里说："青天有月来几时？我今停杯一问之。……今人不见古时月，今月曾经照古人。"⑦无穷已：没有穷尽。已，止，止息。⑧待：等待，一作"照"。⑨但：只，只是。第四段，由疑问转为感叹人生易老、流水不停，由月的孤单联想到月的期待，再由月的期待跳到思妇的期待。⑩去悠悠：形容白云缓缓飘逝。⑪青枫浦：一名双枫浦，故让在今湖南浏阳县南浏水畔。浦，水口，江水分岔的地方。这里泛指遥远荒僻的水边。不胜：经不起，受不了。⑫第五段"谁家"两句：一句写游子，一句写思妇，同一种离愁别绪，从两方面落笔，颇有一唱三叹的韵味。⑬月徘徊：指月影缓缓移

动。⑭妆镜台：梳妆台。⑮"玉户"两句：月光似乎故意与思妇为难,帘卷不去,手拂还来。玉户,这里指思妇的居室。捣衣砧(zhēn针)：古人洗衣,置石板上,用棒木槌捶击去污,这石板叫捣衣石。从第六段以下专就思妇方面来写。曹植的《七哀》诗说："明月照高楼,流光正徘徊。上有愁思妇,悲叹有余哀。"张若虚化用其意思,对月光作了更细致的描写。⑯逐：追随。月华：月光。⑰"鸿雁"两句：游子、思妇彼此之间难通音信。鸿雁,这里指信使。《汉书·苏轼传》记有鸿雁传递书信之事。长飞光不度：鸿雁飞得再远,也不能超越月光。鱼龙,这里是偏义复词,"龙"字无义。典出古乐府《饮马长城窟行》第三段前四句。后以"鱼书"指书信。文,逐纹,波纹。⑱闲潭：平和幽静的水潭。⑲可怜：可惜。第八段四句把梦境与现境结合在一起写,是梦是醒,思妇自己也分不清了。最后一段,天已快亮,斜月沉沉,渐渐淹没在海雾之中,好像一幕戏完了以后合上幕布一样,但余音未了。⑳碣石潇湘：这里借指天南海北。碣石,山名。在今河北乐亭县西南,北魏时沉没于水中,今已不存。潇湘,水名,潇水在湖南零陵入湘水,这一段湘水叫潇湘。㉑"落月"句：江边树林洒满了落月的余晖,轻轻摇曳,牵系着思妇的离情别绪,仿佛怀着无限的同情呢!

【赏析】 诗人把游子思妇的离情放到"春江花月夜"的背景上,良辰背景更衬托出离愁之苦;又以江月与人生对比,显示人生的短暂,而在短暂的人生里那离愁就越发显得浓郁。这首诗虽然带着些许感伤和凄凉,但总的看并不颓废。它展示了大自然的美,表现了对青春年华的珍惜以及对美好生活的向往。《春江花月夜》,题目共五个字,代表五种事物。全诗便扣紧这五个字来写,但又有重点,这就是"月"。春、江、花、夜,都围绕着"月"作陪衬。诗从月光开始,继而写月下的江流,月下的芳甸,月下的花林,月下的沙汀,然后就月下的思妇反复抒写,最后以月夜收结。有主有从,主从巧妙地配合,构成完整的诗歌形象,形成美妙的艺术境界。全诗36句,四句一韵,共九韵,每韵构成一个小的段落(在"注释"里分别提到)。

这首诗对景物的描写,采取多变的角度,敷以斑斓的色彩,很能引人入胜。同是月光,就有初生于海上的月光,有花林上似霞的月光,有沙汀上不易察觉的月光,有妆镜台上的月光,有捣衣砧上的月光,有斜月,有落月,多么富于变化!诗中景物的色彩虽然统一在皎洁的月亮上,但因衬托着海潮、芳甸、花林、白云、青枫、玉户、闲潭、落花、海雾、江树,也在统一之中出现了变化,取得斑斓多彩的效果。

陈子昂(661—702)(图5)

初唐诗人,字伯玉,梓州射洪(今四川射洪县)人,唐武则天光宅元年(684)中进士,上书朝廷,为武则天所赏识,授麟台正字。武则天垂拱二年(686),从左补阙乔知之出征西北。长寿二年(693),升为右拾遗,是初唐诗文革新人物之一,后随武攸宜东征契丹,多次进谏,并请为前驱,不但未被采纳,反而被斥降职。他深感政治抱负不能施展,便于圣历元年(698)辞官回乡,不久为县令段简陷害死于狱中。

陈子昂在政治上曾提出过一些改革建议,希望朝廷重视农业生产,不要穷兵黩武,要"除天下之贪",不要滥施刑法。在文学方面,针对初唐的浮艳诗风,力主恢复汉魏骨风,反对齐、梁以来的形式主义文风;诗歌内容要反映社会现实,要有鲜明的政治倾向;在艺术上要朴实无华,摈弃"采丽竞繁"的文风。清代的王士祯说:"夺魏晋之风骨,变梁、陈之俳优,陈伯玉之力最大。"(见《古诗选》)这是颇有见地之论。有《陈子昂集》传世。

登幽州台歌①

前不见古人,	向前看不见古之贤君,
后不见来者②。	朝后望不见当今明主。
念天地之悠悠③,	一想到天地无穷无尽,
独怆然而涕下④。	我倍感凄凉独自落泪。

【注释】 ①幽州:唐代属河北道,治所在今北京市大兴县。幽州台:即蓟北楼,又称蓟丘,因在幽州而名。②古人:指古代的贤才。来者:指后代的有为之士。③悠悠:长远,无穷无尽。④怆(chuàng创)然:悲伤的样子。

【赏析】 武则天万岁通天元年(696),契丹李尽忠反叛,她命建安王武攸宜率军讨伐,陈子昂随军参谋。到了东北边地,武攸宜根本不懂军事,陈子昂进谏,不仅不采纳,反遭贬斥,故登幽州台抒发失意的感慨。他慨叹没有见到像乐毅、燕昭王那样的古人,现在也没有看到什么知能善任的贤者,致使自己不能实现政治理想。在深沉的感慨中寄寓着报国立功的思想。本诗为作者登幽州台触景生情所作。此诗意兴苍茫,倏忽而来,倏忽而去,耐人寻味,令人赞叹不已。

【相关链接】 2013年5月28日,香港《明报》报道:国家主席习近平昨天表示,期待与美国总统奥巴马沟通重大战略性问题,"走出一条前无古人、后启来者的新型大国关系之路。"

【常识】 名人名言撷英:
刘向:"书犹药也,善读之可以医愚。"
陈子昂:"兄弟敦和睦,朋友笃诚信。"

虞世南(558—638)

初唐书法家,字伯施,越州余姚(今属浙江)人,官至秘书监,封永兴县子,人称"虞永兴"。能文辞,工书法,亲承王羲之七代孙僧智永传授,继承"二王"(羲之、献之)的书法传统,外柔内刚,笔致圆融遒丽,与欧阳询、褚遂良、薛稷并称"唐初四大书法家"。正书碑刻有《孔子庙堂碑》,编有《北堂书钞》160卷。

蝉(图37)

垂緌饮清露①，	蝉饮用的清露是非常洁净的，
流响出疏桐②。	所处的环境是非常优雅的。
居高声自远，	位置居得高，声音自然传得远，
非是藉③秋风。	用不着借助秋风或别的什么外力。

【注释】①緌(ruí)：这里指蝉的触须。②流响：形容声音传得很远；疏桐：不太茂密的桐树。③藉(jiè)：凭借。

【赏析】"饮清露"，说明蝉饮用之物是非常洁净的；"出疏桐"，说明蝉所处的环境是非常清雅的；"居高"，说明蝉所居的位置是很高的，所以它的声音自然可以传播得很远，并不见得非要借助外力秋风才传播得很远。蝉是这样，人不也是这样吗？当然，只有洁身自好、志向高远的人，才能声名(而不是臭名)远扬。俗话说："雁过留声，人过留名。"这不是所有的人都能做得到的，但也不是高不可攀的。作者以蝉自比，说明他具备了这样的品质。

【相关链接】"唐诗四杰"之一的骆宾王触物生情，借物寓志，也写过一首咏蝉诗，以抒发自己被诬下狱，无人相信自己的高洁而为之辩白忧愤。全诗情致凄婉，真切感人。其诗为《在狱咏蝉》①："西陆②蝉声唱，南冠③客思侵。那堪④玄鬓影，来对白头吟⑤。露重⑥飞难进，风多响易沉。无人信高洁⑦，谁为表余心？"[注：①此诗是作者任侍御史(负责监察百官)时，因上书论天下事，得罪武后入狱后所作。因闻蝉鸣而感兴，并以蝉自喻，诗前有序，以其文长，不录。②西陆：指秋天。③南冠：楚国的帽子，这里是囚犯的代称。客思：流落他乡而产生的思乡之情。侵：扰，一作"深"。④那堪："哪能经得起"。玄鬓：指蝉，古代女子把鬓发梳成蝉翼状，称为"蝉鬓"，这里以蝉鬓称蝉。⑤白头吟：乐府曲名，相传司马相如将再娶，卓文君作《白头吟》自伤，其曲哀怨凄恻；一说"白头"指诗人自己，"吟"指蝉鸣。⑥"露重"二句之意是：秋露浓重，寒蝉有翅也难以飞进。秋风飒飒，蝉的鸣叫声被风声淹没。⑦高洁：古人认为蝉栖息在树上，餐风饮露，清高纯洁。诗人以蝉自喻，望有人代为鸣冤，相信他的高洁。]

李 峤(646—约715)

盛唐诗人，字巨山，赵州赞皇(今属河北)人，早年进士，多年为官，武则天时代为宰相。初唐即有诗名，与杜审言、苏味道、崔融并称"文章四友"。著有文集50卷，《全唐诗》录有其诗5卷。

风 (小)

解落三秋叶，	晚秋时节吹落树叶，
能开二月花。	早春二月吹开百花。
过江千尺浪，	吹过大江卷起千尺浪，
入竹万竿斜。	吹入竹林万竿竹子都倾斜。

【赏析】 这是一首咏物之作,所写对象是自然界常见的风。一经诗人妙笔渲染描摹,我们便真正看到风的神奇,大自然的魅力,不是吗?风儿吹来,晚秋的枯叶纷纷坠地,初春时分百花竞开,吹过大江,浪花飞溅,进入竹林,竹子倾斜低伏。风似乎成了一只无形的大手,挥洒着大笔,勾勒着自然界的图画,何等神奇,又何等壮观!

【相关链接】 此诗和虞世南的《蝉》都可当谜语来猜。还有下列诸诗:
(1)"远看山有色,近听水无声。春去花还在,人来鸟不惊。"
唐代王维的诗题(打一物)。(画)
(2)"无风才到地,有风还满空。缘渠偏似雪,莫近鬓毛生。"
唐代雍裕之的诗题(打一自然物)。(柳絮)
(3)"千形万象竟还空,映山藏水片复重。无限旱苗枯欲尽,悠悠闲处作奇峰。"
来皓的诗题(打一自然现象)。(云)
(4)"莫恨雕笼翠羽残,江南地暖陇西寒。劝君不用分明语,语得分明出转难。"
罗隐的诗题(打一动物)。(鹦鹉)

【常识】 1.气象学上把"沿地面水平运动"的空气叫做"风"。
2.台风其实是一种热带气旋。

韩 翃(hóng 宏)(生卒不详)

中唐诗人,字君平,南阳(今河南南部泌阳县附近)人,玄宗天宝十三年(754)进士。"安史之乱"后,镇守淄青的侯希逸爱重其才,召入幕府。随后闲居十年,到李勉镇守宣武时,聘为从事。建中元年(780),擢驾部郎中,知制诰,迁中书舍人。韩翃为"大历十才子"(卢纶、吉中孚、韩翃、钱起、司空曙、苗发、崔峒、耿湋、夏侯审、李端)之一,其诗多酬赠之作,诗风富丽华美,为中唐名家。许尧佐作传奇小说《柳氏传》即以他与柳氏恋爱故事为题材,其诗集中尚附有《章台柳》诗。原有集,已散佚,明人辑有《韩君平集》。

寒 食①

春城无处不飞花②, 春天的京城到处飞舞着落花片片,
寒食东风御柳斜③。 寒食节的东风把宫柳的柔枝吹偏。
日暮汉宫传蜡烛④, 黄昏时汉宫里的近臣们传赐烛火,
轻烟散入五侯家⑤。 万千巷陌只有"五侯"家里升起炊烟。

【注释】 ①寒食:古代传统节日,清明节前一天;一说清明节前两天。相传晋文公(前636—前628)是悼念为他抱木焚身的芥子推而定,后人便在这两天禁火寒食。唐代才把寒食节和清明节合二为一。②春城:指春天的京都长安城。花:柳絮。③御柳:御花园中的柳树。御:封建社会与皇帝有关的东西

都称御。按当时习俗,寒食节折柳枝插门,以表示纪念。④汉宫:汉朝官廷,这里喻指唐代皇宫。传蜡烛:寒食节天下禁止生火,但权贵宠臣可以得到皇帝恩赐而点蜡烛。⑤五侯:指东汉桓帝时,封单超为新丰侯,徐璜为武原侯,具瑗(yuàn)为东武阳侯,左管(guǎn)为上蔡侯,唐衡为汝阳侯,五个宦官同一天封侯,世称"五侯"。此后,宦官的权势越来越重,政治也越来越腐败、混乱了。这里泛指王侯贵族,暗讽唐肃宗李亨以后,朝政日乱,外戚弄权。

【赏析】 这是一首讽刺感慨之作。按照我国古代传统,清明节前两天(一说前一天)为寒食,这两天白日不生火,夜间不点灯,但得到皇帝允许的可以例外。这首诗前两句写景,春城飞花(絮),东风拂柳,一派承平气象,似是颂赞。后两句写人事,承上暗转。"汉宫传蜡烛"使人体会到皇帝对外戚贵臣的恩宠,于轻描淡写中,假托东汉讥讽唐朝中期宦臣的得宠擅权,暗示朝政的衰落和腐败。

【相关链接】 清明(寒食)节是二十四节气之一,每年4月5日前后,太阳到达黄经15°时开始。江南农谚"清明谷雨两相连,浸种耕田莫迟延""种树造林,莫过清明"。

【常识】 "门第"是封建社会家族的地位等级。

颜真卿(709—785)

中唐大臣。书法家,字清臣,京兆万年(今陕西西安)人,祖籍琅琊临沂。开元进士,任殿中侍御史。因被杨国忠排斥,出为平原(今属山东)太守,51岁任昇州(今南京市)刺史。安禄山叛乱,他联络从兄杲卿起兵反抗,得到附近十七郡响应,推为盟主,合兵20万,使安禄山不敢急攻潼关。后官至吏部尚书、太子太师,封鲁郡公,人称"颜鲁公"。德宗时,安余部李希烈叛乱,76岁时被派往劝谕,被李扣押缢死。书法初学褚遂良,后随张旭得笔法,正楷端庄雄伟,气势开张;行书遒劲郁勃,古法为之一变,开创了新风格,对后来影响很大,称为"颜体",与柳公权并称"颜柳"。碑刻有《多宝塔碑》《麻姑仙坛记》《李元靖碑》《颜勤礼碑》《颜家庙碑》等;行书有《争坐位帖》。书迹有《自书告身》及《祭侄文稿》。后人辑有《颜鲁公文集》。今南京乌龙潭公园内有颜鲁公祠和颜真卿纪念馆。

劝 学

三更①灯火五更②鸡,	灯火不灭的三更半夜和雄鸡报晓的五更时分,
正是男儿读书时。	都是好儿郎勤奋读书增长知识的好时光。
黑发不知勤学早,	如果不趁年轻的时候勤奋学习,
白首方悔读书迟。	到了白发苍苍的老年会后悔读书太晚了。

【注释】 ①更:古代夜里计时单位,一夜分为五更,每更约两小时,三更即半夜,即夜晚23:00~凌晨1:00时。②五更:黎明前,约3~5时。

【赏析】 这是一首劝学诗,作者在诗中语重心长地告诫后人,年轻时一定要勤奋苦学,否则到老了一定会悔恨终身的。

【相关链接】 1. 东晋大诗人陶渊明也有一首类似的诗,题名《杂诗》:"盛年不重来,一日难再晨,及时当勉励,岁月不饶人。"意思是说:年轻的时光不会再来,一天之内没有第二个早晨。应及时勉励自己,岁月匆匆不等人。

2. 唐代诗人李建枢则通过咏月来劝青少年珍惜时光,诗题为《咏月》:"昨夜圆非今夜圆,却疑圆处减婵娟。一年十二度圆缺,能得几多时少年?"大意:昨夜的圆月不是今夜的圆月,真怀疑这再圆的月亮是否有原来的那样完美,在一年十二个月里,月亮圆了又缺,缺了又圆,可一个人的一生中属于青春少年的光阴有多少呢?

3. 提高时间利用率是珍惜时间的另一种方式,请看三首闲情诗:胡适在20世纪40年代写道:"不做无益事,一日当三日。人活五十岁,我活百五十。"此诗脱胎于徐文长的诗:"无事此游戏,一日当三日。若活七十年,便是二百一。"徐诗又源自苏东坡的诗:"无事此静坐,一日如两日。人活七十年,我活百四十。"三首诗意趣不同,各显其妙。[注:无事:不做。]

4. 毛泽东:"自信人生二百年,会当水击三千里"。首句,是勤奋,珍惜时光,夜晚也当白天使用,这就拥有两次人生的时间。后句,典故出自《庄子》,是说定能施展鲲鹏之志。电视剧《雍正王朝》第五集,反对一群因为归还国库欠款的老臣哭诉,康熙说:"朕,一生自信,自信人生一百年,会当纵横九万里。除鳌拜、削三藩、平噶尔丹、收复台湾,……大伙儿从来没怕过。"

【常识】 1."颜柳"是指唐代的颜真卿和柳公权,书史上有"颜筋柳骨"之说。2. 书体分为五种:篆书、隶书、楷书、行书、草书。3. 鸟文化是和人类文化一道成长起来的,从歌舞到雕塑,从诗词到童话,从宗教到哲学无所不包。清朝文官的服饰全以鸟为图案:仙鹤(即国鸟丹顶鹤能活80多岁)代一品,锦鸡表二品,孔雀显三品,雪雁示四品,白鹇为五品,鹭鸶绣六品,鸂鶒指七品,鹌鹑系八品,练雀属九品。4. 名人名言:①朱熹:"读书要三到:心到、眼到、口到。"②颜真卿:"黑发不知勤学早,白首方悔读书迟。"

岑(cén)参(shēn)(约715—770),(图11)

盛唐时期的著名诗人,南阳(属河南)人,30岁中进士,授右内率府兵曹参军,曾于天宝八年(749)和天宝十三年(754)两度从军,第一次出任安西节度使高仙芝幕府书记,第二次出任安西北庭(今乌鲁木齐东北的吉木萨尔县)节度使封常清的判官,往来于北庭、轮台间,度过了六七年的边塞生活,写了不少优秀的边塞诗。他与高适齐名,并称"高岑"。他早年的诗歌风华绮丽,从军以后诗境大开,风格为之一变,惊险新奇,成为著名的边塞诗人。唐肃宗至德二年(757)经杜甫、裴荐等推荐,任右补阙,因"频上封章,指述权佞",被贬为湖州长史。代宗宝应元年(762),作为李适的掌书记参加讨伐史朝义。大历元年(766),为杜鸿渐幕僚,随军前往蜀中平乱。入蜀后,做过一年的嘉州(今四川乐山)刺史,人称"岑嘉州"。罢官后,病死于成都旅舍。有《岑嘉州诗集》,代表作《白雪歌送武判官归京》《走马川行奉送封大夫出师西征》等。

白雪歌送武判官归京① （初）、大

北风卷地白草折,	北风卷地折断了大片白草,
胡天八月即飞雪②。	北国的八月就已漫天飞雪。
忽如一夜春风来,	仿佛一夜间春风吹来,
千树万树梨花③开。	挂在树上的霜雪好似盛开的梨花。
散入珠帘湿罗幕,	雪花穿过珠帘浸湿了罗幕,
狐裘不暖锦衾薄④。	狐皮大衣和锦缎被子也抵御不住寒冷。
将军角弓不得控,	将军手举弓箭却无法开弓,
都护铁衣冷难着⑤。	都护的铠甲冰冷也不能离身。
瀚海阑干百丈冰,	辽阔的沙漠都结上了冰,
愁云惨淡万里凝⑥。	天色昏暗凝结着万里愁云。
中军置酒饮归客,	主帅帐中设下酒宴为您送行,
胡琴琵琶与羌笛⑦。	并有胡琴、琵琶和羌笛伴奏。
纷纷暮雪下辕门,	黄昏来临看军营门前纷纷下起大雪,
风掣红旗冻不翻⑧。	狂风劲吹红旗却因冻结而不能招展。
轮台东门送君去,	我到轮台东门为您送行,
去时雪满天山路⑨。	您临行前大雪已落满天山的道路。
山回路转不见君,	山回路转已看不到您的身影,
雪上空留马行处⑩。	雪地上只留下马行的足迹。

【注释】 歌:①见李白《梦游天姥吟留别》注1。判官:官名,是节度使、观察使一类官吏的僚属。武判官生卒不详。京:这里指长安。②白草:产于西北的,秋天晒干变白,牛马所嗜。胡天:指西北的气候;胡:我国古代对北方各少数民族的通称。③梨花:喻雪。④散入:指雪花乘风飘入帘内的样子。罗幕:丝织帷幕。狐裘:狐皮大衣。衾(qīn):被;锦衾,锦缎做的被子。⑤角弓:以兽角为饰的弓。不得控:天太冷而冻得拉不开。都护:镇守边疆的长官。铁衣:铁甲。着(zhuó):穿。⑥瀚(hàn)海:沙漠。阑干(gān):纵横的样子。惨淡:昏暗无光。⑦中军:本意是主帅亲率的军队,此处指主帅营帐。置酒:安置酒席。饮归客:招待归客饮酒。胡琴、琵琶、羌笛:三种乐器名。⑧辕门:军营的门。掣(chè):牵动,这句是说军旗冻结,不能迎风飘动。⑨轮台:汉轮台在今新疆轮台县东

南;唐轮台在今新疆米泉县境,时隶属北庭(即今乌鲁木齐市东北的吉木萨尔县)都护府,为封常清军府所在地。天山:横亘新疆全境、西至中亚的山脉,长约2 500千米。⑩"山回"句,是说武判官远去,被山遮挡去路,看不见身影;马行处:指马走过后所留下的蹄印。

【赏析】 本诗是一首咏雪送人之作。天宝十三年(754),岑参再度出塞,充任安西北庭节度使封长清的判官,为送别前任写下此诗。这首诗从塞外冰天雪地的奇丽风光着笔,通过对特殊环境背景的描绘,衬托出送别之情。在岑参大量的边塞诗中,这是一首百读不厌之作。诗起得突兀,结得温籍,于刚健中含婀娜。前四句以白雪发端,给出一副胡天8月奇景,"如天外坠石,不知其来,令人惊绝"(沈德潜《说诗晬语》)。末两句将依依别情写得活灵活现,一个"空"字即极尽客去无踪、主人翘首之致。中间写别宴则人景合一,大气盘旋而又入手飘逸,是一首送别歌,也是一首白雪歌。看他写北国奇景,以雪设色,以寒为骨,四面挥洒,笔笔皆到。而写景与写情的独到之处,就在于将别情与别景次第展开,然又景中有情,情复含景。前八句全为景语,写透了题目"白雪歌"三字。"瀚海"两句为由景入情的契合点,接下去写"武判官归京"。以下八句渐次展开别宴、送别、归客远去,主人空望的情景,终不离"雪"字,结尾景情双收,余音袅袅。

【相关链接】 请把下列名诗句分别补充成完整的一首诗:
1. 大道直如发,春日佳气多。　　　　　　唐·储光羲《洛阳道》
2. 便觉眼前生意满,东风吹水绿参差。　　宋·张栻《立春日禊亭偶成》
3. 惟有兰花香正好,一时名贵五羊城。　　朱德《咏兰》
4. 马上相逢无纸笔,凭君传语报平安。　　唐·岑参《逢入京使》
5. 曾经沧海难为水,除却巫山不是云。　　唐·元稹《离思》
6. 挽弓当挽强,用箭当用长。　　　　　　唐·杜甫《前出塞(其六)》
7. 遥望齐州九点烟,一泓海水杯中泻。　　唐·李贺《梦天》
8. 笔落惊风雨,诗成泣鬼神。　　　　　　唐·杜甫《寄李十二白二十韵》
9. 一去紫台连朔漠,独留青冢向黄昏。　　唐·杜甫《咏怀古迹五首(其一)》
10. 寄书元有雁,食雪不离羊。　　　　　元·杨维桢《题苏武牧羊图》

以上除第6、9首外,按上列顺序和要求补充如下:
1. 后两句是:"五陵贵公子,双双鸣玉珂。"[注:佳气:美丽的风景。五陵:即汉代的长陵、安陵、阳陵、茂陵、平陵等五座陵墓,代指贵族聚集地。玉珂:马勒上的玉饰品。]2. 前两句是:"律回岁晚冰霜少,春到人间草木知。"[注:参差(cēn cī),参差不齐。]3. 1961年3月3日在广州越秀公园,朱德为怀念其妻伍若兰而作。前两句是:"越秀公园花木林,百花齐放各争春。"[五羊城:即广州,该城有个越秀公园。]4. 前两句是:"故园东望路漫漫,双袖龙钟泪不干。"[故园:长安家园。龙钟:这里作泪痕解。唐玄宗天宝八年(749)岑参奉命调任赴安西(在今新疆库车附近)。]此诗是岑参赴任途中所作。5. 后两句是:"取次花丛懒回顾,半缘修道半缘君。"[曾经:经历过深广沧海的人,别处的水难以吸引他,除了云蒸霞蔚的巫山之云,别处的云都黯然失色了。曾:副词;经:经历;沧海:古人称渤海为沧海。]6. 后六句是:"射人先射马,擒贼先擒王。杀人亦有限,列国自有疆。苟能制侵陵,岂在多杀伤。"[注:出塞:乐府诗题。杜甫先后写有多首《出塞》,分为《前出塞》和《后出塞》。挽弓:拉弓。疆:边界。苟:如果。侵陵:侵略。本诗前四句似谚似谣,富有哲理,强调装备必须精良,对敌讲究方略并点明制胜之道。后四句笔锋一转,道出对战争的基本看法:当以"制侵陵"为限,节制武力,不必多杀伤,表达了作者热爱和平,反对穷兵黩武的鲜明立场。全诗境界高,富哲理,有气势,深得后世推崇。]7. 前六句是"老兔寒蟾①泣天色,云楼②半开壁斜白。玉轮③轧露湿团光,鸾珮相逢桂香陌。黄尘④清水三山下,更变千年如走⑤马。"[注:①老兔寒蟾:均指月亮。泣天色:是说月色皎洁,天空澄清,像是被老兔寒蟾的泪水洗过的一般。②云楼:指月宫,仙人住处。壁斜白:指月亮初升,斜挂天空,月宫里的屋壁呈现一片白色。③玉轮:指月亮。轧(yà亚):不展。湿团光:被露水浸湿了的团团月光。鸾珮:雕着鸾凤的玉佩,这里指佩带鸾珮的仙女。④黄尘:陆地。清水:海洋。三山:神话传说中的三座仙山(蓬莱、方丈、瀛洲)。⑤走:跑。这两句说,从天上往下看,三座仙山之下,时而陆地变海洋,时而沧海变桑田。古往今来的千百年间,人世的沧桑变化,使得像跑马一样快。]8. 前两句是:"昔年有狂客,号尔谪仙人。"9. 前两句是"未入麒麟阁①,时时望帝乡。"后四句:"旄②尽风霜节,心悬日月光。李陵何以别,涕泪满河梁③。"[①麒麟阁:表彰国家功臣的画阁。汉宣帝时(前72—前49)曾把霍去病等11名功臣像绘于阁上,以表彰他们的功绩。苏武出使匈奴被扣留,因坚贞不屈,被流放到北海(今贝加尔湖)牧羊,并声言只有到公羊下崽时才能放他回汉。苏武在北海以雪充饥。19年后才因匈奴与汉和好,被遣回朝。②旄(máo矛):古代用牦牛尾装饰的旗子。③河梁:就是桥,后作送别之词。]

【常识】"避讳"是封建社会不直接说出君主和酋长的名字而用改字的办法来回避。如王昭君为避司马昭的"昭"字,而改为明妃。

张　继（生卒不详）

中唐著名诗人,字懿(yì义)孙,襄州(今湖北襄阳)人,天宝十二年(753)中进士。至德年间,他与刘长卿同为御史。曾任盐铁判官,大历年间以检校祠部员外郎(尚书省各司设员外郎为各司次官,其地位略低于郎中)分掌财赋于洪州(治所在今江西南昌)。与皇甫冉、刘长卿交谊颇深,殁(mò)于洪州后,刘长卿曾作《哭张员外继》痛悼之。张继诗现存约40首,主要是纪行游览、酬赠送别之作,多为五、七言律诗及七言绝句。语言明白自然,不尚雕饰。七绝《枫桥夜泊》情致清远,历来为人所称道,北宋时已刻石于苏州。

张继有若干首诗表现了对时事和人民生活的关切,如《阊(chāng昌)门即事》描写农民被召从军后田园荒芜的情景,《酬李书记校书越城秋夜见赠》《送邹判官往陈留》等诗歌反映了"安史之乱"时国家财政拮据,家庭备受战争破坏的状况,受到后人的赞赏。有《张祠部诗集》传世。

枫桥夜泊①
(小)

月落乌啼霜满天②,	月西落,乌鸦啼,秋霜漫天,
江枫渔火对③愁眠。	江边的枫树,渔船上的灯火,伴着忧愁的旅人难以入眠。
姑苏城外寒山寺④,	苏州城外的寒山寺内,
夜半钟声⑤到客船。	那忧愁的钟声半夜时传到我乘坐的客船上,愁上加愁。

【注释】 ①夜泊:夜间把船停靠在岸边。②乌啼:乌鸦啼叫(图34);满天:因天气寒冷,使人感到寒霜好似布满天空。③对:对着,陪伴。④寒山寺:在枫桥西一里处,始建于南朝梁代,唐初高僧寒山(《寒山子诗集》已列入国宝档案)曾居于此,故名。⑤夜半钟声:即寺庙中半夜报时的钟声。

【赏析】 诗人在一个深秋的子夜,泊船枫桥时,因国家战乱不能成眠,旅愁油然而生,于是欣然写下了这首千古佳作。全诗从远处写起,首句描绘了"月落""乌啼""霜满天"三种景象;接着写在秋月渐落的背景下,描绘近景中的枫叶和渔火,同时抒发愁绪;最后两句点明了诗中景物的所在地:姑苏城外的客船上,能听到寒山寺的夜半钟声,一个"到"字正确地勾勒出钟声由远而近给人的听觉以冲击,衬托出诗人"对愁眠"的心境。全诗中景物既具体又夸张,表现了诗人高超的艺术技巧。

【相关链接】 天宝年间,张继为了避乱流寓江南。有一天,他乘船路过姑苏(今江苏苏州)的枫桥,因天色已晚,便泊船岸边宿夜。想到"安史之乱"给国家造成的破坏,给人民带来的痛苦,而且还不知道战乱何时结束,怎么也睡不着。这时已是深秋半夜,月亮西沉,乌鸦啼叫,霜华漫天盖地,寒气袭人,那岸边的红枫和点点渔火,互相映照,使张继还是不能入眠,愁绪满怀。突然,岸上寒山寺里响起了洪亮的钟声,悠扬、清新,于是披衣而起,在灯下挥笔,写下了这首永世流传的绝唱《枫桥夜泊》。

这夜半钟声给人的印象比"乌啼"更加突出、强烈和深刻。它一声声撞击着游子的心扉,倍增愁思与寂寞,但是对"夜半钟声"的形象,后来的诗人们却争论不休。宋代欧阳修引用前人的说法,怀疑张继是否真的在半夜听到了钟声,他在《六一诗话》中说:"夜半钟声到客船"的诗句是很好的,但是三更时分寺院里是不打钟声的。叶梦得等人反驳欧阳修的看法,说在宋代,寒山寺还在打夜半钟,可见唐代早就如此,所以张继写"夜半钟声"是事实。而更多的人,如明代诗评家胡应麟等却另有看法,他们认为欧阳修、叶梦得的争论都存在片面性,因为艺术的价值不取决于是否完全再现了生活的真实。张继在枫桥夜泊时,可能真的听到了"夜半钟声",也可能并没有听到,而是把别处听到的"夜半钟声"迁移来的,还有可能纯属虚构的。无论哪种情况,"夜半钟声"都只能是诗人创造艺术意境的一个素料,用来和其他形象连接和组合起来,构成形象整体,表现诗人的思想感情。夜半敲钟的风俗,虽然早在《南史》中即有记载,但把它写进诗里,成为诗歌的点眼,却是张继的创造。

有了张继这首诗,姑苏城外的枫桥、寒山寺和寺里的大钟,就都成了闻名遐迩的胜迹了。现在,国内外许多人一次又一次地游览寒山寺,一方面是为了实地观察,另一方面是为了去体味张继所留给他们的诗意之美。

寒山寺有座钟楼,两层都是六角形,一口大钟挂在钟楼内。大钟有一人多高,三人才能合抱,钟声更是悲壮而悠扬。由于战乱,寒山寺也历经沧桑,原先的大钟早已被毁。明代铸造过一口巨钟,挂在钟楼内,但明末流入日本。现在寒山寺的钟声已不是当年张继听到的钟了。1906年,日本友人铸造了相同的两口钟,一口留在日本馆山寺内,一口赠给了寒山寺,悬挂在大雄宝殿右侧,故寒山寺有两口钟。日本人非常熟悉并喜爱《枫桥夜泊》,小学课本里就有这首诗,许多人都能背诵它。每年除夕,都有很多日本友人赶到寒山寺,领略寒山寺的"夜半钟声"。

【常识】 乌鸦分布全球,计有100多种,中国有27种。乌鸦是孝鸟(乌鸦反哺),又是地球的清洁工。欧洲人把它称为"最进化的鸟",因为它最聪明。有一段跟踪录像:乌鸦找到一个核桃,翻来复去打不开,就叼到马路中间让汽车碾轧,一次未成再移个位置,乌鸦终于吃到了核桃仁。

孟 郊 (751—814)(图12)

中唐诗人,字东野,湖州武康(今浙江德清)人。少年时隐居嵩山,性狷介(性情正直;狷,音"眷"),与韩愈交谊颇深。曾任溧阳县尉(掌管一县的军事和治安)、协律郎(掌音律,位八品)等职,一生穷困潦倒,但性格耿直,不同流俗,被人称为"寒酸孟夫子"。诗多寒苦之音,感伤自己的遭遇。孟郊长于五言古诗,与贾岛齐名,有"郊寒岛瘦"之称,合称为"郊岛"。用字造句力避平庸浅率,追求奇险。有《孟东野集》传世。

游 子 吟 (小)

慈母手中线,	慈爱的母亲正飞针走线,
游子身上衣①。	为远行的儿子缝制衣衫。
临行密密缝,	分别前缝得多么细多么密啊,
意恐迟迟归②。	总担心儿子走得太远,回得太晚。
谁言寸草心③,	谁能说儿子像小草那点孝心,
报得三春晖④!	能报答春光般的慈母的恩惠。

唐代

【注释】　①游子：出门远行的人。②意恐：担心。③寸草：小草，喻游子。④三春晖：喻慈母之恩，如春天和煦的阳光。三春：指春季的三个月，农历正月为孟春，二月为仲春，三月为季春，合称"三春"。晖：阳光。后以春晖喻母爱。

【赏析】　此诗作于江苏溧阳。作者自注"迎母溧上作"。50岁那年，孟郊被派到江苏溧阳做县尉，上任第一件事就是把母亲裴氏从家乡接来以尽孝心。作品通过母子即将别离，描写慈母为游子缝衣衫的情景，展示了母子的骨肉深情。因是赞扬普通而高尚的母爱，引起了无数读者的共鸣，千百年来一直脍炙人口。诗的前四句，作者抓住典型的"缝衣"这个细节进行白描，形象鲜明突出，最后两句，以形象的比喻，寄托游子对慈母强烈的深情，也反衬出慈母高大的形象。

【相关链接】　1. 孝道是中华民族一种传统美德。从元代流传下来的《二十四孝》在具体做法上大多已不可行。时下，我国仍须大力倡导孝道文化，形成尊老爱老的社会氛围。2012年8月13日，全国妇联老龄工作协调办等单位共同发布了新"24孝"行动标准，既有传承又有创新：①经常带着爱人、子女回家；②节假日尽量与父母共度；③为父母举办生日宴会；④亲自给父母做饭；⑤每周给父母打个电话；⑥父母的零花钱不能少；⑦为父母建立"关爱卡"；⑧仔细聆听父母的往事；⑨教父母学会上网；⑩经常为父母拍照；⑪对父母的爱要说出口；⑫打开父母的心结；⑬支持父母的业余爱好；⑭支持单身父母再婚；⑮定期带父母做体检；⑯为父母购买合适的保险；⑰常跟父母做交心的沟通；⑱带父母一起出席重要的活动；⑲带父母参观你工作的地方；⑳带父母去旅行或故地重游；㉑和父母一起锻炼身体；㉒适当参与父母的活动；㉓陪父母拜访他们的老朋友；㉔陪父母看一场老电影。

2. 习近平的母亲齐心也是一位老干部、老党员，已年近90岁高龄。习近平非常孝敬母亲。每当有时间陪她在一起吃饭后，他都会拉着母亲的手散步，陪她聊天。（新华社2012年12月23日特稿）

3. 孟郊还有一首《登科①后》："昔日龌龊②不足夸，今朝放荡③思无涯。春风得意马蹄疾④，一日看尽长安花。"意思是说，从前心情苦闷、压抑，不足一谈，今朝轻松愉快，心潮起伏，想入非非。在和煦的春风吹拂下洋洋得意，骑马奔跑，一天就看尽了京都长安的繁盛风光。[注：①登科：孟郊年近46岁才登科中进士。②龌龊：这里指受约束。③放荡：不受拘束，恣意妄为。④疾：快。]

洛桥晚望

天津桥下冰初结①，	天津桥下的河水开始结冰了，
洛阳陌上人行绝②；	洛阳郊野的小路上已不见游人的踪影。
榆柳萧疏楼阁闲，	榆柳凋零、稀稀落落、楼台亭阁更显空寂，
月明直见嵩山雪③。	在清新的明月下，一眼就能望见嵩山那皑皑白雪。

【注释】 ①天津桥：即洛桥，在今河南省洛阳西南的洛水上。②陌：田间小路。③嵩山：中岳嵩山为五岳之一，在今河南登封县北、洛阳市的东南方。

【赏析】 在一个明月当空的晚上，孟郊独自伫(zhù)立天津桥所看到的初冬景象。最先看到的是桥下河水结冰了；再往远处，看到的是路无行人、树木萧疏、楼阁空寂，一片冷落。当诗人的视线向更远延伸时，看到了一幅"月明嵩山雪"的壮丽景象，使原来沉寂的画面顿时有了生气和意趣。其实，"月明"本是笼罩全诗的，不然只是一片漆黑，但诗人把它放在最后一句写，一是因为看到嵩山雪时，才更深切地感觉到明月的存在；二是这样写，可在诗的最后造成月光与雪光辉映，上下通明，一片银白的美好境界。

【相关链接】 南宋诗人陆游有一首《柳桥晚眺》："小浦闻鱼跃，横林待鹤归。闲云不成雨，故傍碧山飞。"意思是，在水边听到鱼跃的声音，看着那宽阔的树林等待仙鹤归来。悠悠飘浮的云不会下雨，只会在青翠的山间自由地飘飞。[注：浦：水边或岸边。]

李　绅(772—846)

中唐诗人，字公垂，亳州谯县(今安徽亳州)人，后迁居润州无锡(今江苏无锡市)。为官比较注意了解民生疾苦，宪宗元和元年(806)进士，曾任校书郎、国子助教，长庆年间，被穆宗召为左拾遗、翰林学士。敬宗宝历年间，因对贵族不满，被人诬陷下狱，后被贬为端州(今广东肇庆市)司马。武宗会昌二年(842)李绅自淮南节度使入朝，任中书侍郎同中书门下平章事(即宰相)，四年复出为淮南节度使，六年卒于任所。

李绅与白居易、元稹皆中唐诗坛新乐府运动倡导者，他首创《新题乐府》20首，可惜今已失传。现存的诗，大多是纪行诗，内容较平淡，诗味也不多。

悯　农①(其一)　　　(小)

春种一粒粟②，	春天种下一粒谷物的种子，
秋收万颗子③，	秋天收获千千万万颗粮食。
四海④无闲田，	天下没有一亩闲荒的土地，
农夫犹⑤饿死。	依然还有不少农民被饿死。

【注释】 ①《悯农二首》又名《古风二首》，反映古代农民的痛苦生活。②粟：谷子、小米，这里泛指粮种。③子：收获的粮食和种子。④四海：指全国。⑤犹：还。

【赏析】 此诗以明白如话的语言，揭示了社会中农民终年辛勤劳动，仍在死亡线上挣扎的事实。饱含着感叹和控诉，其思想内容比"锄禾日当午"那首更深刻。前两句用"一粒"和"万颗"对比，显示了由种到收的艰辛，也说明

唐代

收获的丰富;后两句说,全国的田地都种了庄稼,按理讲农民不但可以吃饱,而且还有剩余,然而,创造巨大财富的农夫竟然被活活"饿死"。这一巨大的反差,形成了强烈的震撼力量,促使人们反思,是谁制造了农民的悲惨命运?全诗不仅体现了作者对农民的深切同情,也声讨了不公正的封建社会制度。在一千多年前的封建社会里,作者能提出这样尖锐的问题,代表了一种先进的思想。

悯　农(其二)　　　　　　　　(小)

锄禾日当午①,	顶着炎热的太阳,锄去禾苗中的杂草,
汗滴禾下土②。	汗水不停地流淌,滴入禾苗下的泥土。
谁知盘中餐③,	有谁知道这碗中的米(粟)饭呀,
粒粒皆④辛苦。	每一粒都饱含着农民的辛苦!

【注释】　①锄禾:锄去禾苗中的杂草。日当午:中午太阳当头照。②禾下土:禾苗下的土地。③谁知:有谁知道。盘:盘子、碗。餐:饭。④皆:都。

【赏析】　这首人们耳熟能详的千古绝唱分为两层:前两句描写劳动人民在夏日田头劳动的情景,后两句在叙事基础上抒发了作者的感慨。这首诗从极平常的生活中发掘深刻的意义,提出了意味深长的问题。它采取前叙后议的方法表达主题:一方面表现了对农民辛勤劳动的尊敬和同情,另一方面也教育人们要体察农民的辛苦,珍惜他们的劳动成果。这后面的议论不是采用一般的叙述,而是通过设问,发表意见,这样就更能引起人们的注意。

【相关链接】　1. 农民苦,陶工也苦,旧社会是多么不合理!宋代梅尧臣的《陶者》写道:"陶尽门前土,屋上无片瓦。十指不沾泥,鳞鳞居大厦。"

2. 2013年5月8日,中央电视台广告:据统计,中国每年在桌上浪费的粮食价值高达2 000亿元,相当于2亿多人一年的口粮。"文明餐桌,从我做起,不剩饭,不剩菜。"

3. 《新华社盘点中共新领导集体履新一百天》之六"光盘行动"渐成风:中央订立"约法八章"以改变作风,首先从中央政治局做起。习近平首次离京考察,全程不封路、不清场、不铺红毯,饭菜和住房简单,李克强、刘云山、王岐山等常委纷纷在座谈会等场合要求不念稿子,要讲实在话,说话要简短。习近平还带头推动反铺张浪费行动。吃饭打包、杜绝剩饭的"光盘行动"在官民中渐然成风。蛇年春节成为了最节俭的春节之一。

刘长卿(709—780)

中唐诗人,字文房,河间(今河北省河间县)人,开元二十一年(733)进士,肃宗至德年间任监察御史。肃宗、代宗两朝两次遭贬谪。德宗建中二年

(781)又任随州(今湖北随县是其核心部分)刺史,世称刘随州。他"刚而犯上""多忤权贵",故在统治阶级内部倾轧中,曾被诬入狱,贬为南巴尉。

刘长卿生活在唐王朝由盛极转衰的时代,"安史之乱"后的社会状况及民生疾苦,在他的诗中有所反映,但为数不多。又因他遭谗被贬,胸萦不平之意,所以诗中也不乏愤激之词。其诗歌内容主要是游宦无成的孤寂之感,以及流连于自然景物中的闲适退隐的心情,表露的是封建士大夫的思想情调。

刘长卿的诗歌,在艺术上无论是运意或遣词,都显得圆熟精当,写景物抒情也凝练畅适。他与钱起并称"钱刘",为大历诗风的主要代表人物之一。他致力于近体,尤工五律,自诩为"五言长城"。其诗多写政治失意之感,亦涉及国计民生,诗风简淡朗隽,情韵相生。有《刘随州诗集》传世。

逢雪宿芙蓉山主人①

	小
日暮苍山远②,	黄昏时青黑色的山岭愈觉路途遥远,
天寒白屋③贫。	寒气袭来白色茅屋显得更加清冷贫困。
柴门闻犬吠④,	柴门外忽然传来狗叫声声,
风雪夜归人⑤。	风雪交加的夜晚来了我这个投宿的人。

【注释】①芙蓉山:地名;宿芙蓉山主人:在芙蓉山主人家中过夜。②日暮:太阳落山。苍山:青黑色的山。③白屋:贫寒家的简陋房屋,屋顶用白茅草覆盖、不刷油漆的屋叫白屋。④柴门:房子前院的门,一般比较简陋,用树条编扎而成。吠(fèi肺):狗叫。⑤归人:从外面回家的人,此指投宿的人。

【赏析】 大历初年,刘长卿扁舟南下,漂泊于湖湘间,描写山川风物为他当时诗中的主要内容。本诗大约作于大历四年(769)冬,作者60岁了,历尽了人生坎坷,对社会状况都比较了解。山名芙蓉者甚多,难以确指。这首诗写冬日傍晚投宿、山野风雪夜归的生活片断,生动地概括了山中人家的生活境况,表现了诗人对劳动人民清贫生活的同情。既然把自己称为"夜归人",说明芙蓉山主人对他也是热情的。诗中有画,画外有情。诗人目的是抒发对劳动人民清贫生活的同情,却没有在诗中喊口号,而是通过一些适当的意象,给读者留给丰富的想象空间,又深沉曲折地表达了自己的感情。

钱 起(722—782)

盛唐诗人。字仲文,吴兴(今浙江湖州)人。天宝十年(751)中进士,授秘书省校书郎。乾元初任蓝田县尉,与王维交往甚密。后入朝历任司勋员外郎、司封郎中、终考功郎中、太清宫使。他当时诗名很盛,为大历十才子之冠。其诗以五言为主,多为赠别应酬、流连光景、粉饰太平之作,与社会现实相距较远。然其诗具有较高的艺术水平,风格清空闲雅,流丽纤秀,尤长于写景,为大历诗风的杰出代表。有《钱考功集》传世。

归 雁

潇湘何事等闲回①?	潇湘二水像丝织的锦带,碧水下的沙石晶莹可爱,
水碧沙明两岸苔②。	大雁啊,你怎么舍得离开这嫩绿的青苔往回飞?
二十五弦弹夜月③,	原来是湘水女神月下奏瑶瑟,哀怨声令我魂销魄散,
不胜清怨却飞来④。	我忍受不了,怎能不立即折回向北方飞来。

【注释】 ①潇湘:指湖南的湘江、潇水。②苔:泛指草木。③二十五弦:瑟有二十五弦。④不胜:忍受不了。却飞:折回往北方飞。

【赏析】 这是一首咏雁的名诗。诗人是南方人,但长期在长安做官,此诗正是借归雁南飞表达思乡之情。大雁飞到潇湘之畔,不知何故又返回(湖南衡阳县南有回雁峰,传说大雁到此不再南飞而返回)。潇湘之畔有的是碧水白沙和茂盛的草木,难道那里不是理想的栖息之地吗?三、四句对大雁"等闲回"的原因作出另一种解答:原来是月明之夜湘水女神弹起了哀怨的乐曲,竟然使大雁经受不了乐声的感染,纷纷飞回。诗人寄情于雁,托志于归,推究于"怨",缱绻思乡情意,拳拳爱国之心,尽在诗中。

【相关链接】 1. 钱姓为什么排在百家姓的第二位?"五代十国"(907—960)是我国历史上一个短暂的分裂时期,与中原的五代(后梁、后唐、后晋、后汉、后周)同时并存的有吴、南唐、吴越、楚、闽、南汉、前蜀、后蜀、荆南(南平)、北汉等十国割据势力。960年赵匡胤代后周称帝,建立宋王朝。宋决心各个削平割据势力,到979年灭北汉,才结束五代十国的分裂局面。吴越王钱俶(chù 处)也是英雄,他顺应历史潮流,自动取消王位,把三千里江山归于大宋,以免吴越(富裕的钱塘地区)人民遭受战争之苦并继续保持社会繁荣。而南唐的李后主直到赵匡胤建立宋朝15年后还继续保留王位,遂于975年被宋军灭掉,李煜被俘,三年后被宋太宗赵炅(jiǒng 炯)赐毒酒死于开封。"百家姓"是宋朝人编纂的,当时的皇帝姓赵,自然排在首位;钱姓人虽不多,但因钱姓国王为国家统一所作的贡献,带了个好头,故把"钱"排在第二位,有褒扬之意。

2. 富春江是钱塘江自桐庐至萧山闻堰段的别称,两岸连山,风景秀丽。2010年3月14日,温家宝总理在中外记者会上讲了个故事:元朝有个叫黄公望的画家,画了一幅著名的《富春山居图》,79岁时开始创作的,完成之后不久就去世了。几百年来,这幅画辗转流传,但我知道,现在一半放在浙江省博物馆,一半放在台北故宫博物院,我希望两半幅画什么时候能合成一整幅画。画是如此,人何以堪。

【常识】 1. 中国航天技术之父钱学森(1911—2009)出生于浙江省杭州市,1934年毕业于上海交通大学。一年后,前往美国麻省理工学院,成为匈牙利出生的教授、美国导弹之父冯·卡门的助手。1955 年回国,作为交换条件,中国移交给美国数百名朝鲜战争的美军俘虏。埃菲社评论说,钱学森是"上帝送给中国的礼物"。2. 助人为乐的确有益于身心健康。曾著有《为什么好人有好报》的作者美国斯蒂芬·波斯特说,这是有生物学依据的。还有专家说,亲身帮助他人的老人,死亡率远远低于其他老人。

李 端(？—785)

中唐诗人,字正己,赵州(今河北赵县)人。少时曾于嵩山学道,大历五年(770)中进士,任秘书省校书郎,后因病辞官,居终南山草堂寺。德宗时曾出任杭州司马,后隐居衡山,自号衡岳幽人。其诗多赠别之作,情调较低沉,为大历十才子之一。喜作律诗,著有《李端诗集》。

听 筝(图53)

鸣筝金粟柱①,	精美的筝上用金粟装饰筝柱,
素手玉房前②。	白皙的手挥动在玉制筝枕上。
欲得周郎顾③,	想引起钟情男子对她的注意,
时时误拂弦。	她时时故意错弹筝上的音弦。

【注释】 ①金粟柱:桂木的弦柱。②玉房:弹琴的房屋。③周郎:指东吴名将周瑜,年少得志,人称周郎。周郎顾:相传三国时的周瑜,24 岁为建威中郎将,他精通音乐,当别人奏曲有错,他就回头一看,时人称"曲有误,周郎顾"。此诗受此典故启发,对这位弹筝女子既有嘲讽又有同情,她为使亲爱的人顾盼自己,便故意将弦拨错,可爱形象跃然纸上。

【相关链接】 1. 刘长卿为抒发自己失意的感慨写了一首《弹琴》:"泠泠七弦上,静听松风寒。古调虽自爱,今人多不弹。"意思是说:七弦琴弹出的曲调多么悠扬,静听像风入松林一样凄清,我虽然很喜爱那优美的古调,如今却没几个人喜欢弹奏了。诗人借喻世人趋时随俗,而自己寂寞失意是因为不合时宜。[注:泠泠,读 líng líng,清凉之意。]

2. 苏轼也有一首哲理《琴诗》:"若言琴上有琴声,放在匣中何不鸣?若言声在指头上,何不于君指上听?"弹琴人和琴的关系,如同人和武器的关系一样,只有把二者巧妙地结合起来,才能形成战斗力,才能打胜仗;人是决定因素,武器是重要因素,二者缺一不可。同理,只有把弹琴人和琴巧妙结合起来,才能弹出美妙动听的曲调来。[注:匣(xiá),收藏小东西的盒子。]

李 贺(790—816)

中唐著名诗人,字长吉,福昌(今河南宜阳县)人,出身没落皇族家庭。7岁能诗,十几岁就名扬文坛。但朝中嫉恨他的人,借口说他父亲名"晋肃",

唐代

"晋"与进士的"进"同音,他应为父名避讳,不能参考进士,这就断了他的求官之路。后来只做了几年奉礼郎的九品小官,郁郁不得志。死时仅26岁。

据说,李贺总骑一匹驴子,带一名小童,背一个锦囊,边走边思考诗句,想出一句好诗就在驴背上记下来。他的不少诗,流露出对当时社会的不满,反映了劳动人民的悲惨生活。他写诗工于炼词,善于运用神话传说,想象奇诡,意境奇丽,别开生面,很有个性特色,在当时(中唐)的诗坛上独树一帜,被称为长吉诗。有《李长吉歌诗》四卷,《外集》一卷。

南 园①(其五)

男儿何不带吴钩②,	真正的男子汉为何不去带兵打仗,
收取关山五十州③。	收取这些被藩镇所控制的土地。
请君暂上凌烟阁④,	请您到凌烟阁去看看功臣们的画像,
若个书生万户侯。	他们这些立功封侯的有几个是书生呢?

【注释】 ①南园:李贺在家乡读书的地方。②吴钩:因吴地(今江苏省南部一带)出产一种稍为弯曲的刀而闻名(泛指兵器)。③关山:关塞河山。五十州:指当时为藩镇所控制的黄河南北的大片土地(包括山东、河南、河北一带)。④凌烟阁:唐朝皇宫内的殿阁名,贞观十七年(643),唐太宗命阎立本将长孙无忌、魏征等24人的像画于凌烟阁上,用以表彰他们的功劳。若个:有哪个。其实在这24名功臣中,也有不少是文人,这里不过是强调武功的意思。

【赏析】 李贺辞官返乡后,写了《南园》组诗,共13首,此为第五首。中唐时期,藩镇割据,吐蕃、回纥不时侵扰边地,给人民带来深重的灾难。李贺看到了这些危机,急想为国效力,立功沙场。但因病在家,无法施展抱负,只能抒发收取关山的豪情,向往建功立业,聊以自慰。

【相关链接】 1. 从1999年11月21日"神舟"一号升空到2008年9月25日"神舟"七号实现太空漫步,中国人正在一步步实现飞天梦。关于飞天梦,中国人在诗歌里早有浪漫的想象。唐代"鬼才"李贺就曾梦见自己神游太空,并作《梦天》(见岑参《白雪歌送武判官归京》的"相关链接7")。(齐州是中国的别名,也叫"九州",从宇宙飞船下望,我们的故土像九团白烟,黄土如尘,三山五岳流泻着清江,气势磅礴,这是多么宏美的想象!)毛泽东亦有名句:"坐地日行八万里,巡天遥看一千河。"(见其《送瘟神》其一)

2. 李贺还有一首常为人们传诵的诗,也叫《南园》:"春水初生乳燕飞,黄蜂小尾扑花归。窗含远色通书幌,鱼拥香钩近石矶。"意思是说,南园的春天,生机勃勃,富有意趣。春水初生,乳燕如飞,蜜蜂采花酿蜜,鱼儿拥钩觅食,这些都是极具春天特征的景物;而远景透过窗户直入书房,使人舒心惬意,欢欣不已。这首诗生动传神,清新流畅,读来令人神清气逸。

3. "呕心沥血"的来由:李贺短暂的一生写下了许多风格独特的诗篇。其主要原因是勤于动脑。他总是骑着一匹小马(实为驴子),边走边思考诗句。只要想到了一句好诗,他就立刻在马背上记下来,然后投入锦囊。有时满载而归,可有时也会一无所获。李贺的母亲心疼地说:"这孩子真要呕心沥血才肯罢休!"

雁门太守行 (初)

黑云压城城欲摧①,	战事如乌云一样压城,城墙几乎要摧毁,
甲光向日金鳞开②。	铠甲像鱼鳞闪耀,与阳光相映生辉。
角声满天秋色里③,	号角声声震天响,融入萧萧秋风里,
塞上燕脂凝夜紫④。	边塞如涂燕脂色,夜幕凝结深深紫。
半卷红旗临易水⑤,	半卷红旗赴战场,如同壮士临易水,
霜重鼓寒声不起。	霜大战鼓受寒潮,鼓声因此扬不起。
报君黄金台上意,	报答君主知遇恩,黄金台上揽贤才,
提携玉龙为君死⑥。	手提宝剑冲向前,誓为君王战场死。

【注释】 ①"黑云"句:黑云层层压过来,把城都要压垮一样,形容强敌压境,形势危急。②"甲光"句:写守城将士严阵以待。③角:古代军中发令的号角。④"塞上"句:写激战后的夜晚,说明激战中双方伤亡惨重,战地凝结着紫色的血迹。燕脂:红色,这里指血。⑤"半卷"句:夜间偃旗息鼓,沿易水行进。易水:在今河北省中部的易县,隐含壮士一去不复返的决心。⑥"报君"二句:为报答君主任用贤才,手提宝剑,英勇杀敌,为君而死,在所不惜。黄金台:战国时燕昭王在易水东南18里筑台,上置黄金千两,招揽贤士。玉龙:这里指宝剑。

【赏析】 这首诗想象奇诡,很有个性特色。《雁门太守行》用的是古乐府旧题,诗意本身并不一定与雁门太守有关。中唐末期,朝政腐败,经常有藩镇叛乱,这首诗写的可能就是一次平叛战争。诗中没有具体写双方厮杀的过程,但从气氛、环境、结果的描写可以看出,战斗是十分激烈残酷的。诗中写了敌人的强大凶狠,更写了战士的勇敢坚定、不怕牺牲。黑云、甲光、金鳞、燕脂、夜紫、红旗、角声、鼓声,写得有声有色。首句"黑云压城城欲摧"成了后世经常引用的名句,最后两句则赞扬了战士誓死报国的悲壮精神,诵读时要有一定的气势。

【相关链接】 李贺的《马诗》很有名,共23首,借物抒怀,即借马来抒发自己的愤慨,寄托抱负和愿望。如第五首:"大漠沙如雪,燕山月似钩。何当金络脑,快走踏清秋。"意思是:塞外的大漠,黄沙在月光映照下像茫茫白雪;燕山山头弯弯的月亮像弯刀一样挂在天空。什么时候才能戴上金饰的马笼头(图93),在秋高气爽的疆场驰骋建功![注:燕(yān烟)山,即燕然山或杭爱山,在今蒙古国境内。《后汉书·窦宪传》载:窦宪与北单于战于稽落山,大破之,遂登燕然山,……刻石勒功,记义威德,令班固作铭。]又如第十六首:"唐剑①斩隋公,拳毛②属太宗。莫嫌金甲③重,且去捉飘风④。"意思是:唐朝凭着武力灭了隋朝,战争中太宗得到了骏马'拳毛'。不要担心它一身铠甲太沉重。还是能像追赶旋风一样迅跑。[注:①唐剑:比喻唐高祖李渊的军事力量。隋公:指隋文帝杨坚,这里比喻隋朝。②拳毛:即拳毛𬳿(guā瓜),为唐太宗的六骏之一。③金甲:战马披的铠甲。④捉飘风:追赶

唐代

旋风,形容骏马奔驰之快(图93)。]

　　李贺的政治抱负落空了,贫困交加的处境和凄凉的心情,都可在《昌谷读书示巴童①》诗中表现出来:"虫响灯光薄,宵寒药气浓。君怜垂翅客②,辛苦尚相从。"大意是:秋虫唧唧鸣叫,灯光是那样幽微,寒夜中充满浓浓的药味。流落异乡的书童啊,只有你同情我的遭遇,那么辛苦还乐意把我伴随。[注:①示巴童:写给四川书童的诗。②垂翅客:作者自喻。禽类相斗,败者垂翅而逃。](图85)

李凭箜篌引① (高)

吴丝蜀桐张高秋②,	吴地丝弦蜀地桐木精制的箜篌,乐声飞扬在这天高气爽的深秋,
空山凝云颓不流③。	这乐声飘入高山的上空,空中的行云被感染得凝滞而不流。
江娥啼竹素女愁④,	这乐声散入大地江河,江娥素女也激动得挥泪生愁,
李凭中国⑤弹箜篌。	这是谁人在播送乐音,是音乐家李凭在京城里弹奏箜篌。
昆山⑥玉碎凤凰叫,	时而清脆,像昆山的宝玉被击破,时而嘹亮,像天上的凤凰在鸣叫,
芙蓉⑦泣露香兰笑。	时而呜咽,像荷花在池中暗泣滴露,时而宛转,像香兰在春日里微笑。
十二门前融冷光⑧,	这乐声融化长安城十二门前的冷光,
二十三丝动紫皇⑨。	二十三条丝弦甚至感动了天上的玉皇。
女娲⑩炼石补天处,	这乐声飞到当年女娲炼石补天处,
石破天惊逗秋雨⑪。	击破了天石惊动了天宫、震落了一场秋雨。
梦入神山教神妪⑫,	这乐声如梦境一般传入东方神山,善弹箜篌的神妪成夫人也心悦诚服。
老鱼跳波瘦蛟舞⑬。	这乐声传入遥远深邃的大海,大鱼应声而跳跃,长蛟按节拍起舞。
吴质不眠倚桂树,	这乐声惊动了月宫的吴刚,他放下斧子彻夜不眠地倚着桂树,
露脚斜飞湿寒兔⑭。	夜更深,寒露斜飞,不知不觉地滴湿了月中玉兔。

　　【注释】 ①李凭:中唐著名的音乐家,供奉宫廷,擅长弹箜篌,杨巨源、顾况等诗人,都写过歌咏李凭弹箜篌的诗歌。箜篌(kōng hóu):本为胡乐,一种弹拨乐器,有卧式和竖式两种,东晋武帝时由西域传入,这里指的是竖式箜篌(图99)。引:乐府诗歌的体裁名称。②吴丝:用吴地(今江浙一带)所产的优质蚕丝做箜篌弦。蜀桐:用蜀地(今四川)所产的优质桐木做的箜篌身干。吴

丝蜀桐:形容箜篌的精美。张:指调弦、弹奏。高秋:高爽的秋天,指九月。③凝:聚集;颓不流:停住不动。④江娥啼竹:江娥是湘江的女神(故一作"湘娥"),即古代舜帝的妃子娥皇、女英。传说舜南巡时死于苍梧(山名,在今湖南宁远县),葬在九嶷山,他的妃子娥皇、女英追到洞庭,听到噩耗后南向痛哭,泪珠洒在竹上,因而有湘江一带的斑竹。素女:古代传说中的霜神,会弹瑟,黄帝曾使素女鼓五十弦瑟,乐调悲伤。⑤中国:即国中,都城之中,这里指唐朝的都城长安。⑥昆山:即昆仑山,盛产美玉。⑦芙蓉:指荷花,今天的芙蓉在古代叫木芙蓉(图75)。⑧唐代的长安四方各有三门,共有十二门。融:消融。⑨二十三丝:即李凭所弹的有二十三弦的竖箜篌,这里指箜篌乐声。紫皇:天帝。⑩女娲(wā):古代传说女娲曾炼五彩石修补破漏了的苍天。⑪石破天惊:是"天惊石破"的倒装。逗:引起的意思。⑫梦入:沉浸在迷人的音乐中产生的幻境。神妪(yù玉):妪是老妇人,这里指女神成夫人,传说她善弹箜篌。⑬老鱼跳波瘦蛟舞:据荀子说,有个叫瓠巴的人弹起瑟连沉在水底的鱼都凝神倾听,这里化用此典故。老鱼是大鱼,瘦蛟是长蛟。⑭吴质:即吴刚,传说他学仙有过错而罚去砍月中高大的桂树,桂树砍倒后其罪就算折赎完,可是天帝用法术使他刚一抽出斧头,树的刀口就立即复合,因此他总是砍不倒这桂树。露脚:指连续不断地落下的露水。寒兔:传说月宫中捣药的玉兔。

【赏析】 李贺曾在长安作过几年奉礼郎,有机会接触京师著名艺人,善弹箜篌的宫廷乐师李凭就是其中之一。这首诗曾被评为"摹写声音至文",的确这首诗以巧妙的艺术构思,丰富的艺术想象,众多奇特新颖的比喻,结合神话传说,把有声无形、难以捉摸的乐声具体而形象地刻画出来,给人以强烈的印象和美感。诗写得瑰丽怪异,有着浓厚的浪漫主义色彩,是李贺的代表作之一。诗赞赏李凭弹箜篌的精湛乐艺,用多种方法摹写乐声之优美动听和神奇魅力。诗的首句点明李凭所弹箜篌的质地非凡,为下文乐声的神奇作铺垫,高秋点明弹奏时间,同时也是为乐声准备了辽远空阔的背景;次句写乐声之高,响遏行云;"江娥"句以神话人物写乐声之悲。"昆山"句以声拟声,其中"玉碎"拟写乐声之清脆,"凤凰叫"拟写乐声之嘹亮悠远。"芙蓉"句以表情拟写乐声,"芙蓉泣"写乐声之凄苦,"香兰笑"写乐声之欢快;长安城的冷光都为之消融,则是写乐声的神奇力量。以下就写乐声感动天国神界,天帝为之感动,女娲补天处被惊破并引发了秋雨;善弹箜篌的女神也为李凭技艺折服而拜其为师,鱼蛟闻乐为之起舞,天上伐桂的吴刚也为之感动得彻夜无眠。这些都是描写乐声的效果,音乐声本过耳即逝,诗人却把抽象的音乐化为了可见可感的视觉形象。诗中笔笔是乐声的魔力,而笔笔又是对弹奏人李凭的赞美。用笔出神入化,想象奇幻,实为摹写音乐之至文。

【相关链接】 填写古诗词中的鸟名:
1.(　　)声中夏令新。
2.唯有(鹭鸶)知我意。

唐代

3. 愿作（　　）不羡仙。
4. （　　）前头不敢言。
5. 绿杨（　　）俱自得，
6. 昆山玉碎（　　）叫，　　　　　　唐·李贺《李凭箜篌引》
7. 旧家（　　）傍谁飞？　　　　　　南宋·文天祥《金陵驿》
8. 望啼春心托（　　）。　　　　　　唐·李商隐《锦瑟》
9. 添得（　　）四五声。　　　　　　宋·曾几《三衢道中》
10. （　　）夜半犹啼血，　　　　　　宋·王令《送春》

以上前五句本书找不到，现补充如下：

1. 南宋陆游《初夏绝句》：
纷纷红紫已成尘，
布谷声中夏令新。
夹路桑麻行不尽，
始知身是太平人。

3. 初唐卢照邻《长安古意》(节录)：
得成比目何辞死，
愿作鸳鸯不羡仙。
比目鸳鸯真可羡，
双去双来君不见？
(注：比目：鱼名。两目相并在头的一侧，游动时相配成对，常用来比喻情侣。)(图90右)

4. 中晚唐朱庆馀写道：
寂寂花时闭院门，
美人相并立琼轩。
含情欲说宫中事，
鹦鹉前头不敢言。

5. 宋代诗人苏舜钦政治上失意，于庆历五年到苏州，面对无穷好景，写下了"绿杨白鹭俱自得，近水远山皆有情"的名句。

张志和(约730—810)

中唐诗人。字子同，婺州金华(今浙江金华)人。年16游太学，举明经。擅长书画，作品多描绘隐居生活。曾献策于肃宗，令待诏翰林，贬南浦尉(主管军事和治安)，后不复仕，放荡江湖间，自称"烟波钓徒"、玄真子、浪迹先生。著《玄真子》3万言。述《太易》25卷已散失，今传《渔歌子》5首，诗风清新自然。

渔　歌　子①(其一)　　(小)

西塞山前白鹭飞②，　　青翠的西塞山前，白鹭展翅飞，
桃花流水鳜鱼肥③。　　桃花盛开，河水上涨，条条鳜鱼肥。
青箬笠，绿蓑衣④，　　戴上青箬笠，穿上绿蓑衣，
斜风细雨不须归⑤。　　微风细雨中悠闲地垂钓，乐不思归。

【注释】①《渔歌子》：又名《渔父》，唐教坊曲名，后成为词牌名。②西塞(sài赛)山：在浙江省湖州市西南。白鹭：一种水鸟，是"闲适"的象征(图32)。③桃花流水：桃花盛开的季节(农历三月)正是春水盛涨的时候，俗称桃花汛或桃花水。鳜(guì桂)鱼：一种体形侧扁、口大、鳞细、尾鳍呈扇形、体青黄色、有黑色斑点的淡

水鱼,肉味鲜美,也叫"桂鱼"。④箬笠(ruò lì):竹叶编的笠帽。蓑(suō梭)衣:用草或棕编成的雨衣(图50)。⑤斜风:指微风。不须:用不着,不想。

【赏析】 这首词是诗人借渔翁生活表现自己隐居生活的乐趣。前两句写江南水乡春汛期的自然情景,后两句写景中人(渔翁),而这个渔翁又是风景的组成部分。人物和景共同组成了一幅生动的"春雨垂钓图"。首句"西塞山前"点明地点,"白鹭"自在地飞翔,衬托渔翁的悠闲自得;次句写桃花与绿水相映,表现暮春西塞山前的湖光山色,渲染了渔翁的生活环境;三、四句描写渔翁的情态,"斜风细雨不须归",一是指江南的春雨是那么柔和、不影响人们在野外活动,二是指渔翁自己也被这景色陶醉了,或者他根本就不是为了钓鱼,而是为了欣赏这绝美的雨中景致。

卢 纶(约748—约800)

中唐诗人,字允言,河中蒲(今山西省永济市西南)人。早年避"安史之乱",客居鄱阳(今江西波阳)。大历初年,屡试不中,因得元载看重,才补阌(wén文)乡尉,迁监察御史,不久因病辞官。德宗时投靠其舅父韦渠牟,受到德宗召见,一时成了皇帝御用诗人。后赴河中,在浑瑊(jiān尖)幕府中担任元帅府判官,累迁检校户部郎中。卢纶是"大历十才子"之一(其他九位是吉中孚、韩翃、钱起、司空曙、苗发、崔峒、耿玮、夏侯审、李端)。他的诗很少反映重大社会问题,多是奉和(如《张仆射塞下曲》,即下面二曲)赠答与歌功颂德之作。但一些边塞诗,气势雄浑,情调慷慨;某些即兴而写的抒情诗,在艺术上也颇有些特色。

塞 下 曲① (其二)

林暗草惊②风,	树林幽暗,风吹草动似有虎藏身,
将军夜引弓③。	将军拽开弓,弦响箭头疾如风。
平明寻白羽④,	天亮去寻白羽箭,
没在石棱中⑤。	箭头扎进石头中。

【注释】 ①塞下曲:唐代乐府旧题,其题材多吟咏边塞景物及戍边生活。卢纶的《塞下曲》共六首,这里选其第二和第三首。②草惊:风吹草丛,使人以为有猛虎潜伏。③引弓:拉弓射箭。④平明:清晨。白羽:指箭,因箭的尾部装有白羽毛。⑤没:隐没,此指箭头深深地射进。石棱(léng楞):石头。

【赏析】 此诗写唐朝中期(742—820)一将军率部夜出行猎或夜出巡边的情形,以汉朝名将李广射虎的典故描绘将军的勇武。前两句写"夜引弓"为后两句平明寻箭留下悬念;后两句不写是否射中目标,而写引弓的力度,显出将军的"神勇"。令人回味无穷。

《史记·李将军列传》里记载了这样一个故事:一次李广外出打猎,把草中一块大石头误认为老虎,便拽开角弓,用力射击,结果一箭中的,箭头全部扎进石头里。本诗就是借用这个典故来赞扬将军的娴熟箭法和过人的膂力。

塞下曲（其三） （小）

月黑雁飞高①，	乌云遮住月亮，鸿雁飞得很高很高，
单于②夜遁逃。	单于带领残部，趁着黑夜偷偷逃跑。
欲将轻骑逐③，	立即追歼逃敌，率领轻骑奋马扬鞭，
大雪满弓刀。	大雪纷纷扬扬，落满了角弓和大刀。

【注释】①月黑：月亮被乌云遮住。雁：见图36。②单（chán 蝉）于：匈奴的首领。③将：率领。轻骑：快马，轻装的骑兵。逐：追赶。

【赏析】 此诗是描写边塞将士雪夜飞骑追歼逃敌的情景，赞颂他们英勇果敢的豪迈气概。

【相关链接】 据说我国大数学家华罗庚对这首诗提出质疑，诗曰："北方大雪时，群雁早南归。月黑天高处，怎得见雁飞？"有人把这首诗送给大诗人郭沫若看，郭老亦以诗作答："深秋雁南飞，懒雁慢未随。忽闻寒流至，奋翅连连追。"郭老这首微妙的释诗，极具巧思，颇为高明。他把卢纶的描述视作某种阴错阳差的特例，既默认了数学大师质疑的观点，又不排斥《塞下曲》精彩的艺术特色，做到了兼容并包，两全其美，从而博得广大读者的认同和称赞。

韦应物（约737—791）

中唐诗人，京兆长安（今陕西西安）人，出身关西望族，15岁即以门荫入宫为三卫郎，侍卫玄宗，过着任侠使气、裘马清狂的生活。"安史之乱"起，玄宗奔蜀，韦应物流落失职，始发愤读书，并应举中进士。初任洛阳丞，累迁至滁州（今安徽滁州市）、江州（今江西九江市）、苏州刺史，史称韦苏州。贞元七年（791）退居苏州永定寺，清心寡欲，常焚香席地而坐。其诗不乏同情民生疾苦之作，对统治集团的骄奢和朝政腐败也有所揭露抨击。所以白居易在《与元九书》中说他"才丽之外，颇近兴讽"，这一评价是比较恰当的。当然，韦应物的诗大多是写田园山水，歌咏隐逸生活的。在艺术上，他受陶渊明、王维的影响，形成了一种自然淡远、秀丽澄澈的艺术风格。诗歌语言简淡朴素，绝少雕饰，是中唐初期艺术成就较高的诗人。其所作山水田园诗较多，人比之陶潜，后世或以"陶韦"并称，或以王（维）、孟（浩然）、韦、柳（宗元）并称。有《韦苏州集》传世。

滁州西涧① 小

独怜幽草涧边生②，	我特爱幽深的芳草在涧边生长，
上有黄鹂深树鸣③。	上面有黄鹂在那树丛深处歌唱。
春潮④带雨晚来急，	傍晚下着春雨，潮水涨得更急，
野渡⑤无人舟自横。	荒野渡口无人，小船横在河上。

【注释】 ①西涧(jiàn件):俗名上马河,在滁州城西,据说现已被城西水库淹没。涧:夹在两山中间的水沟。②怜:爱怜、爱。幽草:深草。③黄鹂:黄莺(图39)。深树:树丛深处。④春潮:农历二、三月间河水盛涨,称为春潮,俗称桃花雨。⑤野渡:城郊野外的渡口。

【赏析】 此诗是唐德宗建中二年(781),作者任滁州刺史时写的一首风景小诗。作者以高度的敏感,捕捉住了春雨野渡那富于特征性的情景,意境生动,朴素自然,历来为人们所传诵。前两句写近景,后两句写远景。特别是"春潮带雨晚来急"写出了水流腾涌之势,以"野渡无人舟自横"作结,又烘托出一片恬淡闲适的意趣,并且表现了诗人不媚时附势、洁身自守、自甘寂寞的高尚品格。诗中托景抒情,清代王士燮评论说:"此诗'以为君子在下,小人在上之象'。"

韦 庄(836—910)

晚唐诗人,字端己,长安杜陵(今陕西省长安县)人,韦应物后裔。少孤贫,勤于学,屡试不中,曾长期流落江南。乾宁元年(894)始中进士,授校书郎。李询奉诏入蜀,召为判官,后归朝任应扑阙。天复元年(901)复入蜀为王建掌书记,自此终身仕蜀。天佑四年(907)劝王建称帝(五代十国之前蜀),以功拜吏部侍郎兼平章事(宰相)。卒后谥文靖,故世称韦文靖。其诗多为怀古、伤时、旅愁之作,基调感伤低沉。尤长于七绝,风格清丽自然。所作《秦妇吟》对黄巢起义前后的现实有一定的反映,为唐代最长的诗歌之一。

金 陵 图①

小

江雨霏霏②江草齐,	霏霏的江雨浸润着茂盛整齐的芳草,
六朝③如梦鸟空啼。	六朝繁华梦一般逝去空剩鸟儿啼叫。
无情最是台城④柳,	最无情的台城柳对这一切毫无感触,
依旧烟笼十里堤。	仍旧以一片翠绿把那十里长堤笼罩。

【注释】 ①金陵图:描绘金陵风景的图画。金陵:今江苏省南京市。②霏霏(fēi fēi):形容雨下得很细密。③六朝:吴、东晋和南朝的宋、齐、梁、陈等六个朝代,先后建都金陵,唐人称之为六朝古都。④台城:古建康城皇宫旧址,在今玄武湖南门。六朝的金陵繁华,尤以东晋为最。东晋自建武元年(317)三月琅琊王司马睿在建康(前名建业)即晋王位始,至恭帝元熙二年(420)六月,共103年,是在此建都时间最久的王朝之一。在此百余年间,局势稳定,人口激增,经济日趋繁荣,建康曾为全国最富饶的地区之一。

【赏析】 此诗是凭吊六朝古都金陵的名诗。唐代前有六个朝代在金陵建都,当时的金陵盛极一时。韦庄生于唐末乱世,他凭吊六朝兴亡,实际上也是在悲叹唐朝的衰微。唐代前后289年(618—907),只是到了晚唐(后80年)才一蹶不振。韦庄享年74岁,唐亡后三年才去世。他对晚唐的哀叹,是可以理解的。

据说美国一所著名高校的教授讲课时说:这首诗好就好在一个"鸟"字,

乌鸦啼叫是不祥之兆(其实"乌"字是域外一家出版社印错了,应该是"鸟"字)。我们认为这首诗好就好在一个"鸟"字上,这个"鸟"可以比喻像韦庄这些为唐朝衰落而忧心"空啼"的人。

【相关链接】 电视剧《解放》中有个情节:蒋介石夫妇邀四平保卫战大"英雄"陈明仁夫妇游玄武湖,在城墙上,蒋问陈:"韦庄的诗《金陵图》还记得吗?"并背诵了前两句,陈接着背诵了后两句……

【常识】 1. 南京"六朝古都"的称谓始于唐朝,后来定都南京的还有南唐、明朝(两代)、太平天国(11年)和中华民国,堪称"十朝都会"。

2. "江苏"取义为南京(古称江宁)和苏州的连称;"安徽"则取义为安庆和徽州的连称。

崔　颢(704—754)

中唐诗人,汴州(今河南省开封市)人。开元十年(723)中进士,天宝年间曾任尚书司勋员外郎。从他的诗歌中可以看出,他较长时期住在长安和洛阳,还曾南下武昌,到过长江中下游一带。后来从军、出塞,主要活动于东北边地。

青年时期的崔颢,生活放荡,所写的诗也显得轻薄浮艳。但有些反映宫女生活的诗,为她们的贵贱无常而感叹;还有些诗讥讽豪门贵族,多少反映了他在政治上的不得志和对权贵的不满。在漫游中,崔颢注意向江南民歌学习,写了一些富有民歌风味的小诗。从军后,写了不少边塞诗,歌颂"少年负胆气"的勇士;反映将士艰苦紧张的战地生活;描写边地绚丽的自然风光。这类诗歌情调高昂,气势雄壮,和他早期的诗风迥然不同。其《黄鹤楼》诗,相传为李白所倾服。有《崔颢集》传世。

黄鹤楼①

初

昔人已乘黄鹤去②,	从前的仙人已乘黄鹤飞去,
此地空余黄鹤楼。	这里只剩下空空的黄鹤楼。
黄鹤一去不复返,	黄鹤一去不可能再回来了,
白云千载空悠悠③。	千百年来只有白云在空中飘荡。
晴川历历汉阳树④,	山川晴朗秀丽,汉阳镇的绿树历历在目,
芳草萋萋鹦鹉洲⑤。	鹦鹉洲的花草葱郁茂盛。
日暮乡关⑥何处是,	夕阳西下哪里是我的家乡,
烟波⑦江上使人愁。	长江上烟波浩瀚使人更愁。

【注释】 ①黄鹤楼:故址在湖北武昌西北蛇山的黄鹤矶上(今武汉长江大桥武昌桥头)。《元和志》:"因矶为楼,名黄鹤楼。"《寰宇记》称:"昔费祎登仙,每乘黄鹤于此憩驾,故号为黄鹤楼。"相传始建于三国吴黄武二年(223),历代屡毁屡建,新中国成立后兴建长江大桥时拆除,楼前塔也迁到了附近的

高观山,现在的黄鹤楼建于1985年。②昔人:又传说黄鹤(图33)是当年吕洞宾在黄鹤楼上酒酣时用橘子皮在墙上画的,画完之后,鹤就活了,吕洞宾就乘鹤而去,所以有"昔人已乘黄鹤去"的诗句。黄鹤:指幼龄小鹤。虽然鹤在成年后都是白色的,但幼龄小鹤长着黄色的雏羽。黄鹤是"黄鹄(hú)"的谐音。鹄就是指现在的天鹅,未成年的天鹅也有黄色的羽毛。成年的黄色的鹤,现实生活中是不存在的。③悠悠:飘荡的样子。④晴川:晴朗的山川,一指白日照耀下的汉江。历历:指汉阳林木清晰可数。汉阳:当时的汉阳镇,今武汉市汉阳区,位于长江、汉水夹角地带,与武昌黄鹤楼隔江相望。⑤萋萋:指鹦鹉洲上芳草茂盛。鹦鹉洲:位于黄鹤楼东北方、长江中的小沙洲。相传东汉末年,黄祖杀祢(mí迷)衡而埋于洲上,祢衡曾作《鹦鹉赋》,后人称其为鹦鹉洲。⑥乡关:故乡。⑦烟波:烟霭笼罩的江面。

【赏析】 这首脍炙人口的七言律诗,历来被推为唐七律第一。据辛文房《唐才子传》载:李白登黄鹤楼见此诗,发出"眼前有景道不得,崔颢题诗在上头"的感叹,遂不作黄鹤楼诗。诗的前两联紧扣黄鹤楼,托想空灵,寄兴高远。首联点题,写楼名的来历,楼壁有黄鹤而舞、仙人驾鹤远去的图画,诗人巧妙地用诗释图,"乘""空余"前因后果勾连呼应。颔联接着写楼上所见,仍从传说故事生发开来,仙人驾鹤不再返回,登楼所望见的唯有片片白云千载飘荡。颈联实写,诗人的目光由仰望长空转而俯瞰大地,遥望对岸,山川晴朗锦绣,绿树历历在目;视线南移,江中的鹦鹉洲上花草郁郁葱葱。末联由景抒情,遥望夕阳西下的远方,只见江面烟雾迷漫,更添思乡之愁,一种游子无定止的人生感叹油然而生。

【常识】 1.中国四大名楼:黄鹤楼、岳阳楼、滕王阁、蓬莱阁。四大佛山:普陀山、九华山、峨嵋山、五台山。四大古镇:江西的景德镇、广东的佛山镇、湖北的汉口镇、河南的朱仙镇。四大石窟:敦煌莫高窟、龙门石窟、云冈石窟、麦积山石窟(在甘肃天水)。2."八仙过海"是我国道教神话故事,八仙是:铁拐李、张果老、吕洞宾、曹国舅、韩湘子、蓝采和、何仙姑、汉钟离。3.1782年,美国国会为了使珍稀的白头海雕不致绝种,号召人民树立保护鸟类的意识,一致通过决议,把白头海雕定为国鸟。白头海雕有很强的飞翔能力,体长近1.2米、翼展2米、最大体重10公斤。声音洪亮,震域山谷,俨然是"百鸟之王"。美国的汽车、钱币、邮票上都有白头海雕的形象。200多年来已有40多个国家起而仿效。中国2010年已选定丹顶鹤为国鸟。

常 建(生卒不详)

唐代诗人,长安(今陕西西安附近)人。开元十五年(727)进士,与王昌龄同榜。曾任盱眙(今属江苏)尉。其诗多五言,常以山林、寺观为题材,表现了人生无常、追求隐逸的消极思想。也有少数边塞诗。有《常建集》。

题破山寺后禅院   初

清晨入古寺，	清晨进入古山寺，
初日照高林。	旭日照耀高树林。
曲径通幽处，	曲折的小路通向幽静处，
禅房花木深①。	禅房外花草树木有浓阴。
山光悦鸟性②，	山间风光使飞鸟欢快愉悦，
潭影空人心③。	潭中影子使人心更加纯净。
万籁④此都寂，	一切声响在此都消失，
但余钟磬音⑤。	只剩下那钟声和磬声。

【注释】 ①禅（chán）房花木深：是说禅房在花木中深藏。禅房：僧侣们住的地方。②山光悦鸟性：山光使得飞鸟欢悦。山光：指早晨阳光在草木岩石之间的辉映。③潭影空人心：潭影使人心中的杂念得以消除掉。潭影：指山光和天色在潭水中的倒影。④万籁（lài）：一切声音。⑤余，一作"闻"。磬（qìng庆）：和尚念经、斋供时敲的一种铜（铁）制钵状物，形如大碗。

【赏析】 常建一生不得志，只做过小官。喜游名山胜景。这首诗就是他游破山寺后禅院所作，并题写在该寺院的墙壁上。破山寺即兴福寺，在今江苏常熟虞山脚下。诗中生动地描写了清晨古寺禅院幽深清净的景象，抒发了诗人寄情山水的隐逸胸怀。"曲径通幽处"，常为后人引用。诗的首联写寺的大环境，颔联写寺的小环境，颈联和尾联写人的心境和情怀。

【常识】 2010年5月12日联合国一组织说，全球原始森林被毁速度降至20年来最低。从全球看来，每年净损失的森林面积有所减少，20世纪90年代，每年损失8.3万平方千米的森林，而在2000年到2010年期间，每年减少的森林为5万平方千米，这主要归功于温带地区，特别是中国大规模的植树活动。

哥舒歌①   民歌

北斗七星高，	灿烂的北斗星辰高照，
哥舒夜带刀。	哥舒的军队刀光闪耀。
至今窥牧马②，	秋收时节吐蕃南下来牧马，
不敢过临洮③。	直到如今也不敢越过临洮。

【注释】 ①哥舒：即哥舒翰（？—757），唐朝大将。突厥族哥舒部族人。天宝六年（747）代王忠嗣为陇右节度使。次年于青海击败吐蕃（bō），后兼河西节度使，封西平郡王。天宝十二年（753）秋，又率兵击败吐蕃（古代西藏奴隶主政权）收复失地，保卫了大唐边疆，不久因病居长安家中。安禄山叛乱时，他为兵马副元帅，统兵20万镇守潼关，因被杨国忠猜忌，被逼出战，大败被

俘,囚于洛阳(大唐的陪都),安庆绪(安禄山之子)兵败撤退时被杀。②窥牧马:指侵扰内地偷放牧者。③临洮(táo 桃):故址在今甘肃省岷山县,秦曾于此筑长城。哥舒翰击败吐蕃军后,置洮阳郡,有兵把守。吐蕃被击败后,就不敢越过临洮向东侵犯了。

【赏析】 此诗是西部边民(西鄙人)对哥舒翰赫赫战功的颂歌。第一、二句既是写实景,又以北斗七星来比喻哥舒翰在安西人民心中的崇高威望(古人常以北斗星比喻皇帝或威望很高的人),因为哥舒翰的赫赫战功,"使胡人胆战心惊,因此至今胡人的骑兵不敢越过临洮对汉地进行侵扰"。除了赞扬哥舒翰,此诗对汉地居民能够安居乐业也充满了喜悦之情。诗风朴实,形象鲜明,具有浓郁的民歌色彩。

【相关链接】 1. 西藏自古就是中国领土不可分割的一部分,元代正式并入中国,清朝的康熙帝曾册封了西藏的达赖和班禅。

2. 2008年10月29日,英国政府明确承认西藏是中华人民共和国的一部分,中国对西藏拥有主权。这是英国101年来首次正式承认中国对西藏的主权(1907年开始英国只承认中国对西藏的"宗主权",直到2000年,英国仍是世界上唯一不承认中国拥有对西藏主权的国家)。

张 籍(约767—约830)

中唐诗人,字文昌,原籍吴郡(今江苏苏州)人,少时侨寓和州乌江(今安徽和县乌江镇)。贞元年间进士,历任太常寺太祝,水部员外郎,国子司业等职,故世称张司业或张水郎。又因其家境贫困,眼疾严重,故孟郊称他为"穷瞎张太祝"。他对文学社会作用的认识与白居易相近。其乐府诗颇多反映当时社会矛盾和民生疾苦,也有反映封建制度压迫下妇女的悲惨处境者。深受白居易推崇,和王建齐名,世称"张王",都有乐府的现实主义特色。

张籍的乐府诗语言平易流畅,通俗自然;描绘生动具体,很少抽象议论。除乐府诗外,他的五言及近体诗,也多有不乏深意的作品。

秋 思

洛阳城里见秋风①,
欲作家书意万重②。
复恐匆匆说不尽,
行人临发又开封③。

我客居的洛阳城里又吹来了秋天的凉风,
思乡情生,想写家信,心里涌现千言万语。
又生怕匆忙之中心里的话没有能说清楚,
捎信人将动身时我又一次拆开信封作补充。

【注释】 ①见:通"现",这里读 xiàn。②意万重:指要表述的情意很多。③复恐:又怕;行人:指捎带家信的人。临发:即将出发;开封:拆开已封好的(家信)。

【赏析】 这首诗通过客居洛阳寄家书时的独特心理和行动细节描写,真切、生动地表达了对亲人的思念之情。一个南方诗人客居北方,又不得意,见秋风起,不禁想起南方的家乡,要写家书寄回去。诗的前两句点明时间、地点、目的,为后文作铺垫。秋风可闻、可触、可感,似乎不可见,但正是这肃杀的秋光秋色,勾起了诗人思乡之情。平淡的叙事中将漂泊异乡的游子凄寂情怀用一个"见(读 xiàn 现)"字写出,含蕴极深。次句的"欲"也充满了说不完、写不尽的乡思,诗人迟迟不能下笔的心情鲜明可触。后两句撇开了写家书的具体过程和具体内容,只剪取临发家书前又拆开看的细节,于平淡的描写中看出奇特的构思,照应了前句的"意万重"和"匆匆"。"复恐"二字刻画心理入微,千言万语中也许漏掉了最重要的一句,因而果断地"又开封"。这首诗像生活本身一样自然,极具本色,极为平淡,但充满了绵绵不尽的回味,真切细腻,是唐诗写实叙事小诗中的名篇。

王 建(766—830)

晚唐诗人,字仲初,颍川(今河南许昌市)人,大历十年(775)中进士。贞元年间曾在幽燕一带过了十多年的戎马生涯,后任昭应县丞(掌文书及仓狱,与县尉同为县令的辅佐;正八品),大和中出为陕州司马,晚年退居咸阳原上,家境贫困。他一生仕途坎坷,困顿失意,有机会接近下层人民,了解人民疾苦,看到社会的各种矛盾。他和张籍一样,利用乐府诗,多方面反映了当时的社会现实,颇有思想性。在艺术表现上,以描写细致,极富余味见长。除乐府诗外,王建还以五言、七绝的形式,写了一些送别题赠之作和宫词,其中除少数篇章外,都没有什么思想价值。

王建和张籍"年状皆齐",是挚友,在诗歌创作上主张一致,都是新乐府运动的倡导和参与者,故其乐府诗为人称道。有《王司马集》传世。

雨过山村

雨里鸡鸣一两家,　　蒙蒙细雨中传来一两家雄鸡啼唱,
竹溪村路板桥斜①。　　村路一座小桥搭在竹溪之上。
妇姑相唤浴蚕去②,　　姑嫂们你呼我唤一块儿去浴蚕种,
闲着中庭栀子花③。　　只剩下栀子花在院里散发着幽香。

【注释】 ①竹溪:岸边长着翠竹的小溪。②妇姑:姑嫂。浴蚕:古时用盐水选蚕种叫浴蚕。③中庭:庭院当中。栀(zhī)子花:栀子树是常绿灌木,夏季开花,白色,很香。

【赏析】 这首诗描写了山村农忙时的景象:在鸡鸣声中,妇女们冒蒙蒙细雨,互相呼唤着,沿着山村小路去浴蚕种。山村里没有什么人在家了,只剩下栀子花在院子里闲开着。栀子花的闲正好反衬出人的忙。

贾　岛 (779—843)

中、晚唐诗人,字阆(làng 浪)仙,一作浪仙,范阳(今河北省涿州)人。早年屡试进士不第。做过长江(今四川省蓬溪县)主簿,人称贾长江;还做过普州司仓参军等小官。有《长江集》传世。

寻隐者①不遇　　　　　　(小)

松下问童子②,	我在山中一棵松树下问儿童,隐者在何处?
言师采药去③。	儿童回答说:师傅已经上山采药去了。
只④在此山中,	只知道就在这座深山之中,
云深不知处⑤。	不知道具体位置,因为山上云雾太浓密。

【注释】　①隐者:就是隐士。在封建社会,有些读书人不愿做官,便隐居在偏僻的山野。②童子:未成年的男孩子,这里指隐者的小徒弟。③言:说、告诉。师:师傅,童子对隐者的称呼。④只:就。⑤云深:云雾又多又浓。不知处:不知道具体在哪里。

【赏析】　这首诗采用问答体,通过寻访者向童子打听其师傅的去处、童子作答的形式写成,写得非常自然,丝毫没有枯燥乏味之感。首句由诗人设问,后三句都是童子作答。童子的答话,不仅天真有趣,而且把人引到一个松树、高山、白云的高远意境中,给人以诗情画意的享受。

剑　客①　　　　　　小

十年磨一剑,	我用十年时间磨出这把宝剑,
霜刃②未曾试。	剑刃闪亮却还没有试过锋芒。
今日把示君③,	今天把它拿出来给您看看,
谁有不平事④。	告诉我谁有不平之事要我伸张。

【注释】　①剑客:精通剑术又能扶弱济贫的人,诗题一作"述剑"。②霜刃:指剑锋利,寒光闪闪,有如秋霜。③把示君:把宝剑拿出来给您看。④不平:冤屈不平。

【赏析】　这首小诗通过赞扬仗义勇为、铲除社会不平等的剑客,抒发了作者胸中积郁已久的愤懑不平,对当时社会的不满,以及自己兴利除弊的政治抱负。"十年磨一剑,霜刃未曾试"是说:十年才铸就一把宝剑,以显示出此剑非同一般。然而宝剑虽锋利,却没有机会展现。剑刃白如霜,寒光闪烁,"未曾试"不正告诉我们诗人已跃跃欲试吗?"今日把示君,谁有不平事?"说的是:天下谁有冤屈?我正欲施展才能,一试锋芒。欲为人间铲除不平之意跃然纸上。这时,一个匡扶正义的剑客形象栩栩如生地浮现在眼前。

【相关链接】 贾岛还有一首五言绝句《题诗后》："二句三年得,一吟双泪流。知音若不赏,归卧故山秋。"意思是:两句诗我想了三年才写好,读起来我的眼泪忍不住流了下来。如果好朋友都不喜欢这些诗,我就干脆回到从前住过的山里睡大觉,再也不写诗了。可见古人写诗是多么动脑筋、多么认真!

胡令能(生卒不详)

中唐莆田诗人,约生活在贞元、元和年间(785—820)。有人推知:他不曾做官,年轻时以磨镜、加工金属零件为生,是个自学成才的人。后隐居,因家贫,又以给人补锅碗盆缸为生,人称"胡钉铰"。能诗,并对佛学很有研究。其诗歌浅显,能巧思,诗风清丽,富有情趣,散发着浓郁的生活气息,堪称唐诗园囿(yòu)中奇香扑鼻的山花野草。《全唐诗》收其诗仅四首,皆为七绝。

小儿垂钓① (小)

蓬头稚子学垂纶②,　一个蓬头乱发的孩子在学钓鱼,
侧坐莓苔草映身③。　歪斜着坐在莓苔上,借草丛掩映着身子。
路人借问④遥招手,　有行人问路,他一声不吭老远就招(摇)手,
怕得鱼惊不应人⑤。　担心鱼儿惊跑,只好忍心不回答路人。

【注释】 ①垂钓:钓鱼。②蓬头稚子:蓬头散发的孩子。垂纶:垂钓、钓鱼。纶:钓鱼用的丝线。③侧坐:歪斜着身子而坐。莓苔:苔藓、青苔。④借问:请问。⑤怕得:担心。不应人:不回答别人。

【赏析】 这是一首描写儿童生活的诗。诗人把学钓鱼的孩子的体态、神情描写得惟妙惟肖。诗的前两行,写他头发乱蓬蓬的,小心翼翼地侧身坐在青苔上,学着大人的样子,把钓丝垂在水中,等待鱼儿上钩,有意用草丛遮掩身体,以免鱼儿看见自己的身影被吓跑了。后两行描写孩子的瞬间神态:一个不识趣的过路人大声嚷嚷着问路,小家伙又急又恼,又不敢开口说话,只好连连冲着路人摆手。这首诗虽然寥寥数语,但却将孩子的天真烂漫、真实可爱写了出来。

崔 护(生卒不详)

中唐诗人,字殷功,博陵(郡治在今河北定县)人,贞元年间进士,官岭南(五岭以南地区)节度使(治所在今广州),直辖广管诸州,兼领桂、邕、容、安南四管。年少时曾作《题都城南庄》诗,即世传《人面桃花》故事原版。

题都城南庄①

去年今日②此门中，	去年的今天就是在这家门里面，
人面桃花③相映红。	那娇羞的脸和桃花相互映衬一片。
人面不知何处去，	如今那娇美羞涩的脸庞不知哪里去了，
桃花依旧笑东风④。	而绯红的桃花依然一样盛开在春风中。

【注释】 ①题写在长安城南庄一扇门上的诗。②去年今日：去年清明节那天。崔护因赶考未中，到长安城南踏青解闷，渴了，到南庄讨碗水喝，遇上"人面桃花"。今日：一年后的清明节。③人面桃花：已经成为《成语大词典》中的一句：指所爱慕而不能再相见的女子以及由此而产生的惆怅心情。人面：指诗中女子的颜容。④东风：即春风。笑：凝情含笑，形容桃花开得很美。

【赏析】 崔护这首诗用"人面""桃花"作为贯穿线索，通过"去年"和"今日"进行同时同地同景而"人不同"的场面对比，把诗人的复杂感情曲折而情深意长地表达出来。全诗充满情节性，富于传奇色彩，甚至有戏剧效果，既是叙述诗，更是一首抒情诗，描绘抒发了一种人生体验，暗喻了一定的哲理：偶然相遇的美好东西，如果再去刻意追求，未必复得这就叫"知足常乐"；另一方面，在偶然、不经意的情况下遇到某种美好的事物，就应该及时把握，否则擦肩而过后，就再难追寻了。这也许是这首诗充满经久不衰的艺术生命的原因所在吧。

【相关链接】 "人面桃花"已成为一条成语。《辞海》"人面桃花"条写道：唐崔护常于清明日游长安城南，见一庄居，花木丛翠，乃叩门求饮，有女子启关，以杯水至，设床命坐，独倚小桃柯伫立，而意属殊厚。来岁清明，崔又往寻之，则门扃(jiōng 扃，从外面关门的闩、钩等)无人，因题此诗于左扉。[注："设床命坐"的"床"，是"交床"，即马扎(凳)。见李白《静夜思》注释①。]

后人把这个故事延伸了，说过了几天，崔护不死心，又来到此处。这次大门没有上锁，可是屋里传来一阵阵悲惨的哭声。崔护一惊，急忙上前叫门。门开了，一个老人泪流满面地出来了，他看到崔护，先愣了一下，遂生气地说："你是崔护吧？你现在来干什么！我女儿自从见了你之后，整天精神恍惚，神魂颠倒。你走后，她日夜思念，一直盼望你再来，可一直没等到。前几天，你来了，不巧我和女儿出远门了。回来看到你写的诗，心里非常难过，就病倒了，不吃不喝，昨晚上死了。"说到这里，老人已经泣不成声。崔护听了非常难过，不顾一切地冲到姑娘床边，情不自禁地抱着姑娘放声痛哭，边哭边说："对不起，我来晚了！"没想到这时姑娘竟慢慢睁开了眼睛。姑娘醒来了，老人和崔护都非常高兴，老人激动地握着崔护的手说："是你害了我女儿，又是你救了我女儿呀！"不久，姑娘身体好了，就和崔护结成了夫妻，过着幸福的生活。

唐代

温庭筠（yún 云）(812—866)

晚唐著名诗人、词人，本名岐，字飞卿，太原祁（今山西省祁县）人。远祖温彦博为唐太宗时宰相。他长期受排挤，直到晚年才得做方城尉、国子助教这样一些小官。这固然与他生活放荡有关系，但根本的原因还在于他好讥讽权贵。温庭筠才思敏捷，又肯用功，诗、词、文章都写得很好，又通音律，善鼓琴吹笛，多才多艺。他的词与韦庄齐名，世称"温韦"，是花间派的鼻祖。对词的艺术发展起了一定的作用。诗与李商隐齐名，号称"温李"，是绮丽诗风的代表作家和晚唐时颇有名的诗人，但他的诗歌成就远不及李商隐。有《温飞卿诗集》传世。

商山①早行

晨起动征铎②，	早晨起来赶路，车马铃响叮当，
客行悲故乡③。	远行的人总不免思念自己的家乡。
鸡声茅店月，	报晓的鸡声从月下的客栈传来，
人迹④板桥霜。	行人的足迹留在板桥的白霜上。
槲叶落山路⑤，	槲树的叶子落满了山路，
枳花明驿墙⑥。	雪白的枳花点缀着驿站的围墙。
因思杜陵梦⑦，	昨夜我做了一个回故乡长安的梦，
凫雁满回塘⑧。	见到春天的凫雁布满弯弯曲曲的池塘。

【注释】①商山：在今陕西省商县东南。②动征铎（duó 夺）：震动出行的铃铛。征铎：车行时悬挂在马颈上的铃铛。③悲故乡：思念家乡而感到悲伤，或因不能"衣锦还乡"而感到悲伤。④人迹：人的脚印。⑤槲（hú 弧）叶：槲树叶（图111）。槲树，一种落叶乔木。⑥枳花（图115）：枳（zhǐ 只）壳花，白色，春末开花；枳，也叫"枸橘"，一种常绿小灌木（或小乔木），有刺，常作绿篱，果实可入药。驿墙：驿站的墙壁。驿：古代递交公文的人或来往官员暂住、换马的处所。明：这里作动词用，指残月把花影照在驿墙上。⑦杜陵梦：杜陵在长安城南不远处，因宣帝陵墓所在而得名，这里代指长安。作者原本想在长安干出一番事业，谁知仕途失意，在长安待不下去了，当初的想法原来只是一场梦，梦见"凫雁满回塘"，这是不是影射长安城里的好人、坏人把朝廷的位置都占满了？⑧凫（fú 符）：野鸭（图43）。回塘：岸边弯弯曲曲的池（湖）塘。

【赏析】这首诗大概是作者离开长安赴襄阳投靠友人徐商，在商山旅途中写的，是一首抒发个人仕途失意的感慨之作。首联两句写早行引起的对故乡的遥念；次联写旅途中的艰辛；三联写自然景物，一片寂寞的气氛，仍是早行中所见到的景象；末联写的是清晨在征途中回忆昨晚的梦境，所得的残留的印象，反映了作者对长安的留恋，同首联"悲故乡"相呼应，表露出作者在人生道路上的失意之感。整个诗篇,不过是抒写旅途景物及个人的生活感慨,但很有艺术技巧。不仅每联所写的都扣住了"早行"这一主题,而且语言明净,结构紧密。尤其是第二联"鸡声茅店月,人迹板桥霜"每句连缀三个景物(共六个或十个名词)鲜明地画出了一幅荒山早行图,寓艰辛于言外。

【常识】 花间词派指的是晚唐五代时流行的词派,创始者是晚唐著名词人温庭筠,主要成员包括五代西蜀的一批词人,如韦庄等。

望江南①

初

梳洗罢,	梳洗完后,
独倚望江楼。	独自登上望江楼靠着栏杆远望。
过尽千帆②皆不是,	千百条船只扬帆而过,却不见心上人的踪影。
斜晖脉脉水悠悠③,	夕阳脉脉含情,流水悠悠有意,
肠断白蘋洲④。	盼夫归来的人儿啊,伤心断肠在这白蘋洲。

【注释】 ①望江南:词牌名,见白居易《忆江南》注①。②帆:即船,"千帆"即无数只船,是部分代全体。③斜晖:夕阳西下时斜照过来的阳光。④白蘋洲:在这里应是主人公眼中实见的长着白蘋的江中小洲。

【赏析】 这是温庭筠所写的一首思妇望归之词。首句写她"梳洗"不是一般的梳洗,而是准备迎接远归的亲人(也许她此前很久都没有认真梳洗过了)。梳洗罢早早就登上望江楼,因为她的丈夫将要从水路乘船而归。然而在望江楼上她是"独倚",没有人陪伴。不过,她心理上并不孤独,因为亲人就要回来了。但是她从早等到晚,"过尽千帆"却没有看到亲人的影子,她由希望变成了失望。这时,只有那夕阳斜晖脉脉含情、悠悠江水悄然流逝,好像理解她的心情,为她感到不公和遗憾。远望已经失望,目光收到近处;那不是当日分手处的白蘋洲吗?触景生情,无限往事浮现眼前,万种愁思涌上心头。短短27字,写了江楼、千帆、斜晖、江水、蘋洲诸多景物,写了思妇梳洗、独望和由希望到失望直至断肠的复杂心理变化过程,情真意切,清丽自然,言简意丰,堪称词中精品。

菩萨蛮①

(高)、大

小山重叠金明灭②,	晨曦照进了闺房,屏风上的山水反射出金色的阳光,
鬓云欲度香腮雪③。	少妇的云发要遮过洁白如玉、香气宜人的腮旁。
懒起画蛾眉④,	她懒缓地起床,不慌不忙地画好长长的眉毛,
弄妆梳洗迟。	有气无力地完成了洗漱梳妆。
照花前后镜⑤,	她对着铜镜插上簪花,前后端详,
花面交相映⑥。	那簪花和面容交相辉映,相得益彰。
新贴绣罗襦⑦,	她穿起罗布绣花袄,袄襟上绣了一对金鹧鸪,
双双金鹧鸪⑧。	啊,原来愁烦的是心上人在异地,不能朝夕成双。

【注释】 ①《菩萨蛮》：唐教坊曲名，后用为词牌名，亦作《菩萨鬘》《重迭金》《子夜歌》等，双调44字，前后阕，两仄韵转两平韵。②小山：指屏风。金明灭：指金色阳光照在屏风上或明或暗，闪烁不定，光彩夺目。③鬓云：乌黑如云的鬓发。度：遮住。香腮雪：香而白的面颊。④蛾眉：同"娥眉"，形容女子的眉毛长而美。⑤"照"句：是写女主人公对镜在头上簪花，用前后双镜对照。⑥这句有两重意思：一是前后镜中的人和花的美貌相互交映，二是镜中人头上新簪的花和人面相互交映，都是描写女主人公的美貌。⑦贴（一作"帖"）：盘绣。绣罗襦（rú 孺）：绣花的罗布短袄，上面贴的就是下句所写的"双双金鹧鸪"。⑧金鹧鸪：用金色线盘绣的鹧鸪鸟（图42）。鹧鸪有如鸳鸯，都是取其成双成对之意，用来反衬人的独处。

【赏析】 词起源于隋唐之际。中唐文人白居易、刘禹锡在诗歌创作之余也有模仿之作。晚唐温庭筠则是第一个大力写词的诗人，他成为词从民间走向文人的标志，并确立了词以写艳情为主的传统。

这首词写闺怨。首句写环境的富丽，富丽的环境用以衬托女主人公的美丽；次句写头发缭乱，以展现出女主人公未起床时的容貌；三、四句是叙事，写她描眉、梳洗，而"懒""迟"二字又写出了她的无聊慵懒的情态；她无聊慵懒的原因，本词的末尾两句有所暗示。下阕"照花"两句，表明梳洗停当，簪花为饰，更加艳丽，同时前后照镜又点出了她的自怜自赏；末尾二句写换新衣，忽见衣上鹧鸪双双，不禁勾起无限孤独之感，这就回应了上面的"懒""迟"二字，有意在言外的艺术效果。

这首词是温庭筠的代表作，以女性为主角，以香艳为风格，色彩浓烈，意象密集。其中的情感色彩只是暗示出来而不是直接抒发，典型地反映了他的词风。这些都被花间派视为标准，所以温庭筠被称为该派的鼻祖。

林 杰 (831—847)

晚唐诗人，字智周，6岁就能赋诗，下笔即成章，又精书法棋艺。《全唐诗》存其诗两首。

乞 巧①

七夕今宵看碧霄②，	七夕晚上，望着碧蓝的天空，
牵牛织女渡河桥。	就好像看见隔着"天河"的牛郎织女在鹊桥上相会。
家家乞巧望秋月，	家家户户都在一边观赏秋月，一边乞巧（对月穿针），
穿尽红丝几万条。	穿过的红线都有几万条了。

【注释】①乞(qǐ)巧:古代的节日,农历七月初七。当晚,少女们乞巧的方法是:对月穿针,穿过的红线越多,仙女(织女)赏给少女的智慧、灵巧也就越多,这意味着将来能嫁个好人家。许多家庭主妇也乞巧,说穿过的红线越多,日子会越过越好。②七夕:中国的情人节(西方情人节是2月14日)。宵:夜晚;霄:天空。

【赏析与链接】杨朴的《七夕》则是一首政治讽刺诗:"未会牵牛意若何,须邀织女弄金梭。年年乞与人间巧,不道人间巧已多。"意思说,真弄不明白牛郎是怎么想的,非得邀请织女来织布。年年向仙女求智巧,殊不知人间的智巧已经够多了。它以"乞巧"立意,头两句开门见山设问,后两句设置答案。诗人借题发挥,将天上的智慧与人间奸巧虚伪、尔虞我诈对照,表现了诗人对世俗的深刻讽刺。五代十国时期,政权割据,民不聊生,诗人对纷乱的社会现实十分不满,通过《乞巧》把对人民的同情和对当局的不满表达得淋漓尽致。
[注:梭,见图109。]

王　湾(生卒不详)

唐代诗人,洛阳(现河南省洛阳市)人,其诗流传不多。

次北固山下① (初)

客路青山外②,	旅途蜿蜒到青山之下,拟向远方伸延,
行舟绿水前。	小船顺着绿水缓缓向前。
潮平两岸阔③,	潮水漫漫两岸宽阔,
风正一帆悬④。	顺风行船船帆高悬。
海日生残夜⑤,	太阳从残夜里破晓而出,
江春入旧年⑥。	春意早已悄悄潜入旧年。
乡书何处达⑦?	家信将送到何处?
归雁洛阳边⑧。	北归的大雁啊,请你捎到洛阳城边。

【注释】①次:停船夜宿。北固山:在今江苏省镇江市北面大江边。②客路:诗人要去的路。青山外:指很远很远的地方,资料表明,诗人这次是要经镇江南行。外:一作"下"。③"潮平"句:江潮兴起,水平于岸,故显得两岸更为宽阔。④"风正"句:春风畅顺,清风吹拂显得孤帆如悬在江面。⑤"海日"句:夜残更(gēng耕)尽时,太阳悠然从海上冒了出来。⑥"江春"句:旧年未尽,江上已显出早春光景。⑦乡书:这里指寄给家里的书信;何处达:家书寄到何处?⑧归雁:古时有雁可传书之说,诗人在这里想托归雁捎信给家人。洛阳边:指诗人的家乡。

【赏析】 这首诗的特点在善于写景。捕捉的景物一落笔下,便见哲思,

唐代

中间四句尤为突出,又能景中见情。五、六句早已成为千古传诵的名句。"平""正""生""入"四个字,精练传神,富于动态美。江面的空阔,江风的畅顺以及物换时迁,都融入了淡淡的乡愁,这份愁用最后两句点破,显得全诗情景相生,极有章法。诵读时不但要注重于景,而且要注意其间情的流露。

罗　隐(833—910)

晚唐文学家,字昭谏,自号江东生,杭州新城(今浙江富春)人,一作新登(今浙江桐庐)人,本名横,因十举进士不第,改名隐。光启年(885—888)中,入镇海节度使钱镠(liú)幕僚后做节度判官、给事中等官。曾任钱塘令、著作令。不满唐朝末年的黑暗政治。其散文小品,笔锋犀利,鲁迅谓其所著《谗书》"几乎全部是抗争与愤激之谈"(《南腔北调集·小品文的危机》)。诗亦颇有讽刺现实之作,多用口语,故少数作品能流传民间。有诗作《甲乙集》,清人辑有《罗昭谏集》。

蜂　　　　(小)

不论平地与山尖①,	不论是平地田野还是高山的顶峰,
无限风光②尽被占。	凡是风光无限之处它都飞行其间。
采得百花成蜜后,	采得百花酿成蜂蜜自己不吃,
为③谁辛苦为谁甜?	究竟是为谁辛苦为谁香甜?

【注释】　①山尖:指崇山峻岭。②风光:风景、景色。③为(wèi,未):替、给。

【赏析】　本诗咏蜂,首两句,无论平原还是山峦,到处都有蜜蜂的踪影,风光被其占尽,奔忙也可以想见,此叙事笔法;后两句,反问作结,议论而起,如此奔忙劳碌,而采得花蕊酿成蜜后,又究竟给谁享受呢?蜜蜂不为自己享用,在当时社会主要是剥削者享用,现在则是给人类享用(老百姓也买得起)。唐亡于公元907年,作者不满唐末的黑暗政治,出言警策,成为后世流传千古的警世名言。

【相关链接】　1. 罗隐还有一首《雪》:"尽道丰年瑞,丰年事若何?长安有贫者,为瑞不宜多。"意思是说,人人都说大雪是丰年的先兆,丰年不丰年又怎么样?长安城里多少人啼饥号寒,像这样的"先兆"还是少来为好![注:事若何:即事实又会怎么样;若何:如何、怎么样?]

2. 唐代诗人高骈(pián)有一首《对雪》①②:"六出飞花入户时,坐看青竹变琼枝。如今好上高楼望,盖尽人间恶路歧。"意思是:诗人坐在窗前,欣赏着雪花飘入庭户,窗外的青竹渐渐变成玉叶琼枝。此时如果登上高楼欣赏野景,那崎岖不平的道路岔口都将被大雪盖尽,展现在眼前的将是坦荡无边的"粉妆世界"。[注:①对雪:面对着窗外下着的雪;对:向着。②主题,是讽刺粉饰太平。]

【常识】　1. 一只蜜蜂一天最多酿0.15克蜜,这大概需要吮吸5 000朵花的花粉。 2.蜜蜂中的"蜂王"是雌蜂而不是雄蜂,相对于工蜂来说它是蜜蜂中最清闲的。

颜仁郁(生卒不详)

晚唐诗人,字文杰,泉州(今福建泉州市)人。约生活在9世纪末10世纪初期(唐朝末年)。王审知据有闽地时,曾做过他的归德场场长。

农 家

夜半呼儿趁晓耕,	半夜里就叫醒孩儿趁早去耕耘,
羸牛①无力渐艰行。	那瘦弱无力的老牛艰难地前行。
时人不识农家苦,	世人哪儿知道农民生活的艰苦,
将谓②田中谷自生。	还以为地里的稻谷是自己长出来的。

【注释】 ①羸(léi 雷)牛:瘦弱的牛。②将谓:还说、还以为。

【赏析】 这首诗描写农民的艰辛,批评了那些不体恤农民疾苦、不爱惜粮食的人。

【常识】 1.2008年5月有报道指出,食品危机与西方生活方式有关:美国人均粮食消费是印度的6倍;中国专家指出,美国的消费模式对全球环境造成很大伤害:它的人口只占全球的5%,但耗用的能源占全球的25%。

2.中国营养学会建议:每人每天应吃100—200克水果和400—500克蔬菜。多吃素少吃荤,不仅对健康有益,还有利于环保。因为每生产1磅牛肉,需要16磅粮食。

3.白鹳、黑鹳、大鸨、画眉、八哥、山雀、乌鸦都是捕蝗能手。1 000只紫椋鸟在育雏期间能吃掉2.2吨蝗虫。鸭子和鸡也是灭蝗高手。

4.2011年5月2日,英国《新科学家》周刊网站报道:栽培稻可能早在9 000年前就在中国长江流域出现,说明稻起源于中国。

杜荀鹤(846—907)

晚唐诗人,字彦之,池州石台(今安徽省石台县)人,号九华山(在石台县东北不远处)人。出身贫寒,46岁才中进士。后受宁国节度使田頵(jūn君)派遣入梁,得(后)梁太祖朱全忠的赏识,被任命为翰林学士,不久即逝(正好是唐亡之年)。

杜荀鹤生活在唐末阶级斗争尖锐的时代,农民起义此起彼伏。同时,他在未登第之前,大部分时间是在农村度过的,这就使他有较多的机会接触社会,看到广大农民被统治阶级残酷剥削的悲惨遭遇,因而写出了不少反映农民疾苦的诗,成为晚唐成就突出的现实主义诗人。他有一些抒情、写景、赠答之作,也清新明快。其诗风朴质自然,不事雕琢,语言通俗,接近口语。《旧五代史·梁书》说他"善为诗,辞句切理,为时所许"。有《唐风集》传世。

田 家

白发星星①筋力衰,	白发的老人哪里还有半点力气!
种田犹②自伴孙儿。	可是还得伴随孙儿一起种地。
官苗③若不平平纳,	如果依然不能平允地征收赋税,
任是④丰年也受饥。	即使丰收之年也一样挨饿忍饥。

【注释】 ①星星:形容白发苍苍的样子。②犹:还。③官苗:缴给官家的粮食,即赋税。④任是:即使是。

【赏析】 这首七绝诗深刻地揭露了统治阶级对农民的横征暴敛和残酷剥削,农民知道"种田要还粮"的老规矩,只求公平一点就满足了。

【相关链接】 1. 唐代诗人华岳也有一首《田家》:"鸡唱三声天欲明,安排饭碗与茶瓶。良人犹恐催耕早,自扯蓬窗看晓星。"这首诗描写了一位勤劳、贤惠的妻子(良人)既想要丈夫早点出门耕田,又怕他少睡了一会儿觉;鸡才叫三声,她就起床准备好了饭菜、茶水和碗瓶;又恐怕"催耕早"了,于是扯开蓬草窗帘再看"晓星"。这从侧面刻画了田家的艰辛和夫妻的恩爱。

2. 杜荀鹤还有一首《蚕妇》:"粉色①全无饥色加,岂知人世有荣华!年年道我蚕辛苦,底事②浑身著苎麻?"意思是说,蚕妇面色无红润,菜色却在增加,哪里知道人世间还有富贵荣华!年年都说我喂养春蚕特别辛苦,为什么浑身穿的却是粗麻布衣衫?[注:①粉色:红润的脸色。②底事:为什么?——当然是被剥削了。]

3. 杜荀鹤还有一首《再经胡城县》:"去岁曾经此县城,县民无口不冤声。今来县宰加朱绂,便是生灵血染成。"[注:绂(fú 扶),古代系印章或佩玉用的丝带。朱绂,红色的系印纽的丝带。加朱绂,是说上级因县官对百姓压迫有"功"而破格给予的嘉奖。]

4. 现在剥削形式变了。经济学家认为,现代资本主义早已脱离工业生产而变成"金融资本主义",工业生产创造价值,而金融资本却是靠投机获利。中国现在是"世界工厂",为全世界创造价值,可是得到的报酬却不多,利润都被跨国公司的金融资本拿走了……如果有一天,上海和深圳的金融市场同华尔街平起平坐,那国际形势就会与今天大不相同,中国就会掌握工业生产和金融资本两张王牌,不会像今天这样饱受外国金融资本剥削了。

【常识】 1. "民以食为天,食以安为先。"从 2006 年起,我国不但取消了几千年来征收的农业税(这一项每年就减轻了农民负担500多亿元),还对种田的农民按田亩实行补贴,对农家养猪也有补贴,这是改革开放给农民带来的实惠。2.一个蚕茧可抽出305米长的丝,而制造一根丝绸领带需要用100多个蚕茧。

小 松

自小刺头①深草里,	小松树刚刚出土时还埋没在深草丛中,
而今渐觉出蓬蒿②。	而今渐渐地长大超出了周围的杂草。
时人不识凌云③木,	人们不知道它将长成参天大树,
直待凌云始道高。	一直待到高耸入云时才称道它实在高。

【注释】 ①刺头:指刚刚长出的小松树,松针硬如枣刺。②蓬蒿:长得较高的杂草。③凌云:高入云端,形容高耸入云的松树。

【赏析】 这是一首托物言志的小诗。它借小松树成长过程中的境遇,讽刺了那些目光短浅的人们,不能在事物萌芽时去识别真才。

【相关链接】 缪氏子的《赋新月》:"初月如弓未上弦①,分明挂在碧霄边。时人莫道娥眉②小,三五③团圆照满天"。[注:①未上弦:新月还没有到半圆。②娥眉:美女的眉毛。③三五:农历十五日。]

【常识】 外报称:从1995年到2000年,中国共回收利用了1.6亿吨废纸,相当于节约了1.2亿立方米的木材以及数亿吨水。乞丐成为废品回收的主力,废品回收业至少养活了中国100万人;废品回收是保证中国实现可持续发展的一种手段。

吕 岩(生卒不详)

唐代诗人、儒生,字洞宾,科场不利携家入终南山学道,不知所终。

牧 童

草铺横野六七里,	广阔的原野,绿草如茵;晚风吹拂着野草,
笛弄①晚风三四声。	还没见归来的牧童,却先听到随风传来的笛声。
归来饱饭黄昏后,	牧童回来吃饱了饭,已是黄昏之后,
不脱蓑衣②卧月明。	他连蓑衣也不脱,就躺在月夜的露天地里睡了。

【注释】 ①弄:逗弄。②蓑衣:用草或棕制成的防雨用具。

【相关链接】 1.唐代诗人李涉(shè 赦)也写过一首《牧童》:"朝牧牛,牧牛下江曲①;夜牧牛,牧牛度村谷②。荷③蓑出林春雨细,芦管④卧吹莎草绿。乱插蓬蒿箭满腰,不怕猛虎欺黄犊⑤。"大意:早上牧牛到江边,江流弯弯曲曲;晚上牧牛到村口,把牛放到山谷里。披着蓑衣,走出树林,春雨又细又密。

躺在碧绿的草地上,吹起芦苇做的短笛,腰间插满了蓬蒿做的箭,一支支多么锋利!小黄牛啊,莫害怕。就是老虎来了,有我保护你![注:①江曲:江流弯曲之地。②谷:山谷。③荷:披着。④芦管:用芦苇做成的笛子。⑤黄犊:小黄牛。]

2. 宋代诗人雷震的《村晚》则描写了一幅宁静、安详的牧童晚归图,营造了一种怡然自得、其乐融融的氛围。其诗云:"草满池塘水满陂①,山衔落日浸寒漪②。牧童归去横牛背,短笛无腔③信口吹。"意思是:池塘边上长满了草,池塘中涨满了水,清凉的水面荡起波纹,映着远山落日的余晖。是放牛娃回村的时候了,他快活地坐在牛背上,手握短笛信口吹。[注:①陂(bēi):塘岸。②衔:含着;浸(jìn):倒映在水纹里;漪(yī):水上的波纹。③无腔:不成调子,信口乱吹。]

以上三首诗的共同点:都是写牧童吹笛,其个性、行为都跃然纸上。

【常识】 "五牲、六畜"分别指牛、羊、鸡、狗、猪和马、牛、羊、鸡、狗、猪。

黄 巢(约820—884)

唐末农民起义领袖。曹州冤句(今山东省菏泽市西南)人。生于盐商家庭,曾应科举考试未中。僖宗乾符元年(874),王仙芝率领农民起义,次年黄巢率数千农民起义响应。王仙芝牺牲后,起义军推他为领袖,号冲天大将军。义军所到之处,宣布唐王朝的各种罪状,严惩贪官,救济贫民,得到人民群众拥护。僖宗广明元年(880),起义军攻占长安,建立大齐政权,年号金统。后因内部分裂,大将军朱温叛变,唐王朝又利用沙陀族酋长李克用率军进攻,黄巢被迫退出长安,公元884年退至泰山狼虎谷,兵败自杀。黄巢领导的农民起义军虽被镇压了,但却给唐王朝以致命打击。

黄巢的诗,流传下来的只有三首,保存在《全唐诗》中,其中《自题像》一首,当系后人假托黄巢的名字以寄寓对这位农民起义领袖的爱慕之情。

题 菊 花(图78)

飒飒西风①满院栽,	满院的菊花啊在秋风中傲然挺立,
蕊②寒香冷蝶难来。	阵阵冷香随风飘散,蝴蝶却难飞来。
他年我若为青帝③,	假如我将来能成为司春之神,
报④与桃花一处开。	一定叫菊花与桃花一起盛开。

【注释】 ①飒飒(sà 萨):风声。西风:秋风。②蕊(ruǐ):花心,这里指花朵。③他年:将来。青帝:司春之神(司夏之神为赤帝,司秋之神为白帝,司冬之神为黑帝)。④报:告诉,意思是说告诉菊花,让它在春天和桃花一起开放。

【赏析】 这是黄巢起义前用比兴手法写的托物言志的咏物诗。前两句叙写菊花处于萧条冷寂的环境中,连蝴蝶也难以飞来;后两句是从对菊花处境不平的感受中激发出的理想,抒发了作者要主宰自然界,把春天的温暖给予菊花,同时也寄寓着作者对唐王朝腐败政治不满的思想。这首七绝通过咏菊,也表达了作者顽强的斗争精神和推翻封建统治、建立农民政权的坚定信念。

【相关链接】 1. 黄巢还有一首关于菊花的诗,是考进士未中后写的,题目是《不第后赋菊》①:"待到秋来九月八②,我花③开后百花杀。冲天香阵④透长安,满城尽带黄金甲⑤。"大意是:待到那秋高气爽的九月初八,百花凋谢唯有我怒放的菊花。冲天的香气阵阵弥漫了长安,满城的菊花全披上金黄的铠甲。[注:①这首诗题一作《菊花》。不第:落第、落榜,即应进士考试未被录取。赋:歌咏、抒写。②九月八:农历九月初八,是重阳节九月九日的前一天。重阳:是古人赏菊花的节日,这里不用"九月九"而用"九月八"是为了押韵。③我花:指菊花。杀:凋谢。百花杀:花都凋谢了。④香阵:香气阵阵,十分浓烈。透:遍及、弥漫之意。⑤黄金甲:指菊花盛开,也暗指起义军黄金色的铠甲。]这也是一首用比兴手法写的托物喻志诗,作者赋予菊花以坚强的斗争性格,是用来象征敢于造反的农民起义者的形象的。前两句比喻一旦农民起义兴兵之后,唐王朝就将像百花凋谢一样,走向灭亡;后两句寄托着作者的希望,象征将来起义军占领长安后的美好情景。全诗表现了作者蔑视李唐王朝,并决心推翻它的豪迈气魄。

2. 朱元璋也有一首《咏菊花》:"百花发时我不发,我若发时都吓杀。要与西风战一场,遍身穿就黄金甲。"诗意是:百花怒放的时节我不动声色,我开放的时候全都吓死。遍身披挂黄金甲胄,要和西风大战一场。[注:黄金甲:形容菊花一片黄金之色,也喻指所辖军队的铠甲。]

皮日休(约834—883)

晚唐诗人,字逸少,一字袭美,襄阳竟陵(今湖北荆州市天门市)人。出身贫苦,咸通八年(867)进士。曾任著作郎、太常博士、毗(pí)陵(今江苏省武进市)副使等职。后参加黄巢的起义军,任翰林学士,死因不明。其诗文多忧时愤世之作,在一定程度上反映了当时的社会现实和人民的生活。鲁迅在《小品文的危机》一文中,称赞皮日休、陆龟蒙的小品文"正是一塌糊涂的泥塘里的光辉和锋芒"。

他的诗之所以闪耀着现实主义的光辉,是与他具有进步的诗歌理论分不开的。他认为诗歌应具有反映现实的作用;"欲以知国之利病,民之休戚者也。……诗之美也,闻之足以观乎功;诗之刺也,闻之足以戒乎政"(《正乐府十篇序》)。有《皮子文薮》10卷。《全唐诗》录有其诗7卷。

唐代

汴河怀古[1]

尽道隋亡为此河,	都说隋炀帝开掘运河使隋灭亡,
至今千里赖通波[2]。	可是千里水路至今还靠它通航。
若无水殿龙舟事[3],	假如不造豪华的龙船供己享乐,
共禹论功不较多[4]。	隋炀帝的功劳也应和大禹相仿。

【注释】 ①汴(biàn)河:又称汴水、汴渠,隋炀帝于大业元年(605)征发开凿通济渠,自西苑引谷、洛二水入黄河,又自黄河入汴河,再从大梁以东引汴河入淮河,然后又开邗沟通长江。②赖:靠、凭借。③水殿龙舟:指隋炀帝派人到江南为其造的各种船只,这些船不仅高大,而且富丽堂皇,设有各种殿堂,都用金玉装饰。④禹:夏朝开国君主,受舜命治理洪水13年,三过家门而不入。不较多:即差不多。

【赏析】 这首诗对隋炀帝开凿运河之举的议论:尽管开凿运河的目的是为了满足自己荒淫奢侈的生活,但在客观上对沟通南北交通、加强经济联系、促进政治统一也起着重要的作用。

【相关链接】 1. 相传琼花出自扬州平远楼。隋炀帝当年不惜耗费巨资开凿运河,出游扬州,以一睹这稀世珍奇。琼花洁白如雪,每花均由八朵小花组成花环(故亦称八聚仙),形姿洒脱、飘逸。每年烟花三月开放。此花现在除扬州外,南京玄武湖公园、江苏昆山亭林公园等均有种植。(图102)

2. 唐朝后是53年的分裂时期(五代十国)。《新唐书卷一百一十五》载:"禹、汤罪已,其兴也勃焉;桀、纣罪人,其亡也忽焉。"(罪,怪罪;勃,兴盛。)

【常识】 1. 世界上开凿最早、规模最大和最长的人工航道是我国的京杭大运河,全长1 794千米。始建于公元前5世纪,后经7世纪(隋)和13世纪(元)两次大规模扩建,利用天然河道加以疏浚修凿连接而成。

2. 现在中国的"世界第一"就更多了。如2010年12月3日消息,我国高铁创造了时速486.1千米的世界纪录,从而巩固了中国在世界高铁领域第一的地位。有外刊说,在中国的高铁面前,美国有点像第三世界了。2012年中国产金量仍保持世界首位(2007年超越南非以来一直如此)。2012年1月英媒报道:继2009年超越美国之后,中国现已超过欧洲成为全球最大的汽车市场(达到1 468万辆)。2013年4月英媒报道:中国外汇储备已达3.4万亿美元,几乎相当于德国的经济总量,居世界首位。2013年2月德媒报道,去年中国的贸易总量为3.866万亿美元,比美国多44亿美元,进而终结了美国自二战结束以来在全球商业中占据的统治地位。但中国拒绝被称为"世界最大贸易国。"2012年12月联合国报告称,中国已取代美国成为世界最大专利申请国(去年提出了 52.6 万项申请,占全球总数 1/4)。"中国领导人知道创新才是未来,是提高生活水平和促进长期发展的关键"。中国还引入一系列激励机制,包括对个人的奖励和住房奖励,以及对公司的税收优惠等。

3. 2013 年 5 月 25 日李克强总理在德国参观波茨坦会议旧址的留言簿上写道:"创新是人类活力的源泉。"

4. 西班牙《中国政策观察》网站 2011 年 1 月 11 日,发表题为《中国是发达国家也是发展中国家》的文章说:中国在技术上升级迅猛。从 2009 年开始中国已成为世界技术专利领袖。中国在清洁能源技术的开发和商业化方面已走在世界前列,最近的两个事例又展示了中国在军事领域的先进技术,即可与美国 F—22"猛禽"隐形战斗机竞争的歼—20 隐形战斗机和"东风—21D"反舰弹道导弹。后者活动范围达 1 500 千米,精确度极高,可使靠近中国水域的航母失去还击之力。在太空领域,美国退中国进,中国投入巨资以实现 2020 年中国人登月和 2030 年通往火星的长达 8 000 万千米的载人飞行等目标。……与此同时,中国的密集型劳动力人数将继续占据全球首位。中国现阶段拥有 9.77 亿劳动人口。……同样令人惊讶的是,身为发达国家和发展中国家,这种作为潜在冲突的双面性却同时成为中国制度取得成果和避免陷入危机的最大保障。高科技为中国社会迅速进步提供了机会,而充足的劳动力又保障了外资和经济增长的速度,这无疑为中国政府的操作提供了非凡的灵活度。

5. 2011 年 11 月,美国高调宣布"重返亚洲",对中国来说是严峻的挑战。2013 年 2 月 28 日俄《但是》杂志网站说,美国实施"转向亚洲"战略就像是发动一场针对中国的"新鸦片战争",企图通过军事手段来解决经济问题。中国 90%的外贸要穿洋过海,因此北京对美国干涉南海的事态做出强烈反应也就不奇怪了。去年中国提出了"中华民族伟大复兴的中国梦"。在憧憬未来的强大时,中国没有忘记一百多年前的民族耻辱,这种耻辱从鸦片战争开始,西方列强都是通过军事手段来解决经济问题。美国想借鉴自己"盎格鲁撒克逊亲戚"的经验,打着"转向亚洲"的口号,开启遏制中国的新阶段(过去阻止中国恢复联合国的合法席位、阻止中国加入 WTO、禁止先进武器装备和先进技术出口到中国、对中国实施贸易保护主义等等,一直在遏制中国,效果如何?)。美国人刺激了中国民族情绪的提升,促使其加紧军事准备,这便推动了军备竞赛,加剧了整个西太平洋地区的紧张局势。

宋代74首

（小学19、中学16；增背19、大学15）

苏 轼（1037—1101）（图22）

北宋文学家、诗人、书画家。字子瞻，自号东坡居士，眉山（今四川省眉山县）人。1057年举进士，并以政治家的姿态步入仕途。神宗时曾任祠部员外郎，知密州（今山东诸城）、徐州、湖州等。因反对王安石"求治太速"的新法，以作诗"讪谤朝廷"罪贬谪黄州（今湖北黄冈）。哲宗时以司马光为首的旧党当权，起用苏轼任翰林学士，知杭州、颍州（今安徽阜阳地区），官至礼部尚书。等到新派得势，他又被贬谪惠州，60岁贬到儋（dān）州（海南岛西北部）。最后北还，65岁病死常州，追谥文忠。在诗、词、散文各方面均取得很高成就，精通音乐、绘画，是唐宋以来文学方面的集大成者，为"唐宋八大家"之一（余为唐代的韩愈、柳宗元和宋代的欧阳修、王安石、曾巩、苏洵、苏辙）。其诗清新豪放，善用夸张比喻，在艺术方面独具风格。有些作品反映民间疾苦、指责统治者奢侈骄横，也有部分作品表现出保守的政治观点和消极情绪。擅长行书，书法与黄庭坚、米芾、蔡襄并称"宋四家"。又擅长画竹，也喜作枯木怪石。论画主张"神似"，认为论画"以形似，见与儿童邻"；高度评价"诗中有画，画中有诗"的艺术造诣。散文有《东坡七集》等，存诗300多首。

题西林壁① （小）

横看②成岭侧成峰，	从正面看，庐山是连绵雄浑的巨岭，从侧面看，则是陡峭挺拔的山峰，
远近高低各不同。	从远处、近处、高处、低处看，它又呈现出各种不同的姿态。
不识③庐山真面目，	不能认识庐山的真实面目，
只缘④身在此山中。	只因为自身局限在此山中。

【注释】①题：书写。西林壁：指江西庐山上的西林寺墙壁。②横看：从正面看。③不识：认不清的意思。④只缘：只因为。

【赏析】1084年春，47岁的苏轼奉命由黄州贬赴汝州任团练副使，经过九江等地，一路感悟山河之壮美，领悟人生之真谛。四月抵庐山，写下《题西林壁》。这不仅是一首写景诗,更是一首哲理诗,哲理蕴含于对庐山景色的描绘之中。前两句概括地写出诗人从不同的角度看庐山的姿态各不相同,不仅写出它的奇丽,而且为后两句议论作了铺垫;后两句先说结果,后说原因,是为了突出最后一句,写出了作者深思后的感悟:从不同的站立点看庐山之所以会有不同的感觉,原来是"只缘身在此山中"!意在说明,如果对复杂的事物不做深入的调查,就容易被局部现象所迷惑,对事物就难有全面正确的认识。这首诗讲了深刻的道理,却不使人感到枯燥,这是由于诗人在描绘之中,巧妙地融入哲理的缘故。读这首诗很容易使人联想到:在社会生活中,人们有时陷于众多纷乱的现象或假象之中,而不能认识事物的真相,就说"不识庐山真面目"。启功先生说过:唐诗是嚷出来的,宋诗是想出来的。

【相关链接】 2010年5月20日陶文钊研究员发表文章说,中美关系很复杂,从不同角度和层次看,有"横看成岭侧成峰"的感觉。

六月二十七日望湖楼①醉书 (小)

黑云翻墨未遮山②, 乌云翻滚似泼墨,尚未遮住照庆寺前的山头,
白雨跳珠乱入船③。 暴雨骤至,洒落湖中,水珠纷纷溅入船中。
卷地风来忽吹散,   一阵卷地风吹来,云散雨住,
望湖楼下水如天④。 望湖楼下又是一派水天一色的景象。

【注释】 ①望湖楼:楼名,在杭州西湖边上(现已毁)。②未遮:没有遮住。③乱入船:纷纷溅入船中。④水如天:湖水和蓝天一样的颜色,一样的明净。

【赏析】 1086年宋哲宗登基,49岁的苏轼从被贬闲置的黄州东坡"雪堂"复出,任杭州太守(6年)。这首写夏日西湖阵雨的小诗,当是此时之作。他巧妙地利用丰富、新鲜、贴切的比喻,写出了西湖骤雨前后顷刻间的气象变化:黑云对白雨,颜色简单明了,用一个"跳"字形容雨珠乃是出神入化,写活了雨珠的动态。满纸云烟、水墨迷离;醉后写风雨,云动风来,真是酣畅淋漓、泼墨写意。

【相关链接】 1. 与此诗同名的还有一首:"放生鱼鳖逐人来,无主荷花到处开。水枕能令山俯仰,风船能与月徘徊。"后两句我们仿佛可见诗人"醉"了:他躺在船上,船体上下颠簸,看到山能"俯仰",月在"徘徊",风吹动船移。

2. 从养生的角度来说,良好的生活方式是实现"动静平衡"和"营养平衡"的重要保证。民间流传的"酒色财气诗"说的就是生活方式对健康长寿的重要性。而此诗的来历却另有一说:有一天,苏东坡与相国寺佛印和尚对饮,酒兴起,和尚挥笔在墙上写了一首打油诗:"酒色财气四堵墙,人人都往墙里藏;若能跳出墙垛外,不活百岁寿也长。"苏即和道:"饮酒不醉最为高,见色不迷是英豪;世财不义切莫取,和气忍让气自消。"几天以后,神宗皇帝和宰相王

安石同游相国寺,见墙上题诗,颇感新鲜,王遵旨先和一绝:"世上无酒不成礼,人间无色路人稀;民为财富才发奋,国有朝气方生机。"神宗皇帝也来诗兴了,当即吟道:"酒助礼乐社稷康,色育生灵常纲;财足粮丰国家盛,气凝大宋如朝阳。"可见,不同的身份、不同的视角,解读出来的"酒色财气"也各有千秋,见仁见智。今游相国寺的人,见到墙上题诗,想来也会各有所获。

饮湖上①初晴后雨 （小）

水光潋滟晴方好②，	波光粼粼,晴天的西湖多么美好,
山色空蒙雨亦③奇。	山色迷茫,雨中的景致也很奇妙。
欲把西湖比西子④，	想要把西湖比作那美女西施,
淡妆浓抹⑤总相宜。	淡妆浓抹都合适,都那么美丽多娇。

【注释】 ①饮湖上:在西湖上饮酒。②潋滟(liàn yàn):水波流动的样子。方好:正好。③空蒙:形容雾气迷茫。亦:也。④西子:西施。⑤淡妆:淡雅朴素的装束。浓抹:浓艳华丽的打扮;抹:涂脂抹粉。

【赏析】 哲宗皇帝登基的那年,宰相司马光和前宰相王安石双双去世。据说最有可能继宰相位的是苏轼,但他"知难而退",只出任杭州的地方长官。其实,与其说"知难",倒不如说"兴趣"使然,他的兴趣在文学、诗歌和绘画方面。

苏轼在号称"人间天堂"的杭州做官,陶醉于江南山水,写下了大量江南山水诗词,此诗被认为是描写西湖的绝唱。诗中赞美了西湖美丽的风景,前两句分别写西湖在晴天和雨天不同天气下的景色都十分美妙动人,对西湖的水光山色忽晴忽雨、奇丽多变的景象,做了形象的描绘,"好""奇"二字将西湖的特色做了高度概括;后两句将美丽的西湖比作西施,别开生面,把西湖在不同的天气里所呈现出来的美丽景色,与西施淡妆浓抹总相宜的神韵相提并论,既出人意料而又极其贴切生动。西湖的天然美景与绝代佳人西施,天生丽质是她们的共同特色,比喻巧妙自然,西湖也由此而得到"西子湖"的美称。

【常识】 沏茶用80℃的开水最好,而不用100℃的开水。

惠崇《春江晚景》① （小）

竹外桃花三两②枝，	竹林外的桃花有两三枝已经绽放,
春江水暖③鸭先知。	春江回暖只有鸭先知道。
蒌蒿④满地芦芽短，	芦芽在长满蒌蒿的河滩上刚刚露头,
正是河豚欲上时⑤。	正是河豚逆流而上的早春时候。

【注释】 ①惠崇:宋初僧人,擅长诗歌、绘画,以画鹅鸭和风景见长。这是作者为惠崇画的《春江晚景》所做的两幅题画之一,此为《鸭戏图》(一作《春江晓景》),另一幅是《飞雁图》。②竹外:竹林外边;三两:即两三。③春江水

暖:春天到了,江水渐渐转暖。④蒌蒿:草本植物,花淡黄色,嫩茎叶可以吃,也有人用它和鱼放在一块做汤吃。芦芽(图69):芦苇的嫩芽,似笋而小,嫩茎可吃。虽然也有人称其为芦笋,但它不同于现在菜市场卖的芦笋(图69右)。⑤河豚:是一种味道鲜美但有毒的鱼(有经验的厨师会去毒腺)。它既然是鱼类,就不是哺乳动物(而海豚和江豚都是哺乳动物,所以它们不是鱼);春天洄游产卵,是捕获的最佳季节。欲上时:指河豚(图47)快要浮到水面上来吃芦蒿或产卵的时候;另一种说法是河豚将要上市了。

【赏析】 这首题画诗,不仅写出了图中所画的竹、桃、鸭子、蒌蒿、芦芽等,而且写出了画中没有的东西。作者用丰富的想象补充了画面,如因鸭子浮游水面想到"水暖""鸭先知";因蒌蒿满地而想象到该是河豚"欲上时"。须知,蒌蒿、芦芽都是烹调河豚的好佐料,而河豚是画家画不出来的,诗人用他的想象,却把它表现出来了。这是本诗的特色,即通过想象和联想,再现了《春江晚景》中的自然景物的美,写出了春江的一派生机,表达了作者对大自然、对生活的热爱,艺术上颇有独特之处。

赠刘景文①

<small>

荷尽已无擎雨盖②,	荷花开尽了,已没有可以遮风挡雨的荷叶,
菊残犹有傲霜枝③。	菊花凋残了,仍留有凌霜傲雪的干枝。
一年好景④君须记,	一年中最好的时光您应该记住,
最是橙黄橘绿时。	正是这橙子黄、橘子绿的时候。

</small>

【注释】 ①刘景文:作者在杭州时的诗酒友人,当时任两浙兵马都监,标题后来改为《冬景》。②擎(qíng):向上托、举;擎雨盖:大荷叶(图79右)。③菊残:指枯萎的菊花。傲霜枝:指耐霜的枝子(参见图78)。④一年好景:一年的好季节,指的是收果实的初冬。

【赏析】 此诗赞美初冬景色,着眼于一个"色"字,先用"荷尽""菊残"作比、烘托。前两句描写凋残的花色,欲扬先抑;后两句独选冬景为上佳之色,赞美菊花"傲霜"的凛凛晚节,突出橙橘常青树般的高洁。暗喻当权的友人要保持晚节。

花　影

重重迭迭上瑶台①,	层层的团花影在楼台上,
几度②呼童扫不开。	几次叫家童扫都扫不开。
刚被太阳收拾去,	刚被西下的夕阳带走,
却教③明月送将来。	却又叫明月送了回来。

【注释】 ①瑶台:传说西王母娘娘居住的仙宫,此处指华丽清幽的亭台。②几度:几次。③教:同"叫"。

【赏析】 这本是一首以花影为题的写景小诗,但有人认为是一首讽刺诗。诗中运用比喻和象征的修辞手法,讽刺那些倚仗靠山的当权小人(或贪腐之徒)层出不穷,像花的影子一样,扫都扫不去;"瑶台"比喻高官显贵,"童"比喻纯朴忠诚的大臣,他们虽然数次抗争,却只能枉然兴叹。"刚被""却教",似乎成了诗人政治抱负难以实现的愤懑和对小人得势的无可奈何。

【常识】 1. 前几年,俄前首富霍多尔科夫斯基认为,腐败成为全球最大威胁,如果世界不阻止全球性的腐败,腐败将阻止人类发展。

2. 2012年11月15日,新当选中共中央总书记习近平同中外记者见面时说:"新形势下,我们党面临着许多严峻挑战,党内存在着许多亟待解决的问题。尤其是一些党员干部中发生的贪污腐败、脱离群众、形式主义、官僚主义等问题,必须下大气力解决。全党必须警醒起来"。(新华社电讯稿11月16日)

3. 2012年12月25日,习近平总书记在与民主党派的领导人座谈时,出人意料地谈起上世纪40年代毛主席与黄炎培之间的一段对话。黄问:中共能不能跳出历史上"其兴也勃焉,其亡也忽焉"的历史周期律?毛答:能!办法就是民主。习总书记重提这一古训(出自《左传·庄公十一年》),对于党的领导干部特别是纪检监察机关干部进一步提高拒腐防变能力,为党为人民掌好权、用好权具有重要的现实意义。

浣 溪 沙①

游蕲水清泉寺,寺临兰溪,溪水西流。　　　　初

山下兰芽短浸溪,	山脚下的兰草芽短短浸溪水,
松间沙路净无泥。	松林间的沙路洁净没有稀泥。
潇潇暮雨子规啼②。	暮雨潇潇中杜鹃鸟声声啼。
谁道人生无再少③?	谁说人生不可能再度年少?
门前流水尚能西④!	门前的流水尚且能流向西,
休将白发唱黄鸡⑤。	不要悲叹头发白,忧愁唱黄鸡。

【注释】 ①浣(huān)溪沙:唐教坊曲名,后用作词牌,亦作"浣溪沙令"。"沙"或作"纱"。双调,42字,有平、仄两韵。仄韵始自南唐后主李煜。另有《山花子》上下阕各增3字。②"潇潇"句:潇潇,形容细雨。子规:即杜鹃鸟,也叫布谷鸟(图31),声凄厉,能动旅客思乡之情。③无再少:不可能再现青春年少。④流水尚能西:流水一般都向东流,这里以溪水西流比喻事物是会有变化的。⑤"休将"句:作者自勉。黄鸡:羽毛呈黄色的鸡。白居易《醉歌》诗:

"谁道使君不解歌,听唱黄鸡与白日。黄鸡催晓丑时鸣,白日催年酉前没。腰间红绶系未稳,镜里朱颜看已失。"白诗借"黄鸡"感慨光阴易逝,苏诗则反其意,说不要徒然自伤白发生、悲叹老之将至。

【赏析】 这首词作于元丰五年(1082),当时苏轼45岁,正是被贬谪黄州(今湖北黄冈市)期间。全词写景抒情,寓哲理于情景之中。他从门前溪水向西倒流,悟出世事是不断变化的。莫要再悲叹白发早生,岁月无情了,充分表现了苏轼的积极乐观精神。蕲(qí)水在今湖北省浠水县,清泉寺在浠水城外不远的地方。

【常识】 苏东坡养生有方,他说长寿其实很简单:"我得宛丘平易法,只将食粥致神仙。"有一种滋阴、补肾、养颜、润肺的"四色营养粥":枸杞、小麦、绿豆、百合、大米适量,文火煲成。枸杞、百合后放。此粥红、黄、绿、白,色美味香。

江城子·密州出猎① (初)

老夫②聊发少年狂,	我也要学一学那狂放的少年,
左牵黄,右擎苍③。	左手牵着黄犬,右手托着苍鹰。
锦帽貂裘④,	头戴着锦缎帽,身穿貂皮袄,
千骑卷平冈⑤。	奔驰的马队把山冈布满。
为报倾城随太守⑥,	为了报答满城的人看我出猎,
亲射虎,看孙郎⑦。	我要亲自射击猛虎,就像那当年的孙权。
酒酣胸胆尚开张⑧,	酒喝得畅快,豪气冲天,
鬓微霜⑨,又何妨!	哪管头发花白,鬓如霜染!
持节云中⑩,	不知道皇帝何时派我作为使臣,
何日遣冯唐⑪?	像冯唐一样奔赴前线?
会挽雕弓⑫如满月,	到那时候我要把弓拉得像满月一样圆。
西北望,射天狼⑬。	把那入侵的西夏痛快淋漓地聚歼!

【注释】 ①《江城子》:词牌名,又名《江神子》《水晶帘》等,宋人始作双调70字,平韵。密州:在今山东诸城。出猎:这是1075年冬天一次军事演习性质的出猎活动。②老夫:作者自称(其实才38岁)。他20岁举进士,步入仕途已有18年,且当时的太守一般都是老资格,故称"老夫"也可理解。③黄:这里指黄色的猎狗(图108);擎苍,用手臂托起苍鹰(图107),它是打猎时用以追捕鸟兽的。④锦帽貂裘:用彩色丝绸缝制的帽子,用貂皮做成的皮袍,是古代贵族官僚的服装。⑤千骑:比喻马队的浩大声势,这里指太守的随从。平冈:平坦的山冈。全句是说,山地里布满了马队。⑥倾城:尽城的人。太守:一州的行政长官,这里是作者自称。⑦亲:亲手。孙郎:指三国时的孙权,曾亲自射虎,这里词人以孙权自比。⑧酒酣:酒喝得畅快、尽兴。胸胆尚开张:胸怀还是开阔,胆气还是豪壮。⑨鬓:脸旁边靠近耳朵长头发的部位,也指长在这

个部位的头发。霜:头发有些花白了。⑩节:符节,古代皇帝派遣的使臣所携带的凭证。云中:指河套东北今内蒙古托克托县一带包括山西省西北部一些地方。⑪冯唐:汉文帝时老忠郎官,当时云中太守魏尚防御匈奴功劳很大,因为多报了6个首级(小过失)受到逮捕判刑。冯唐向汉文帝刘恒直言劝说,刘恒便派他持节去赦免魏尚,复任云中太守。这一行诗是借魏尚自比:什么时候才派我到国防前线去担当此任务呢?⑫会:将要。雕弓:画弓。⑬天狼:天狼星,古代借它来比喻侵略北方的敌人,这里指西夏。

【赏析】 在作者生活的年代,宋朝的主要外患是辽国和西夏,虽说订立了屈辱的和约,可是边疆的威胁还是很严重。词人借对出猎场面的描写,来抒发自己忠心报国的豪情壮志。用词刚劲有力,用典自然天成,由叙事而抒怀,纵情放笔,挥洒自如;风格豪放,词锋凌厉,气势逼人,显示出一种阳刚之美。上阕写打猎的场面,有声有色。下阕从打猎引申到"射天狼",表现出作者抗击侵略的决心。全篇气概豪迈。

水调歌头①

丙辰中秋,欢饮达旦,大醉。作此篇,兼怀子由②。　　(初)

明月几时有?	何时有这皎洁的明月?
把酒③问青天。	我端起酒杯,把苍天询问。
不知天上宫阙,	不知道天上的仙宫
今夕是何年④。	今天晚上该是什么年份?
我欲乘风归去,	我想驾着长风回到天穹,
又恐琼楼玉宇⑤,	又怕那美玉砌成的楼台亭阁,
高处不胜寒⑥。	高耸云间,寒意袭人。
起舞弄清影,	起来舞剑也只有人影子伴随摆动,
何似在人间⑦!	天上虽好还是比人间逊色几分!
转朱阁,	月亮转过朱红色的楼阁,
低绮户,	贴近雕花的门窗,
照无眠⑧。	照着失眠的人。
不应有恨,	它跟我们该不会有什么怨恨吧,
何事长向⑨别时圆?	为什么偏偏在离别的时候它又圆又亮?
人有悲欢离合,	人间有离别的痛苦,团聚的欢欣,
月有阴晴圆缺,	月亮也会有阴伏晴出、团圆亏损,
此事古难全⑩。	这些事自古以来就难以称心。
但愿人长久,	只希望我们永远平平安安,
千里共婵娟⑪。	虽相隔千里,能共享这月光也就很好了。

【注释】①《水调歌头》：词牌名，又名《元会曲》《凯歌》《台城游》等，双调95字，平韵。②丙辰：宋神宗赵顼(xù)熙宁九年(1076)，苏轼在密州(今山东诸城县)做太守(刺史或知府的别称)。欢饮达旦：酒喝得极畅快，一直喝到天亮。子由：苏轼的弟弟苏辙的表字。③把酒：端起酒杯。李白《把酒问明月》："青天有月来几时，我今停杯一问之。"④宫阙(què 鹊)：皇宫门前两边的楼，这里指宫殿。今夕是何年：神话传说，天上有仙宫，而且存在几千万年了。所以作者感叹地问：今天晚上不知道天上是哪一年的中秋节了。⑤此句是说我想乘风回到天宫去。古代有仙人降生凡间的传说，这里说回到天宫，是作者设想自己是仙人。琼(qióng 穷)楼玉宇：美玉砌成的高楼大厦(想象中的仙宫)。琼：美好的玉石。⑥不胜(shēng 升)寒：太冷了，承受不住。胜：能担任，能承受，如能胜任；不胜其烦。⑦何似：何如，不如。何似在人间：还不如在人间好呢！⑧朱阁：红色华丽的楼阁。绮(qǐ 乞)户：雕花的门窗。照无眠：照着失眠的人。⑨何事长向：为什么总在人们离别时。⑩此事：指亲人团聚("欢""合")，月亮团圆("晴""圆")的幸福之事。古难全：自古以来就难得十全十美。⑪长久：永远平平安安地生活着。婵(chán 馋)娟：嫦娥。传说她是月宫里的仙女，这里借指月光柔媚、清亮和美好。

【赏析】 这是一首著名的中秋词。作者写这首词已39岁，是处在政治失意的时候，且与亲人7年未曾团聚，心情很是郁闷。由于对现实不满，他的幻想便飞进了神话般的美丽世界。可是到底还是觉得天上不如人间温暖，后段从月亮着笔，写自己和弟弟子由的离别之情。他说，人生的遭际不可能十全十美，总是会有缺陷的，这样来宽慰自己。词里反映了作者世界观的矛盾，但主要的一面是胸怀开朗、不消极悲观。在写离别之情的词里，真是独创一格了。

【相关链接】 2009年4月在日本横滨举行的第50届世乒赛，中国军团包揽全部5金，20枚奖牌也仅2枚落入别家，这是中国第7次、也是连续第3次包揽世乒赛单项赛5项冠军。对国人来说，无疑是喜。但世乒赛入座率仅3成，收视率也低，其他国家也不喜欢转播，弄得冷冷清清。"国球"自娱自乐，这也叫霸主吗？或者更多的是一种凄惨！于是出现了这样一篇评论，题目是《中国乒乓球：高处不胜寒》。

念奴娇·赤壁怀古①

（高）、大

大江东去，	大江啊，滚滚滔滔流向东方，
浪淘尽，千古风流人物②。	千百年来杰出的人物消逝了，就像那一去不返的波浪。
故垒西边，	古代留下的旧营盘西边，
人道是、三国周郎赤壁③。	人们说，那就是当年周瑜大败曹操的赤壁。

乱石穿空， 惊涛拍岸， 卷起千堆雪④。 江山如画， 一时⑤多少豪杰！	陡峭的石壁插入高空， 惊人的巨浪拍打着江岸， 卷起的浪花啊，真像千万堆雪一样。 祖国壮美的江山啊， 那时候多少豪杰在互相较量！
遥想公瑾当年， 小乔初嫁了⑥， 雄姿英发。 羽扇纶巾， 谈笑间、樯橹灰飞烟灭⑦。 故国神游， 多情应笑我，早生华发⑧。 人生如梦， 一尊还酹江月。	遥想当年，周瑜正青春年少， 那"江东美女"小乔才刚刚嫁给周郎， 他姿态英俊，气宇轩昂。 手摇羽扇、戴着青丝带的头巾， 谈笑之间，曹操的战船就被大火烧得精光。 当年的英雄故事真令人神往， 可笑我感情太易激动，弄得头发成了白霜。 人生如梦一场， 还是把一杯清酒献给江上的明月，让它和我同饮共醉吧！

【注释】 ①《念奴娇》，名《百学令》词牌名。"念奴"，是唐代天宝年间著名歌伎，因其音调高亢，遂取名为调名，又名《大江东去》《酹江月》《壶中天》等，双调100字（故又名《百字令》），仄韵。赤壁：一般认为在湖北嘉鱼县东北长江南岸，而苏轼游的是黄州赤壁。怀古：怀念古代的人物和事迹，借以表达自己的思想。②大江：即长江。淘：清洗。千古：遥远的古代。风流人物：出色或杰出的人物。③故垒：古代的旧营盘。三国（220—265）：指魏、蜀、吴三国，存世45年。周郎：周瑜，24岁就做了东吴中郎将，故称周郎。④石：石壁。惊涛：巨浪。拍岸，一作"裂岸"。乱石穿空，一作"乱石崩云"。千堆雪：无数簇浪花。⑤一时：那个时期。⑥遥想：作此诗为公元1082年，想到的却是公元208年的赤壁大战，相隔874年，当然是"遥想"了。公瑾（jǐn 锦）：周瑜的表字。小乔：乔玄次女，建安三年（198）嫁周瑜为妻，号称"江东美女"，是赤壁之战前十年的事。⑦雄姿英发：周瑜的英雄气概，姿态雄俊，意气风发。纶（guān 官）巾：青丝带的头巾。羽扇纶巾：是当时将军们通行的打扮。谈笑间：谈笑之间（表示轻松愉快，不费力气）。樯橹（一作强虏）：强大的军队。虏，对敌人憎恨的称呼，当时曹军号称20万，结果被吴军（只有5万人）打败了。⑧故国神游：指自己全被三国时候的英雄故事吸引住了。多情应笑我：应笑我多情。华发：花白的头发（古人认为，多情善感的人头发容易转白），这是古代知识分子失意的时候对人生采取虚无主义的错误看法。⑨一尊（樽）：一杯酒。酹（lèi 泪）：用酒来祭。全句是说：喝酒吧，奉献给江上的明月一杯酒吧。

【赏析】 这是苏轼45岁那年在黄州(今湖北黄冈市)游赤壁时写的。主要反映了他对英雄事业的向往和自己不能施展抱负的苦闷。上阕写赤壁雄奇壮观,从景色衬托出三国时火烧赤壁的英雄人物;下阕着重写周瑜辉煌的战功,用以反衬自己(比当年的周瑜年长20多岁)在事业上没有什么成就,因而产生了"人生如梦"的消极思想。但作者热爱祖国的大好河山,渴望为国家建功立业的主流思想跃然纸上。这是苏词里的名作。笔力雄健,风格豪放,在词中是少有的。

《念奴娇》词分为上下阕。上阕咏赤壁,着重写景,为描写人物作烘托。前三句不仅写出了大江的气势,而且把千古英雄人物都概括进来,表达了对英雄的向往之情;假借"人道是"以引出所咏的人物。"乱""穿""拍""卷"等词语的运用,精妙独到地勾画了古战场的险要形势,写出了它雄奇壮丽的景象,从而为下阕所追怀的赤壁大战中的英雄人物渲染了环境气氛。下阕着重写人,借对周瑜的仰慕,抒发了自己功业无成的惆怅。写"小乔"在于烘托周瑜才华横溢、意气风发,突出了人物的风姿,中间描写周瑜的战功意在反衬自己的年老无为;"多情"后几句虽表达了伤感之情,但这种感情其实正是词人不甘沉沦,积极进取的表现,仍不失英雄豪迈的本色。

词中周瑜的形象为何与《三国演义》中的大不相同?因为《三国演义》是为了美化诸葛亮而贬低了周瑜,与历史有些不符。苏轼笔下的周瑜年轻有为,文采风流,江山美人兼得,春风得意,且有儒将风度,有胆有识,大有英雄气概;而《三国演义》中的周瑜是一个狭隘妒忌的小人,是被活活气死的。我们不能把文学作品当历史课本,也不能以《念奴娇》来否定《三国演义》,作为文学作品都是优秀的,但要评价历史人物,就要以历史事实为依据。

【相关链接】 1. 2010年4月冰岛火山灰给欧洲航空业造成至少17亿美元的损失,美联社报道时用的标题是:《航空业17亿美元"灰飞烟灭"》。2. 早在1968年,西班牙就请驯鸟专家放飞猎鹰,驱赶别的小鸟,以保障机场上空的飞行安全。

江城子·乙卯正月二十日夜记梦

高

十年生死两茫茫①, 不思量②,自难忘。 千里孤坟, 无处话凄凉。 纵使相逢应不识, 尘满面,鬓如霜③。	十年了,我和你生死相隔两情渺茫, 即使我不去思量,也不可能把你遗忘。 你那座孤凄的坟茔远在千里之外, 我该向哪里去诉说这满怀的凄凉! 如今即使相逢,恐怕你也无法认出我的模样, 满脸是尘土,两鬓白如霜。

夜来幽梦忽还乡。	昨夜梦里忽然回到家乡，
小轩窗④，正梳妆。	只见你坐在小窗前，正在细细梳妆。
相顾无言，	我们默默相对，一句话也说不出来，
惟有泪千行。	只有流不完的伤心泪千万行。
料得年年肠断处，	料想今后年年教人肝肠寸断的地方，
明月夜，短松冈⑤。	定然是那冷清的月明夜，小松掩映的孤坟冈。

【注释】 ①苏轼的妻子王弗于1065年在汴京去世，次年归葬四川祖茔（yíng，坟地）。②量(liáng，梁)：思量，这里指男女之间的思念，作者当时在密州（今山东诸城县），王氏葬在四川眉州祖茔，与词人确实相距千里之遥。③霜：比喻白发。两句是说自己10年来到处奔波，风尘满面，两鬓苍白。④小轩：有窗槛的小屋子。小轩窗：小室的窗前。⑤短松冈：种着小松树的山冈，即王氏的孤坟，古人习惯在坟山旁种上松柏。

【赏析】 苏轼历来被称为豪放词派开创者，但也写了很多情致缠绵的婉约词，此词就是例子。悼亡是诗中常见的题材，但以词写悼亡则是苏轼首创，显示了苏轼为扩大词境而探索所作出的努力。

王弗16岁时与19岁的苏轼成婚。她美丽聪颖，深得丈夫疼爱，可惜在27岁时即去世。苏轼怀念不已，在王弗去世10年后即乙卯年（1075），时知密州的苏轼依然不能忘怀，形诸梦寐，便有了这首词。词在上阕梦前思念，是下阕入梦的原因。"十年"见时间之长，"生死"指天人永隔，相见无期，用"两茫茫"总括之。10年相忆难相忘，却不说"常思量，不相忘"，而说即使"不思量"也"自难忘"，这就比用肯定语更深了一层。"千里"指相隔空间之远，并以此当做无处话凄凉的原因。此中已藏过一层：人生凄凉无人可以诉说。"纵使"一转，对亡妻的思念中融入身世之感：妻子亡故后，苏轼从开封而至外任杭州，再知密州，"尘满面，鬓如霜"6个字，含有仕途多少辛酸！

词的下阕写梦中。"夜来"句写入梦。密州与眉州，千里之遥，一梦即达，一个"忽"字写出了"梦中不知山水长"的特点。"小轩窗"四句正面写梦中情景，梦境本虚幻，但"梳妆"的细节又使虚中有实，这是青年时代妻子生活的重现。阔别多年，有无数话要倾诉，却不知从何说起。无言有泪的细节，产生了无声胜有声的艺术效果，最后三句写梦醒的思念。词中作者和妻子的形象都很鲜明，情感深婉执著，感人至深。这首词通过对梦境的记述，写出了对亡妻真挚、深厚的感情，梦中相见的状况和共同生活的细节，十分真切感人，更增添了作品凄切的情致。

【相关链接】 2012年11月29日，新当选的中共中央总书记习近平在国家博物馆参观《复兴之路》展览时说："何为中国梦？我以为，实现中华民族的伟大复兴就是中华民族近代最伟大的中国梦。""民族复兴"可谓是当代中国最有凝聚力的口号之一。2013年6月8、9日,习近平同奥巴马总统在美国加利福尼亚洲安纳伯格庄园共同会见记者。习近平强调,中国梦要实现国家富强、民族复兴、人民幸福,是和平、发展、合作、共赢的梦,与包括美国梦在内的世界各国人民的美好梦想相通。中美双方同意,共同努力构建新型大国关系,相互尊重,合作共赢(避免对抗),造福两国人民和世界人民。

王安石(1021—1086)(图21)

北宋政治家、文学家、思想家,字介甫,号半山,抚州临川(今属江西,1955年设抚州市)人。庆历年间举进士,初知鄞县(今属宁波市)。借官谷给农民,试图减轻高利贷剥削,有成效。仁宗嘉祐三年(1058)上万言书,主张改革政治。神宗熙宁二年(1069)被任命为参知政事,次年拜相。他积极推行青苗、均输、市易、免役、农田水利等新法,抑制大官僚地主和豪商的特权,以期富国强兵,缓和阶级矛盾。由于保守派固执反对,加上用人不当,新政难以推行,熙宁七年(1074)被辞;次年再相,九年(1076)再辞,退居江宁(今南京市)半山园,封荆国公,世称荆公。他认为"水旱常数,尧汤所不免",驳斥保守派所称熙宁七年旱灾是由于新政触怒上天的谬论,又认为历史是变化的,强调"权时之变",反对因循保守,并传有"天变不足畏,祖宗不足法,人言不足恤"的论点。

其诗文颇有揭露时弊、反映社会矛盾之作,体现了他的政治主张和抱负。散文雄健峭拔,为"唐宋八大家之一"。诗歌遒劲清新。词虽不多,但风格高峻。所著《字说》《钟山日录》等多已散失,现存的有《临川集》《临川集拾遗》《山经新义》中的《周官新义》残卷,又《老子注》若干条,保存于《道藏·彭相集注》中。著有《王文公文集》《临川先生文集》。

元　日①　　　　　　(小)

爆竹声中一岁除②,	爆竹声中,旧的一年过去了。
春风送暖入屠苏③。	春风送暖,家家团聚在一起喝屠苏酒。
千门万户瞳瞳日④,	初升的太阳照遍了千家万户,
总把新桃换旧符⑤。	(在这一天)到处都更换了新的春联。

【注释】　①元日:农历正月初一。②一岁除:一年过去了。③屠苏:一种酒。④千门万户:也就是千家万户、家家户户的意思。"千""万"是虚数,形容很多。瞳(tóng)瞳日:形容旭日初升的景象。⑤桃符:就是现在的新春对联。古时习俗,用桃木板画神荼、郁垒二神以为能压邪,元日用新桃符换下旧桃符。

【赏析】　这首诗从除旧迎新、追求进取上立意,但字面上全用元日物品:爆竹、屠苏、新桃、旧符。前三句,淡淡的察物叙事,以作铺垫;第四句由"总把"而醒目,既意味着除旧迎新是必然规律,又像是谆谆的教育和劝导,唤醒人们去追求新生。全诗洋溢着送旧迎新、欢度佳节的喜庆气氛。

王安石第一次当宰相是熙宁三年(1070)至六年(1073),这四年的改革取得了某些成绩,自己的心情也是很好的。这首诗充分表现出了新春的欢乐热闹、万户更新的景象,从而反映出变法取得成效后人民群众的生活。

【相关链接】 公元961年除夕,五代十国时的后蜀皇帝孟昶(chǎng厂)书写了"新年纳余庆,嘉节号长春"一联,开创了我国张贴春联(当时称桃符)的先河,现代出现的"春联",古代称之为"桃符"。

登飞来峰 （初）

飞来山上千寻塔①,	登上飞来峰顶的千寻塔,
闻说鸡鸣见日升。	听说鸡鸣时就能看见太阳东升。
不畏浮云遮望眼,	不要担心浮云遮住远望的视线,
自缘身在最高层②。	因为我自身处在塔的最高层。

【注释】 ①飞来峰:在越州(今浙江绍兴)的飞来山。传说春秋时期越国范蠡修建该城时从山东琅琊郡东武县(今诸城)飞来一座仙山,后人便叫它"飞来山"。山上修了一座塔,高23丈,名为"应天塔",始建于东晋末年,山高塔也高,人们都说:"在每天鸡鸣时,站在塔上可以见到旭日东升,红霞满天。"寻:古代8尺为一寻,"千寻塔"言其极高。②"不畏浮云"句:不怕浮云遮住远望的视线,因为我站在塔的最高层。浮云:飘浮不定的云,亦暗喻奸佞或进谗言的小人。缘:因为。

【赏析】 这是一首哲理诗。俗话说:"站得高,看得远。"身为宰相的王安石来到这飞来峰,登上应天塔极目四望,眼前景象比想象中的还要雄伟壮丽。站在最高处,一切显得那么渺小,就连白云也只飘浮在四周,整个人仿佛要羽化登仙一般。这时,他不禁豪气满怀,浮想联翩,于是吟成了这首托物言志的诗。这首诗流传后世,人们都说从诗中就能见到王安石的志向高远,他站得高,自然看得远,有着敏锐的眼力和超凡的智慧。

【相关链接】 2005年11月21日温家宝总理会见美国时任总统布什时,引用该诗的后两句,意思是提醒布什,不要被某些政客或国会的某些"浮云"遮住了外交视线(李白《登金陵凤凰台》中的"浮云"是指奸佞小人)。

泊船瓜洲① （小）

京口瓜洲一水间②,	京口与瓜洲只隔着一条长江,
钟山③只隔数重④山。	它与钟山也只相隔几重山峦。
春风又绿⑤江南岸,	和煦的春风又吹绿了江南千里河岸,
明月何时照我还。	明月呀,你何时才能照着我返回家园?

【注释】 ①瓜洲:在长江北岸,今江苏邗(hán)江县南,唐代的交通要道,和南岸的镇江隔江相望。泊船瓜洲:就是停船在瓜洲。②京口:今镇江市,在长江南岸,与扬州之南的瓜洲隔江相望。间:间隔、隔开。③钟山:南京紫金山。④数重:几层。⑤绿:吹绿,形容词作动词用。

【赏析】 王安石任宰相是神宗熙宁三年(1070)至六年(1073),四年间他积极推动政治改革,取得了一些成绩,但同时也得罪了保守势力。他们把北方连续三年的大旱灾,说是实行新法造成的,认为只有罢免王安石,老天爷才会降雨。迫于压力,神宗皇帝于熙宁七年罢免了王安石的宰相职。王安石回到江宁(南京)后,朝廷改革派与保守派之间的斗争仍很激烈,彼此互相攻击,争论不休,搅得朝内一片混乱,连例行公事也无人做主。宋神宗不得已于熙宁八年(1075)二月派人持诏书到江宁府召回王安石,恢复了他的相位。他在乘船去京城(开封)途中,停泊瓜洲,情不自禁地想起那景色美丽的江南钟山来了,于是写下了这首七绝《泊船瓜洲》。作者此时的心情是又喜又忧:喜的是皇上又召他"还朝"当宰相了,自己改革的政治理想又要实施了,有如春风又"吹绿"自己怦动的心;忧的是改革的阻力仍很大,肩负的担子很沉重,弄不好皇上又要叫他辞官还乡。所以,"明月何时照我还"也有两层意思:一是皇上叫我"还乡",这是无可奈何的悲哀,改革失败了;一是明月"照我还(乡)",这是热爱故乡、怀念江南的眷恋之情,是"改革成功、衣锦还乡"的希望之心,后者是主要的。诗人刚离开南京不久,距家不远,家里很让他系念。"一水间""只隔"都带着绵绵情意,充满了感情色彩,而望着草长莺飞、花红柳绿的江南胜景,他更恋恋不舍,还没有到达目的地,就已经盘算着何时能够归来。

"绿"字极妙,写活了春风,写活了春天江南的景象。而原本不可触摸的自然风景,通过视觉形象,强烈的色彩效果,表现得具体如在眼前。据说为了改这个"绿"字,诗人曾几经斟酌、屡次修改,用过"到""过""入""满"等等,都不理想,最后才定为"绿"字。以上诸字不仅都包含在"绿"字里面了,而它们都远不及"绿"字形象鲜明,传神达意。

书湖阴先生壁① (小)

茅檐长扫静无苔②,　茅屋庭院经常扫不生长杂草青苔,
花木成畦③手自栽。　整齐排列的花木一块块都是亲手栽。
一水护田将绿绕,　　一条环护农田的水渠将绿色围绕,
两山排闼④送青来。　　两座大山推门送来苍翠的青色。

【注释】 ①书:写。湖阴先生:诗人居住南京时的朋友,姓杨名德逢,别号湖阴先生。题意:书写在湖阴先生墙壁上的诗。②茅檐:茅草屋檐,代指房屋庭院。长:通"常";长扫:就是经常打扫。静:通"净"。苔:青苔。③畦:田园中分成长方形的小区(块),如"种一畦菜"。④排闼:推开门进入;闼(tà)官中小门。

【赏析】 这首诗是王安石再去相位闲居南京半山园（1076—1086）的一个初夏题写在山村友人杨德逢家墙壁上的作品。诗作通过写景,盛赞友人的高隐情怀。前两句,居住茅屋,是隐者的居所;庭院干净,以"静无苔"来显现;"长扫"表现友人爱洁净,其与下句栽种整齐的花木,都显示着友人归隐田园的真实不虚。后两句是远望之景,一水"护田""绿绕",两山"排闼送青",既将山水拟人化,同时生动表现了山水田园苍翠浓郁的特征;清幽之景,也是对居住此地的友人高尚情操的赞美。最后两句因用典没有痕迹,对仗工整,精妙的拟人化手法,成为传诵不衰的名句。

【相关链接】 2005年10月13日香港《文汇报》以"一国护港,双喜临门"为题报道说:"一水护田将绿绕",比喻"一国两制"呵护香港,强调祖国是香港繁荣稳定的强大后盾。党的十六届五中全会和"神六"升空,对包括港人在内的全国人民来说是双喜临门:"两山"送青来,是个好兆头,预示曾荫权强政励治、福为民开的施政报告将翻开成功实践"一国两制"的崭新一页,令东方之珠更加绚丽璀璨。

梅 花（图81） 小

墙角数枝梅,	墙角里生长（摆）着几枝梅花,
凌寒①独自开。	冒着严寒独自绽开洁白的花瓣。
遥②知不是雪,	在老远处我就知道这不是白雪,
为③有暗香来。	因为有一阵阵清幽的香气飘来。

【注释】 ①凌寒:冒着严寒。②遥:很远处。③为:因为。

【赏析】 本诗赞美的是梅花不畏严寒、傲雪凌霜、愈冷愈开。它不在百花盛开的春天凑热闹,而偏偏选在草木凋零的严冬,这种不畏严寒的傲骨,不怕寂寞的清高,恰似诗人不同凡俗的品格。

前两句写寒冷的冬天百花凋谢,唯有梅花独自绽开,坚贞不屈,令人钦佩。"墙角""凌寒",写环境不佳,更衬托出梅花不屈不挠的斗争精神;后两句写梅花的颜色和香气,似雪非雪,表现了梅花既可佩又可爱。诗中不仅形象地描写了梅花的外形美,更突出了梅花的内在美,这首诗借花喻人,是诗人的自我写照。

作者在北宋极端复杂和艰难的局势下,积极改革而得不到权贵们的支持,其孤独心态和不利处境与梅花有着相似之处。神宗熙宁九年（1076）十月,55岁的王安石变法失败,第二次辞去宰相职务,回到江宁（今南京中山门北侧）的半山园闲居,自得其乐。这年冬天,王安石到乡间拜访一位隐士,主人不在家,正当他沮丧的时候,突然闻到一股隐隐约约、似有似无的淡香。王安石一下兴奋起来,循着香气找去,终于在院子的墙角发现几枝疏密有致的梅花。

【相关链接】 1. 王安石虽被列宁称为"中国十一世纪最伟大的改革家",但由于社会制度的原因,其改革不彻底,最终仍以失败告终。当代中国改革开放的总设计师邓小平却成功了。1978年中国的GDP只有3 645亿元人民币,世界排名进不了前十,到2010年已取代日本成为第二经济大国（397 983亿元人民币)。中国的改革还在继续深入,理论还在发展。2009年11月下旬《瞭望》周刊载文说,胡锦涛的时代观"主要包括深刻变革论、和谐世界论、共同发展论、共担责任论和积极参与论五个方面的内容"。说明中国的改革是不断深入发展的。

2."拨乱反正,承平百年。——苏东波全集·外篇第十四卷奏议四十首

桂枝香·金陵怀古 (高)

登临送目①,	登高远望,心情舒畅,
正故国②晚秋,	古都金陵正是晚秋时候,
天气初肃③。	秋高气爽,美不胜收。
千里澄江似练④,	看城下,千里长江像一匹飘动的白色绸缎,
翠峰如簇⑤。	望远方,青翠的山峰层层簇拥就像把金陵卫护。
征帆去棹⑥残阳里,	夕阳里桨板起落,帆篷来往,
背西风、酒旗斜矗。	斜挂的酒旗在秋风中飘荡。
彩舟云淡,	远处的船只笼罩在淡薄的云汽里,
星河鹭起⑦,	一群群白鹭啊好像在天河里飞翔。
画图难足。	任何画坛高手也难画出这美好的景象。
念往昔、繁华竞逐,	想起那些君主和豪强们,穷奢极欲,
叹门外楼头⑧,	隋兵打到朱雀"门外"了,陈后主还在"楼头"寻欢作乐,
悲恨相续。	到头来一个个都免不了亡国的祸殃。
千古凭高对此,	站在高处凭吊古代的遗迹,
漫嗟荣辱。	那些兴衰的往事啊只能增添后人的空叹与感伤。
六朝⑨旧事如流水,	六朝的旧事像流水一般消逝,
但寒烟、衰草凝绿。	只见那云烟清冷,草木苍苍。
至今商女⑩,	直到如今那班卖唱的歌女啊,
时时犹唱,	还常常把
《后庭》遗曲⑪。	亡国的《后庭》遗曲弹唱。

【注释】 ①送目:举目远望。②故国:旧都城金陵(今南京市);国:国都。③初肃:开始肃杀,高爽。④澄江:指长江。练:白绢。南朝诗人谢朓《晚登三山望京邑》中有"澄江静如练"的句子,这里化用其句。⑤簇(cù 醋):聚集,这里形容山峦簇拥拱卫。⑥征帆去棹:指来来往往的船只,这里以帆棹代船。⑦星河:天河,意指长江。鹭起:金陵西南的长江中有白鹭洲,洲上白鹭云集(图32)。⑧繁华竞逐:竞逐繁华。繁华:指豪华糜烂的贵族生活。门外楼头:杜牧《台城曲》里有"门外韩擒虎,楼头张丽华"的诗句。门外:指隋灭陈时的大将韩擒虎打到朱雀门外了。楼头:是指结绮楼,陈后主宠妃张丽华住处,是说隋兵已临城

下,陈后主还在寻欢作乐。史实是:当韩部攻入金陵朱雀门外时,陈叔宝即命人把自己和张丽华用绳子绑在一起放到水井里避难,隋兵到后,把他们拽上井来作了俘虏。⑨六朝:指唐朝前都城在金陵的吴、东晋、宋、齐、梁、陈六个朝代。⑩商女:歌女。⑪《后庭》:即《玉树后庭花》,陈后主作的歌曲,其中有一句说:"玉树后庭花,花开不复久。"果然不久陈朝就灭亡了。当时人认为,这是歌谶(chèn 趁)(用歌词形式作的预言),所以人们把这支曲子看作亡国之音。

【赏析】 王安石在文学上亦为宋朝一大家。虽词作不多,但能一洗五代旧习,不受当时绮靡风气的影响。同《半山老人词》那首怀古词一样,本词也是其代表作之一。据说当时用《桂枝香》词牌作金陵怀古的有 30 多家词人,而以王安石这首为"绝唱"。同王安石关系密切的大文豪苏轼对这首词也很欣赏,感慨地说"王安石这家伙真是个野狐精"。

本词上阕写登临所见。前三句点明登临的季节和观赏的对象,表明写的是金陵晚秋美景。"千里"句写江,"翠峰"写山,江似白练,化动为静;山似簇拥,化静为动。以下的"征帆去棹"、江上的浮云、飞鹭以及江岸上的酒旗,则重在写其动态。江上云彩遮,船在云中走。整个画面有动有静,色彩鲜明,故以"画图难足"一语赞叹总收上阕写景。而景中的风是西风,太阳是残阳,又暗含有衰飒,为下阕怀古作了铺垫。

下阕以"念"字领起,写六朝往事,主要是不满与谴责。六朝共约 300 年,兴亡盛衰有如走马灯。六朝何以悲恨相续?答案就是繁华竞逐导致亡国。作者认为金陵怀古文字者都是空发感慨,那么怎样才算是不漫嗟荣辱?词中没有正面答案。宋朝从立国以来直到王安石所处的仁宗、英宗时代,都以奢华享乐为事,词末三句正是这一现实的写照。社会危机已见端倪,王安石在《上仁宗皇帝言事书》和许多文章里有全面论述。不空发感叹,要政治变革,避免重蹈历史覆辙。词人用变法实践为此词作了生动的注解,这确是政治家的怀古词而不是书生的感慨。末三句抒发对现实不满,是对那些醉生梦死、贪图享乐者的警告。该词牌又叫《疏帘淡月》上下阕,101 字,仄韵。

欧阳修(1007—1072)

北宋文学家、史学家,字永叔,号醉翁,六一居士,吉水(今属江西)人。23 岁中进士,曾任枢密副使,参知政事,谥文忠。早年支持范仲淹,要求在政治上有所改良,王安石推行新法时,曾上疏指陈青苗法之弊。主张文章应"明道"、致用,对宋初以来追求靡丽形式的文风表示不满,并积极培养后进,是北宋文坛的领军人物。他创作的散文说理畅达,抒情委婉,列为"唐宋八大家"之一。诗风与其散文近似,语言流畅自然。其词婉丽,承袭南唐余风。曾与宋祁合修《新唐书》,并独撰《新五代史》。有《欧阳文忠集》传世。

丰乐亭①游春

红树青山日欲斜②，	红树青山在夕阳映照下绚丽耀眼，
长郊草色绿无涯③。	宽阔的郊野上芳草碧绿无涯。
游人不管春将老④，	春游的人不管春天即将失去，
来往亭前踏落花。	仍然络绎不绝地在亭前踩踏落花。

【注释】 ①丰乐亭：在滁州（今安徽滁州市）城南丰山北麓，系作者所建，其《丰乐亭记》写于《醉翁亭记》之前，醉翁亭是智仙和尚为欧阳修所建。《醉翁亭记》一经问世，就洛阳纸贵，两亭同时称为滁州的"眉毛"和"眼睛"。②红树：开着红花的树。斜（xiá）：倾斜。③无涯：无边无际；涯：边际、极限。④春将老：暮春，春天即将逝去；老：尽、到头。

【赏析】 丰乐亭是欧阳修被贬到滁州后所建，时年38岁。《丰乐亭记》写于此亭建成之时，意在歌颂宋王朝统一中国，结束混乱，使人民能休养生息的功德。文章运用今昔对比的手法，既描述此时滁州山高水清、民乐岁丰，又回顾百年前这里战乱的往事。在记述中反复抒发感慨，写得很有感情。此诗前两句写景，后两句抒情，"民乐岁丰"，跃然纸上。作为一个被贬的地方刺史，能造福一方，"与民同乐"，已经是很大的安慰了。

【相关链接】 1. 欧阳修反对宋初以来靡丽形式的文风，主张自然自在。如其《画眉鸟》："百啭千声随意移，山花红紫树高低。始知锁向①金笼②听，不及林间自在啼③。"意思是说，画眉鸟（图35）一边婉转动听地鸣叫，一边在山花树木中随意移动。我这才知道把它锁在贵重的金笼里听它唱歌，远不及在林间自由自在地啼鸣。[注：①锁向：关到。②金笼：贵重的鸟笼。③自在啼：自由自在地啼鸣。]

2. 有的东西要从笼子里放出来，有的东西则要把它关进去。2013年2月18日新加坡《联合早报》载文说，习近平点燃的"第一把火"无疑就是反腐。如果南巡宣示，"要坚定不移走改革开放的强国之路"是经济上的表态，那政治上的改革就是从反腐开始。从具体细致的改进作风"八项规定"，到要求"把权力关进制度的笼子里"，再到警告"及时处理不合格党员"，整风治党俨然已成为习近平的新政主轴之一。

柳　永（987？—1053？）

北宋词人，原名三变，字耆卿，排行第七，崇安（今属福建）人。宋仁宗景祐元年（1034）考取进士，官至屯田员外郎，世称柳七、柳屯田。柳永是北宋第一个专力填词的作家，为人放荡不羁，一生终身潦倒，能以词著称于世，是婉约词人的著名代表。其词多描绘城市风光和歌伎生活，尤长于抒写羁旅行役之苦，扩大了词的题材。柳永精通音律,所作慢词独多,对推进词体的发展起了重要作用。其词铺叙见长,善于用通俗的语言传情状物,雅俗共赏,因此流传很广,对宋词的发展有一定影响。《雨霖铃》《八声甘州》均有名,但作品中时有颓废思想和庸俗情趣。诗仅存《煮海歌》一首,是写盐民穷苦生活的。有《乐章集》传世。

雨霖铃① (高)

寒蝉凄切②,	寒秋的知了叫得是这样凄凉而急促,
对长亭③晚,	在傍晚的长亭上,
骤雨④初歇。	一场骤雨过后,就到了分离时候。
都门帐⑤饮无绪,	京城外的帐篷里,送别酒越喝越烦愁。
留恋处,	正在难分难舍之时,
兰舟催发⑥。	兰木船上一次次传来催人出发的喧呼。
执手⑦相看泪眼,	我心爱的人啊,咱们紧握双手,泪眼相看怅模糊,
竟无语凝噎⑧。	有多少知心话要说啊,可此时哽咽相看、一句话也说不出。
念去去⑨,	想到分别后,两人越走越远,
千里烟波,	傍晚的烟雾迷蒙,千里万里水波悠悠,
暮霭沉沉楚天⑩阔。	那广阔的南方天宇啊,何处是个尽头。
多情自古伤离别,	自古多情人总为别离而伤愁,
更那堪,冷落清秋节⑪!	更何况凄凉的深秋九月九,叫人如何能忍受!
今宵酒醒何处?	今晚酒醒时我将在何处?
杨柳岸,	定是在那面对着堤岸上缕缕低垂的杨柳,
晓风残月。	且是晨风飕飕残月当头时。
此去经年⑫,	这一去长年累月不能相见,
应是良辰好景虚设。	虽有春花秋月良辰美景也无心欣赏。
便纵有千种风情⑬,	尽管有千般怨恨、万般深情,
更与何人说!	还能向谁去倾诉!

【注释】 ①《雨霖铃》:唐教坊曲名,后用为词牌,亦作《雨淋铃》,双调103字,仄韵。②寒蝉:这里指秋蝉。凄切:形容蝉声凄凉而急切。③长亭:古时设在大道旁的亭屋,十里一长亭,五里一短亭,供人休息、送别。④骤雨:急雨。⑤都门:借指汴京。帐饮:在郊外搭设,置酒设宴,送行作别。⑥兰舟:木兰之舟,相传鲁班用木兰树作舟,后用作船的美称。催发:催人登舟开船。⑦执手:彼此双手相握的样子。⑧凝噎:哽咽,形容喉中如被堵塞,说不出话来。⑨去去:远行之意。⑩暮霭:晚间的云气。沉沉:形容云气密结。楚天:本指长江中下游一带,泛指南方的天空。⑪那堪:哪能受得住。清秋节:指凄

清的秋天。⑫经年:隔年;一作"年复一年"。⑬风情:情思或相爱的情怀。

【赏析】 这首词抒发作者离开汴京南下时与情人分别的眷恋与愁绪。它的特色:一是词情凄婉,开头"寒蝉凄切"一句,就定下了凄婉的调子,而最后几句,更给人以缠绵之感。二是落笔大方,把诗人难舍难分、依依惜别的动态与情状毫不掩饰地写出,全然不让人隔了一层似的去观察雾里花云中月,见到的只是逼真的情与事。三是情景迭现交融:上半阕先写景,接写情,复写景,以凄清苍凉的真景烘托悲离苦别的真情;下半阕先写情,接写景,复写情,"杨柳岸,晓风残月"只是想象中的景色,而这一虚景实为词人真情的折射,反过来它又增添了真情的浓烈。

望 海 潮①

东南形胜②,	这里是东南最好的胜地,
江吴都会③,	吴越国的都城曾设在这里,
钱塘自古繁华④。	钱塘自古以来就繁荣富丽。
烟柳画桥⑤,	画桥边杨柳一派生机,
风帘翠幕⑥,	翠幕重重,风帘依依,
参差十万人家⑦。	楼台亭阁错落有致,十万户人家都住在这里!
云树绕堤沙⑧,	绿云一般的树木环绕着海堤,
怒涛卷霜雪⑨,	潮头卷来,浪花像霜雪滚动,
天堑无涯⑩。	钱塘江啊,与海天相连,无边无际。
市列珠玑⑪,	市场上摆满了珍珠财宝,
户盈罗绮⑫,	家家户户穿的是绫罗绸缎,
竞豪奢。	富贵人家比豪华,摆阔气。
重湖叠巘清嘉⑬。	西湖四周是层层叠叠青翠的山峰,
有三秋桂子,	九月桂花飘香,
十里荷花。	十里荷花娇红。
羌管弄晴⑭,	景色晴和,箫笛声起,
菱歌泛夜⑮,	采菱夜归的船上满载着歌声,
嬉嬉钓叟莲娃⑯。	玩得最开心的是那采莲的姑娘和垂钓的老翁。
千骑拥高牙⑰,	像州郡长官(您)游湖时仪仗队前呼后拥,
乘醉听箫鼓,	趁着醉意听取动人的音乐,
吟赏烟霞⑱。	吟诗作词赞美大自然的美容。
异日图将好景,	日后把美好的景色描画下来,
归去凤池夸⑲。	回到朝廷还可向同僚们夸耀一通。

【注释】 ①选自《大学语文》(全军院校统编教材)。望海潮:词牌名,双调,107字,平韵。②形胜:地理形势特别好的地方。③江吴:钱塘位于钱塘江北,五代时吴越国曾以此为都城。一作"三吴"。④钱塘:今浙江杭州。⑤画桥:施有彩绘的桥。⑥风帘:挡风的帘子。翠幕:翠色的帷幕。⑦参差:形容房屋高低不齐。⑧云树:参天大树。堤:指钱塘江大堤。⑨霜雪:这里比喻雪白的浪花。⑩天堑:天然险阻。这里指钱塘江。⑪玑:珠子。⑫绮:彩色的丝绸。⑬重湖:西湖那时已有外湖、里湖之分。里湖和外湖叫重湖。叠巘(yǎn掩):重叠的山峰。清嘉:清透美丽。嘉,一作"佳"。⑭羌管弄晴:笛声飞扬在晴空中。羌管,即羌笛,羌族的簧管乐器。⑮泛夜:指在夜间飞扬。⑯嬉嬉:欢乐快乐的样子。莲娃:彩的姑娘。⑰千骑(jì记):州郡长官出行时随从的人马众多。高牙:高矗的牙旗。牙旗,将军之旌,竿上的象牙饰之,故云牙旗。⑱烟霞:烟雾云霞,喻美景。⑲异日:他日。图:描绘。凤池:即凤凰池。本指皇帝禁苑中的池沼。因中书省地在附近,故以凤凰池为其代称。这里指朝廷。

【赏析】 据传此词为柳永求见孙何而作。柳永与孙何为布衣交,孙何官居两浙转运使,驻节杭州,门禁甚严。柳功名失意,流浪江湖,欲见孙何无由,乃作《望海潮》词。中秋节夜使歌伎楚楚唱此词以达孙何,孙次日迎柳与宴。此词描写杭州的美景,当时广为传诵。据说金主完颜亮读后,遂起投鞭渡江、大举南侵之意。

这首词用铺张的手法描绘繁荣富丽的钱塘。作者从地形、风光、人口、庶民生活等各方面极尽夸张铺陈之能事,给人以深刻的印象。最后归结到作者的老朋友驻节杭州的两浙转运使孙何,描写了他的享乐生活,点出写词的本意。

在词史上,都把柳永推为婉约派的正宗,但本词却表现出与以往词作不同的风格。可以中学学过的《雨霖铃》与本词比较,分析其风格的变化。

八声甘州①

	大
对潇潇暮雨洒江天,	傍晚的阵阵急雨啊,洒落江面,
一番洗清秋②。	经过一番风雨的洗涤,又到了清冷的秋天。
渐霜风凄紧③,	凄凉的寒风越吹越紧,
关河冷落,	山河冷落,
残照当楼④。	残月挂在楼前。
是处红衰翠减⑤,	这里繁茂的花木都失去了本色,
苒苒物华休⑥。	美好的景物啊,日渐凋残。
惟有长江水,	只有滚滚的长江水,
无语东流。	无声地流向遥远的天边。

不忍登高临远,	这样的季节我真不忍心登高远看,
望故乡渺邈⑦,	想起遥远的故乡,
归思难收⑧。	我收拢不住悠长的思念。
叹年来踪迹,	悲叹多年来我萍踪不定,
何事苦淹留⑨?	到底为什么久久地在异乡流连!
想佳人、妆楼颙望⑩,	我的爱人莫不正在楼头呆望,
误几回、天际识归舟⑪?	不知多少次啊,认错了天外归来的小船。
争知我、倚阑干处⑫,	她怎会知道,我此时此刻正手扶栏杆,
正恁凝愁⑬!	心头凝结的愁苦啊,正难以遣散。

【注释】①选自《大学语文》(全国高等教育自学考试指定教材)。《八声甘州》又名《甘州》,唐边塞曲,后用作词牌,因词共八韵,故称"八声",慢词。上下阕,97字,平韵。②"对潇潇"二句:写眼前的景象。潇潇暮雨在辽阔的江天飘洒,经过一番雨洗的秋景分外清朗寒凉。潇潇,下雨声。清秋:清冷的秋景。③霜风:指秋风。凄紧:凄凉紧迫。④残照:落日余光。⑤是处:这里有"到处"的意思。红衰翠减:指花叶凋零。红,代指花。翠,代指绿叶。⑥苒苒(rǎn染):同冉冉,形容时光消逝。物华:美好的景物。休:这里是衰残的意思。⑦渺邈(miǎo秒):遥远,渺茫。⑧归思:渴望回家团聚的心思。⑨淹留:长期停留。⑩佳人:美女。古诗文中常用以代指自己所怀念的对象。颙(yóng拥)望:抬头凝望,呆望。⑪"误几回"句:多少次误把远处驶来的船只当作心上人的归舟。语出温庭筠《望江南》词"过尽千帆皆不是,斜晖脉脉水悠悠,肠断白蘋洲"。天际,指目力所及的远处。⑫争:怎。处:这里表示时间。"倚阑干处"即"倚栏杆时"。⑬恁(nèn认):方言,犹"那么"或"如此"。凝愁:愁苦不已,愁恨深重。凝,表示一往情深,专注不已。

【赏析】 这是柳永抒写羁旅行役之苦的名作。词人倾吐了萍踪漂泊的苦衷,表现了因事业无成而产生的内心矛盾。作品从一个侧面反映了封建时代中下层士子典型的生活遭遇和思想情绪。

本词上阕借景抒情,下阕借事抒情,而词中"登高临远"四字,则是融贯上下阕的过渡线索。词的上阕,以层层铺叙的手法,描写登高所见之景。开头以一"对"字领起,先总写清秋江天的寂寥;继以霜风、关河、残照之景,作气氛渲染;"红衰翠减"更见一片萧瑟;江水无语,又可谓言外有意,寄托了词人青春不再、人生如寄的感伤。写景中浸染了词人浓重的人生感叹。

下阕以委婉曲折的笔法,抒写临远思归之情。"不忍登高临远"数句,直接抒发了羁旅之苦、思乡之切;"想佳人"以下,转换角度,驰骋想象,"从对面写起",由己之思彼转写彼之思己,从而把游子漂泊、归乡不得的凄苦情怀表达得淋漓尽致,悱恻动人。

此词状物传情,运用了富有表现力的白描语言,雅俗共赏,堪称婉约风格的当行本色。

司马光(1019—1086)

北宋大臣、史学家。字君实,陕州夏县(今属山西)涑水乡人,世称涑(sù)水先生。宝元年间进士,仁宗末年任天章阁待制兼侍讲知谏院。他立志编撰《通志》,作为封建统治的借鉴。治平三年(1066)撰成战国迄秦的8卷上进,英宗命设局续修,神宗时赐书名为《资治通鉴》。神宗用王安石行新政,他竭力反对,与王安石在帝前争论,强调祖宗之法不可变。神宗不从,任为枢密副使。他坚辞不就,于熙宁三年(1070)出知永兴军(今陕西西安)。次年退居洛阳,以书局自随,继续编《通鉴》,元丰七年(1084)成书。元丰八年哲宗即位,高太皇太后听政,召他入京主国政,次年任尚书左仆射兼门下侍郎(即宰相),废除新法。为相8个月病逝,追封温国公。遗著尚有《司马文正公集》《稽古录》等。

客中初夏①

四月清和雨乍晴②,　　四月的天气清爽和煦,雨过天晴,
南山当户转分明③。　　正对着门户的南山景色格外分明。
更无④柳絮因风起,　　再没有漫天飞舞的柳絮犯嫌,
唯有葵花向日倾。　　只有葵花依然向着太阳鞠躬。

【注释】 ①标题一作《居洛初夏作》,宋人蔡正孙的《诗林广记》收有此诗。②四月:指农历四月。清和:天清气爽,日光和煦。乍晴:初晴。③当户:正对门户。转分明:指景色变换分明。④更无:再没有。

【赏析】 司马光是北宋政治家、史学家和文学家,但极力反对王安石变革新法。这是一首政治隐喻诗,借咏叹四月雨过天晴的天气,抒发自己因新法废除后的得意心情。第二句用"南山"点出诗题"客中",司马光因反对王安石变法而退居洛阳长达15年。新法废除后,司马光即将复出时,心中的畅快心情自然溢于言表,在此久雨转晴之际,夏阳映红,气象更新。诗中"柳絮"喻拥护新法的人,又以"葵花"比喻拥护恢复旧政的人。其实这只是政治观点的争论,王安石的新政本是切中时弊的正确政治变革,司马光代表的却是一群因循守旧的保守派。

【常识】 1. 我国有"史学八大家",他们是:左丘明(春秋)、司马迁(西汉)、班固(东汉)、刘知几(唐)、杜佑(唐)、司马光(北宋)、袁枢(南宋)和顾炎武(明清时期)。

2. 何谓"宋代模式"? 2007年3月19日《日本经济新闻》刊载的《中国回归超级大国》一文说:"是经济和技术大国,但不是军事强国的'宋代模式'值

得参考。"文章说，1 000年前的宋的首都开封是世界上最大的城市；宋代的科学技术水平"已经达到了世界的顶峰"；据推测，人均国内生产总值比当时的西欧还高；中国的人口首次达到1亿；而且在"文治主义"下，文化方面硕果累累，绚丽多彩，但军事上不如辽（契丹）和西夏，于是每年向他们赠送大量的白银和丝织品，以求和睦相处。结果是，宋的北部被金（女真）所夺，南宋和金最终都被蒙古人所灭，于是元朝取而代之。"宋代模式"可资当今中国借鉴？

程 颢(hào)（1032—1085）

北宋哲学家、教育家，字伯淳，学者称明道先生，洛阳（今属河南）人。曾和弟弟程颐学于周敦颐，同为北宋理学的奠基者，世称"二程"。神宗时为太子中允监察御史里行，反对王安石新政。在洛阳讲学十余年，弟子有"如坐春风"之喻。提出"天者理也"和"只心便是天，尽之便知性"的命题，认为知识、真理的来源，只是内在于人的心中，"当处便认取，更不可外求"。为学以"识仁"为主，认为"仁者浑然与物同体，义、礼、知、信皆仁也"。"二程"学说后来为朱熹所继承和发展，世称"程朱学派"。著作有《定性书》《识仁篇》，后人所编《遗书》《文集》《经说》等，均收入《二程全书》。

春日偶成①

云淡风轻近午天②，	时近中午，清风徐徐，白云朵朵，
傍花随柳过前川。	沿着花丛和柳林间的小路信步到河边。
时人不识余心乐③，	当时的人不懂我悠游的快乐，
将谓④偷闲学少年。	还以为我是忙里偷闲学那无所事事的少年。

【注释】　①偶成：偶然写成，意为即兴而作。②午天：中午、正午。③时人：当时的人。余：我。④将谓：以为。

【赏析】　这首诗的最大特点是情景交融。朗朗春日，时近晌午，清风、白云、红花、绿柳，春意盎然，意趣油生。作者自得其乐，悠然信步于花丛柳林之间，闲适、恬静之情溢于言表。诗句朴实，清新自然。

【相关链接】　1. 如果说程颢是因为"傍花随柳过前川"而乐，那么徐俯则是因为"小舟撑出柳阴来"而喜出望外。请看北宋诗人徐俯的《春游湖》："双飞燕子几时回？夹岸桃花蘸水开。春雨断桥人不度，小舟撑出柳阴来。"大意是：双双飞去的燕子几时能回来？当夹岸的桃枝袅袅低垂，桃花紧贴水面开放的时候。春雨阻断了津桥，渡河的行人望眼欲穿，却忽然从柳阴中撑出一条小船来。[注释：断桥：阻断的津桥，在洛阳西南。]

2. 如果作者得知自己的学说后来被朱熹继承并发扬光大，他就更"乐"了。中国喊了100多年复兴的口号，如今"中国元年"的说法由别人（如韩国）喊起来，怎不令国人兴奋？然而，真正的崛起，还必须有文化的复兴。世界伦理基金会主席孔汉思说，早在公元前5世纪，中国便有了具有重要历史意义和伦理色彩的人道主义。"仁"的理念，也就是"人道"，是中国传统中的中心词。同样，孔子第一个阐明了人类相互关系中的金科玉律："己所不欲，勿施于人。"通过汉字的传播，"仁"的理念以及这一金科玉律传遍了受中国影响的广大地区，从中亚到朝鲜半岛以至整个亚洲。亚洲不仅有为欧洲一体化发挥重要作用的稳定的共同伦理基础，还有一组发展完善的道德准则，其中有些早在欧洲采纳类似准则之前便已成为亚洲文化根深蒂固的一部分。事实上，这些亚洲准则可以作为新兴的全球共同伦理的一部分。中国应抓住北京奥运会和上海世博会的契机，充实孔子学院的文化道德内涵，推动中华文化的崛起。

【常识】 1. "北宋五子"是指邵雍、张载、程颢、程颐和周敦颐。

2. 封建社会人们必须遵守的重要伦理道德称"五伦"（亦称五常）：即君臣、父子、兄弟、夫妇和朋友。《孟子·滕文公上》教以人伦：父子有亲，君臣有义，夫妇有别，长幼有序，朋友有信。

黄庭坚（1045—1105）

　　北宋诗人、书法家。字鲁直，号山谷道人，涪翁，分宁（今江西修水）人。治平进士，以校书郎为《神宗实录》检讨官，迁著作佐郎，后以修实录不实的罪名遭贬。出于苏轼门下，后与苏轼齐名，世称"苏黄"，其诗多写个人日常生活，且谓诗歌不当有"讪谤侵陵"的内容，但在若干作品中仍表现出倾向旧党的政治态度。艺术形式上讲究修辞造句，追求"瘦硬新奇"的风格，论诗标榜杜甫，但只是借以提倡"无一字无来处"和"脱胎换骨、点铁成金"之论。在宋代影响很大，开创了"江西诗派"。又能词兼擅行、草书，初以周越为师，后取法颜真卿及怀素，受杨凝式影响，尤得力于《瘗鹤铭》，是宋代著名的书法家，与苏轼、米芾、蔡襄被称为"宋四家"。有诗文《山谷精华录》、诗集《山谷琴趣外篇》，书迹有《华严疏》《松风阁诗》《王长者·史诗老墓志铭》及草书《廉颇蔺相如传》等。

牧　童

骑牛远远过前村，	远远地看见牧童骑着牛缓缓地在前村走过，
吹笛风斜隔垄①闻。	轻风隔着田垄送来阵阵牧笛声。
多少长安名利客，	长安城内那些追名逐利的人呀，
机关用尽不如君②。	用尽心机也不如你这样清闲自在。

【注释】 ①垄：通"垄"，田垄。②机关用尽：用尽心机。

【赏析】 此诗表面上是写牧童，实质上是讽刺鞭挞那些挖空心思、算计别人的"长安名利客"。

【常识】 1."苏门四学士"是指黄庭坚、秦观、晁补之和张耒。2."江西诗派"是诗歌创作的一个流派。开创者是北宋诗人、著名书法家黄庭坚。因黄庭坚是江西人,后来众多追随者形成了一个流派。3. 黄庭坚善行书和草书。书体共分五种,除行书、草书外还有篆书、隶书和楷书。楷书四体为:欧(阳询)体、柳(公权)体、颜(真卿)体和赵(孟頫)体。4."苏门六君子"是:苏门四学士(黄庭坚、秦观、晁补之、张耒)再加陈师道、李廌(zhì 稚)。5."苏黄米蔡"是指宋代书法家苏轼、黄庭坚、米芾(fú 扶)、蔡襄。

范仲淹(989—1052)

北宋政治家、史学家。字希文,原籍邠州(今陕西彬县),迁居苏州吴县(今属江苏苏州市)。幼年刻苦自学。宋真宗大中祥符八年(1015)进士,出仕后有敢言之名,曾任参知政事(即副宰相)。政治上主张革新,因保守派反对未成,罢黜后出任陕西四路宣抚使,守卫边塞多年,曾多次挡住西夏的攻掠,后在赴颍州途中病逝。死后谥"文正",世称"范文正公"。他的诗、词、散文都有名篇传世,并富有政治内容。他写的词,意境开阔,风格豪放。诗也写得好,可惜流传不多。今传《范文正公诗余》仅有词5首。有《范文正公集》。

江上渔者 (小)

江上往来人,	长江之上往来的人们,
但爱鲈鱼①美。	只是喜欢鲈鱼味美。
君看一叶②舟,	先生请看一叶小舟,
出没风波里。	时隐时现在那狂风波涛里。

【注释】 ①但:只。鲈鱼(见图90左):淡水中最凶残的动物,以鱼虾为食。早春从海里到河口产卵,部分幼苗到河中长成鲈鱼。②叶:量词,指轻薄的物体。

【赏析】 本诗表现了诗人对渔人悲苦命运的关切。前两句描写一个普通的现象:长江上往来的客人,都喜欢江中鲈鱼的鲜美,没有奇特之处;三、四两句,笔势陡转,揭示了一个残酷的现实:鲈鱼真的鲜美,但你看急风巨浪之中时隐时现的小舟,在风口浪尖玩命的渔民,他们正为满足达官显贵有钱人家的口腹之欲,冒着生命的危险,捕捞着鲈鱼,鲈鱼的得来,是何等不易!而贪享鲈鱼美味的人们,却不知能否意识到这一点?诗歌浅显直白的语言里,以对比手法,揭示了深刻的社会含义,表现了社会严重的贫富不均,百姓的艰辛苦寒。

【相关链接】 1. 唐代诗人郑谷有一首《淮①上渔者》:"白头波上白头翁,家逐②船移浦浦风。一尺鲈鱼新钓得,儿孙吹火荻③花中。"此诗描写一户三代同堂的渔家生活:淮河的白浪上有一位白发老人,家和风随船移动。老人钓到一条尺把长的鲈鱼,儿孙们便忙着在荻花丛中吹火煮美食,渔者苦中有乐。[注:①淮:淮河。②逐:跟随。浦:水边或岸边。③荻:芦花。]

2. 比范仲淹年长28岁,且同为陕西人的寇准(961—1023)也有一首五言诗,题目是《咏华山》:"只有天在上,更无山与齐。举头红日近,回首白云低。"这是寇准7岁时跟先生登华(huà)山触景生情吟成的,当时就得到先生的夸奖,连声说"好诗!好诗!"景德元年(1004)辽(契丹)军攻宋,时任宰相的寇准反对王钦若等人南迁的主张,力主抵抗,促使真宗赵恒往澶(chán 谗)州(今河南濮阳)督战,与辽订立"澶州之盟",不久却被佞臣排挤罢相。晚年再起用为相,天禧四年(1020)又被丁谓等人排挤去位,封莱国(山东黄县东南)公,后被贬到雷州(今属广东),病死于当地。有《寇忠愍公诗集》。

【常识】 我国南、北方的分界线:从陕西的秦岭东沿河南信阳再到蚌埠北的淮河划一条线,线北为北方,线南为南方。

渔家傲①·秋思

(初)

塞下②秋来风景异,	边塞秋天来临景色突异,
衡阳雁去③无留意。	向衡阳南飞的大雁毫无留恋的情意。
四面边声连角起④,	边塞特有的声音伴着军号声四面响起。
千嶂里⑤,	重山峻岭里,
长烟⑥落日孤城闭。	雾气直上,落日西下,城门紧闭。
浊酒一杯家万里⑦,	饮一杯浊酒向万里家乡遥寄思念,
燕然未勒归无计⑧。	功名未成怎能就打算把家回。
羌管⑨悠悠霜满地。	在羌笛的幽怨声中秋霜撒满大地。
人不寐,	夜深难入睡,
将军白发征夫泪⑩。	将军熬白了头发,战士暗暗流泪。

【注释】 ①《渔家傲》:词牌名,又名《荆溪咏》,双调62字,仄韵。②塞(sài)下:指边境要塞,这里指西北边疆。③衡阳雁去:衡阳,今湖南省衡阳市,城南有回雁峰,相传大雁飞到这里不再南飞。④"四面"句:军中号角吹响,四面八方响声不绝于耳。边声:意指边塞特有的声音,如大风、号角、羌笛、胡笳、马啸等悲凉的声音。⑤千嶂(zhàng)里:层层的山峰像屏障一样。⑥长烟:大片的雾气。⑦"浊酒"句:端起一杯浊酒来喝,想解愁闷,却想到家园远在万里之外。⑧"燕(yān)然未勒归无计":感叹没有打败强敌,建立大功,无法(不好意思)回家。公元89年,东汉车骑将军窦宪率军大破匈奴北单于,乘胜追击,曾在燕然山(今蒙古国杭爱山)刻石记功。勒:在石碑上刻字。⑨羌管:即笛子,出自羌(少数民族)地,故称羌笛或羌管。⑩"人不寐(mèi),将军

白发征夫泪":是人们传诵的名句,其意是出征的人,不能入睡,将军头发花白了,战士洒下眼泪。将军:作者自称。征夫:指出征的战士。

【赏析】 1040—1043年,作者在西北边疆统率军队,抵御西夏(1038—1227年间占据甘肃省西北部到内蒙古自治区南部一带)的侵略,52岁(1041)写下了这首著名的词。上阕描写"落日孤城"的边塞景象;下阕写白发将军和远征战士们一面坚持抗敌,一面想念家乡的矛盾心情,也流露着当时作者对不能克敌制胜的苦闷和长期防御战争艰苦性的思考,表达了坚守边塞的决心和英雄气概。此词在北宋时流行于士大夫间。

晏 殊(991—1055)

北宋词人。字同叔,临川(今江西省抚州市)人。仁宗时曾居相位,谥(shì)元献。他的词风绮丽,写的词多为歌颂风月,流露出一种高贵之气。其词语言疏淡娴雅,含义婉转深深,音律和谐,意境清新。著有《珠玉词》。

浣溪沙 (初)

一曲新词酒一杯①,	唱一曲新曲饮酒一杯,
去年天气②旧亭台。	依然是去年的景象旧时的亭台。
夕阳西下几时回③?	夕阳西下何时才能重返回?
无可奈何花落去,	无可奈何地看着花儿凋零飘落,
似曾相识燕归来。	似曾相识的燕子又从南方飞了回来。
小园香径独徘徊④。	小园里落英缤纷的路上我独自徘徊。

【注释】 ①浣溪沙:词牌,见苏轼《浣溪沙》注①。"一曲"句:填一曲新词饮酒一杯;杯:这里可读(pái 排)。②天气:景象、景色。③此句是说,即使明早太阳升起,但过去的光阴也不会再回来。④香径:落花飘香的小路。径:小路。徘徊:踱来踱去。

【赏析】 这首词看似语言平淡晓白,实际寓言深邃。尤其是"无可奈何花落去,似曾相识燕归来"两句,不仅工稳精妙的对仗,与和谐的平仄出自天然,而且给人以无限的联想空间。无可奈何地面对落花,则知花将不成其为花;似曾相识地度视来燕,则见今燕恐非昨春之燕。显出诸行无常、万象更替之意,所以这两句词又颇具禅门理趣。莫非词人领悟于此,才在小园香径间独自徘徊,思考不已么?这两句词中有千钧分量,它和其余词句相呼应,都加重了挽留不住时间的惆怅,终于让这首《浣溪沙》词感人于千古。

【相关链接】 1. 晏殊的另一首诗《示张寺丞王校勘》:"元巳清明假未开,小园幽径独徘徊。春寒不定斑斑雨,宿醉难禁滟滟杯。无可奈何花落去,似曾相识燕归来。游梁赋客多风味,莫惜青钱万选才。"意思是:在这春游的假期还没结束,清明未到的时候,我独自在园中的山路上踱来踱去。蒙蒙细雨带来一丝春天的寒意,沉醉了一晚我仍难抗拒杯中酒的诱惑。无可奈何地看看花儿凋零飘落,似乎曾经相识的燕子已经从南方飞回来。你们的才华可与汉代的那些大文学家相比,还是不要吝啬这出众的才华吧。[注:元巳(sì 寺):农历三月初三,古时的春游节日。]

　　同一名句,在一诗一词中都出现,这在诗词中是罕见的,说明是诗人的"得意之笔"。"落花""燕归"是眼前景物,"无可奈何""似曾相识"是作者的主观情感。这两句工整精巧,自然浑成,在情感上跌宕起伏、相互生发,在技巧上化虚为实,一唱三叹。它所蕴含的哲理的确使人产生广泛的联想:惜春光不驻,惜韶华易逝,该发愤作为,莫虚度年华,莫碌碌无为而悔恨……

　　2. 2010年9月9日,文化部部长蔡武接受记者专访时说,我这次访问台湾,听到的、看到的、谈到的都"似曾相识",没有身在异乡的感觉。

秦　观(1049—1100)

　　北宋词人。字少游、太虚,号淮海居士,扬州高邮人。36岁中进士,曾任蔡州教授、太学博士、国史院编修官等职。在新旧党争中,因和苏轼关系密切而屡受新党打击,先后被贬到处州(今浙江丽水县)、郴州、横州、雷州等边远地区,最后死于滕州(今广西东南部的藤县)。他是"苏门四学士"之一,以词闻名,文词为苏轼所赏识。其词风婉约纤细,柔媚清丽,情调低调伤感,愁思哀怨。向来被认为是婉约派的代表作家之一,对后来的词家有显著影响。著有《淮海词》《淮海居士长短句》。

鹊桥仙①　　　　　　　　　　　　　　　　(高)、大

纤云弄巧②,	织女能把纤细的秋云织成云锦,真是心灵手巧,
飞星传恨③,	牛郎急速地划过夜空,传达着深深的离恨,
银汉迢迢暗渡④。	七夕相会,从天帝强划的迢迢银河两边双双暗渡。
金风玉露⑤一相逢,	在这金风白露之夜相会一回,
便胜却⑥人间无数。	胜过人间夫妇团圆无数次。
柔情似水⑦,	他们的缠绵情意温柔似水,
佳期如梦⑧,	他们会晤的佳期短暂如梦,
忍顾鹊桥归路⑨!	怎能忍心回头看那鹊桥归路!
两情若是久长时,	两人的情感若像牛郎织女那样真挚又长久,
又岂在朝朝暮暮⑩!	哪里在乎什么时时相守、朝朝暮暮!

【注释】 ①《鹊桥仙》：词牌名，又名《金风玉露相逢曲》《广寒秋》等，双调56字，仄韵。②纤云：秋天的细云。弄巧：形容秋云变幻，形成多种巧妙的纹样。这里又以纤云暗指织女所织的云锦。③飞星：指牛郎星。传恨：传达牛郎与织女被隔阻的离恨。④银汉：银河。迢迢：形容很远。暗渡：指牛郎织女星每年七夕相会。⑤金风玉露：秋风白露，这里借指七夕。⑥胜却：胜过。这两句意谓在金风玉露的七夕，牛、女二星相会，其幸福美满，远胜过常人相会无数次的程度。⑦柔情似水：形容牛郎、织女在一起的缠绵情意，如流水般的温柔。⑧佳期：牛郎、织女二星会合之期。如梦：形容相会之短暂。⑨忍顾：不忍心回顾，不忍心分别之意。鹊桥：传说七夕牛郎、织女二星相会，有喜鹊聚在天河上搭成鹊桥，使之通过。归路：指牛郎、织女二星分手后的回归之路。⑩朝朝暮暮：指日日夜夜在一起。这最后两句也是一种自我安慰。

【赏析】 牛郎织女鹊桥相会的故事传说由来已久，这首词吟咏其事而不落俗套。"金风玉露"两句，偏说这一相会要胜过人间欢聚的无数倍；"两情若是"两句，直言只要两情长久，何求朝暮相聚。这样的境界，都打破了常格，显现出追求爱情纯真的高格调，让人看到了真情之纯美。这首词文句也雅丽，展现出秦观词的婉约清丽之风，文词之美娟与感情之精纯，让这首词一直脍炙人口，感动人心。尤其是"两情若是久长时，又岂在朝朝暮暮"成为千古传颂的名句。生活中更多的是有某些残缺的爱，人们可以追求完满，但完满也是相对的，绝对的完满并不存在。在爱情上也不可好高骛远、求全责备，这便是本词给我们的启示。在爱情上也有个知足常乐。见异思迁者是得不到真爱情的。

卢梅坡（生卒不详）

北宋诗人。

雪 梅①（图81）

梅雪争春未肯降②，	梅雪竞相争强好胜，互不相让，
骚人搁笔费评章③。	诗人放下手中笔，评判细思量。
梅须逊④雪三分白，	梅花不如雪花那么洁白，
雪却输⑤梅一段香。	雪花不及梅花那样清香。

【注释】 ①《雪梅》共两首，这是第一首。②未肯：不肯、不甘。降：不退让。③骚人：指诗人。评章：即评论。④逊：不如、谦让。⑤输：负于、不如。

【赏析】 在宋代由于理学的兴起，许多诗人都喜欢创作哲理诗。这类诗往往在描写事物中阐述一定哲理。《雪梅》评价了雪与梅的高下，又说明二者互为衬托的另一面。梅花和白雪互相媲美争夺春晖，互不相让，诗人墨客们无法评论，作者只好搁笔加以评论。梅花应该承认没有雪那么洁白，白雪也要承认不及梅花那样清香。诗人的笔下,梅与雪各有千秋,相得益彰,无须争强好胜,各自谦让一步,自然互见短长。此诗表面上是说梅花和雪花各有千秋,互有短长,其实是在提倡谦虚的美德;看问题的方法要全面,不能片面。

【相关链接】 还有一首堪称姐妹篇的《雪梅》:"有梅无雪不精神①,有雪无诗俗了人②。日暮诗成天又雪,与梅并作③十分春。"意思是说:梅没有雪花映衬就缺乏神韵,赏雪不吟诗就是俗人。傍晚时分新诗吟成恰天又下起纷纷大雪,三者合一构成春色十分。此诗应为同一作者所作。但另有一说,认为此诗为南宋歙州祁门(今安徽祁门县)人方岳所作。此诗实写雪而虚写梅,并安排了一个"第三者"——诗。雪、梅、诗三者交相辉映,缺一不可。有梅花而无白雪映衬则缺乏精神,有白雪而无诗咏则显俗气。诗人傍晚刚刚把诗写好,天上便飘起雪花。此时,雪花与梅花共同织成一幅美景。大自然是万物共同塑造的,万物都是自然界的主人。[注:①精神:神采、意韵。②俗了人:给人以庸俗之感。③并作:合作、合成。]

【常识】 "疏影横斜水清浅,暗香浮动月黄昏。"这句诗描述的花是梅花。

赵匡胤(927—976)

宋朝开国之君,史称"宋太祖"。960—976年在位,涿州(治所在今河北涿县)人。后周时任殿前都点检,领宋州(治所在今河南商丘市南)归德军节度使,掌握兵权。960年发动陈桥兵变,即帝位,国号宋。他使用各个击破战略,对付割据政权,先后攻灭荆南、后蜀、南汉、南唐诸国,从而结束了"五代十国"53年的分裂局面。选用将领长期驻防北方要地,加强对契丹的防御;同时削弱禁军将领和藩镇兵权;陆续以文臣带京官衔外出代军人掌握地方行政;又另遣使臣分掌地方财政,加强中央集权;设副相(参知政事),并以枢密使掌兵,三司使理财,分散宰相的权力。还兴修水利,鼓励开垦荒地,整治以汴梁为中心的运河,以增加赋税收入和转输能力,结束了混乱割据的局面。其重文轻武,偏重防内的方针,对形成宋朝"积贫积弱"的局面有所影响。

咏初日

太阳初出光赫赫①,	太阳初升,光彩夺目,
千山万山如火发。	千万座山峰犹如着火一般。
一轮顷刻上天衢②,	一轮红日顷刻跃上天空,
逐退群星与残月。	赶走了黯淡的群星残月。

【注释】 ①赫赫(hè hè):显著、盛大,如显赫,声势赫赫。光赫赫:光彩夺目。②衢:街。天衢:天街、天空。

【赏析】 毛泽东在《沁园春·雪》中吟道:"惜秦皇汉武,略输文采;唐宗宋祖,稍逊风骚。一代天骄,成吉思汗,只识弯弓射大雕。"其中"宋祖"就是宋太祖赵匡胤。他写的《咏初日》抒发了自己统一中国的雄心壮志,诗虽"稍逊风骚",但通俗易懂,句句掷地有声。

【相关链接】 2009年1月11日台湾《民众日报》报道:陈水扁在狱中自比王莽,即使语出惊人,却"拟于不伦",因为王莽不是没有"清算前朝",而是恰恰处心积虑篡夺前朝,还把"想要"对他不利的汉平帝毒死。中国唯一没有清算前朝的皇帝,是赵匡胤而非王莽。不过陈水扁和王莽至少有两点相似:一是都靠一个女人起家。阿扁靠的是夫人吴淑珍,王莽靠的是姑妈王政皇后。但王皇后不支持侄子当皇帝,为此她把用和氏璧刻成的秦汉传国玉玺摔坏了一个角。二是两个人都是大骗子。王莽骗到天下归心,骗到汉代江山后,马上荒腔走板,露出本来面目,成为笑料百出的小丑。阿扁亦颇为相似。

【常识】 1. 太阳每小时输送给地球的能量比人类一年所用掉的能量还多;中国的沙漠在6小时之内,从太阳那里接收到的能量比人类一年消耗的能量还要多。因此,以太阳能取代化石燃料,从而减少对地球的污染、避免能源危机成为历史任务。

2. 阳光+空气,可以生产生物燃料。美国科学家研究出一种把太阳能转化为碳水化合物的新技术,它可用来生产生物燃料。其最大好处是,既不增加空气中二氧化碳的含量,又不占用耕地。

3. 环境污染在很大程度上是由能源的利用引起的,这种能源主要是化石燃料(如煤、石油和天然气)。核能(2011年3月日本海啸引发核泄漏事件后,各国都持谨慎态度)、风能、太阳能、潮汐能、水力能等不污染环境。

曾 几(生卒不详)

宋代诗人,字吉甫,号茶山居士,赣州(今江西赣州市)人。

三衢道中①

| 梅子黄时②日日晴,
小溪泛尽却③山行。
绿阴不减④来时路,
添得黄鹂⑤四五声。 | 出游时本是梅雨季节,却赶上了连日几个晴天,
泛舟已到小溪尽头,再沿着山间小路前行。
绿树成阴,丝毫不逊来时的水路,
而且还多听到了四五次黄鹂的叫声。 |

【注释】 ①三衢(qú):三衢山,在今浙江省衢州市。道中:途中。②梅子黄时:农历五月间,梅子(图61)成熟的季节(同时也是梅雨节季)。③小溪泛尽:泛舟已到山溪的尽头。泛:坐船。却:再。④不减:不逊、不亚于。⑤添得:多听到。黄鹂:见图39。

【赏析】 这首诗记叙了游览三衢山时的所见所闻,透出诗人对旅途所见所闻的喜爱,愉悦之情溢于言表。首句点明季节和天气,南方梅子成熟时本来是多雨季节,诗人却赶上难得的连日晴朗的天;次句写途中小溪泛舟,后又改行山间小道,一个"却"字含有转折的意味,又流露出诗人舍舟步行的无奈情绪;后二句写山行之乐,山里绿阴如画,又有黄鹂声声,丝毫不逊溪行之乐,反而平添一分情趣。

王 令 (1032—1059)

北宋诗人,字逢原,广陵(今江苏扬州)人,以教书为生。其诗语句粗犷,风格劲健,颇受韩愈、卢仝影响。《梦蝗》《暑旱苦热》等诗,或描写当时的社会生活,表现其不满时政之愤,或抒写自己的政治抱负,都较突出。王安石对其文章和为人均甚推重,并以妻妹吴氏许之,不幸诗人英年早逝。有《广陵先生文集》,其诗意境开阔,气势雄壮。

送 春

三月残花落更①开,	三月花开花落春已残,
小檐②日日燕飞来。	燕子天天在屋檐下筑巢来去匆忙。
子规夜半犹啼血③,	杜鹃鸟半夜苦啼喉滴血,
不信东风④唤不回。	不相信春光呼唤不回来。

【注释】 ①更:又、复。②小檐:矮小的房檐。③子规:杜鹃鸟(图31)。犹啼血:犹,还;啼血,杜鹃鸟自春至夏彻夜啼叫,其声悲戚,咽下有红斑,似血。《本草纲目》引唐陈藏器《本草拾遗》:"言此鸟(杜鹃)啼至血出乃止。"大杜鹃,亦称"郭公""布谷",益鸟。④不信:表示寄予希望。东风:指春风春光。

【赏析】 此诗以拟人手法,描写暮春景象。诗中巧借"燕子"和"子规"表达自己惜春之情。人们在强调主观努力或坚定信念时,常常用"子规夜半犹啼血,不信东风唤不回"的名句。

【相关链接】 1. 清代诗人翁格则托植物言志,如《暮①春》:"莫②怨春归早,花余几点红。留得根蒂③在,岁岁有东风。"[注:①暮:晚,将尽。②莫:不要。③根蒂:草木的根和籽。]

2. 2007年1月6日《人民日报》以《不信蓝天碧水唤不回》为题报道说,山西正在实施有史以来最大的环保工程——蓝天碧水工程,将用5年时间,投入804亿元,对污染设施进行集中治理,创建环境友好型社会。

【常识】 父母对子女的爱是最无私、最伟大的。但动物中有一种既不筑巢又不育雏,而是把卵产于苇莺鸟巢中,让别的鸟代它孵化,甚至把别的雏鸟

赶走,这就是杜鹃鸟,也称"狡猾鸟"。(图31)

周邦彦(1056—1121)

北宋词人,字美成,钱塘(今浙江杭州)人。徽宗时,为徽猷阁待制,提举大晟府(音乐机关),精通音律,曾创作不少新词调,是雅词的开拓者。作品多写闺情、羁旅,也有咏物之作。格律谨严,而追求典丽,流于雕琢,为后人格律派词人所宗。旧时词论者曾给予过高评价,称他为"词中之冠"。有《清真居士集》,已佚。今存《片玉词》。

苏幕遮①

燎沉香②,	燃烧起袅袅的沉香,
销溽暑③。	消除那盛夏湿热的酷暑。
鸟雀呼晴,	大清早就听到鸟雀叫天晴,
侵晓④窥檐语。	它探头檐下喳喳传鸟语。
叶上初阳干宿雨⑤,	朝阳晒干了昨夜落在叶面上的雨,
水面清圆,	池塘里一张张清润浑圆的荷叶,
一一风荷举。	在微风中亭亭玉立犹如伞儿举。
故乡遥,	故乡是那么遥远,
何日去?	何时才能归去?
家住吴门⑥,	家住在南方吴地,
久作长安旅⑦。	却长在北方京都为官似行旅。
五月渔郎相忆否?	五月里忆起家乡儿时同伴的渔郎还记得否?
小楫轻舟,	当年我们曾摇着小桨划着轻舟,
梦入芙蓉浦⑧。	梦幻般地穿行在芙蓉浦。

【注释】 ①《苏幕遮》:唐教坊曲名,后用为词牌。因周邦彦词有"鬓云松"句,故亦名《鬓云松》。双调,62字,仄韵。"幕"亦作"莫""摩"等。②燎:烧;沉香:香名,用熏香科植物做成。这句是说,在房子里焚起沉香。③溽(rù)暑:盛夏湿热的天气。④侵晓:破晓,天刚亮时。⑤宿雨:昨夜下的雨。⑥吴门:周邦彦是钱塘(今浙江省杭州市)人,古属吴郡,故云"家住吴门"。⑦长安:汉唐故都,周邦彦所处的是北宋都城汴京(今河南开封市),此系借长安指汴京。⑧芙蓉浦:芙蓉即荷花;芙蓉浦,即长着荷花的水边,或者说是荷塘。

【赏析】 周邦彦长期在汴京任职,写了许多以汴京生活为题材的作品,本词即写汴京夏天景物和思乡情怀。

词的上阕写景。先是写室内景,能使人心平静下来,而心静自然凉,所以说"燎沉香,销溽暑"。"溽暑"是盛夏,以下的景和情全从这两个字生发;接下来是室外景,盛夏多阵雨。雨后放晴鸟喧,仿佛为晴而喜并互相呼告,且伸下头告诉室内的词人。"叶上"三句写户外池中落叶,是全词精彩处。"初阳"回应"晴",宿雨把落叶压到水面,初阳一出,叶面雨珠很快蒸发,挣脱重压后的荷叶终于挺直了身,亭亭玉立,在晨风中高高擎起,摇曳生姿。"水面清圆"写出荷叶吸足水分后的饱满形状和碧绿的颜色,"一一风荷举"写出了荷叶举起的过程,极为传神。

下阕抒情,情从上阕的景中来。汴京的荷叶使词人想起故乡钱塘,西湖多荷花,柳永《望海潮》词中就说西湖有"十里荷花"。南宋诗人杨万里也有"毕竟西湖六月中,风光不与四时同。接天莲叶无穷碧,映日荷花别样红"的诗句。"故乡遥"四句写思归:"五月"句不说自己思归而问故乡人是否思念自己,从对面写来,深了一层;末二句写梦归。全词以醒起,以梦结,由实而虚,余味不尽。

贺 铸(1052—1125)

北宋词人,字方回,原籍山阴(今浙江省绍兴市),生于卫州(今河南辉县)。早年曾任武职,后当文官,晚年退居苏州,自号庆湖遗老。他的词内容较宽泛,意境突出,笔调多变化。有《东山词》集。

鹧 鸪 天①

大

重过阊门万事非②,	重新经过阊门一切都变了模样,
同来何事不同归③?	我们同来苏州为什么不能一同还乡!
梧桐半死清霜后④,	我像那霜后的梧桐半死不活,
白头鸳鸯失伴飞。	老来又像那白头鸳鸯,伴儿失去,独个儿飞翔,
原上草,露初晞⑤,	原野上的草呀,露水刚刚干掉,
旧栖新垅两依依⑥。	看到旧房、新坟怎不把你怀想!
空床卧听南窗雨⑦,	我躺在空荡荡的床上听雨点敲窗,
谁复挑灯夜补衣?	又有谁再把灯芯挑亮,为我缝补衣裳?

【注释】 ①选自《大学语文》(全国高等教育自学考试指定教材)。《鹧鸪天》,词牌名,又名《思越人》、《思佳客》。上下阕,55字,平韵。这首词是宋徽宗建中靖国元年(1101)作者从北方回到苏州时悼念亡妻所作。贺铸妻赵氏,是宋宗室济国公赵克彰之女。②阊门:即阊阖门,苏州城西门,为著名城门,这里用来代指苏州。③何事:什么事情,为什么。④梧桐半死:枚乘《七发》中说,"龙门之桐","其根半死半生",斫以制琴,声音为天下至悲"。这里比喻失偶。清霜后:秋天,喻指年老。⑤"原上草,露初晞":是把露晞比喻死亡。露

初晞,是说妻子才死不久。晞(xī),干。⑥旧栖:指旧居。新垅:指妻子的新坟。垅,坟墓。⑦空床:指原来夫妻俩睡的床,现在半边已空。

【赏析】 这是一首悼亡词。作者年近50时,曾同妻子住在苏州,相濡以沫。后来妻子死在那里,他看到旧居,新坟,空床,想到自己后半生的孤独凄凉,想到亡妻生前为他挑灯补衣裳的情景,不禁发出了物是人非的感慨,不禁要问一问为什么同来而不能同归!字里行间,流露出他与亡妻真挚深厚的感情。

这首词在艺术构思上最突出之处,是将生者与死者合写,词笔始终关合自己与妻子双方:自己北行后回到苏州,想到妻子已经长眠于此,有物是人非之叹;妻子新亡,中老年丧偶,备感孤独、凄凉;霪雨连绵,长夜难眠,依稀看到妻子挑灯补衣的形象,思念无限。这是以夫妻间体贴关怀、情感交融、温馨生活为基础而写成的。"旧栖新垅两依依",有夫妻感情已超越时空、超越生死之感。从表现手法上讲,此词将赋、比、兴三者参酌运用,丰富了情感表现手段,增强了艺术感染力量。开头二句借叙事抒情,"重过阊门万事非,同来何事不同归?"问得无理,然而有情。三、四句借此喻抒情,用连理树的半死、双栖鸟的失伴来寓意中老年丧偶,形象地表达自己的寂寞凄凉。"原上草,露初晞",借景物抒情,既暗示夫人生命不永、逝世不久,又是实写坟场之杂草萋萋景象,以引发下句"旧栖新垅两依依"的深情。最后两句是借举止抒情,在"旧栖"中彻夜不眠,展转思念往昔妻子夜补衣的情景,抒写贫贱夫妻之间休戚与共的真情。词中两次用反诘句,如奇峰突兀而起,把情感推向高潮,动人心弦。

王 观(生卒不详)

北宋词人,字通叟,如皋(今江苏如皋县)人。宋哲宗时(1086—1100)进士,官至翰林学士,有《冠柳集》传世。

卜算子·送鲍浩然之浙东①

水是眼波②横,	像姑娘眼波横流的,是江南的春水,
山是眉峰③聚。	像姑娘眉峰耸起的,是江南的青山。
欲问行人④去哪边?	若问远行人要去何处?
眉眼盈盈处⑤。	去的地方正是脉脉含情的江南。
才始⑥送春归,	刚刚把春天送走,
又送君归去。	紧接着又送你回还。
若到江南⑦赶上春,	你到江南如果赶上了春天,
千万和春住⑧。	一定和她结下不解之缘……

【注释】①《卜算子》：词牌名。因唐代骆宾王写诗好用数名，人称"卜算子"，遂以为名，又名《百尺楼》《眉峰碧》，双调共44字，仄韵。鲍浩然：生卒不详，可能是作者好友。之：往、到。浙东：钱塘江至上游新安江（现已被千岛湖淹没）以东大半个浙江省，唐置浙江东西两道。②眼波：比喻美人的眼神。③眉峰：比喻美人画的眉毛。④欲问：想问。行人：远行的人。⑤眉眼盈盈处：山水交汇处，比喻山水秀丽的地方。盈盈：美好的样子。《古诗》有："盈盈楼上女"之说。⑥才始：方才。⑦江南：这里指江苏南部、浙江一带地方。⑧"千万和春住"是说：一定要把春天留住，和她呆在一起。

【赏析】作者送友的时间约在靖康元年（1126）之前，地点应在汴京。北方形势不妙，朋友去的地方是有好山好水的浙东（浙江省东南部），送行的时候是暮春三月，词里的意思就只有这两层。可是作者构思很灵巧，上阕给山、水用上两个生动的比喻，用拟人的手法描绘友人要去的地方。下阕又给行人安排了赶上江南春天的幻想，写得流利、别致。与朋友分手，照例是凄切、悲凉的，但这首词却写得十分欢快、轻盈，表现了作者追求美好事物的心情。

岳 飞（1103—1142）（图24）

南宋抗金名将，字鹏举，相州汤阴（今河南安阳市汤阴县）人。北宋末年投军，任秉义部（下级军官）。南宋王朝建立时，上书高宗反对南迁，被革职。不久随宗泽守卫开封，任统制，泽死，从杜充南下。建炎三年（1129）金兀术渡江南进，他移军广德、宜兴，坚持抵抗。次年，金军在江南军民的反击下，被迫北撤，他攻击金军后队，收复建康（今南京市）。绍兴三年（1133），因镇压江西地区的农民起义，得高宗所奖"精忠岳飞"的锦旗。次年，大破金傀儡伪"齐"军，收复襄阳、信阳等6郡，任清远军节度使。后驻军鄂州（今武昌），派人渡河联络太行义军，屡次建议大举北进。绍兴九年（1139），高宗、秦桧与金议和，他上表反对。次年，金兀术进兵河南。岳飞出兵反击，在郾城打败金兵并杀了金兀术的女婿，金兵惊呼："岳飞不死，大金灭矣。"此役收复郑州、洛阳等地，两河义军纷起响应，但这时高宗、秦桧一心求和，下令退兵。岳飞回临安后，被解除兵权，任枢密副使。不久又被诬"谋反"下狱。绍兴十一年十二月二十九日（1142年1月27日），以"莫须有"（也许有）的罪名与养子云及部将同被杀害。《忠文王纪事录》中有一首诗："自古忠臣帝主疑，全忠全义不全尸。武昌门外千株柳，不见杨花扑面飞。"诗很含蓄隐晦，作者不传，却传遍神州，可见岳飞永远在人们心中。宁宗时代追封鄂王。有《岳武穆遗文》（一作《岳忠武王文集》），诗词散文都慷慨激昂。

满江红①·写怀

怒发冲冠②,	我心头的积怨怒不可遏,
凭栏处,潇潇雨歇。	尽管潇潇的急雨已经停歇,
抬望眼,	手扶栏杆,抬头远望,
仰天长啸,	对着天空大声呼啸,
壮怀激烈。	我豪壮的情绪激昂而热烈。
三十功名尘与土,	三十年功名事业一无成就,
八千里路云和月。	疆场上,我千里转战,披星戴月。
莫等闲③,白了少年头,	不要马马虎虎把青春虚度,
空悲切。	到了晚年,白白地悔恨、悲切。
靖康耻④,	靖康年间的耻辱,
犹未雪;	还没有报雪,
臣子恨,	我心头的仇恨,
何时灭?	怎么会泯灭?
驾长车⑤,	我要驾着战车勇猛冲杀,
踏破贺兰山缺⑥。	把敌人占领的贺兰山踏缺。
壮志饥餐胡虏⑦肉,	对金国侵扰者我极端痛恨,
笑谈渴饮匈奴血。	恨不得吃他们的肉,喝他们的血。
待从头,收拾旧山河,	总有一天,彻底收复了中原的土地,
朝天阙⑧。	朝见天子,因我为祖国建立了功业!

【注释】 ①《满江红》:词牌名,双调93字,仄韵。②怒发冲冠:指愤怒得头发竖起,把帽子顶起来了。电视剧《中国远征军》每集结尾孩子们都高声背诵三次"怒发冲冠"。③等闲:随便、轻易。④靖康耻:指靖康二年(1127),金(灭辽后建都会宁,即今哈尔滨阿城区南)兵攻下汴京,掳走徽宗、钦宗两位皇帝,中原沦丧,后将徽、钦二帝解到黄龙府(今辽宁开原市)拴在石柱上示众,以示羞辱(中央电视台4套"走遍中国"栏目摄制组在开原市找到了那根"锁龙桩")。靖康:宋钦宗年号。⑤长车:兵车。⑥贺兰山:在今宁夏西北与内蒙古交界处,也称阿拉善山,是被金(女真族后成为满族的主要部分)兵占领的地方,此处泛指边塞关山。缺:缺口。⑦胡虏:匈奴,泛指入侵之敌。⑧朝天阙:晋见皇帝;天阙:天子宫殿前的楼观,此指皇宫。

【赏析】 这是气壮山河的爱国名篇。全篇通过雨后凭栏眺望,抒发了为国杀敌立功的豪迈情志和雪耻复仇、重整山河的远大抱负。

南宋建炎四年(1130年)四月,岳飞率兵自宜兴西进江宁(今南京),"战于清水亭,又大捷,尸横十五里。"郭廼亮2012年考证,岳飞《满江红》写于南京牛首山(又名"天阙山")。故"朝天阙"既可看作岳飞怀着胜利的喜悦望空敬拜天阙山,也可理解为将来收复中原后朝拜皇帝的信念和信心。

【相关链接】 1. 岳其蔚是岳飞的第 27 代孙,现在安徽省颍上县政协工作,他自幼从文,与兄学书,以隶书见长;南方是金兀术(一作乌珠,太祖阿骨打第四子,金大将)的第 25 代孙,叶赫那拉氏后裔,1939 年生于大连,现为中国楹联学会常务理事、大连市民间文艺家协会主席。他俩曾在大连国际博览会相遇,见面时间虽然不长,但彼此产生了一见如故的深厚友情。二人挥毫泼墨,吟诗答对,相互切磋;当二人谈及祖先时,都异口同声地表示:祖辈的恩怨产生于特定历史条件,现在我们国家民族团结,事业兴旺,今后应携手共进,为振兴中华出力。

2. 2009 年 11 月 16 日,海协会副会长王在希率内地"文化教育交流团"访问中国台湾并拜会国民党中央。交流团团员、北京东润菊香书屋公司董事长孔东梅是毛泽东的外孙女,正好碰上出面相迎的蒋介石的孙子、国民党副主席蒋孝严,两人握手寒暄,并合影留念。

3. 岳飞还有一首《池州翠微亭①》:"经年②尘土满征衣,特特③寻芳上翠微。好水好山看不足,马蹄催趁月明归。"[注:①翠微亭:在安徽池州南边的齐山上。②经年:常年。征衣:军装。③特特:特地,特别。用叠词,起强调之意]绍兴五年(1135)春,岳飞率兵驻防池州,游翠微亭,作此诗。首句表现主人公常年戎马倥偬,南征北战的艰辛。次句用"特特"反映诗人忙里偷闲、胜景寻芳的别样心境和情致。第三句没有具体描写景物,而是用"看不足"来表现作者沉浸在大好河山的无限风光之中。末句用马蹄声催、踏月归营的剪影,折射出作者眼前美景不可恋、军务在身不能忘的高度清醒。

【常识】 下列对联所说的是我国哪些名人的故事?

1. 千秋冤案莫须有,百战忠魂归去来。　　　　　　　　　　　(岳飞)
2. 犹留正气参天地,永剩丹心照古今。　　　　　　　　　　　(文天祥)
3. 四面湖山归眼底,万家忧乐到心头。　　　　　　　　　　　(范仲淹)

陆 游(1125—1210)(图 25)

南宋大诗人,字务观,号放翁,越州山阴(今浙江绍兴)人。生于北宋灭亡之际,少年时即深受家庭亲友间爱国思想的熏陶。绍兴中应礼部试,为秦桧所黜。孝宗即位,赐进士出身,曾任镇江、隆兴(府名,今南昌)通判。乾道八年(1172)入四川宣抚使王炎幕府,投身军旅生活,后官至宝章阁待制。政治上主张坚决抗金,充实军备,要求"富敛之事宜先富室,征税之事宜核大商",一直受到投降派的压制。晚年退居家乡,但收复中原的信念始终不渝。一生创作诗歌很多,今存9 300多首,是宋代写诗最多的人。内容极为丰富,如抒发政治抱负,反映人民疾苦,批判当时统治集团的屈辱求和,风格雄浑豪放,表现出恢复国家统一的强烈感情。《关山月》《书愤》《农家叹》《示儿》等篇均为世所传诵。抒写日常生活,也多有清新之作。亦工词,存有130首。杨慎谓其纤丽处似秦观,雄慨处似苏轼。他与范成大、杨万里、尤袤并称"南宋四大家",但有些诗词也流露出消极情绪。他初婚唐氏,在母亲强迫下离异,其痛苦之情倾吐在部分诗词里,如《沈园》《钗头凤》等,都真挚动人。有《剑南诗稿》《渭南文集》《南唐书》《老学庵笔记》等传世。

示 儿 (小)

死去元知万事空①,	原来知道人死后就没有任何牵挂了,
但悲不见九州同②。	只是因为看不到祖国统一而感到悲伤。
王师北定③中原日,	南宋的军队北进收复中原的那一天,
家祭无忘告乃翁④。	家祭时切莫忘了把这个消息告慰你们的父亲。

【注释】 ①元知:本来就知道,"元"同"原"。万事空:什么事都不牵挂了。②但:只。九州同:指全国统一;九州,古时全国分为冀、兖、青、徐、扬、荆、豫、梁、雍等九个州,后来就用九州代指中国。③王师:这里指南宋的军队。北定:北上平定战乱、收复国土。④家祭:祭祀祖宗。无,同"勿"或"毋","不要"的意思。乃:你的、你们的;翁:老父亲,这里指陆游自己。

【赏析】 这是诗人的临终篇,写于宁宗嘉定二年(1209年)十二月,时年85岁(诗人的卒年,据《山阴陆氏族谱》载:宁宗嘉定二年十二月二十九日卒。按:其时已跨入1210年,届八十五,所载逝世年月,与《宋史》本传所载吻合)。它集中表现了诗人的伟大抱负和强烈的爱国感情。"率意直书,悲壮沉痛,孤忠至性,可泣鬼神"(贺贻孙《诗筏》),是千古传诵的名篇。示儿:即嘱咐儿子。陆游有七子,一说六子,即子龙、子修、子坦、子约、子布、子聿(yù)。临终时刻仍然念念不忘恢复祖国,而对家事却只字未提。此诗表达了诗人没见到祖国统一的悲伤之情,同时又表明对收复中原充满了坚定的信心。

【相关链接】 毛泽东1958年12月21日写有七绝《试仿陆放翁〈示儿〉》:"人类今娴上太空①,但悲不见五洲②同。愚公③尽扫饕蚊④日,公祭无忘告马翁⑤。"[注:①1957年10月和11月,苏联接连发射了两颗人造地球卫星。娴:娴熟。②五洲:指亚、欧、美、非、大洋洲。同:世界大同。③愚公:比喻做事有顽强毅力、不怕困难的人。④饕(tiē 帖)蚊:贪食的蚊子,比喻凶恶的敌人。⑤马翁:马克思。]

【常识】 科学家确定,太空边缘位于距地球表面118千米处(以前航天界许多人承认100千米,而宇航员只有在距地球表面超过80千米后才算进入太空)。

秋夜将晓①出篱门迎凉有感② (小)

三万里河③东入海，	三万里的黄河滚滚东流入大海，
五千仞岳上摩天④。	五千仞的华山险峻挺拔撑住天。
遗民泪尽胡尘⑤里，	沦陷区的人民在胡尘里把眼泪都哭干了，
南望王师⑥又一年。	巴望南宋的军队收复中原，等了一年又一年。

【注释】 ①将晓：天将要亮了。②有感：有所感慨。③河：指黄河，其实它只有5 464千米长，这是虚数，是夸张的修辞手法。④仞：古时8尺或7尺为1仞，5 000仞约相当于1.3万米高，显然也是虚数，是夸张的手法，而且是为了对仗。岳：指西岳华山，泛指高大壮丽的山峦，因为即使珠穆朗玛峰也只有8 848米高。摩天：碰到天。⑤胡尘：指胡人（古时指外族，这里指金人）的马踏起的尘埃，借指敌占区。⑥王师：指天子的军队，即南宋的军队。

【赏析】 陆游是南宋一位爱国诗人，曾多次亲赴前线。此诗是他68岁时在阴山写的，当时北方领土早已被金人占领。一个秋夜的清晨，他早早醒来，推开篱笆院门，凉风迎面吹来，更增添了他的痛苦与悲愤，诗的这首"迎凉有感"就是在这种情况下写成的。这首诗强烈地反映出诗人渴望尽快收复大好河山，统一祖国的愿望，洋溢着爱国热情，同时也流露出对南宋统治者长期未能收复失地的失望与悲愤。开头两句用夸张的手法极力描写了祖国山河的壮丽可爱，就更加衬托出后两句痛失山河未能收复的悲凉心情；后两句由写景转为抒情，写沦陷区人民在敌人铁蹄下苦难深重，悲痛万分，对南宋朝廷的失望与不满。诗人在这里既表现了"遗民"的痛苦和希望，也表现了作者对沦陷人民的关爱，更是对南宋朝廷的愤怒与控诉。这首小诗有写景，有抒情，思想深刻，情感深沉。

【相关链接】 陆游同代诗人范成大有一首《州桥》："州桥南北是天街①，父老年年等驾回②。忽泪失声询使者③，几时真有六军④来。"同样是对山河破碎的感叹。[注：①天街：当时北宋皇帝车驾行经的御道。②等驾回：等皇帝回来。③使者：出使金国的使臣。④六军：《周礼·夏官·司马》曰，"凡军制，万有三千五百人为军，王六军，大国三军，次国二军，小国一军。"后以六军指朝廷的军队。]

卜算子·咏梅① (图80)

驿②外断桥边，	在那幽僻无人的小桥旁，
寂寞开无主③。	梅花正寂寞地开放。
已是黄昏独自愁，	黄昏时本来已经孤独愁苦，
更着④风和雨。	偏偏又加上雨急风狂。

无意苦争春，	没有心思争艳斗芳，
一任群芳妒⑤。	任凭百花去妒忌诽谤。
零落成泥碾作尘⑥，	即使是花瓣落下碾成泥土，
只有香如故⑦。	依然散发出缕缕清香。

【注释】①咏梅：歌唱梅花。此指蜡(腊)梅，冬天开花。②驿(yì)：古代大路上的交通站。③寂寞(jì mò)：冷静。无主：没有人过问。④着：加上。⑤这两行说，自己不想费尽心思去争芳斗艳，完全听任百花去妒忌吧。⑥碾(niǎn)：轧碎。作尘：变成灰土。⑦香如故：香气仍旧不消失。

【赏析】作者在这首词里，借梅花来比喻自己的不幸遭遇和高尚的品格。在经历了政治上屡次打击之后，产生了孤芳自赏的心情。他始终不与投降派同流合污的精神是值得称道的。

【相关链接】1. 20世纪60年代初，苏联共产党和中国共产党的分歧日趋严重和表面化，他们攻击中国是为了争夺国际共产主义运动的领导权，并进一步把意识形态方面的分歧扩大到国家关系方面，撕毁合同，撤走专家，使因为政策失误、自然灾害而影响的中国雪上加霜，使我国的处境十分困难和孤立。1961年12月，毛泽东在广州策划即将召开的中共中央扩大工作会议。闲暇时，他读了陆游的《卜算子·咏梅》词，联想国内外形势，受到启发。为鼓励党内同志和全国人民，创作了同名词作《卜算子·咏梅》①："风雨②送春归，飞雪迎春到。已是悬崖百丈冰③，犹有花枝俏。俏也不争春，只把春④来报。待到山花烂漫时，她在丛中笑⑤。"[注：①毛泽东喜爱和赞美高贵圣洁的梅花，但在词的前言中，作者表示本词只是"读陆游咏梅词，反其意而用之"。其意境却高远，焕然一新。②上阕"风雨"和"飞雪"不仅仅是写自然现象，还是社会斗争、恶劣政治气候的象征。③"已是悬崖百丈冰"化用唐代诗人岑参《白雪歌送武判官归京》诗中"瀚海阑干百丈冰"的句子，极言梅花生存环境的险恶，为下句"犹有花枝俏"作了很好的铺垫，使梅花的不同凡俗的高贵得以突出。这是暗示中国共产党在国外反华逆流中岿然不动的精神，同时回击苏共攻击中共想争夺国际共产主义运动领导权的谰言。"俏"在描写梅花傲雪盛开的情志的同时，特别融注了诗人无比的喜悦和赞美之情。④下阕最后一个"春"字代表真理和原则。⑤词的结尾两句又与陆游词的结尾形成鲜明的对比：一方面以展示梅花幸福地在百花丛中与众共享美好春光的画面，与陆游词中梅花"零落成泥碾作尘"的可悲结局进行对比；另一方面特意强调梅花居功不傲，谦逊自处的美德。]

2. 盛唐诗人张渭①喜欢春梅，如其《早梅》："一树寒梅白玉条，迥临村路傍②溪桥。不知近水花先发，疑是经冬雪未销③。"大意是：一株春梅好像是洁白的玉雕，紧靠着远离村路的溪上小桥。不知道近水的梅花提前开放，还以为是年前的冬雪压弯了枝条。[注：①作者是进士出身，任过礼部侍郎，今河南泌阳县人。②迥(jiǒng)：远。傍：靠近。③销：同"消"。](图81)

冬夜读书示子聿①

古人学问②无遗力，	古人做学问没有不竭尽全力、持之以恒的，
少壮功夫老始成。	从小就下苦功，到老才有所成就。
纸上③得来终觉浅，	书本上学到的知识终究很肤浅，
绝知此事要躬行④。	要真正学会还要亲身实践、化为己有。

【注释】 ①子聿(yù)：作者的幼子。②学问：这里指做学问。对学生来说，怎样才能真正成为学习的主人呢？学问学问，既要学又要问。只有在学中问，在问中学，才能求得真知。在求知的过程中，还要善于把勤学好问和观察思考结合起来。③纸上：书本上。④躬行：亲身实践。

【赏析】 此诗的前两句是告诫子聿从小就要下苦功读书学习，并要持之以恒；后两句是要联系实际，要实践。用毛泽东的话说："读书是学习，使用也是学习，而且是更重要的学习。"通过实践，才会更深刻地领会书中要义与精髓。毛泽东在延安题写"实事求是"就对周恩来说"纸上得来终觉浅，绝知此事要躬行"。

【相关链接】 1. 常言道，兴趣是激励学习的最好老师。陆游的前辈陈师道(1053—1102)有一首《绝句》："书当快意读易尽，客有可人①期不来。世事相违每如此，好怀百岁②几回开。"是说：书读到有兴趣时很快就读完了，客中的知心朋友盼他却偏不来。世上的事往往是希望和现实相矛盾，人生百年又有几回能欢畅开怀呢？这首哲理诗，前两句是为了说明后两句道理的，然而前两句却成了人们竞相传诵的名句，因为兴趣就是学习的一种动力。[注：①可人：意气相投的人。期：盼望。②百岁：一生。开：开怀畅饮。]

2. 2012年12月23日新华社特稿以"万事民为先"为题报道李克强，说他"自幼好学，中学时代就拜同住在安徽文史馆大杂院中的国学大师李诚为师"。他"常年坚持阅读英文原著，密切跟踪国际上最新的经济科技动态"，还说他"可以在许多领域的前沿知识与中国古典篇章的典故之间，信手拈来，随意切换"。他有"锐意改革的精神"，并引用外媒说法，形容他是"破解复杂难题的高手"。读书不仅拓展了李克强的广阔视野，也培育了他廉洁从政的浩然正气，正如一位老同事所说，克强向来堂堂正正做人，干干净净做事，从他身上可以感到廉洁从政、一心为民的优秀品格和风采。

关 山 月①

和戎②诏下十五年，	与金人议和的诏书已下达十五年，
将军不战空临边。	将军不作战白白地守在边疆。
朱门沉沉按歌舞③，	深广、壮丽的贵族府里按着节拍正演出歌舞，
厩马肥死弓断弦④。	马厩里的肥马默默地死去，弓弦朽断。

戍楼刁斗⑤催落月， 三十从军今白发。 笛里谁知壮士心？ 沙头⑥空照征人骨。	岗楼上报更的刁斗催促着月落， 三十岁参军到如今已经白了发。 从笛声里谁人知道壮士的心思？ 月亮白白地照射着出征将士的骨头。
中原⑦干戈古亦闻， 岂有逆胡⑧传子孙？ 遗民⑨忍死望恢复， 几处今宵垂泪痕！	中原一带的战争自古就有， 但哪有异族统治者能在中原传子传孙？ 沦陷区的人民忍辱生存盼着恢复国土， 今天晚上又有多少地方的民众在流泪！

【注释】 ①参照《大学语文》(全军院校统编教材)。关山月：原为汉乐府鼓乐"横吹曲"中的曲目，系守边战士在马上吹奏的军乐，表现了征人思乡报国的情感。陆游以乐府旧题写边塞生活，却赋予作品以新的深广的社会内容。②和戎：兴隆三年(1163)，宋孝宗下诏与金人议和，史称"兴隆和议"。戎(róng)：古代泛指少数民族，这里指金人。③按歌舞：按着节拍演出歌舞。④厩(jiù)马：拴在厩里的马。肥死：不打仗的马更肥，肥马也得默默地老死。弓断弦：弓箭及其弦因长期不用而腐朽断裂。⑤戍(shù)楼：用以瞭望敌情，防守营地的岗楼。刁斗：古代军中铜质用具，铜质，有柄，能容一斗，军中白天用来烧饭，晚上用来敲打巡更(图97)。⑥沙头：沙场(战场)边缘，有埋战士的坟墓。⑦中原：狭义指河南省，广义指黄河或黄河中、下游地区。⑧逆胡：此处亦指金人或异族；一作金人生的子女。⑨遗民：沦陷区的人民群众。

【赏析】 淳熙二年(1175)，诗人在四川制置使范成大幕下任参议官时，由于其报国壮志为朝廷的妥协派所阻而未酬，常和友人纵酒吟诗发牢骚。次年便以"恃酒颓放"被罢官。这对陆游又是一次打击，但他并不示弱，索性自号"放翁"，而且一如既往，仍关心国家大事，这首诗就是他53岁闲居成都的第二年(1177)写的。他深感收复中原已无希望，于是满腔悲愤写了此诗。诗中借用边防战士的口吻，述评时政，痛斥南宋朝廷荒淫无道、醉生梦死的态度，表现了爱国将士报国无门的苦闷以及中原百姓切望恢复家园的愿望，体现了诗人忧国忧民、渴望统一的爱国情怀。全诗共十二句，每四句表达了一层意思，分别写将军权贵、戍边战士和中原百姓。诗的构思非常巧妙，以月夜统摄全篇，将三个场景融成一个整体，构成一幅"关山月"的全景图，语言凝练，具有很强的表现力，堪称当时南宋社会的一个缩影。诗人还选取了一些典型事物，如朱门、厩马、断弓、白发、征人骨、遗民泪等，表现了他鲜明的爱国感情。

【相关链接】 爱国诗句集锦：

1. 位卑未敢忘忧国，事定犹须待阖棺。 (陆游《病起书怀》)

2. 捐躯赴国难,视死忽如归。　　　　　　　　　（曹植《白马篇》）
3. 黄沙百战穿金甲,不破楼兰终不还。　　　　　（王昌龄《从军行》）
4. 人生自古谁无死,留取丹心照汗青。　　　　（文天祥《过零丁洋》）

游山西村①　　　　　　　　　　　　　　（初）

莫笑农家腊酒浑②,	不要笑话农家的腊(米)酒不够纯清,
丰年留客足鸡豚③。	丰收之年有足够的鸡、猪肉招待客人。
山重水复④疑无路,	层层的山道道的水好像阻挡了去路,
柳暗花明⑤又一村。	可一转弯又是一个柳绿花红的村庄。
箫鼓追随春社⑥近,	追随着箫声鼓响,春社就在眼前,
衣冠简朴古风存。	简朴的衣冠依然保持着淡雅的古风。
从今若许闲乘月⑦,	今后如有闲暇,我将趁着明月之夜,
拄杖无时⑧夜叩门。	拄着拐杖,随时可能夜访敲门。

【注释】　①山西村:村庄名,在今浙江绍兴。②腊(là)酒:腊月(夏历十二月)酿造的米酒;浑:浑浊、不太好。③足鸡豚:指菜肴充足、丰富;豚(tún 屯):小猪,这是泛指猪。④山重水复:一座座山,一道道水或重重叠叠的山峦和蜿蜒曲折的溪涧。⑤柳暗花明:柳阴深绿,花光红艳。⑥箫鼓追随:村里的吹箫声和打鼓声此起彼落,都在为春社作准备。春社:古代的立春后第五个戊日为春社日,在这一天祭社稷神(土地神和五谷神),以祈祷丰年。⑦闲乘月:趁着月光外出闲游。⑧无时:不定时、随时。叩:敲。

【赏析】　宋孝宗乾道二年(1166),41岁的陆游任隆兴(今江西南昌)通判时,因在镇江通判任内支持抗金宿将张浚北伐,被投降派加上"鼓唱是非,力说张浚用兵"的罪名免去官职,回到故乡山阴,在镜湖之滨三山筑室定居,此诗当作于此时。诗中描绘了山西村的秀丽景色和农村节日的热闹气氛,以及农民的热情好客,表达了诗人对农村生活的向往。有人说,这是陆游版的《桃花源记》。

这首诗的名句是三、四两句,原是写农村山水风光的,形容进入一个别有天地的优美风光区,引人入胜。后人则从中体味到一个深刻的哲理:事物发展总会有曲折的,只要努力,光明就在前面;可能有想不通的问题,没有走不通的路。

【相关链接】　1. 中唐诗人王驾①也描写过江南农村欢度春社节的情景,请看其《社日》:"鹅湖山②下稻粱肥,豚栅鸡栖半掩扉③。桑柘④影斜春社散,家家扶得醉人归。"大意是:来到富饶的鹅湖山乡,眼前一片丰收的景象。家家的圈舍关满鸡猪,扇扇门儿却半掩半敞。原来人们去祭祀社神,散时树影已斜拖地上。许多人开怀畅饮归来,家人扶着还跟跟跄跄。[注]①作者生于851年,今山西永济县人,任过礼部员外郎。②鹅湖山:在今江西铅山县南部,辛弃疾在这一带住过多年。③豚(tún)栅(zhà):猪圈。鸡栖:鸡窝。扉:门。④桑柘(zhè):泛指桑树(图63)。柘:一种黄桑。]

2.季羡林教授在一次论坛上说:"中国文化的精髓是什么?据我的看法,就是我们现在讲的'和谐'。自古以来,中国就主张'和谐','礼之用,和为贵,先王之道斯为美'。时至今天,我们又提出'和谐'这一伟大概念,这是我们中华民族送给世界的一份伟大的礼物,希望全世界能够接受我们这个'和谐'的概念,那么,我们这个地球村就可以安静许多。"后来,季老又谈到这点并将其提升为"人与人和谐,人与自然和谐,人的内心和谐"这"三大和谐"。

【常识】 动物界充满奇趣,高大凶猛的能和一些弱小的动物和谐相处,如:犀牛能和小黑鸟生活在一起,鳄鱼和燕千鸟、金黄鼠和百舌鸟都能和谐相处。大兴安岭的马鹿皮肉里生出一种叫鹿蟥的小虫子,弄得马鹿痛痒难耐,甚至可咬出一个大洞。而乌鸦能把虫子叼出来作美食,于是马鹿和乌鸦成了好朋友。

临安春雨初霁①
高

世味②年来薄似纱,	近年来官场的人情世味真是淡如薄纱,
谁令骑马客③京华。	谁让我偏偏骑马路过旅居这京华。
小楼一夜听春雨,	小楼上淅淅沥沥听了一夜春雨,
深巷④明朝卖杏花。	雨停天亮深巷里就有人喊着卖杏花。
矮纸斜行闲作草⑤,	我铺开纸片歪歪斜斜地写写草字,
晴窗细乳戏分茶⑥。	又在晴亮的窗前对着杯中泡沫消闲地品品茶。
素衣莫起风尘叹⑦,	不必担心白净的衣服会被尘土污染,
犹及清明⑧可到家。	赶在清明节前我一定来得及回到家。

【注释】 ①临安:今属杭州,南宋的京都。初霁(jì):雨后刚刚放晴。②世味:世态人情,此指功名宦情。③客:旅居。④深巷:狭长的巷子。⑤矮纸:小片纸。作草:写草书。⑥细乳:冲茶时杯盏间泛起的白色泡沫。分茶:品尝茶味。⑦素衣:白净的衣服。莫:不要。风尘叹:惋惜尘土弄脏了白净的衣服。⑧犹及:还来得及。清明:即清明节。

【赏析】 淳熙十三年(1186)二月,61岁的陆游被任命为严州(今浙江建德县)军事长官,按惯例赴京师临安向皇帝辞行时所作。诗人志在抗金,对此闲官毫无兴趣,他在这首诗里抒写了客居京华的淡漠心情以及回归的意向。"小楼"两句写得明快,显得春意盎然;但在春意之中,却现出诗人旅居京华的丝丝愁情。诗人作草,品茶,也是在无聊和郁闷下的遣愁之举。他还希望趁清明节时赶回家乡,即使白净衣服为尘土染脏,那也绝不在意。诗中三、四句写江南杏花春雨,有声有色,壮景如见,历来为人称道。

书 愤　　　　　　　　　　　　（高）、大

早岁哪知世事艰，	少壮之年，我哪知道世事竟是如此之艰难，
中原北望气如山。	那时我常北望，立志恢复中原气势壮如山。
楼船夜雪瓜洲渡①，	茫茫雪夜的瓜洲古渡都是痛击金兵的战船，
铁马秋风大散关②。	大宋的铁骑乘着秋风屡挫金兵于大散关。
塞上长城空自许③，	我曾把自己比作塞上长城，今天竟成了一句空话，
镜中衰鬓已先斑。	揽镜自照，啊！原来已是年过花甲、白发斑斑。
出师一表真名世④，	不禁想起诸葛亮的《出师表》，那豪言壮语永流传，
千载谁堪仲伯间⑤。	千年之后的今天，我渴望像他擎起这欲坠的苍天！

【注释】①楼船：高大的战船。瓜洲渡：在长江北岸，对岸就是镇江。南宋孝宗隆兴元年(1163)四月，右丞相张浚统领各路兵马，屯驻瓜洲一带，声势浩大，楼船布满江面，五月出击，大败金兵，不久因将领们不和，在符离集(今属安徽宿州市)遭到严重失败，是年八月，宋金又重开和谈，这句诗就是说的这件史事。②大散关：在今陕西宝鸡南大散岭上，把守川陕间的交通孔道，当时是南宋和金的西部边界，发生过多次战斗。③长城：南北朝时，南朝宋名将檀道济自比为万里长城，唐代名将李绩则被唐太宗比作长城。空自许：不切实际地自我标榜，作者自嘲的话。④出师一表：指三国蜀相诸葛亮的《出师表》。诸葛亮一生坚持恢复中原，曾在出兵北伐曹魏时，上《出师表》表示自己"鞠躬尽瘁，死而后已"的报国情怀。名世，名扬后世。⑤仲伯：古代兄弟间长幼的次序，长为伯，次为仲。后引为比肩并称之意。按，杜甫《咏怀古迹》之五咏诸葛亮，有"伯仲之间见伊吕"句，此翻用其意。

【赏析】此诗作于南宋孝宗淳熙十三年(1186)春，山阴家中，当时诗人已经62岁，在家中闲居六年，刚刚接到朝廷的任命，出任严州(今浙江省建德市一带)军事长官。年过花甲的他在振奋之余，回首往事，深感困难重重，立功报国的抱负难以实现，心中无比激愤，于是写下这首《书愤》诗。诗中首先检讨自己早年轻率无知，对世事的艰难估计不足，只凭"豪气如山"和凌云壮志，一心想着恢复中原；三、四句形象生动地描述了南宋军队与金兵交战时的悲壮场景，表达了对战事不利的忧急和痛惜之情；五、六句笑自以为满腹经纶，富有军事才能，足可成为国家所倚重的"塞上长城"，而实际上却到处碰壁，一事无成，空耗了许多岁月，落得个鬓发斑白，年老力衰，怎不令人感到愤慨、悲凉、落寞惆怅！最后两句通过赞扬诸葛亮在《出师表》中透露的赤胆忠心和坚忍不拔、鞠躬尽瘁的精神风范，既是呼唤有像诸葛亮那样的旷世英才

挺身而出,力挽狂澜,同时也表明了自己决心效法诸葛亮,为恢复中原而献身的坚定信念。

诉 衷 情①

当年万里觅封侯②,	当年奔赴疆场把功名寻求,
匹马戍梁州③。	骑着马守卫在遥远的梁州。
关河梦断何处④,	而今边塞生活如梦一般地消逝,
尘暗旧貂裘⑤。	征衣积满灰尘,早已变得陈旧。
胡未灭⑥,	敌人没有消灭,
鬓先秋⑦,	白发已经满头,
泪空流。	只有感慨的泪水白白地抛流。
此生谁料,	这一辈子我哪会想到啊——
心在天山⑧,	心在天山驰骋,
身老沧洲⑨。	人却老死沧州!

【注释】 ①选自《大学语文》(南京大学出版社)。《诉衷情》,本为唐玄宗时教坊曲名,后用为词牌,又名《桃花水》《画楼空》等。单调33字,平仄韵交错使用,双调44字,平韵。②觅封侯:寻觅建功立业以博取封侯的机会。③"匹马"句:指乾道八年(1172)陆游48岁时在汉中任川陕宣抚使,王炎的幕僚。梁州:即今陕西省汉中市,汉中有梁山,故名梁州。④"关河"句:梦醒以后,梦中经历的黄河在哪里呢? 关河,边塞、河防,借指边防地带。⑤"尘暗"句:这里是以貂裘积满灰尘,陈旧变色,暗示自己长期闲置而功业未成。貂裘,这里指战袍。⑥胡未灭:指还没有打败金兵,收复中原。⑦秋:指鬓发象秋天的草木,开始凋残、花白。⑧心在天山:是说作者一心关注着南宋与金相互对峙的西北前线。天山,在新疆境内,汉唐时为西北边陲。据《旧唐书·薛仁贵传》载,薛西征时,军中有"将军三箭定天山"的歌谣。⑨沧州:水边陆地,常以喻高人隐居之处。陆游晚年闲居在绍兴山阴镜湖边的三山村。

【赏析】 据词意推测,本篇当为淳熙十六年(1189)作者罢归山阴后的晚年闲居之作。陆游一生志在恢复,然而面对现实,终成空梦。这首词是他饱蘸热泪写就的壮志未酬、而英雄已老的无限悲愤。上阕追念昔日,下阕直抒悲愤,全篇用对比的手法写出了理想与现实的巨大反差,展示了作者追求抗战复国却被迫老于退隐的痛苦心境。下阕调子虽较低沉,然年近古稀,犹不忘报国,其爱国激情千古之后仍热人心肠。有"老骥伏枥,志在千里"之意(俞平伯《唐宋词选释》卷下)。

注:陆游《十一月四日风雨大作(其二)》见杜甫《兵车行》"相关链接"3。

辛弃疾(1140—1207)(图27)

南宋著名文学家、词人,字幼安,别号稼轩,历城(今山东济南市郊)人。出生时,家乡山东已被金兵占领,他就出生在这块沦陷区。1161年,金主完颜亮发动对南宋的战争,北方人民纷纷起义反抗金国的残暴统治,21岁的辛弃疾也集结了2 000多人参加农民起义领袖耿京的义军,投入抗金战斗。失败后回到南宋,曾多次上奏书,提出了一套完整的抗金计划,可惜未被统治者采纳。因他力主抗战,反屡屡遭受投降派的打压。1169年他出任建康(今江苏南京)府通判(州府行政长官助理)。其间,写了一些展现自己远大抱负的词,如《满江红·建康史帅致道席上赋》和《水龙吟·登建康赏心亭》等。后历任湖北、湖南、江西、福建、浙东安抚使(高级地方官吏)等职,替国家和人民做过不少有益的事。如安置流民、救济灾荒、建立飞营等等,但仍不被朝廷信任。从42岁被免掉官职起,一直在上饶一带农村闲居20多年。1196年后,移居铅山县期思瓢泉(现已改为稼轩),又住了8年,中间仅起用过一次。辛弃疾是我国历史上伟大的爱国词人,作品的思想内容深厚,感情充沛,气势豪迈,题材广泛。其格调有激励奋发的一面,也有沉郁悲凉和意志消沉的一面。辛词以豪放为主,艺术风格多样,热情洋溢,慷慨悲壮,笔力雄厚,与苏轼并称为"苏辛"。存有《稼轩长短句》,今人辑有《辛稼轩诗文钞存》。

青玉案·元夕① 大

东风夜放花千树②。	像春风吹开了千万树花朵,
更吹落、星如雨③。	哦,那是满街的灯光、闪烁的焰火。
宝马雕车香满路④。	骏马驾着彩车,一路散发着香气。
凤箫⑤声动,	奏起动人的乐曲,转动精美的花灯,
玉壶⑥光转,	龙灯起舞,鱼灯穿梭,
一夜鱼龙舞⑦。	跳呀闹呀彻夜在欢乐。
蛾儿雪柳黄金缕⑧,	姑娘们打扮得非常漂亮,
笑语盈盈暗香去⑨。	伴着幽香说说笑笑地走过。
众里寻他千百度⑩。	我一次次地在人群中把他寻找,
蓦然回首⑪,	所有热闹的地方都找不着。
那人却在、	忽然间转脸眺望——
灯火阑珊⑫处。	哦,我所爱的人却站在灯火稀少的角落。

【注释】 ①参照《大学语文》(南京大学出版社)。《青玉案》:词牌名,取义于东汉张衡《四愁诗》"何以报之青玉案"句,又名《横塘路》等,双调67字,仄韵;宋代此词字数句法稍有参差。元夕:正月十五日元宵节(也叫灯节)的晚

上。②东风:春风;花千树:形容灯火之多像千树开花。③星如雨:指灯,也可形容满天的焰火被东风吹落了。④此句说,装饰华美的车马来来往往,一路散发着香气。⑤凤箫:箫的美称,代指吹奏的乐器。⑥玉壶:指一种精美的灯,亦指月亮,说月亮在天空慢慢向西移转。⑦鱼龙舞:鱼形灯和龙形灯,代指各种花灯和杂耍。⑧蛾儿、雪柳、黄金缕:都是当时妇女元宵节佩戴的首饰,有的是用金纸或银纸包装的。⑨盈盈:形容体态轻盈,美好。暗香:幽香。⑩千百度:千百次。⑪蓦然:忽然。回首:回头看。⑫阑珊:稀少,零落。

【赏析】 宋孝宗乾道六年(1170)至八年,辛弃疾曾有近两年的时间在临安(今杭州)任职,此词即作于这一时期。临安虽是宋室南渡后的所谓临都,但不少人已是"直把杭州当汴州"了,因而其繁华程度至孝宗时已经并不亚于北宋都城汴梁(今河南开封)。即如元宵节,全城张灯结彩,花团锦簇;"有第中有家乐儿童,亦各笙簧琴瑟,清音嘹亮,最可人听,拦街嬉耍,竟夕不眠"(吴自收《梦梁录》卷一)。这首词上阕写景,作者用大部分笔录描绘了元宵佳节(也叫灯节)满城灯火,彻夜歌舞的热闹场面;下阕写人,着重记叙了一对意中人长街巧遇的情景。词中那位独立"灯火阑珊处"的女子,是一个象征性的形象。词人对"她"的追求,寄托了深刻的寓意,表达了作者自己不愿随波逐流、趋炎附势的品格。在万人空巷、倾城观灯之夜,却有人自立于"灯火阑珊处";在举世把杭州当汴州之时,仍有人愁思凝结,忧虑着那锦族花团之外的世事。"举世皆浊我独情,众人皆醉我独醒。"词中前后所构成的强烈对比,极为成功展示出词人"伤心人别有怀抱",而这种怀抱不是别的,正是词人对恢复、对国家和民族前途与命运的深深的忧虑。2008年北京第29届夏季奥运会"开幕式大会介绍手册"引用了这首《青玉案·元夕》,充分展示了总导演张艺谋的浪漫情怀,也提醒国人……

【常识】 我国古代节日的时间(农历)与含义(包括四大传统节日):
春节:即元日(正月初一,一年开始)。
除夕:(大年三十晚上,除旧迎新)。
元夕(上元节):正月十五,又名"灯节"也是我国民间的"岳母节"。
清明节:四月初,扫墓、祭祀。
端午节:五月初五,吃粽子、赛龙舟。
七夕(七巧节):七月初七,中国情人节。
中元:七月十五,敬饭祭鬼神,缅怀先人。
中秋节:八月十五日,赏月,思乡。
重阳:九月初九,登高,插茱萸免灾。

菩萨蛮·书江西造口①壁 小、大

郁孤台下清江②水，	郁孤台下赣江波翻浪涌，
中间多少行人③泪。	多少逃难人的眼泪洒落江中，
西北望长安④，	抬头向西北长安望去，
可怜⑤无数山。	可惜还隔着高山万千重。
青山遮不住，	青山怎能挡得住滔滔流水，
毕竟东流去⑥。	大江总会冲破重围向前奔腾。
江晚正愁余⑦，	面对江边的暮色我无限惆怅，
山深闻鹧鸪⑧。	深山里又传来鹧鸪鸟悲苦的叫声。

【注释】 ①书：书写、题写。造口：即皂口镇（在今江西万安县西南60里许）。②郁孤台：在今江西赣州市西南的山顶，唐宋时的名胜之地。清江：此指赣江。③行人：过路的人，此指1129年一支金兵追赶隆裕太后（宋高宗赵构的伯母），深入造口抢劫屠杀，大批人马淹死在赣江的惨象。④长安：汉、唐时期的旧都，这里代指北宋被金兵占领的都城汴京（今河南开封市）。⑤可怜：可惜。⑥"青山"句，现在常用来说明历史发展是不以人的意志为转移的。⑦愁余：使动句式，即"使我愁苦"。⑧鹧鸪（图42）：鸟名，形似鹌鹑，但稍大，比布谷鸟稍小，其叫声悲切，听起来像在说"行不得也，哥哥"。借指有人说"恢复中原之事条件还不成熟，行不得也"。

【赏析】 辛弃疾的毕生志向就是要北伐中原，恢复大宋疆域的统一。他有将相之才而无从施展，不管何时何地，无论所见所闻，种种物象，都会激发他的报国之志和悲愤之情。建炎三年（1129），金兵南侵，一支金兵直入江西，隆裕太后在造口弃船登陆，逃往赣州。47年后，辛弃疾去襄阳赴任途经造口，想起从前金兵肆虐、人民受苦的情景，不禁忧伤满怀。况且中原至今仍未收复，举头眺望，视线却被青山遮断；但浩浩荡荡的江水冲破重重阻碍，奔腾向前。这既是眼前的实景，又暗喻自己百折不回的意志，也增强了他争取最后胜利的信心。但想到南归后的遭遇，又愁上心头，而那但南不北的鹧鸪啼声，此表层意象更使他愁上加愁。全词一波三折，极尽回环婉转之美；善于运用比兴手法，笔笔言山水，处处有兴寄。

【常识】 我国古代八位名人的雅称：

李 白——诗仙	杜 甫——诗圣	王羲之——书圣
王 维——诗佛	吴道子——画圣	张仲景——医圣
李 贺——诗鬼	孙思邈——药王	（"化风汤"的发明者张现中是张仲景的第58代孙）

宋代

清平乐·村居①

茅檐②低小， 溪上青青草。 醉里吴音相媚好③， 白发谁家翁媪④。	矮小的茅屋， 紧挨着长满青草的小溪边。 一对白发的公公婆婆， 边饮酒边用软媚的吴语互相打趣。
大儿锄豆溪东， 中儿正织鸡笼。 最喜小儿无赖， 溪头卧剥莲蓬⑤。	大儿子在溪东边豆地里锄草， 老二在家编织鸡笼。 老三是最调皮又可爱的， 躺在溪边上游剥莲子吃。

【注释】 ①《清平乐》：唐教坊曲名，后用为词牌，又名《忆萝月》《醉东风》等，双调46字，上阕压仄韵，下阕转平韵。村居：住在农村里，农家。②茅檐：茅草屋。③吴音：江西上饶一带的口音，古代此地属吴国，故称吴音。相媚好：彼此融洽和好。④媪（ǎo 袄）：年老的妇人。⑤无赖：调皮而可爱。莲蓬：见图79右。

【赏析】 1181—1192年，辛弃疾在江西上饶带湖闲居整整10年。这首词以欣赏和赞美的口吻，描述了紧挨着长满青草的小溪旁的一户人家。其勤俭朴素、温暖而有风趣的农村生活，从字里行间可以看出作者对农村生活的热爱。全词只有短短几句，却把农家环境和老老小小勤俭淳朴的劳动生活面貌描写得淋漓尽致。

【相关链接】 毛泽东写过多首清平乐，如1935年10月长征取得决定性胜利时写的《清平乐·六盘山①》："天高云淡，望断②南飞雁。不到长城③非好汉，屈指行程二万。六盘山上高峰，红旗漫卷④西风。今日长缨⑤在手，何时缚住苍龙⑥？"[注：①六盘山：位于宁夏固原县西南，山势险峻，道路曲折，盘旋六道始达主峰，故名六盘山，主峰海拔3 000米。②望断：凝视注目，直到看不见了还在望；南飞雁：向南飞行的大雁。③长城：东起河北山海关，西至甘肃省嘉峪（yù 浴）关，全长约13 000华里，当时陕北革命根据地的北界长城，位居抗日前线，诗中"长城"代指抗日前线或陕北革命根据地。④漫卷：自由地舒展，这里指红旗自由地迎风飘扬。⑤长缨：长绳子，即革命武装。⑥苍龙：毛泽东自注："苍龙，指蒋介石，不是日本人。因为当时全副精神要对付的是蒋，而不是日。]

【常识】 1. 长城是中国古代为保卫边境而修筑的军事防御工程，其总长为6 250多千米。

2. 我国（1927年）评选的四大名旦是：梅兰芳、尚小云、程砚秋和荀慧生。

西江月·夜行黄沙①道中 初

明月别枝②惊鹊，	月色皎洁，枝头上喜鹊惊飞不定，
清风半夜鸣蝉。	凉风徐徐，半夜里传来知了的歌声。
稻花香里说丰年，	稻花飘香，一片蛙鸣，
听取蛙声一片。	那蛙声也像在诉说丰收的年景。
七八个星天外③，	高远的天边闪烁着几颗明亮的星星，
两三点雨山前。	点点疏雨洒落在山前的小径。
旧时茅店社林边④，	走过溪上的小桥拐个弯儿，
路转溪桥忽见⑤。	社林边那熟悉的茅店一下子出现在眼前。

【注释】 ①《西江月》：唐教坊曲名，后用为词牌，又名《步虚词》等，双调50字，宋以后此词上下阕各用两平韵，末转仄韵。黄沙：黄沙岭，在今江西省上饶市的西面，辛弃疾住在上饶带湖时，常常经过这里。②别枝：斜出的树枝，一作"明月别在树枝上"，月光把鹊儿惊醒了。③天外：形容又高又远。④社林边：社，即土地庙；社林，即围绕土地庙的一片树林。茅店可能是酒店之类的聚会和消遣的场所。⑤见：同"现（xiàn）"。

【赏析】 这首词写的是农村里的仲夏之夜，景色那么幽美！报道好年景的一片蛙声，更给行人带来了无限的喜悦。下阕写天外的疏星，山前的飘雨，以及溪回路转、茅店忽然出现在眼前，都描绘得很灵活，反映出诗人轻松愉快的心情和他对农村生活的亲切、爱好。这景这情交织在一起，再加上轻快灵活的笔调，很有感人的艺术魅力。"稻花香里说丰年，听取蛙声一片。"成为名言佳句。

【常识】 青蛙"百科"：

1. 青蛙是人类的益友，因为一只青蛙一年大约要吃掉1.5万只昆虫，其中主要是害虫，保护青蛙有利于保护环境。
2. 它只能看见动的物体，看不见静止不动的东西。
3. 它是一种变温动物，不是恒温动物，体温随外界的温度变化而变化。
4. 它和鱼、蛇都是冷血动物。
5. 它不仅能用肺呼吸，还能用皮肤呼吸。

破阵子·为陈同甫赋壮词①以寄之 （初）

醉里挑灯看剑，	醉意里我挑亮油灯端详宝剑，
梦回吹角连营②。	睡梦中回到响彻号角声的军营。
八百里分麾下炙③，	军营里将士们都分到犒劳的牛肉，
五十弦翻塞外声④，	弦乐阵阵传奏塞外征战的军乐声。
沙场秋点兵。	秋天的战场上正在实战练兵。

马作的卢飞快，	战马像"的卢"一样飞快地奔驰，
弓如霹雳弦惊⑤。	弓箭射击如同响雷一般令人震惊。
了却君王天下事⑥，	本想完成君王恢复中原的统一大业，
赢得生前身后名。	赢得生前死后的美名。
可怜白发生⑦！	可惜现在已经满头白发丛生！

【注释】 ①《破阵子》：唐教坊曲名，本为大曲《破阵乐》中的一篇，后用为词牌，又名《十拍子》，双调62字，平韵。陈同甫：名亮，南宋婺州（今浙江金华）人，辛弃疾好友，力主抗金。赋：写作。壮词：雄壮之词。②"梦回"：梦醒。以下诸句皆作者向往军旅生活的豪言壮语。吹角：军中吹号角的声音。连营：扎在一起的众多军营。③"八百里"句，分牛肉给部下享用。八百里：指牛，据《世说新语·汰侈》载：晋王恺有良牛，名"八百里驳（bó博）"，后世诗词多以"八百里"代指牛。麾（huī）下：帅旗下面，这里指军营。炙：切碎的熟肉。一说"八百里"是指部队驻扎的范围，说八百里的部队都可分到熟牛肉吃。④"五十弦"句：相传黄帝作瑟五十弦，这里泛指各种乐器。翻：弹奏。塞外声：边塞雄壮的曲调。⑤"马作"句：作，像；的卢，一种烈性骏马名。据《三国志·蜀志·先主传》载：刘备在荆州遇险，骑的"的卢"马"一跃三丈"，驮他脱险。霹雳：弓弦犹如迅雷。⑥"了却"句："了却"，完成。"天下事"，指恢复中原、统一全国是当时天下的大事业。⑦"可怜"句：感叹的悲壮语，头发都白了，还不能实现平生的壮志。

【赏析】 这首词是作者被罢官闲居农村时，为鼓舞爱国志士陈亮而写的。陈亮坚决主张抗金，"与稼轩（辛弃疾）为友，其人才相若，词亦相似"（刘熙载《艺概》）。这首词极写抗金部队壮盛的军容、横戈跃马的战斗生活，以及恢复祖国山河的胜利信心，洋溢着豪迈昂扬的精神。以"可怜白发生"作结，词意陡转，流露出诗人报国无路的痛苦和壮志未酬的感慨。

本词的构思不同一般，打破了上下片分述一事的传统写法，而以前九句为一层，用浪漫的手法和着澎湃的激情，刻画出一位横戈跃马的英雄形象。

【相关链接】 2010年9月10日"和平使命—2010"联合军演在哈萨克斯坦拉开序幕，报纸上的大标题是《沙场秋点兵，矢志卫和平》。

永遇乐·京口①北固亭怀古 （高）

千古江山，	锦绣江山千古依旧，
英雄无觅，	如今却找不到，
孙仲谋②处。	孙权那样的英雄人物。
舞榭歌台，	当年的繁华景象，
风流总被，	和英雄业绩，

雨打风吹去③。 斜阳草树， 寻常巷陌， 人道寄奴曾住④。 想当年，金戈铁马， 气吞万里如虎⑤。	都随着时光流转被历史的风雨冲刷消逝。 夕阳照在杂生的草、树上， 一条平平常常的小街巷， 人们说刘裕曾经在这里居住过。 想当年，他率领精兵强将北伐， 气吞万里山河，势如下山猛虎。
元嘉草草， 封狼居胥， 赢得仓皇北顾⑥。 四十三年， 望中犹记， 烽火扬州路⑦。 可堪回首， 佛狸祠下， 一片神鸦社鼓⑧。 凭谁问， 廉颇老矣， 尚能饭否⑨？	宋文帝元嘉年间草草出兵， 本想如霍去病那样大获全胜而封狼居胥， 然而却落得个仓皇南逃、大败而归的结局。 我渡江南来已有四十三年， 抬头北望，还清楚记得， 当年在漫天烽火中同金兵激战的扬州路。 往日抗金的壮举哪能忍心回顾？ 如今沦陷区一片太平景象：佛狸祠前看到的是 吃祭肉的神鸦，听到的是社日祭祀的社鼓。 还有谁来关心过问， 像廉颇一样的老英雄（暗指作者自己）， 还能否带兵上前线杀敌立功、为国捐躯？

【注释】 ①《永遇乐》：词牌名，又名《消息》，双调104字，仄韵。京口：今江苏省镇江市。②孙仲谋：即孙权，曾一度在京口建都，创立吴国，抗拒曹操。此句是说，现在找不到孙权这样的英雄了，只有江山依旧，千古永存。③雨打风吹去：指一切繁华景象和英雄业绩都随着时间流逝和被雨打风吹一样消失了。榭(xiè)：指台上的房屋。舞榭歌台：比喻繁华景象。风流：指英雄业绩。④寄奴曾住：说南朝宋武帝刘裕曾经住过，寄奴是刘裕的小名。寻常巷陌(mò)：普通的街巷。⑤气吞万里如虎：指刘裕率兵北伐中原，驱走敌人，气势像猛虎一样，简直要把敌人生吞下去。金戈铁马：指打仗用的兵器和披铁甲的战马。⑥赢得仓皇北顾：刘裕死后，儿子刘义隆继承父业，于元嘉二十七年(450)派王玄谟率部北伐，因准备草率，结果落得个仓皇败逃。赢得：落得。北顾：一面败逃，一面回头北望。封狼居胥(xū)：原指汉大将霍去病伐匈奴，大获全胜，在狼居胥山(今内蒙古西北)封山而还。封：即筑坛祭天。这里指刘义隆北伐前也打算像霍去病一样建功立业，却没有实现。⑦烽火扬州路：作者回顾43年前(此诗作于1205年)，自己南归时(1162年)，正值金主完颜亮南侵失败(在马鞍山的采石矶遭到南宋军队的痛击；转攻扬州时，也遭到坚决抵抗；此时作者正在山东抗金)，扬州一带处处燃起抗金烽火。⑧一片神鸦社鼓：北魏太武帝拓拔焘追杀刘义隆北伐队伍一直到长江北岸的瓜步山(今南京市六合区)，并在那里建立了行宫，

后改为佛(bì币)狸祠。佛狸:拓拔焘的小名。神鸦社鼓:指当年抗金烽火看不到了,只听到飞进庙里吃祭肉的神鸦,听到社日祭祀的鼓声,讥讽沦陷区的"太平"景象,暗指南宋统治者不积极抗金而抒发的不堪回首的悲愤感情。⑨"廉颇老矣,尚能饭否":战国时赵国名将廉颇晚年失意,跑到魏国,后来赵国又想用他,派使者去探望,他当着使者的面大吃大喝,还披甲上马,表示自己还不老。因使者回去对赵王说了坏话,赵王没有再用他。作者自比廉颇,虽然年老,仍可为国效力,但可叹的是谁会托人来探问自己呢?

【赏析】 此词是作者66岁任镇江知府时写的。他坚持积极抗金,又反对草率从事。因此借古喻今,怀念古人古事,抒发对南宋朝廷长期苟且偷安、不图恢复中原以及自己空有报国雄心壮志、而不被重用的忧伤和愤慨。

【相关链接】 与上首词同时而作的还有《南乡子·登京口北固亭①有怀》:"何处望神州②?满眼风光北固楼③。千古兴亡多少事,悠悠。不尽长江滚滚流!年少④万兜鍪,坐断⑤东南战未休。天下英雄谁敌手?曹刘⑥。生子当如孙仲谋⑦。"作者在这里抒发怀古之情,歌颂英雄人物,指斥当朝统治者的无能。[注:①北固亭:在镇江东北北固山上,西临长江。②神州:一般用来指中国,这里特指被金兵侵占的中原大地。③北固楼:即北固亭。④年少:指三国时东吴皇帝孙权,19岁就统治吴国。兜鍪(dōu móu都谋):头盔,这里代指士兵。⑤坐断:占住。⑥曹刘,指曹操和刘备。⑦孙仲谋:孙权,字仲谋。]

【常识】 1.我国民间四大传说是:牛郎织女,孟姜女寻夫,白蛇与许仙,梁山伯与祝英台。
2.豪放词派是宋词风格流派之一,其特点是:创作视野开阔,气势恢弘雄放,乐于采用诗文的手法、句法和字法来写词,代表人物是苏轼和辛弃疾。

水龙吟①
登建康赏心亭②

楚天千里清秋③,	南国的天空秋高气爽,一片清凉,
水随天去秋无际④。	天连水,水连天,秋色茫茫。
遥岑远目⑤,	眺望远处的青山,
献愁供恨⑥,	美得像姑娘的发髻一样,
玉簪螺髻⑦。	山越美啊,越使人愁恨滋长。
落日楼头,	站在暮色笼罩的城楼之上,
断鸿声里⑧,	听孤雁一声声叫得那么悲伤,
江南游子⑨,	我这江南游子,
把吴钩⑩看了,	把吴钩看了又看,
栏杆拍遍,	把栏杆拍了又拍,
无人会,登临意。	有谁了解我登临时愁苦的心肠。

休说鲈鱼堪脍⑪,	不要说鲈鱼烧得正香,
尽西风,季鹰归未?	尽管秋风起,我怎能像季鹰那样,飘然还乡?
求田问舍⑫,	买田地置房产为个人着想,
怕应羞见,	哪有脸去见,
刘郎才气。	那才高气盛的刘郎。
可惜流年,	可惜时光白白地流淌,
忧愁风雨,	我的祖国还在风雨中飘荡,
树犹如此⑬!	早年的幼树已长得这么粗壮!
倩⑭何人唤取,	失意英雄两鬓霜,即使有人请来
红巾翠袖⑮,	那红巾翠袖的姑娘,
揾⑯英雄泪!	也难把我的眼泪揩光!

【注释】 ①选自《大学语文》(南京大学出版社)。《水龙吟》,词牌名,因李白诗有"笛奏龙吟水"句,故名。又名《龙吟曲》、《庄椿岁》、《小楼连苑》。102字,仄韵。此词作于淳熙元年(1174),诗人时任建康江东安抚使司参议官。宋孝宗乾道五年(1169),诗人时任建康(今江苏南京)通判。一说作于作者借景抒情,沉郁顿挫、曲折迂回地表述了忧国忧民而又壮志难酬的抑郁心情。②赏心亭:在建康城西,下水门上,下临秦淮河,尽观揽之胜,是建康名胜之一。赏心亭,一作"伤心亭"。③楚天:南方的天空。长江中下游一带,战国时属楚国,故称。清秋:冷落凄凉的秋天。④水随天去:江水向天边流去。秋无际:一片秋色,无边无际。⑤遥岑远目:是"远目遥岑"的倒装。岑,小山。远目,远望。⑥献:表现。供:显露。⑦玉簪螺髻:美女的装饰。玉簪:玉制的发簪。螺髻:螺旋形的发髻。这里形容远山的形态,或高峻,或层叠。⑧断鸿:孤雁。此句语出柳永《玉蝴蝶》:"断鸿声里,立尽斜阳。"⑨江南游子:作者自称。辛弃疾是北方人,现流落江南,故称。⑩吴钩:吴地(江苏南部)产的一种弯形宝刀。古代多用吴钩作精良宝剑的代称。⑪"休说"二句:写自己不贪恋享受,不愿学张翰那样忘情时事,弃官回乡。据《世说新语•识鉴》载,晋张翰(字季鹰)为官洛阳,秋日思吴中菰菜、莼菜、鲈鱼脍,便弃官返乡。脍(kuài会),指切得极细的肉丝。⑫"求田"三句:表示自己不愿意求田问舍,做富家翁。刘郎,指刘备。刘备曾经讥笑过许汜购置田产而全无忧国救世之意。(见《三国志•魏志•陈登传》)。⑬"树犹如此":据《世说新语•言语》载,东晋大司马桓温北伐时途经旧地金城(今江苏句容),见自己昔年栽的柳树已十围,便感叹道:"木犹如此,人何以堪?"于是攀树折条,潸然泪下。意谓树都那么大了,而人却虚度年华。这里喻岁月易逝,壮志难酬。⑭倩(qìng):请。⑮红巾翠袖:代指美人。⑯揾(wèn问):揩拭。

【赏析】 作者写此词时已南归十二年,恢复之志既难以实现,胸中自不能不忧愁郁积,而虽则胸中郁积,又仍旧初衷不改。这首词便表现了辛氏的上述复杂矛盾的心态。词起笔勾画出一派水天空阔、秋高气爽的阔大景象,然接写远山却又婉转凄恻。登临之意,无人可会,其愤懑之情,溢于言表,然亦不肯谈张翰弃官归去之事,不屑于许汜的求田问舍,而虽不肯求田问舍,仍不免伤时感逝、忧心恢复。总之,辛弃疾卓荦(luò 洛)不凡的器识、深沉强烈的忧患意识、隐然心头的身世之感以及恢复之志难以实现的怨愤,一寓于词中,有很强的有感染力。而其风格上是雄奇刚健中不乏深婉蕴藉之致,横放恣肆之中而能顿挫有节。

辛弃疾登南京秦淮河畔赏心亭时正值秋天,天高气爽,在这样的日子里游赏,照例应该是很高兴的,可是在作者的眼里,远远的山峰都好象是饱含着忧愁。在哀鸿的叫鸣声里,在落日的余辉之中,他却苦闷万分。上阕写出了苦闷和悲愤的原因。是因为报国无路,壮志难伸。写得回肠荡气,感人肺腑。下阕接连用几个典故,使这种感情显得更沉深,更有力。

摸鱼儿①

淳熙己亥②自湖北漕移湖南③,同官王正之④置酒小山亭,为赋⑤。 大

更能消、几番风雨⑥,	还能经得起几次风雨摧残,
匆匆春又归去。	匆匆忙忙地回去了——这美好的春天。
惜春长怕花开早,	我珍惜春光总担心花儿开得太早,
何况落红无数。	更何况现在已经是落花满地。
春且住!	春天啊,你暂且留下吧!
见说道、	我听说,绿草长到了天边,
天涯芳草无归路⑦。	你回去路早已遮断。
怨春不语。	可惜春天走了,不再和我攀谈。
算只有殷勤,	只有那好心的蛛网挂在檐边,
画檐蛛网,	一天到晚招惹一些飘落的柳絮罢了,
尽日惹飞絮。	又怎能网得住那归去的春天?
长门事⑧,	那陈阿娇被遗弃在长门宫中,
准拟佳期又误。	想会见武帝又错过了时间。
蛾眉曾有人妒。	美貌的人啊,总会遭到别人的诬陷。
千金纵买相如赋,	即使用黄金买来司马相如溢美的文章,
脉脉此情谁诉?	又能向谁去诉说这缠绵不平的情感?
君莫舞⑨,	善妒的人啊,你们不要得意忘形,

君不见、	你们难道没有看见——
玉环飞燕皆尘土⑩！	杨玉环、赵飞燕的下场多么悲惨！
闲愁最苦⑪。	闲散生活最使人愁苦。
休去倚危栏⑫,	千万不要登上高楼凭栏远看,
斜阳正在,⑬	夕阳正挂在清冷的树梢,
烟柳断肠处。	那笼罩着暮烟的柳林啊,使人愁肠欲断。

【注释】 ①选自《大学语文》(南京大学出版社)。《摸鱼儿》,唐教坊曲名,店用为词牌。又名《买陂塘》《迈陂塘》,116字,上下阕,仄韵。②淳熙己亥:公元1179年,那时辛弃疾40岁。淳熙,宋孝宗赵昚(shèn 慎)的年号。③自湖北漕移湖南:由湖北转运副使调往湖南转运副使。漕(cáo 曹),宋代称转运使为漕司,是管钱粮的官。④王正之:是辛弃疾的老朋友,明州(今浙江宁波)人,辛调离后由王接替其职,故称同官。⑤为赋:因此写这首词。⑥消:经得起。⑦"见说"句:听说天尽头边长满了芳草,春已没有归路。这句表示作者希望春天找不到归路,可以长住人间。见说,听说。意即春天已尽,不再回来了。⑧"长门事"五句:司马相如《长门赋序》称,汉武帝(刘彻)时,陈皇后失宠,废居长门宫,愁闷悲思;听说司马相如善写文章,就奉送黄金百斤,请相如作赋以解悲愁;这篇文章使汉武帝感悟,于是陈皇后重新得宠。这里借题发挥,陈皇后本可重新得宠,因有人妒嫉进谗,使原来约好的佳期又耽误了;纵然她用千金买得相如赋,脉脉柔情又能向谁倾诉?这几句暗喻忠良之士遭受谗言,不被理解信用,虽有思君报国之心,却无处倾诉。拟,拟定,约定。蛾眉,借指美人。脉脉,含愤。谁诉,向谁诉说。⑨君莫舞:你是不要手舞足蹈。此句警告谗害忠良者不要高兴大早。⑩玉环飞燕:杨玉环即杨贵妃,唐玄宗宠妃,骄贵一时。安禄山改陷长安,她随玄宗赴四川避乱,途中被赐死于马嵬坡。赵飞燕是汉成帝的宠后,后废为庶人,自杀。这里警示当时的权贵们也不会有好下场。⑪闲愁:指精神上的苦恼。⑫危栏:高楼上的栏杆,危,高。⑬"斜阳"二句:夕阳正斜照在令人断肠的烟柳深处。这里的日落西山的暗淡景色喻南宋摇摇欲坠的衰微国势,表面上看是作者为春暮、日暮断肠,实际上是为国事而愁苦。

【赏析】 这首词借宫中美人的春愁闺怨,抒发了作者对国运危迫、抗金形势衰微的焦虑担忧报国无门、有志难伸的郁闷悲愤。

词以比兴象征手法抒写情怀。上阕借物起兴,以江南暮春的衰残景象象征南宋微弱的抗金形势,借美人之伤春、惜春、留春、怨春,表达对抗金复国的情怀热望和深沉惋惜;下阕托古喻今,用汉武帝时陈皇后的宫闱旧事比兴,经美人之失宠、见妒、闲怨、苦思,暗示自己南渡回来,长期遭受朝廷冷落、排挤、猜忌的际遇,抒发华年虚度、抱负成空的苦闷激愤。全词抒情委婉沉郁。

　　本词比兴手法的运用不拘限于个别语句或局部的喻譬,而是通贯全篇,在总体上具有象征意义。如全词三次与及的残春景象,无疑是南宋局势风雨飘摇的象征;而词中美人之失宠见妒、伤春怀怨,则显然是作者遭际、心境的比况。整首词的外在形象与深层寓意若即若离,寓意深远。"闲愁最苦,休去倚危栏,斜阳正在,烟柳断肠处。"结尾数句,其可谓愁到极处,怨苦极处了。"斜阳""烟柳",在辛词中是一种寓有对日渐衰颓的南宋国势隐忧的典型的意象。

　　本词"肝肠似火,色貌如花"寓豪放于婉约之中,风格则柔刚相济。

杨万里(1127—1206)

　　南宋诗人,字廷秀,号城斋,吉水(今属江西)人。绍兴二十四年(1154)进士,曾任秘书监(秘书省主官),为官清廉,主张抗金,又敢于直言进谏,故屡遭排挤。诗与尤袤(mào 贸)、范成大、陆游齐名,称"南宋四家"。初学江西诗派,后风格转变,以王安石及晚唐诗为借鉴,构思新巧、语言清新活泼、想象丰富,具有明快自然、诙谐风趣、生动逼真特点,自成一家,在当时称为杨诚斋体,世称"诚斋先生"。一生作诗两万多首,传世者仅 4 200 多首。亦能文,部分诗文关心时政,反映民间疾苦较为深切,有《诚斋集》传世。

小　池① （小）

泉眼无声惜细流②,	无声的泉眼爱惜泉水,让它细细地流淌,
树阴照水爱晴柔③。	清水照映着树阴是因为喜欢晴天的风光。
小荷才露尖尖角④,	嫩荷钻出水面,才露出可爱的尖尖小角,
早有蜻蜓立上头⑤。	活泼的小蜻蜓早已停歇在嫩荷之上。

【注释】 ①小池:题目《小池》就是写小池塘的景色。②泉眼:泉水的出口。惜:爱惜。细流:细小的流水。③树阴照水:清清的水映照着树阴。晴柔:晴天柔和的风光;爱晴柔:就是喜欢晴天柔美的风光。④尖尖角:还没有放开的嫩荷叶露出水面时,形状是尖尖的。⑤立上头:站立在嫩荷叶上面。

【赏析】 这首七言绝句取材很别致,"泉"则曰"眼","流"则言"细",荷是"小荷",叶是"尖尖角",上面还立着一只小小的蜻蜓。诗中景物,无不透着一个"小"字。加上诗题"小池",通体小巧玲珑,天真妩媚,不待安排句法,只这些小巧天真的形象,已令人目悦神怡。

　　前两句,把读者带入了一个小巧精致、柔和宜人的境界之中,一个"惜"

字,化无情为有情;一个"爱"字,给绿树以生命,衬托出了小池和风不起,水波不兴,水平如镜的风光。后两句,诗人勾画了一幅妙趣横生的景象。"才露"与"早立"前后照应,逼真描绘出蜻蜓与荷叶相依相偎的可人情景,从而流露出诗人热爱大自然的思想感情。

【相关链接】 《讽刺与幽默》上曾刊登一幅漫画,题目是"小荷才露尖尖角",就有两顶"博士帽"压在它上头(一顶帽上有"神童"二字,一顶帽上有"天才"二字),把小荷的茎压弯了,大有压断之势。

【常识】 "中兴四大诗人"是指杨万里、范成大、陆游和尤袤。

晓出净慈寺送林子方① (图79) （小）

毕竟②西湖六月中,	到底是西湖六月天的景色,
风光不与四时③同。	风光与其他季节确实不同。
接天莲叶无穷碧④,	莲叶接天望不尽那一片碧绿,
映日荷花别样⑤红。	荷花在朝阳下分外艳丽鲜红。

【注释】 ①净慈寺:西湖边上的一座寺庙。林子方:作者的一位朋友,曾做过直阁秘书等官。②毕竟:到底。③四时:本指春夏秋冬四季,这里指六月以外的时节。④碧:青绿色。⑤映日:阳光照射;别样:宋代俗语,"特别的"意思。

【赏析】 这首七绝的名句是"映日荷花别样红"。诗人驻足六月的西湖送别友人林子方。全诗通过对西湖美景的极度赞美,婉转地表达对友人的眷恋。诗人开篇即说毕竟六月的西湖,风光不与四时相同,这两句质朴无华的诗句,说明六月西湖与其他季节不同的风光,是足可留恋的。然后,诗人用充满强烈色彩对比的句子,给我们描绘出一幅大红大绿、精彩绝艳的画面;翠绿的莲叶,涌到天边,使人感到置身于无穷的碧绿之中;而娇美的荷花,在骄阳映照下更显得格外艳丽。这种谋篇上的转化,虽然跌宕起伏,却没有突兀之感。看似平淡的笔墨,展现了令人回味的艺术境地。前两句写感受,造句大气,使读者还未领略西湖美景,已受到了强烈的感染;后两句写实景,诗人描了一幅接天荷叶、荷花在丽日下交相辉映的绚丽画面。全诗先赞后叙的手法,一上来就抓住读者,使人有身临其境之感。

【常识】 1. 鸟类也有生离死别。河北省尚义县季水天树,一名小学生用弹弓击伤一只喜鹊,玩弄致死扔掉,导致了一场喜鹊追悼会。1995年4月7日6时30分,200多只喜鹊拖着长尾伏在那里一动不动,没有声音,……持续2分钟后被机动车惊飞。

2. 一只燕子夏季就能捕食120万只蚊子和苍蝇。

舟过安仁①

七绝　　　　　　　　　　　　　　　　　　　　　　小

一叶渔船两小童，	一叶小渔船上有两个小孩子，
收篙停棹②坐船中。	他们收起竹篙并停下船桨坐在船中。
怪生③无雨都张伞，	哦，怪不得没下雨他们都张开了伞，
不是遮头是使风④。	原来不是为了遮头，而是把伞当帆使。

【注释】　①安仁：县名，属湖南省郴州市。叶挺率独立团北伐，朱德率南昌起义一部上井冈山与毛泽东秋收起义一部会师，都经过安仁县。②篙(gāo 羔)：撑船的毛竹竿。棹(zhào 赵)：划船的桨。③怪生：怪不得。④使风：因渔船太小，不可能竖桅杆挂风帆，聪明小孩打开两把伞，让伞代帆，带动小船行驶。（四川和江西各有一个"安仁镇"，有人说杨万里写的这个"安仁"可能是江西安仁镇）。

【赏析】　这是一首田园小诗。前三句写景：一叶小渔船，两个小童，收篙停棹，坐在船上都打开了伞。作者开始不解，为什么没有雨，太阳也不毒，他们都打开伞呢？第四句才解谜：哦！原来这伞不是为遮头，而是为了使风推动小船行驶？短短28个字，不仅描绘出一幅美丽的田园风光，还把两个聪明的小孩活灵活现地刻画出来了。语言朴实无华，清新流畅，读起来妙趣横生。

宿新市徐公店①

　　　　　　　　　　　　　　　　　　　　　　　　小

篱落疏疏一径②深，	稀疏的篱笆旁一条小路向里延伸，
树头花落未成阴。	枝头的花已落尽，但叶子还未成阴。
儿童急走追黄蝶③，	儿童跑着追捕金黄色的蝴蝶，
飞入菜花无处寻。	它们飞入油菜花中便无影无踪。

【注释】　①新市：在湖南省攸县城北。徐公店：姓徐的人开的客店。②篱落：篱笆。疏疏：稀疏。径：小路。③急走：奔跑。黄蝶：黄色的蝴蝶(状如图91)。

【赏析】　此诗前两句点明地点和时间，后两句写法特别传神，成为名句。

【相关链接】　杨万里有些诗富有人生哲理，如1180年二月，他官赴广州，路过江西赣州桂源铺时，写下一首《桂源铺》："万山不许一溪奔，拦得溪声日夜喧。到得前头山脚尽，堂堂溪水出前村"。2013年4月24日，台湾《旺报》发表文章引用了这首诗，并说，"民进党终于走对了一步"，他们也发出"人道关怀"的信息，呼吁台湾社会发挥爱心，协助四川雅安大地震灾后重建。尽管"和平发展"已成为国共对话的共同语言，但由于苏某坚持"台独"路线，民共关系始终处于僵持状态。而民进党许多"大佬"，如谢长建、许信良等人纷纷为民共关系的改善提出建言，希望消除民共对话的政治障碍。是民进党许多人"不许"苏某"一溪奔"，还是民进党"不许"国民党"一溪奔"？或"民共关系破冰开始"？

李清照（1084—约1155）（图23）

南宋著名女词人，号易安居士，历城（今山东济南市）人。父李格非为当时著名学者，夫赵明诚为金石考据家，他们一起过了20多年安闲的生活。早期生活优裕，与赵明诚共同致力于书画、金石的搜集整理。1127年后，宋高宗赵构南逃，李清照（43岁）流寓南方，丈夫病故，境遇孤苦。所作之词前期多写其悠闲生活，后期多悲叹身世，情调感伤，有的也流露出对中原的怀念。形式上善用白描手法，自辟途径，语言清丽；论词强调协律，崇尚典雅、情致。提出词"别是一家"之说，反对以作诗文之法作词，人称"婉约词派"。李清照也能诗，但留存不多，部分篇章感时咏史，情辞慷慨，与其他词风不同。有《易安居士文集》《易安词》，已失散。后人有《漱玉词》集本，今人辑有《李清照集》。

夏日绝句 （小）

生当作人杰①，	活着应当作人中豪杰，
死亦为鬼雄②。	死了也要成为鬼中英雄。
至今思项羽③，	至今人们还思念起项羽，
不肯过江东④。	他宁死也不肯逃回江东。

【注释】 ①人杰：人中豪杰。②亦：也要。为：成为。鬼雄：鬼中的英雄。③思：怀念。项羽：秦末人，曾领导起义军主力，自立为西楚霸王，后来被刘邦打败，逃到乌江边，有人劝他暂避江东，重整旗鼓，但他自觉失败，"无颜见江东父老"而自杀。④过：逃回。江东：铜陵至南京段长江以东地区，泛指长江下游一带，而项羽自刎的安徽省和县乌江在长江以西。

【赏析】 此诗诗意明白爽朗，所用的项羽故事，也是人所共知的典故。这其实是借古讽今，讽刺当时妥协退让、忍辱苟且、不想北上收复失地的南宋统治者。该诗表面上赞美项羽，实际上是对当时统治者的强烈不满。李清照之所以有如此沉痛悲愤的感情，是因为她本人正是在朝廷败逃的情势下被弄得家破人亡的。不仅个人如此，当时时局亦如此。因此，此诗不仅是抒发个人的悲愤，也反映了广大百姓的心声。800多年前一位弱女子在诗中提出的生死观，至今仍然熠熠生辉，掷地有声，可见忧国忧民的思想永远不会过时，而且一个人无论在什么时候，都绝不能少了骨气。

【常识】 "婉约词派"是宋词风格流派之一，指修辞委婉、表情柔腻的词派。该派词多表现男女之间的柔情和个人遭遇，偶有一些描绘山川自然风光的作品。

醉花阴·九日①

薄雾浓云愁永昼②,	薄薄的雾气,浓浓的乌云,这阴暗的天气真使人整日愁闷,
瑞脑销金兽③。	那雕着兽形的香炉里,瑞脑已燃尽。
佳节又重阳④,	转眼间又到了九九重阳,
玉枕纱厨⑤,	睡在纱帐里,枕着瓷枕,
半夜凉初透。	半夜里感觉到凉气袭人。

东篱把酒⑥黄昏后,	闲闷时来到东边花园,边饮酒边赏菊,消磨黄昏,
有暗香盈袖⑦。	那菊花的幽香呦,沾了一身。
莫道不销魂⑧,	可别说忧愁不损伤精神,
帘卷西风⑨,	当秋风吹动窗前的帘子,
人比黄花⑩瘦。	你瞧,孤单的人呦,比菊花憔悴三分!

【注释】 ①《醉花阴》:词牌名,双调52字,仄韵。九日:农历九月九日重阳节。②薄雾浓云:指香炉缭绕如同阴云密布,令人心情不愉快;永昼:整天。③瑞脑:一种香料。销:指燃烧尽。金兽:兽形香炉。④重阳:重阳佳节。⑤玉枕:白玉枕头,一作瓷制的凉枕。纱橱:纱帐。⑥东篱:指菊园,陶渊明《饮酒》:"采菊东篱下,悠然见南山。"把酒:举起酒杯。⑦暗香:这里指淡淡的菊花幽香。盈袖:充满衣袖。⑧销魂:悲哀。⑨帘卷西风:意思是说秋风吹来,卷起帘子。⑩黄花:指菊花(图78)。

【赏析】 《醉花阴》是李清照前期词的代表作。她结婚不久,丈夫赵明诚即负笈远游,一人在家,特别是重阳佳节思念亲人情切,填写了此词。上阕写从早到晚,环境冷清,孤寂无聊,愁闷难捱;下阕集中写黄昏后的愁绪,用重阳节的标志—菊花之黄瘦来比愁人的面容,特别形象,清瘦中不乏美意。"莫道不销魂,帘卷西风,人比黄花瘦"三句,历来为人们所叹赏,因为它细腻地表现了贵族少妇的复杂、愁苦的心理状态,艺术性较高。"瘦"字是该词的词眼。

武陵春①

风住尘香②花已尽,	春风停春花落,尘土里留着花香,更增添我的伤感,
日晚倦梳头。	在这凄凉的傍晚,我无心梳洗打扮。
物是人非③事事休,	风物依旧人已变,我事事碰壁,样样不能遂愿,
欲语泪先流。	还没有开口说话,泪水就流满了一脸。

闻说双溪④春尚好,	听说双溪还留有美好的春色,
也拟泛轻舟。	也曾准备到那里划划小船。
只恐双溪舴艋舟⑤,	只恐怕双溪那小小的船儿呀,
载不动,许多愁。	载不动我心头的愁苦无限。

【注释】 ①《武陵春》:词牌名,又名《武林春》《花想容》,双调48或49字、50字,平韵。②尘香:尘土里有落花的香气。③物是人非:景物依旧,人却已变,暗指丈夫已死。④双溪:浙江武义、东阳两江水流到金华,并入婺江,两水合流处叫双溪。⑤舴艋舟:像蚱蜢一样的小船。舴艋(zé měng):小船。

【赏析】 这是李清照51岁避乱在金华时所作。国破家亡,人世沧桑,给她带来极大的愁苦,这愁苦恐怕双溪的小船儿,都要载不动了!

【常识】 我国历史上著名女诗(词)人有:卓文君(西汉,有与司马相如夜里私奔的故事)、班昭(东汉)、蔡文姬(东汉)、谢道韫(东晋)、左芬(西晋)、李清照(南宋)、唐婉(南宋)、朱淑真(南宋)、薛涛(唐)、柳如是(明末)。

一剪梅①

高

红藕香残玉簟秋②。	荷花凋谢了,又到了竹席生凉的秋天。
轻解罗裳③,	轻轻地撩起丝绸的裙子,
独上兰舟。	一个人坐着小船闲游。
云中谁寄锦书④来?	云中谁捎来锦字情书?
雁字⑤回时,	雁群飞来的时候,
月满西楼。	月光已洒满楼头。
花自飘零水自流。	花儿独自飘落,溪水独自流淌。
一种相思,	彼此一样牵挂,
两处闲愁。	两边愁苦无限。
此情无计可消除,	这相思之情真难排遣啊,
才下眉头,	刚刚舒展眉头,
却上心头。	心头又增添了思念。

【注释】 ①《一剪梅》:词牌名,又名《蜡梅香》,双调60字,平韵。②玉簟(diàn 店):席子的美称;玉簟秋,用竹席感到有些凉意了。③罗裳:丝绸作的裙子。④锦书:书信的美称。⑤雁字:雁群飞行时组成行列,状如"人"字,故称雁字。

【赏析】 李清照和丈夫赵明诚结婚不久,她丈夫就出门远游(一说求学)。这首词刻画了一个结婚不久的少妇思念远游的丈夫的心情,写法细腻、真实。词的上阕写女词人在爱人别离后独上兰舟望远以排遣愁怀,首句的"秋"点明季节,"红藕香残""雁字回时"等景物围绕"秋"字来写,雁回人未回,月圆人不圆,这令女词人平添几许惆怅;下阕以花落水流写两地相思之情,花落水流,势不可禁;两地相思,情不可抑,自然过渡到"此情无计可消除"。全词语言明白如话,俗中有雅,如"一种相思,两处闲愁"有对偶之美,"才下眉头,却上心头"有复叠之美,这使词的语言具有雅俗共赏的韵味。

声声慢① (高)、大

寻寻觅觅②，	找呀，找呀，像丢失了东西似的心神不定，
冷冷清清，	在这冷清清的秋天的黄昏，
凄凄惨惨戚戚。	我凄然寡欢，孤苦伶仃。
乍暖还寒时候，	这天气忽然回暖，一会儿又转冷，
最难将息。	要调养休息，也难得安宁。
三杯两盏淡酒，	喝上两三杯淡淡的酒，
怎敌它、晚来风急！	哪能抵挡夜晚的寒风！
雁过也，正伤心，	大雁飞过了，它撩起我心头的悲痛，
却是旧时相识③。	这熟悉的雁儿呀，曾为我把书信传送。
满地黄花堆积，	满地盛开的美人菊，
憔悴损，	也只能任其凋零，
如今有谁堪摘？	我身心俱损人憔悴，如今哪有心思摘评？
守着窗儿，	我孤单单地守候在窗前，
独自怎生④得黑！	该怎样挨到夜色降临！
梧桐更兼细雨⑤，	丝丝细雨敲打着梧桐，
到黄昏、点点滴滴。	一滴滴滴到我的心里，直到黄昏。
这次第⑥，	这光景最难受啊，
怎一个愁字了得。	一个"愁"字怎能概括尽我凄苦的心情！

【注释】 ①《声声慢》：词牌名，双调96至99字，有平韵、仄韵两体，仄韵例用入声。有的本子题目是《秋情》。②寻寻觅觅：一种如有所失要把它找回来的心情，用以表示内心的空虚。寻觅没有结果，便坠入凄惨悲戚的境地。③"雁过也"三句：是说雁儿飞过来了，正好托它带信，可是丈夫已死，信又带给谁呢？越想越"伤心"，再一看，这雁儿是曾给她带过信的"旧时相识"，伤悼之情便更进一层。④怎生：怎么。⑤梧桐(图76)：象征悲凉凄惨。⑥这次第：这一连串的情况。

【赏析】 靖康之变后，李清照亲历国破、家亡、夫死。这一时期她的作品再没有当年那种清新可人的风格，而转为沉郁凄婉，主要抒写她对亡夫赵明诚的怀念和自己孤单凄凉的景况。《声声慢》便是这一时期的典型代表作品之一。此词通篇表现了一个"愁"字。这种愁远非李清照前期词中那种清淡的春愁、离愁可比，它融会了亡国之痛、寡居之悲、沦落之苦，也反映了动乱时代妇女的不幸遭遇，而显得格外深广与厚重。开头连用14个叠字，细致地描绘了她"忧从中来，不可断绝"的心理过程。"寻寻觅觅"，包括寻思失坠的记忆，追念如烟的往事。这种寻觅，只能使她更感到现实景况的孤苦。于是"冷冷清清"先感于外，"凄凄惨惨戚戚"后感于内，如此陷入愁境而不得解脱。但全词除结尾一句道破外，都没有直接说愁，而是从刻画冷清萧索的环境来烘托凄惨悲切的心境。

在艺术上,她创造性地运用迭字,增强了词的艺术表现力。

【相关链接】 1. 2012年11月29日,新当选的中共中央总书记习近平参观《复兴之路》展览时指出:历史告诉我们,每个人的前途命运与国家和民族的的前途命运紧密相连。国家好、民族好、大家才会好。(新华每日电讯11月30日头版)

2. 2013年1月9日新加坡《联合早报》载文说:也许对比一下中国梦与美国梦的不同哲学背景,会提供一些有益的启示。美国梦的概念可以如此表述,即一个人无论什么背景,只要来到新大陆,通过努力工作创业,就可以得到梦想的一切,以西方文化中强调个人努力、权利和自由等成分为主。中国梦则推崇"国家好,民族好,大家才会好。"明显是继承了东文方文化的集体主义传统,"梦想国家的强大成为人民福祉的保障,让每一个人都从国家的发展中收获自己应得的成果。"

如梦令①

昨夜雨疏风骤②,	雨,疏疏落落地下,风一阵紧似一阵地刮;
浓睡不消残酒③。	昨夜睡得又香又甜,残存的酒意还留在双颊。
试问卷帘人④,	清晨问那卷帘的侍女,"院内花儿可有变化?"
却道"海棠依旧"。	她说是"海棠照旧开着红花"。
"知否,知否?	"你知道吗?知道吗?在这春末夏初的季节
应是绿肥红瘦⑤。"	应是绿叶肥大,红花稀瘦、多被风雨打下。"

【注释】 ①参见《大学语文》(南京大学出版社)。《如梦令》:词牌名,原名《忆仙姿》,相传为五代十国时期后唐庄宗自制曲,因其中有"如梦,如梦,和泪出门相送"句,苏轼改为今名,又名《宴桃源》。这种词牌格式单调,33字,仄韵。②雨疏风骤(zhòu):雨疏疏落落地下个不停,风刮得很紧。③浓睡:睡得很好。不消残酒:残余酒味尚未消。④卷帘人:指站在门口卷帘的侍女。⑤绿肥红瘦:海棠(图56)的叶子更肥大、花儿更稀少(或萎缩凋零)了。

【赏析】 这首小词用精炼的对话来描写人物,实为少见。侍女粗枝大叶的态度,主人爱惜花草的心情,都生动地得到了表现。"绿肥红瘦"四个字把春末夏初的景色,刻画得很形象。连用两个"知否",似两个人话不投机,主人有点不高兴。此词语言浅显、清新,形象鲜明生动,具有浓厚的生活气息。

【相关链接】 李清照还有一首《如梦令·常记溪亭日暮》:"常记①溪亭日暮,沉醉不知归路。兴尽晚回舟,误入藕②深处。争渡、争渡,惊起一滩鸥鹭③。"这首词记叙了多年前的一件难忘往事:傍晚在溪亭,作者与朋友在一起饮酒后大醉,找不到回家的路了。当摇船回返时,竟把船摇到了荷花深处。为找归路急切地划呀,划呀,又惊起了栖息在河滩上的水鸥和白鹭。这真是一幅动与静结合完美的生机盎然的图画。[注:①常记:经常想起。②藕花:荷花(图79)。③鸥鹭:水鸥(图41)和白鹭(图32)。]

范成大（1126—1193）

南宋诗人，字致能，号石湖居士（晚年回到苏州石湖隐居），平江吴郡（今江苏苏州）人，曾任四川制置使（陆游在其幕下任参议官）。诗与陆游、杨万里、尤袤齐名，为"南宋四大家"之一。他热爱田园生活、闲适和简朴，也常参加田园劳动，和当地农民建立了深厚的感情，天长日久，他也深谙农事，俨然是个经验丰富的老农了。他的田园诗概括地描写了农村的广阔生活和农民的疾苦，既有深刻的社会内容，也表现了恬静闲适的田园生活。他在石湖过隐居生活期间，根据自己去农村的生活写成《四时田园杂兴》60首，是宋代田园诗的代表作之一。分为"春日""晚春""夏日""秋日""冬日"5组，每组12首。都是七绝，这是他所擅长的。

四时田园杂兴①（其一）　　　　（小）

| 梅子金黄杏子肥②，
麦花雪白菜花稀③。
日长篱落无人过④，
惟有蜻蜓蛱蝶⑤飞。 | 梅子颜色金黄，杏子长得肥硕，
麦子吐穗花雪白，油菜结籽花儿稀。
白日渐长，篱笆墙下无人经过，
只有蜻蜓和蛱蝶翩翩起舞飞。 |

【注释】①四时：即四季。杂兴：杂感。②肥：指杏子（图71）长得肥硕。③麦花：指麦子秀穗，呈白色与绿色（图110）。菜花稀：油菜花大都结籽了，只有小部分菜花继续在开。④日长：夏日白天比晚上长两三个小时，黑龙江的漠河地区，夏至那一天"日长"达16小时。篱落：篱笆。无人过：大家都去忙农活去了。⑤蛱蝶：蝴蝶的一种，翅膀赤黄色，有黑色条纹（蝴蝶见图91）。

【赏析】作者的田园诗最为人称道。《四时田园杂兴》生动真切地描写了苏州地区的农村生活，其中写"夏日"部分的有12首，本诗为其第一首。诗的前两句，金黄色的梅子（图61）、肥硕的杏子（图71）挂满枝头，麦子吐穗花开正白，油菜花已经到了衰败的时候，但仍能见到稀疏的金黄，两句不仅描绘出五彩缤纷、秀美绮丽的田园风光图，是写实，也同时暗示了夏初的季节时间。三、四两句，"日长"正是夏季特征，村落中篱笆墙下无人经过，村中无人可见；正是农忙季节，农民都在田间劳作，故村中无人，正暗示田间农忙。蜻蜓蛱蝶飞舞，静景中有动态，也暗衬着农家田野的繁忙。整首诗写农家田园生活自然真切，野趣美、画面美，是其显著特色。

四时田园杂兴（其二）　　　　（小）

| 昼出耘田夜绩麻①，
村庄儿女各当家②。
童孙未解供③耕织，
也傍桑阴④学种瓜。 | 白天到田间除草，晚上搓捻细麻，
村庄里的男男女女各自持家。
小孙辈还不懂得耕田织布，
也待在桑树阴下学着种瓜。 |

【注释】①昼：白天。耘田：为禾苗锄草、松土。绩麻：披麻搓绳。②当家：操持家务。③童孙：幼小孙辈。未解：不懂、不会。供：担负、担任，这里指"参加""从事"。④傍：靠近、走近。桑阴：桑树下阴凉处。

【赏析】 这首诗是作者《夏日》组诗的第七首，前两句描写村民夏日繁忙的景象：白天锄田，晚间绩麻，操持家务，红红火火。三、四句选择幼童为描写对象：他们学种瓜的游戏活动，别具情趣，妙趣横生，为农忙的画面增添了悠闲色彩，也洋溢着淳厚的农村生活气息。

【常识】 中国有丰富的鸟资源，种类繁多，世界第一，为欧洲的两倍多。1994年在辽西地区发现的孔子鸟将动摇始祖鸟的地位。

四时田园杂兴（其三）

蝴蝶双双入菜花， 日长①无客到田家。 鸡飞过篱犬吠窦②， 知③有行商④来买茶。	几只色彩斑斓的蝴蝶在油菜花中飞舞， 白天长了，男女老少都忙着春播春种去了。 本来宁静的村子突然几只鸡飞过篱笆狗也在叫， 原来是走门串户的行商来收购新茶。

【注释】①日长：晚春时节白天渐长，农忙开始了。②窦：孔、洞。③知：知道。④行商：走门串户的小商贩。

【赏析】 这是作者"晚春"组诗12首中的一首。他看到苏州石湖一个村子里那有声有色、恬静又充满生机的情景，欣然提笔写下了上面这首明丽轻快的小诗。前两句用"蝴蝶双双入菜花"，来衬托男女老少都忙春播春种去了，村子里无人走动，一片宁静；后两句用"鸡飞过篱犬吠窦"的大动作打破了村子里的宁谧，原来是走门串户的小商贩收购新茶来了。寥寥数句，既写了静，又写了动，既写了农务，也写了经商，将那紧张劳动的男女老少和鸡飞狗叫的农家气息都一一跃然纸上。

朱 熹（1130—1200）

南宋哲学家、教育家，字符晦，一字仲晦，号晦庵，别称紫阳，徽州婺源（今属江西上饶市）人，侨居建阳（今属江西），曾任秘阁修撰等职。主张抗金，并强调准备。广注典籍，对经学、史学、文学、乐律以及自然科学有不同程度的贡献。在哲学上发展了二程（程颐、程颢）关于理学关系的学说，集理学之大成，建立了一个完整的客观唯心主义的理学体系，世称程朱学派。他的理学一直成为后来封建地主阶级统治人民的理论工具，在明清两代被提到儒学正宗的地位。他的博览与精密分析的学风，对后世学者很有影响。日本在德川时代，朱子学说也颇流行。著作有《四书章句集注》《周易本义》《诗集传》《楚辞集注》，及后人编纂的《晦庵先生朱文公文集》和《朱子语类》等多种。

春 日 　　　　　　　　　　(小)

胜日寻芳泗水滨①，	在春光明媚的日子，来到泗水边赏花观景，
无边光景一时新②，	无限风光景物焕然一新。
等闲③识得东风面，	随处都能领略东风的作用，
万紫千红总是④春。	是它带来了万紫千红的大好春景。

【注释】 ①胜日：原指节日或亲朋相聚之日，此指风光美好的日子；寻芳：游赏风景。泗水：在山东省中部，源出山东泗水县东蒙山南麓，四源并发（故名），西流经泗水、曲阜、兖州，折南至济宁。②无边光景：无限的风光、景色。一时新：顿时耳目一新。③等闲：寻常，随便、轻易。④总是：都是。

【赏析】 从字面上来看，这是一首游春诗：诗人到泗水河边观赏春景，见识了万紫千红的春天。但实际上在诗人生活的时代，泗水一带早已被金兵占领，出生在江南的朱熹根本不可能到那里去。这首诗实际上讲的是理学：诗人用"泗水"比喻孔子的学说，用"寻芳"比喻寻求圣人之道，"东风面"和"春"都是比喻圣人学说的真谛"仁"。这本是枯燥的道理，朱熹却使用了一系列的比喻，使其更加形象化。表明了道理无处不在，只要有心探寻，随时都可发现。

【相关链接】 同一标题的诗还有三首，我们来对比欣赏：

1. 北宋诗人秦观的《春日》："一夕①轻雷落万丝，霁②光浮瓦碧参差③。有情芍药含春泪，无力蔷薇卧晓枝。"意思是说：昨夜轻雷轰鸣、细雨蒙蒙，今早雨停了，晨光浮在碧瓦上明暗不一；芍药（图55）花瓣上的雨点像有情人的泪水，含情脉脉；蔷薇花（图57）却若有所思地躺在枝蔓上。这里有近景有远景，有动有静，有情有思，随意点染，参差错落，全诗运思绵密，描摹传神，自具一种清新婉丽的韵味，十分惹人喜爱。[注：①一夕：这里指一个晚上，即"昨晚"。②霁(jì)：雨雪停止，天放晴，如雨初霁。③参差(cēn cī)：参差不齐、明暗不一。]

2. 北宋诗人晁冲之的《春日》："阴阴溪曲绿交加，小雨翻萍上浅沙。鹅鸭不知春去尽，争随流水趁桃花。"这是一首寓情于景的惜春诗。全诗四句四景，小溪明净，细雨翻萍，鹅鸭"趁桃花"的景象寄自身之感慨，春已去尽，鹅鸭不知，故欢叫追逐，无忧无虑；而人却不同，既知春来，又知春去，落花虽可近，光阴不可回，诗人惜春之情溢于言表。

3. 南宋诗人陈与义的《春日》："朝来庭树有鸣禽①，红绿扶春上远林②。忽有好诗生眼底，安排句法已难寻③。"写的是杭州春天早晨即景：耳盈鸟语，似含泪低吟，满目青枝，红绿相扶，异馥诱人；而沦陷故土的树林又如何呢？寥寥数笔，一幅春意欲滴的画面展现眼前。然而，诗人的复杂心情，一时语塞，于是索性止笔，不再写景，转而抒情，情亦难抒，百感交集，潸然泪下。诡谲的诗人却用"已难寻"的遁词来诱使读者自己去感受春意，这种虚实相生的手法，给读者留下了很大的想象空间。[注：①禽(qín)：含着，如含泪低吟。②远林：杭州或汴州（今河南开封）的树林。③"已难寻"：一是说江南的春天太美了，我难以描绘，还是读者自己去寻思吧；二是面对沦丧的中原大地，表现出留恋和无奈之情。]

4. 2006年11月10日，胡锦涛主席在中国作协第七次大会上引用了后两句："等闲识得东风面，万紫千红总是春。"

2007年10月5日，新加坡《联合早报》刊载谭中的文章说，"国学"本身也必须积累、吸收、包容、应变。要这样做就必须经常总结，吐故纳新。春秋战国时代的诸子百家对夏商周的"中国学问"就进行过一番经验总结并发扬光大，宋明"理学""心学"专家朱熹、王阳明等又把佛教、道教的思想和儒家的"学境"和"处境"结合而发扬光大。……中国现在的道路是前人从来没有走过的，因此不仅要总结本国的经验，还要总结外国的经验与教训。英国蒙哥马利元帅说过一句话："傻瓜从自己的错误中吸取教训，我从别人的错误中吸取教训。"对中国来说，美国就是最好的正反两面教材。"中国学问"归根结底是经世处世之学。在万花筒式的当今国际社会中，这传统的智慧仍然可以变成行动的指南。比方说，国学中的"外圆内方""韬光养晦""推己及人""己所不欲勿施于人"和"以直报怨、以德报德"等，都能帮助中国屹立不倒。"以德报德"不难，但怎么"以直报怨"却有很深刻的学问。这"以直报怨"就是要在"以德报怨"的傻瓜行为和"以怨报怨"的报复行为之间走出一条利己利人的路子。过去，中国在和苏联、印度、越南、日本的关系上都积累了经验和教训，但一直到今天也还没有在"以直报怨"上达到炉火纯青的地步。将来，中美关系日益复杂，也会把如何灵活掌握"以直报怨"的原则提上议事日程。这一切都要求中国学者们刻苦钻研，把"中国学问"发扬光大。（北京师范大学于丹教授说过一段关于中日关系的话，大意是：对于中日过去那段铭心刻骨的历史，我们不能忘记，不能"以德报怨"，也不能冤冤相报。要用我们民族的正直、磊落、坦荡面对它，只要它认了错，我们就要让它过得去，这就叫"以直报怨"。）

【常识】 1. 2009年10月28日，美国众议院以压倒性多数通过一项决议，纪念孔子诞辰2 560周年，以表彰他对"哲学、社会和政治思想所作出的无法估量的贡献"。从2004年开始，中国在海外设立孔子学院，形势喜人，到2013年12月已在120个国家和地区设立了440所孔子学院和646个孔子学堂。2. 孔子最早在中国兴办私学，他有弟子300、贤者72人，其中包括子路、颜回和冉由等。3. 早在2001年8月11日墨西哥《永久》周刊就报道：75位诺贝尔奖得主在讨论新世纪世界前途的会议上认为，如果人类想在21世纪生活下去，那就必须倒回去，回到公元前6世纪，以便从生活在2 500年前的孔子的智慧中受益。4. 大道之行也，天下为公。——《礼记·九运第九》

观书有感

小

半亩方塘一鉴开①，	半亩大的池塘像一面明镜，
天光云影共徘徊②。	倒映在水中的蓝天和云影不停地晃动。
问渠那得清如许③，	要问池塘的水为什么这样清澈见底？
为有源头活水④来。	因为有活水不断地从源头流进来。

【注释】 ①一鉴开:像一面镜子似的被打开。鉴:镜子。②徘徊:来回移动。③渠(qú瞿):它,指方塘。那:同"哪"。如许:如此、这样。④为:因为。活水:不断流淌的水。

【赏析】 这是一首借景喻理的名诗。全诗以"方塘"作比,形象地表达了一种微妙难言的读书感受:此塘并不是一泓死水,而是源源不断地有活水流淌,因此像明镜一样,清澈见底,而且很深,才能映照出"天光云影";读书也是这样:一本好书如同"半亩方塘",里面的内容丰富无比,深沉厚重,让人不断受到启发,增长知识。此诗所表现的是读书有悟、有得时的那种灵气流动、思路明畅、精神清新活泼而自得自在的境界,这正是诗人作为一位伟大学问家读书的切身感受。所表达的这种感受虽然是指读书,却寓意深刻,内涵丰富,饶有理趣,特别是"问渠那得清如许,为有源头活水来"已凝缩成为常用成语"源头活水",成了至理名言。源头活水是什么?是书本上的知识,更是各种各样的问题。胡适说过:"问题是一切知识、学问的来源,活的学问、活的知识都是为了解答实际上的困难,或理论上的困难而得来的。"

【相关链接】 1. 朱熹还有一首《观书有感》:"昨夜江边春水生,艨艟巨舰一毛轻。向来枉费推移力,此日中流自在行。"大意:昨夜江边春水大涨,那艘庞大的战船就像羽毛一样轻。以往花费许多力气也推不动它,今天在水中间却能自在地移动。此诗告诉我们,只有不断地学习,不断地吸取新的知识,才能解决生活和工作中的疑难问题。[注:艨艟(méng chōng):古代一种战船。]

2. "以人为本、全面协调可持续发展"是科学发展观的基本内涵。解放思想、实事求是、与时俱进、求真务实,是科学发展观最鲜明的精神实质。

3. 党章修正案总纲增写了"只有改革开放,才能发展中国、发展社会主义、发展马克思主义"等内容。

【常识】 我国部分著名史籍的作者、朝代:
《左传》——左丘明,春秋时鲁国人;《史通》——刘知几,唐代人;《通典》——杜佑,唐代人;《史记》——司马迁,西汉人;《资治通鉴》——司马光,北宋人;《汉书》——班固,东汉人

叶绍翁(生卒不详)

南宋中期诗人,本姓李,祖籍建安(今属福建),后为叶氏后嗣,遂改姓,字嗣宗,号靖逸,生于龙泉(今浙江省龙泉县)。他是江湖诗派一员,写下了许多描写田园风光及生活的诗作,其诗作长于绝句,写景尤工。

游园不值① (小)

应怜屐齿印苍苔②,	大概是主人怕游人的木屐把草踩坏,
小扣柴扉③久不开。	所以我敲了半天门也没人出来开。
春色④满园关不住,	可这满园的春色是关不住的啊!
一枝红杏出墙来⑤。	一枝鲜艳的红杏早已伸出围墙来。

【注释】 ①游园不值:园,指私家花园;不值,这里指不遇主人进不了门。诗题是说他去游园,而主人不在,错过了游园的机会。②应怜屐齿印苍苔:"应"在诗中表示猜测语气"大概是""或许是"。怜:爱惜。屐齿:木底鞋下的两道高齿;屐(jī基):即木底鞋(图104)。苍苔:即青苔,也指青草地。③小扣柴扉:扣,即叩;小扣,轻轻地敲门;柴扉,柴门。④春色:花园中春天的景色。⑤一支红杏(图66)出墙来:一枝红艳艳的杏花伸出围墙来了,这是经常被人引用的名句,寓意深刻(一个人如果品德高尚,那他的好名声是怎么也关不住的)。诗人在作品里渗入了一些主观情思,使景物好像也有了人情味似的,这种写作方法值得借鉴。

【赏析】 这首诗构思巧妙,富于变化。作者用精炼的词句,从一个侧面表现主题。先写"游园不值",后写"红杏出墙"。从失望扫兴中写出欣喜,写法曲折有味,独具匠心。其次,它以少写多,启发想象:明写园外,暗写园里;明写一枝,暗写多枝,使人们由园外一枝联想到园内的万紫千红。整首诗不但赞美了春天充满生气,还启发人们思考,使人认识到春色是关不住的,任何进步美好的事物,总是封闭不住的,于是"春色满园关不住,一枝红杏出墙来"成为后人世代吟唱的名句。

【常识】 1. 园中三宝:树中银杏、花中牡丹、草中兰。
2. 花中两绝:牡丹和芍药。

夜书所见   小

萧萧梧叶①送寒声,	萧萧秋风吹动梧桐叶,送来阵阵寒意,
江上秋风动客情②。	客居异乡的我不禁思念起自己的家乡。
知有儿童挑促织③,	我忽然看到远处篱笆下的灯火,
夜深篱落④一灯明。	料想到定然是孩子们在捉蟋蟀。

【注释】 ①萧萧:风声;梧叶:梧桐树叶(图76)。②客情:客旅思乡之情。③促织:俗称蟋蟀,也叫蛐蛐儿(图103)。④篱落:篱笆。

【赏析】 这是叶绍翁在异乡触景生情之作,写出了诗人思念家乡的心境和怀念儿时灯下捉蟋蟀的童趣。语言朴实流畅,明白如话,有较大的想象空间。

【常识】 1. 2010年11月24日,《印度斯坦时报》载文说,对于那些总是担心孩子在户外玩耍时弄得脏兮兮的家长来说,现在有一条好消息——实验证明,吃吸一点灰土,可能使你的孩子变得更聪明。科学家发现,喂了土壤细菌"母牛分支杆菌"的实验鼠在通过复杂的迷宫时,速度是普通实验鼠的两倍。

2. 2006年2月1日,西班牙《国家报》发表文章说:警惕一次性产品断送传统价值观。也许从一次性纸尿布开始,一次性产品的发展变得一发不可收拾。现在,一次性产品充斥着我们的生活,从一次性纸杯、餐具到剃须刀、照相机,应有尽有。结果是,一次性产品给我们带来了灾难。世界变成了一个超级垃圾场,不仅污染了海洋和陆地环境,也造成了严重的工业污染和植被减少。很显然,一次性产品文化并不符合勤俭节约和爱惜东西的传统价值观念,造成以享受主义为原则的一代年轻人,助长了他们喜新厌旧、大手大脚和不爱惜东西的不良倾向,他们把消费看成快乐的全部来源,节约似乎成了"失败"的同义词。这样发展下去,对人类生存和个人都是危险的。

林 升(生卒不详)

南宋诗人,是宋孝宗淳熙年间(1174—1189)临安一位士人。

他的诗不多见,但题写在临安旅店的《题临安邸》却成了名诗,"山外青山楼外楼"富有哲理,常为人引用。

题临安邸① (小)

山外青山楼外楼,	青山之外还有青山,高楼之外还有高楼,青山高楼相互掩映,
西湖歌舞几时休②?	那些达官贵人在西湖边过着歌舞玩乐的糜烂生活,何时是尽头?
暖风吹得游人醉,	阵阵暖风香气把游湖的官宦士子吹得昏昏欲醉,
直把杭州作汴州③。	他们简直把这临时避难的临安当作京都汴州了。

【注释】 ①题:写;临安:今浙江省杭州市;邸(dǐ):住宅,这里指旅店。②休:停止。③直:简直;汴州:今河南开封,时为北宋的都城,但已被金人占领。

【赏析】 此诗以西湖为背景,描写了南宋京都临安虚浮繁华、歌舞升平的景象,揭露和讽刺了当时统治者的腐朽与荒淫,表现了诗人关心国家命运的强烈爱国主义思想感情。

【常识】 1.我国历史上的"六大古都"是西安、南京、北京、洛阳(九朝古都)、杭州、开封。 2."七大古都"是以上"六大古都"加安阳(今属河南)。

翁 卷(生卒不详)

南宋诗人,字续古,一字灵舒,永嘉(今浙江省温州市永嘉县——雁荡山北端)人。考进士屡试不中,终生未仕,但其诗文颇有名,与徐玑、徐照、赵师秀并称"永嘉四灵",其诗清新自然。有《苇碧轩诗集》传世。

乡村四月① (小)

绿遍山原白满川②,	原野山丘一片翠绿,涨满了水的河川白茫茫,
子规③声里雨如烟。	布谷声里细雨如烟纷纷扬扬。
乡村四月闲人少,	农村的四月闲人少,人们更加繁忙,
才了④蚕桑又插田。	刚刚了结采桑养蚕的事又要耕田插秧。

【注释】 ①乡村四月:标题一作《村居即事》;即事,就眼前的事物作诗。②山原:山地和平原;白满川:指河水猛涨时白茫茫一片;川,河流。③子规:杜鹃鸟(图31);亦称大杜鹃、布谷鸟。详见王令《送春》注。④才了:刚刚完成、刚才了结。

【赏析】 这是一首描写江南农村初夏风光的小诗。起句写自然之景,"绿"写树木葱郁,"白"写水光一色,句中虽不见树和水,却分明让人看到一抹绿意。次句写"雨",雨在"子规声"中更显得悄无声息,虽如烟如雾,润物无声,却暗潜生机;后两句写农事繁忙,诗句朴实无华,与上两句中的景物描写遥相呼应,"少"与"遍"和"满"相照应,只见青山不见人。"才"与"又"显出一个"忙"字,更见景外有景,鲜明如画。

【常识】 "四灵诗派"是南宋末年的诗派,又称"永嘉四灵",请问是哪四位诗人? （答案见篇首）

姜　夔(kuí)(1155—1221)

南宋著名词人,字尧章,号白石道人,饶州鄱阳(今江西省鄱阳县)人。少随父宦游。父死,流寓湘、鄂,诗人萧德藻以侄女妻之,遂同寓湖州(今浙江省吴兴县),往来苏、杭、金陵间,以布衣终。他一生在政治上困顿失意,到处依人作客,在文学艺术上,却具有多种才能,善诗词而兼书法家、音乐家。其词对于南宋后期词坛的格律化有很大影响,为骚雅词之代表。但词的内容较少具有现实意义。著有《白石词》。

扬 州 慢 并序①

淳熙丙申至日,予过维扬。夜雪初霁,荠麦弥望。入其城,则四顾萧条,寒水自碧。暮色渐起,戍角悲吟。予怀怆然,感慨今昔,因自度此曲。千岩老人以为有《黍离》之悲也②。

译序:淳熙三年(1176)冬至这天,我路过扬州府。昨夜一场大雪后,刚刚放晴,原野上的荠菜和野麦一眼望不到边,进城后,四面一望,只见一片冷落衰败景象,青绿的寒水静静的没有一点生气。黄昏时候,军营里传来悲凉的号角声,悠扬飘荡,我的心头感到十分悲伤;感慨于扬州昔日的繁华与今日的衰败强烈对比,我自制了这首曲子。千岩老人萧德藻认为这首词有《诗经》中《黍离》篇所表现的对故国的怀念之情。

(高)

淮左名都③,	路过淮南东路的名城扬州,
竹西佳处④,	来到竹西亭这样美好的去处,
解鞍少驻初程⑤。	我解下马鞍稍作停留——这是我刚刚开始的行程。
过春风十里,	走过唐人杜牧称道的"春风十里扬州路",
尽荠麦青青⑥。	看到的却只有满眼青青的荠菜野麦,一派荒凉情景。
自胡马窥江去后⑦,	自从金兵进犯扬州之后,
废池乔木,	连惨遭破坏的荒废池塘和古老树木,

犹厌言兵⑧。	也对打仗十分讨厌,不愿谈兵。
渐黄昏,清角⑨吹寒,	夜幕渐渐降临,凄凉的号角声吹来阵阵寒意,
都在空城⑩。	笼罩着空旷的古城。
杜郎俊赏⑪,	杜牧当年对扬州的繁华是那样的称赏,
算而今,重到须惊⑫。	料想他今日若再次到来必定十分吃惊。
纵豆蔻词工,	纵然他能写出《赠别》、
青楼梦好,	《遣怀》那样的好诗,
难赋深情⑬。	也难于表达出如今的悲怆深情。
二十四桥仍在,	当年迷人的二十四桥依然还在,
波心荡,冷月无声⑭。	但只有冷月照水、寒波自荡,却没歌舞繁华的乐声。
念桥边红药,	可惜桥边年年盛开的红芍药,
年年知为谁生⑮!	不知还会牵动谁人的赏玩之情!

【注释】 ①《扬州慢》:词牌名,姜夔自制曲,双调98字,平韵。维扬:扬州的别称。弥望:满眼。千岩老人:萧德藻,字东夫,号千岩老人。《黍离》之悲:国家沦亡的悲痛。《黍离》:《诗经》中的诗篇,写周王朝的志士看到故都的宫殿中长满了黍禾(图82),伤悼国家的沦亡,写了这篇《黍离》诗。诗的第一句是"彼黍离离"。②淳熙:宋孝宗赵昚(shèn 肾)年号。丙申,即淳熙三年(1176年),金兵第二次南侵已过去15年了。③"淮左"句:宋置淮南路(相当于现在的省),后分为东西两路,淮南东路称淮左,扬州为其治所。名都:有名的都会。④"竹西"句:扬州的蜀冈南面有竹西亭。杜牧题《扬州禅智寺》诗云:"谁知竹西路,歌吹是扬州。"⑤初程:姜夔首次到扬州,故曰"初程";一说行程的最初阶段。⑥"春风"二句:意思是说:过去的豪华建筑已不复存在,却被萧条的景象所代替了;杜牧《赠别》诗:"春风十里扬州路,卷上珠帘总不如。"而姜夔此游与当年杜牧看到的繁华刚好相反,只见"荠麦青青"。⑦"自胡马"句:宋高宗时期金兵曾两次(1129年和1161年)南侵,此处指第二次南侵。⑧"废池"二句:写人们对战争的痛恨,不写人厌,而写"废池乔木"。乔木:高大的树木。"犹厌":是深一层的写法。⑨清角:凄凉的号角声。⑩空城:即人去城空,写扬州劫后萧条。⑪杜郎:指杜牧。俊赏:善于赞赏。⑫算:料想。而今:如今。重到须惊:重来扬州也会感到惊讶,因为已不是当年的景象了。⑬"纵豆蔻"三句:意思是说,杜牧纵有诗才,也难表达这种悲怆深情。豆蔻:古时把十三、四岁的少女称为豆蔻年华。这里指杜牧《赠别》诗:"娉娉袅袅十三余,豆蔻梢头二月初。"青楼:本指歌伎居住之地,这里指杜牧《遣怀》诗:"十年一觉扬州梦,赢得青楼薄幸名。"两首都是艳情诗。⑭"二十四桥"二句:意思是说杜牧当年所写的桥、水、月都在,但繁华已逝,只有波摇冷月而已。杜牧《寄扬州韩绰判官》诗:"青山隐隐水迢迢,秋尽江南草未凋。二十四桥明月夜,玉人何处教吹箫。"二十四桥:一说扬州在唐代有名桥二十四座,但宋时存者仅有六桥(见沈括《梦溪笔谈》)。另一说,扬州有一

桥因二十四美人曾吹箫于桥而得名为"二十四桥"(见《扬州画舫录》)。前一说与词中"仍在"矛盾,且与杜牧"玉人何处教吹箫"诗句不符,应取后者。⑮"念桥边"二句:意思是说,纵有名花,也无人能够欣赏。红药:红芍药花(图55)。按:《扬州画舫录》载:二十四桥边红芍药花驰名,故又名"红药桥"。

【赏析】 南宋高宗赵构在位期间(1127—1162),金人两次入侵,建炎三年(1129)金兵占领扬州,焚掠一空。绍兴三十一年(1161)金兵又南侵,扬州再度被掠。此词是在第二次被掠15年后作者路过扬州,有感于城邑被金兵劫掠后的萧条而作。他善于以景观情,曲折含蓄地构成一种清幽的意境来寄托情思。如"废池乔木""清角吹寒""波心冷月"等荒凉景象,容易引起人的沧桑之感。写扬州劫后萧条,在今昔对比中抒发"黍离之悲"。而这种对比,又始终贯穿着对杜牧之典的明用与暗用,这就容易启发人们对扬州兴盛时期的联想,作者的深沉感慨也就迂回委曲地含蕴其中。词言兴亡却不剑拔弩张,也不铺排历史事件,但能以小见大,用比兴之义传忠义之情,集中体现了骚雅的艺术风格。

文天祥(1236—1283)(图26)

南宋大臣,文学家,字履善,号文山,吉州庐陵(今江西吉安)人。理宗宝佑四年(1256)中进士第一名。开庆元年(1259)蒙古人进攻鄂州(今湖北武昌),宦官董宋臣主张迁都。文天祥反对,并拟御敌之计,未被采纳。后历任刑部郎官,知瑞、赣等州。1275年闻元兵东下,在赣州组织义军,入卫临安(今杭州)。次年任右丞相,被派往元军营中谈判,被扣留。后于镇江脱险,经人民协助,流亡至通州(今南通),由海路南下,至福建与张世杰、陆秀夫等坚持抗元。1277年进兵江西,收复州县多处。不久为元兵所败,退入广东,坚持抵抗,次年在五坡岭(今海丰北)被俘。元将张弘范使其写信招降张世杰,遭拒绝,遂作《过零丁洋》诗以明志。次年被送至大都(今北京),叠经威胁利诱,始终不屈,作于大都狱中的《正气歌》尤为世人所传诵。1283年1月9日,于柴市被害。文天祥是南宋著名爱国诗人,其爱国诗篇沉郁悲壮,对后世影响很大。著有《文山先生全集》。

过零丁洋 (初)

辛苦遭逢起一经①,	辛勤苦志精晓经书而被提拔,
干戈②寥落四周星。	抗金四年武器已是日渐稀少。
山河破碎风飘絮③,	国家支离破碎如风吹柳絮飘,
身世浮沉雨打萍。	命运几经浮沉有如雨打浮萍。
惶恐滩头说惶恐,	惶恐滩头担忧国运惶恐害怕,
零丁洋里叹零丁④。	零丁洋里遭难深感寂寞孤零。
人生自古谁无死,	人生在世自古以来谁无一死,
留取丹心照汗青⑤。	但要留取赤诚之心照耀史册。

【注释】①起一经：诗人认为自己的升迁和苦难遭遇，是从精通儒家经典开始的。古代科举时，每人都要考试自己所专门研究的一种书。②干戈：古代两种兵器，后作为兵器的通称，这里指战争。③絮：柳絮，代指国破家亡，像被风吹散的柳絮一样。④惶恐滩：今江西省万安县赣江中，急流险滩，是江西十八滩之一。惶恐：惶惑与恐惧；引申惭愧之意。文天祥曾于1277年家乡战败，经由惶恐滩退去。零丁洋：今广东中山南边的海域。零丁：孤独的样子。⑤汗青：指史书。

【赏析】1282年冬天，文天祥率部同元军作战，在广东海丰兵败被俘。次年，投降元军的汉奸张弘范押解他同去追击仍在海上坚持抵抗的宋将张世杰等。文天祥严词拒绝写信劝降张世杰，愤然写下这首不朽的诗篇，表现了诗人忠心报国、视死如归的民族气节。诗中巧用地名表述事件和心境，将叙事、抒情、议论融为一体，亦理亦诗，慷慨激昂，堪称一篇千古不朽的正气歌。本诗在艺术上有三个特点：一是内容先总后分，再以情结篇；情感上先抑郁忧愤，后悲壮激昂；二是始终把个人身世与国家命运连在一起；三是中间两联对仗极为工整，比喻形象，地名与心境的妙合与巧对，形成律诗中难得的绝唱。

【相关链接】 1. 文天祥被俘后，在解往大都途中路过建康（今南京）时又写了首著名的《金陵驿》："草合离宫转①夕晖，孤云飘泊复何依。山河风景元无异，城郭人民半已非。满地芦花和我老，旧家燕子傍谁飞？从今别却江南路，化作啼鹃②带血归。"大意是：夕阳的余晖在荒草丛生的行宫上移动，一片孤云无依无靠地飘飘荡荡。山河的风景还是没有什么变化，城中的百姓却大半变了样。满地的芦花同我一样衰老，旧家的燕子傍着谁个飞翔？从今天起我要告别江南而去，他日只能化作啼血的杜鹃回到故乡。[注：①转：转移。②啼鹃：啼血的杜鹃鸟，见图31］。

2. 2013年3月1日习近平《在中央党校建校80周年庆祝大会暨2013年春季学期开学典礼上的讲话》中说：各种文史知识，中国优秀传统文化，领导干部也要学习，以学益智，以学修身。中国传统文化博大精深，学习和掌握其中的各种思想精华，对树立正确的世界观、人生观、价值观很有益处。古人所说的"先天下之忧而忧，后天下之乐而乐"的政治抱负，"位卑未敢忘忧国"、"苟利国家生死以，岂因祸福避趋之"的报国情怀，"富贵不能淫，贫贱不能移，威武不能屈"的浩然正气，"人生自古谁无死，留取丹心照汗青"（这两句诗甚至打动了敌人——劝降的元朝官员），"鞠躬尽瘁，死而后已"的献身精神等，都体现了中华民族的优秀传统文化和民族精神，我们都应该继承和发扬。……总之，学史可以看成败、鉴得失、知替兴；学诗可以情飞扬、志高昂、人灵秀；学伦理可以知廉耻、懂荣辱、辨是非。我们不仅要了解中国的历史文化，还要睁眼看世界，了解世界上不同民族的历史文化，去其糟粕，取其精华，从中获得启发，为我所用。

其他各朝代 54 首
（小学 8、中学 14；增背 17、大学 20）

屈　原（约前 340—约前 278）（图 1）

我国最早的大诗人，名平，字原，又自云名正则，字灵君，战国楚（今湖北宜昌市秭归县）人。战国末期杰出的政治家和爱国诗人。楚武王熊通之子屈瑕的后代，善于辞令。初辅佐怀王，做过左徒、三闾大夫。学识渊博，主张彰明法度，举贤授能，东联齐国，西抗强秦。在同反动贵族子兰、靳尚等人斗争中，遭谗去职。顷襄王时被放逐，长期流浪沅湘流域，比较接近人民生活，对黑暗现实愈益不满。后因楚国的政治更加腐败，首都郢亦被秦军攻破。他既无力挽救楚国的危亡，又深感政治理想无法实现，遂投汨罗江而亡。所作《离骚》《天问》《九歌》(11 篇)《九章》(9 篇)等篇，反复陈述他的政治主张，揭露反动贵族昏庸腐朽，排斥贤能的种种罪行，表现他对楚国国事的深切忧念和为理想而献身的精神。《天问》对有关自然现象、社会历史等方面的许多传统观念提出质疑，体现出了朴素的唯物主义思想。他在吸收民间文学艺术营养的基础上，创造出骚体这一新形式，以优美的语言、丰富的想象，融化神话传说，塑造出鲜明的形象，富有积极浪漫主义精神，开创了我国浪漫主义文学创作的源头。《汉书·艺文志》著录《屈原赋》25 篇，其书久佚，后代所出屈原作品，皆出自刘向辑录的《楚辞》。

（战国）	离　骚（下）	（高）、大
长太息以掩涕①兮， 哀民生之多艰。 余虽好修姱以鞿羁兮②， 謇朝谇而夕替③。	我长声叹息啊泪流满面， 可怜人民的生活是多么艰难。 尽管我崇尚美德洁身自好， 早晨刚进谏晚上就丢了官。	
既替余以蕙纕④兮， 又申之以揽茝⑤。 亦余心之所善兮， 虽九死其犹未悔⑥。	斥贬是因为我佩戴了香蕙， 又加上我采集芳芷也算一罪。 这本是我一心向往的美德哎呀， 纵然死九次也决不后悔。	
怨灵修之浩荡兮， 终不察夫民心⑦。 众女嫉余之蛾眉兮， 谣诼谓余以善淫⑧。	君王的荒唐放纵确实令人怨恨， 他始终不能体察我的一片苦心。 那群女人嫉妒我貌美质洁， 造谣污蔑倒说我善于邪淫。	

— 244 —

固时俗之工巧兮， 偭规矩而改错⑨。 背绳墨以追曲兮， 竞周容以为度⑩。	时俗本来就善于作伪取巧， 抛弃规矩法则而随意改变正道。 违背准绳而去追求邪路， 竞相苟合取容以为法度。
忳郁邑余侘傺⑪兮， 吾独穷困乎此时也！ 宁溘死以流亡⑫兮， 余不忍为此态⑬也！	我抑郁苦闷惆怅失意， 孤独地承受着难熬的穷困。 我宁愿突然死去魂魄流散， 也决不肯同流合污去做小人！
鸷鸟之不群⑭兮， 自前世而固然。 何方圜之能周⑮兮， 夫孰⑯异道而相安！	雄鹰不会与燕雀同群， 自古以来就这样很自然。 方榫圆孔怎么能吻合， 异路人怎么会携手同行？
屈心⑰而抑志兮， 忍尤而攘诟⑱。 伏清白以死直⑲兮， 固前圣之所厚⑳。	我心里委屈意志压抑， 忍受谴责和耻辱我苦苦煎熬。 坚守清白为正义而死， 这本来就为古圣先贤所称道。

【注释】　①太息：叹息。掩涕：揩泪。②虽：唯、只。好（hào 浩）：爱好。姱（kuā 夸）：美好。修姱：品德高尚美好。靰羁（jī jī 机机）：受到约束、牵累。③謇（jiǎn 简）：句首语气词。谇（suì 碎）：进谏。替：废弃，这里指贬斥。④以：因为。纕（xiāng 襄）：佩饰。蕙纕：即纕蕙，佩带香蕙。⑤申：重复、加上。揽茝（chǎi 拆）：采集芳芷。揽茝和纕蕙都比喻品德高尚。⑥"亦余心"二句：喜爱、崇尚。九死：多次死亡。⑦"怨灵修"二句：灵修：神圣，这里指君主。浩荡：这里是荒唐的意思。民心：人心，指诗人的忠心与苦心。⑧"众女"二句：众女：比喻楚国周围众多权贵小人。蛾眉：指美貌，引申美德，比喻品德高尚。谣诼（zhuó）：造谣诽谤。⑨"固时俗"二句：工巧：善于取巧，玩弄权术。偭（miǎn 免）：违背。⑩"背绳墨"二句：绳墨：木匠画直线时用的墨斗，比喻规矩、准则。周容：圆滑适合的讨人喜欢。度：法度。⑪忳（tún 屯）郁邑：忧伤烦闷。侘傺（chà chì 诧斥）：怅然若失。⑫溘（kè 克）：突然。流亡：随水流去，指死后尸魂随流水而漂散。⑬此态：指苟合求容之态。⑭鸷（zhì 志）鸟：猛禽，如鹰、雕等。不群：不与一般鸟合群。⑮圜：同"圆"。周：吻合。⑯孰：哪。⑰屈心：忍受委屈。⑱尤：罪过。攘诟（rǎng gòu 嚷够）：抬来侮辱。⑲伏：抱。死直：死于正直。⑳厚：看重、推崇。（续上）

悔相①道之不察兮， 延伫乎吾将反②。 回朕③车以复路兮， 及行迷④之未远。	后悔我选择不慎走错了道路， 停下来认真思考准备要回头。 调转我的车马返回原路， 趁着迷途未远赶快罢休。

步余马于兰皋⑤兮， 驰椒丘且焉止息⑥。 进不入以离尤⑦兮， 退将复修吾初服⑧。	让我的马在兰草地上缓缓行进， 走过椒丘在那儿暂且休息。 向君王进谏不被采纳反受指责， 只好离开朝廷回故乡重整旧衣。
制芰荷以为衣⑨兮， 集芙蓉以为裳⑩。 不吾知其亦已兮， 苟余情⑪其信芳。	我把碧绿的荷叶裁成上衣， 又把洁白的荷花连缀成下裳。 无人知道就算了让他去吧， 只要我内心充满芬芳就行。
高余冠之岌岌⑫兮， 长余佩之陆离⑬。 芳与泽其杂糅⑭兮， 唯昭质⑮其犹未亏。	我把头上的帽子加得高高， 又把身上的佩带缀得长长。 即使芳藕和污泥被人混在一起， 我洁白的本质丝毫也不会损伤。
忽反顾以游目⑯兮， 将往观乎四荒⑰。 佩缤纷其繁饰兮， 芳菲菲其弥章⑱。	忽然回过头去放眼远眺， 我要向东西南北四方观望。 我的服饰佩戴缤纷多彩， 一阵阵的芳香沁人心房。
民生各有所乐兮， 余独好修以为常。 虽体解⑲吾犹未变兮， 岂余心之可惩⑳！	尽管世人的爱好多种多样， 我只是崇尚美德习以为常。 哪怕是粉身碎骨也不改变初衷， 岂能因惩治我的心就放弃志向！

【注释】①相：观看。②延伫(zhù 注)：久久地站着，犹豫不决。反：同"返"。③朕：我的。④及：趁着。行迷：走上迷途。⑤兰皋(gāo 高)：长着兰草的水边。⑥椒丘：长着椒木的小山。兰和椒都象征美好。焉：于此，在这里。止息：休息。⑦进：指在朝廷中任职。不入：不被接纳、不信任。离：通"罹"，遭受。尤：指责、加罪。⑧退：隐退。初服：初衷。⑨芰(jì)荷：荷叶（图79右）。衣：上衣。⑩芙蓉：荷花（图79左）。裳：下衣。缀(zhuì 坠)：缝，补。⑪已：罢了。苟：只要。情：本心、情操。⑫高：动词，使高。岌岌(jí)：高耸。⑬陆离：长长的样子。⑭泽：汗衣，引申为污垢。杂糅：混杂在一起。⑮昭质：洁净光明的品质。⑯游目：纵目远望。⑰四荒：四方边远之处。⑱菲菲：香气浓郁。弥章：更加明显。章：同彰。⑲体解：肢解，古代一种酷刑。⑳惩：受戒而止。

【赏析】《离骚》是屈原作品中最长的代表作，共370多句，是我国古代最长的抒情诗，也是我国浪漫主义诗歌的源头。《离骚》是屈原在政治斗争失败之后的作品，"是屈原用血泪凝成的生命挽歌，作品又波澜壮阔，气象万千，反映了作者丰富而复杂的斗争生活，坚贞而炽热的爱国心情。精神实质的内在联系，使得它成为天衣无缝、冠绝千古的名篇。"（马茂元语）。这里选的13节52句，陈述了他因忠君爱国、为民请命而遭坏人陷害、被楚王黜放的遭遇,诗人无限愤慨。怨恨楚王昏愦不明,痛斥小人邪曲害公,表示一定要坚持美好的政治理想和高洁的品德志行,与邪恶势力斗争到底,为了真理与正义,虽九死而不悔。诗人多处用花草禽鸟来比喻自己,这是屈原作品的一大特色。

【相关链接】 1. 毛泽东1949年访苏期间对翻译费德林说:"屈原的名字对我们更为神圣。他不仅是古代的天才歌手,而且是一名伟大的爱国者,无私无畏,勇敢高尚。他的形象保留在每个中国人的脑海里。无论在国内国外,屈原都是一个不朽的形象。我们就是他生命长存的见证人。"

毛泽东为了鼓励全国人民发扬屈原的爱国主义精神,坚定信念,克服三年自然灾害和工作失误带来的困难,在逆境中奋发图强,于1961年秋创作了盛赞屈原作品和人品的诗篇《七绝·屈原》:"屈子①当年赋楚骚②,手中握有杀人刀③。艾萧④太盛椒兰⑤少,一跃⑥冲向万里涛。"[注:①屈子:对屈原的专称。②楚骚:"楚辞"是指以屈原为代表的楚国作家创作的一种长短不一、多用"兮"字的新诗体,屈原的代表作之一是《离骚》。③杀人刀:比喻屈原作《离骚》所发挥的战斗作用。④艾萧:即艾蒿,臭草(图65),比喻奸佞小人。⑤椒兰:申椒和兰草(图68),皆为芳香植物,比喻贤德之士。⑥"一跃"句:指屈原在悲愤和绝望中投入汨罗江死亡。]

2. 唐代诗人陆龟蒙也写过一首《离骚》:"天问复招魂,无因彻帝阍。岂知千丽句,不敌一谗言。"其大意是:屈原写了《天问》又写了《招魂》,都没有办法送到帝王面前。哪里知道这么多奇文丽句,还敌不过子兰等人的恶言中伤。[注:无因彻帝阍(hūn),即没有说服昏庸的楚顷襄王联齐抗秦。]

3. 温家宝总理2010年3月14日在全国人大闭幕后的记者会上说:我深深地爱着我的国家。没有一片土地让我这样深情和激动,没有一条河流让我这样沉思和起伏。亦余心之所善兮,虽九死其犹未悔。这个国家当然包括温总理魂牵梦萦的宝岛台湾。

【常识】 1."九章"是指屈原的九篇作品,包括《惜诵》《涉江》《哀郢》《抽思》《怀沙》《思美人》《惜往日》《橘颂》及《悲回风》。 2."屈宋"指的是楚辞诗人屈原和宋玉。 3. 1953年是屈原逝世2 230周年,世界和平理事会通过决议确定:屈原为当年纪念四位文化名人之一。 4. 下列对联所说的是我国哪些名人故事? ①何处招魂,香草还生三户地;当年呵壁,湘流应识九歌心。(屈原) ②千古诗才,蓬莱文章建安骨;一身傲骨,青莲居士谪仙人。(李白) ③写鬼写妖高人一等,刺贪刺虐入骨三分。(蒲松龄)

(战国)　　　　　　橘　颂①　　　　　　　　大

后皇嘉树②,橘徕服兮③。 受命不迁④,生南国兮⑤。	天地间嘉美的橘树,适应于这里的水土。 禀受天命不可迁植,只肯生长南方国度。
深固难徙⑥,更壹志兮⑦。 绿叶素荣⑧,纷其可喜兮。	根深蒂固难以转徙,志向专一坚定不移。 翠绿树叶洁白的花,葱郁繁茂令人欣喜。

曾枝剡棘⑨,圆果抟兮⑩。 青黄杂糅,文章烂兮⑪。	密密枝丫尖尖刺儿,圆圆果实挂满枝间。 青果黄果色彩杂糅,好一幅绚丽的画卷!
精色内白⑫,类任道兮⑬。 纷缊宜修⑭,姱而不丑兮⑮。	皮色晶莹内质洁白,犹如君子担任道义。 挺拔茂盛修饰得体,美丽形象无与伦比。
嗟尔幼志⑯,有以异兮。 独立不迁,岂不可喜兮?	赞叹你年少的志向,有与众不同的地方; 性格刚强独立不迁,岂不让人惊喜欢畅。
深固难徙,廓其无求兮⑰。 苏世独立⑱,横而不流兮⑲。	根深蒂固难以迁徙,胸怀旷达没有贪求。 头脑清醒独立于世,湍水横渡决不逐流。
闭心自慎,终不失过兮⑳。 秉德无私,参天地兮㉑。	节欲自省虚心谨慎,始终未曾犯过得咎。 秉公无私美德昭昭,可同天地一样不朽。
愿岁并谢,与长友兮㉒。 淑离不淫㉓,梗其有理兮㉔。	我愿与你同生共死,相与长做知音挚友。 淑丽端庄终不谣逸,脾情耿直知情达理。
年岁虽少,可师长兮㉕。 行比伯夷㉖,置以为像兮㉗。	年龄虽少老成持重,可作兄长可为师表。 品行高洁好比伯夷,楷模形象千古光照!

【注释】 ①选自《大学语文》(全军院校统编教材)。《橘颂》是《楚辞·九章》中的一章。《九章》应是一组汇辑性的作品,可以肯定汇辑者不是屈原本人。《九章》中的"九"有别于《九歌》中的"九",似为实指。《九章》诸篇作于不同时期,是作者人生遭际的片断展现,在时间跨度上几乎涵盖了屈原一生。每篇都有独立的题目,并且比较集中地反映了各篇的内容,对于了解作者不同阶段的生活背景与思想状况,具有重要的价值。除《橘颂》可以基本确定为屈原早期作品外,《九章》其余各篇,都是屈原遭谗见疏后复杂动荡的心理历程的艺术反映,在思想基调和表现风格上与《离骚》十分贴近。相对《九歌》而言,《九章》的创作更集中地体现了屈原文学才华独特的一面,它是骚体短章创作走向成熟的重要标志。橘颂:即为桔的颂歌,作者咏物言志,借以表达高尚的品德操守。②后皇嘉树:天所生、地所养的佳树,后、皇,东汉王逸生注:"后,后地;皇,皇天也。"后皇,对天地的尊称。③徕:通"来"。服:适宜,适应。④受命:受天地之命,即禀性,天性。不迁:不能移植。《调礼·考工论》:"橘逾淮而北为枳(zhǐ止),俗名臭橘。"⑤生南国:生于南方。橘是荆楚名产,能适应南方的水土气候。⑥梁:指其根。固:赞其本。⑦壹志:即一志,指专一的意志,毫不动摇。⑧荣:指花。素荣:白花。⑨曾枝:层层密密的树枝。曾,通"层"。剡(yǎn演)棘:枝上尖尖的刺。剡,尖锐。⑩抟(tuán团):同"团"。本作动词,意即把东西揉成成球形。这里作形容词,意即圆圆的。⑪文章:纹理、色彩。烂:斑斓。⑫精色:指橘子内瓣色彩鲜明。内白:橘皮之里,筋络和种子都是白色的。⑬类:似。任:担当大任。任道:怀抱道义。与前句所赞橘鲜明、纯洁的品格相应。⑭纷缊(yūn晕):同"氤氲",香气弥漫或繁茂的样子。宜:助词,无义。修:美好。⑮姱(kuā夸):美好。一说"修"偏于修长之美,

其他各朝代

"姱"偏于健美。⑯嗟(jiē 阶):赞叹词,尔:你,指橘。幼:年幼,幼小。志:有志气。⑰廓:广阔。这里指胸怀开阔。⑱苏世:醒世。这里指对(浊)世有清醒认识。⑲横而不流:不随波逐流。横,横渡。⑳不终失过:自始至终未犯错。一作"终不失过"。㉑秉:执、持。参:合。参天地:精神上与天地相合(古人认为天地是无私的)。㉒"愿岁"两句:愿跟橘树同生共死,永作朋伴。谢,凋谢。长,永远。㉓淑离:连绵词,美丽而贞淑自守。淑,贤善。离,通"丽",美丽。淫:放纵。㉔梗:直。理:纹理。㉕师:学习,以……为师。长:长者,尊长。㉖行:品行。伯夷:传说为商末贤士,因为耻食周粟,与弟弟叔齐一起饿死在首阳山。㉗置:植、立。像:榜样。

【赏析】 屈原从小热爱国家,热切追求美的事物、美的理想;家乡的橘树使他获得托物喻志的赋诗橘感。《橘颂》既歌颂橘树橘果的外观美,又赋予橘高尚的秉性,既是橘颂又不限于颂橘。字里行间,一个心地纯洁、蓬勃向上的热血青年形象呼之欲出,跃然纸上。诗歌采用象征比兴手法,托物言志。屈原根据橘树"受命不迁,生南国兮""精色内白,类可往兮""复世独立,横而不流兮""秉德无私,参天地兮"等特点,对橘树进行拟人化的描写和赞颂,实际上表现了诗人热爱祖国故土、追求高尚志趣、不随波逐流、渴望建功立业的思想感情。全诗格调昂扬,意气风发,充满自信,丝毫不悲凉哀怨,与屈原其他诗歌不同,应是诗人早期受楚王信任重用时的作品。

湘 夫 人①

此诗歌是湘君思恋湘夫人之词,全篇由饰湘君的主巫演唱。

帝子降兮北渚②,	美丽公主降北渚,
目眇眇兮愁予③。	望眼欲穿愁杀我。
袅袅兮秋风,	袅袅秋风轻吹拂,
洞庭波兮木叶下④。	洞庭波涌树叶落。
登白薠兮骋望⑤,	我登上白薠纵眼遥望,
与佳期兮夕张⑥。	与佳人约会已备妥当。
鸟何萃兮蘋中⑦?	水鸟为何聚集水蘋中?
罾何为兮木上⑧?	鱼网为何挂在树梢上?
沅有芷兮澧有兰,	沅水有白芷澧水有香兰,
思公子兮未敢言⑨。	思慕公主啊我未敢明言。
荒忽兮远望⑩,	恍惚迷茫远望前方,
观流水兮潺湲。	唯见流水潺潺溪溪。
麋何食兮庭中?	麋鹿为何觅食到庭院?
蛟何为兮水裔⑪?	蛟龙为何遨游浅水滩?
朝驰余马兮江皋,	清晨我驰马在江堤,
夕济兮西澨⑫。	傍晚我摆渡西岸边。

原文	译文
闻佳人兮召予, 将腾驾兮偕逝⑬。 筑室兮水中, 葺之兮荷盖⑭。 荪壁兮紫坛⑮, 播芳椒兮成堂⑯。 桂栋兮兰橑⑰, 辛夷楣兮药房⑱。 罔薜荔兮为帷⑲, 擗蕙櫋兮既张⑳。 白玉兮为镇㉑, 疏石兰兮为芳㉒。 芷葺兮荷屋, 缭之兮杜衡㉓。 合百草兮实庭㉔, 建芳馨兮庑门㉕。 九嶷缤兮并迎, 灵之来兮如云㉖。	欣闻佳人召唤我, 我将飞驰去同欢。 宫室筑于水中央, 荷叶覆盖房顶上。 溪荪饰壁紫贝砌坛, 播撒芳椒铺满厅堂。 桂木栋梁木兰椽, 辛夷门楣白芷房。 编结薜荔作帷幔, 掰开蕙草为帘帐。 白玉用来镇坐席, 疏置石兰气芬芳。 白芷覆盖荷叶房, 杜衡缭绕屋四墙。 汇合百草满庭院, 集聚芳馨溢门廊。 九疑仙子纷迎候, 百神云聚在一堂。
捐余袂兮江中, 遗余褋兮澧浦㉗。 搴汀洲兮杜若, 将以遗兮远者㉘。 时不可兮骤得, 聊逍遥兮容与。	我把夹袄捐江中, 单衫送给澧水滨。 汀洲上面采杜若, 想送远方俏佳人。 美好时光不多得, 暂且逍遥散愁心。

【注释】 ①选自《大学语文》(全国高等教育自学考试指定教材)。《湘夫人》是《楚辞·九歌》中的第四篇。《九歌》原是楚国南部流传已久的一套民间祭神的乐歌,经屈原加工改写,成为一组富有浪漫主义色彩的独特诗篇。九,表示多数,并非实指;《九歌》有十一篇诗。湘夫人:与湘君并称为楚地传说中的湘水配偶神。有人认为湘君、湘夫人与虞舜及其二妃娥皇、女英的传说有关,湘君即舜,湘夫人即娥皇、女英,她们都是帝尧的女儿。②帝子:指湘夫人。古人称儿女均作"子",帝子犹后世公主。北渚(zhǔ):指洞庭湖北岸的小洲。③眇眇(miǎo 秒):远望的样子。予:我。④波:动词,起水波。木叶:树叶。⑤登:此字是根据朱熹《楚辞集注》补上的。蘋(fan 烦):秋生水草(图120)。骋(chěng 逞)望:放眼远望。⑥佳:佳人,指湘夫人。张:张罗布置。⑦萃(cui 翠):聚集。蘋:浮萍之类。⑧罾(zēng 增):鱼网。⑨沅水和澧水均在湖南境内。芷:白芷,可入药(图121)。公子:指湘夫人。古代贵族称公族,贵

族子女不论性别都可称公子。⑩荒忽：恍惚，渺渺茫茫，看不清楚的样子。⑪水裔(yì义)：水边。⑫济：渡过。澨(shì市)：水涯。⑬偕逝：同往。⑭葺(qì气)：用茅草盖屋顶，此泛指盖层顶。⑮荪壁：用香草荪饰壁。荪，即荃(见图118)。紫坛：用名贵贝壳砌坛。紫，即紫贝。坛：中庭。⑯成：通盛，涂饰。⑰栋：屋梁。橑(lǎo老)：屋橑(chuán 船)，放在檩上架着屋顶的木条。⑱辛夷：香木名，木兰的别称(图117)。药：香草名，即白芷(图121)。⑲罔：通"网"，作动词，编结。⑳擗(pǐ匹)：分开。櫋(mián棉)：屋檐板。既张：已经张挂好了。㉑镇：镇席，压住坐席的东西。㉒疏：散布，分布。㉓缭：缠绕。杜衡：香草，全草入药，称为"马辛"(图116)。㉔会：汇集。百草：各种香草。实：充实。㉕庑(wǔ武)：大门和廊层。㉖九嶷：九嶷山。传说舜死后葬于九嶷山。灵：神。如云：形容众多。㉗捐：捐弃。袂(mèi妹)：衣袖。㉘褰(qiān千)：拔，采。杜若：香草名，亦称竹叶草，鸭跖草料，夏季开花，全草可入药，治蛇、虫咬伤和腰痛(图119)。㉙聊：权且。容与：安逸闲逸的样子。

【赏析】 湘君、湘夫人是传说中湘水的一对神仙眷侣。这是写湘君相约湘夫人但最终未能见面的故事，表达了对湘夫人刻骨铭心的思念深情。全篇依托水神祭祀中降神、迎神、躬神、送神四个基本步骤，大致可分为四节：第一节写湘君似乎看到湘夫人飘然降到湘水北岸的小洲上。但期约未遇，心中充满惆怅。第二节(二至四小节)描述湘君对湘夫人的焦灼期待和反复追寻，表现出对爱情的执著追求。第三节(五至八小节)铺叙湘君筑室水中(他们是湘水之神)的迎接湘夫人的情景，显示出对理想爱情生活的无比向往。末节写湘夫人终究没有来，湘君十分遗憾地将衣物投入水中，以寄托对湘夫人的思念。屈原在对祭祀乐歌的改写中，突出了神恋的真挚情谊，显然渗透进自己对遭受排挤、打击、流放的忧伤情绪和对社会理想、完美人格的执着追求精神，而这也正是作品的思想意义所在。

这首诗运用多种抒情方法，细致入微地表现出人物的心理活动和内在情感。有直抒胸臆，如"目眇眇兮愁予""思公子兮未敢言"；有通过描述举止神态来表现人物内心活动的，如"登白薠兮骋望""捐余袂兮江中"；有融情于景，通过描写周围秋色来渲染浓郁愁情的，如"袅袅兮秋风，洞庭波兮木叶下"(千古传诵的名句)；有因情造景，通过描写事理颠倒的假想景象来表现人物内心焦虑和不安的，如"鸟何萃兮蘋中""罾何为兮木上""麋何食兮庭中""蛟何为兮水裔"。至于水中筑室情景的描写，则是通过大肆铺陈的手法，来张扬湘君心中的美好爱情理想。

【常识】 1."四书"是指《大学》《中庸》《论语》《孟子》的合称，"五经"是《诗》(诗经)《书》(尚书)《易》(周易)《礼》(周礼)《春秋》的合称。
2. 记住下列名言诗句的出处：
(1)天行健，君子以自强不息；地势坤，君子以厚德载物。——《周易》
(2)人而无信，不知其可。——孔子《论语》
(3)路漫漫其修远兮，吾将上下而求索。——屈原《离骚》

（漫：原文为"曼"）
(4) 生于忧患，死于安乐。
——柳宗元《敌戒》

(先秦)诗经·周南　　　关　雎(图38)　　　(初)

关关雎鸠，在河之洲①。 窈窕淑女，君子好逑②。	关关鸣叫的雎鸠，站在河流中的沙洲。 美丽贤淑的少女啊，正是好小伙子追求的配偶。
参差荇菜，左右流③之。 窈窕淑女，寤寐④求之。 求之不得，寤寐思服⑤。 悠哉悠哉，辗转反侧⑥。	长在水中的荇菜参差不齐，左采右摘到处都有。 美丽贤淑的少女啊，好小伙子对你梦寐以求。 追求的愿望实现不了，好小伙子日夜把你思念。 思念啊思念啊，辗转反侧难成眠。
参差荇菜，左右采之。 窈窕淑女，琴瑟友⑦之。 参差荇菜，左右芼⑧之。 窈窕淑女，钟鼓乐之⑨。	长在水中的荇菜参差不齐，左采右摘到处都有。 美丽贤淑的少女啊，好小伙子弹琴鼓瑟想要和你交朋友。 长在水中的荇菜参差不齐，左采右摘到处都有。 美丽贤淑的少女啊，好小伙子击鼓敲钟想让你快乐幸福。

【注释】①关关：和鸣之声，即雄、雌鸟互相和答的叫声。雎鸠(jū jiū)：鸟名，即雎，今江东呼之为鹗，即鱼鹰。洲：水中可居之地。②窈窕(yǎo tiǎo)：品貌俱佳的女子。淑：美好。好逑(hào qiú)：好配偶、好伴侣。③参差(cēn cī)：长短不齐。荇(xìng)菜(图72)：水生植物，可食，即莕菜，白茎，叶紫赤色，正圆，茎寸余，浮在水上。流：求取、捞取。④寤寐(wù mèi)：醒着和睡着。⑤思服：思念。⑥悠：深切的思念；哉，语气助词。辗转反侧：翻来覆去不能入睡。⑦琴瑟：琴与瑟皆为弦乐器(图51、图52)，象征美满夫妻。友：亲近。⑧芼(mào)：摘取。⑨钟鼓乐之：敲钟打鼓使你欢快。

【赏析】这是《诗经》开宗明义的第一篇。诗中那直率炙热的感情，我们把它当作是一首产生于两千年前古老的民间恋歌。那娓娓细述的是一个男子的单相思，是他的倾慕、爱恋与渴望，而这正是自古以来每一个人心中对爱情最深的企盼。诗分三段，首段用"关雎"起兴点题，二段写相思之深，三段写男女嬉戏。全诗兴中有比，每段首句既是起兴，也比喻男女恋人之琴瑟和谐与苦苦追求。"参差荇菜"句三次出现，造成一种反复吟唱的气氛，节奏复沓，情韵幽邈。全用四言，又全为二三句式。吟诵时应结合这些特点去体会语气轻重缓急。

【常识】1. 我国最早的诗歌总集是《诗经》，也就是"四书五经"里的《诗》；最早的神话集是《山海经》；最早的长篇叙事诗是《孔雀东南飞》。2. 我国古代典籍有许多"第一部"，如：第一部编年体史书《春秋》；第一部兵书《孙子》兵法；第一部地理书《禹贡》；第一部字典《说文解字》；第一部词典《尔雅》。

其他各朝代

(先秦)诗经·秦风　　蒹　葭(图70)　　(初)、大

蒹葭苍苍,白露为霜①。	未抽穗的芦苇苍翠,清晨的露水结成了白霜。
所谓伊人,在水一方②。	我的心上人啊,就站在河水那边的岸上。
溯洄从之,道阻③且长。	逆流而上去寻找,道路险阻又漫长。
溯游从之,宛在④水中央。	顺流而下去寻找,她好像就在河水的中央。

蒹葭凄凄⑤,白露未晞。	未抽穗的芦苇长得多么茂盛,露水仍然未晒干。
所谓伊人,在水之湄⑥。	我的心上人啊,就坐在水草交接的岸边。
溯洄从之,道阻且跻⑦。	逆流而上去寻找,道路坎坷又艰险。
溯游从之,宛在水中坻⑧。	顺流而下去寻找,她好像又在河中的小高地前。

蒹葭采采,白露未已⑨。	未抽穗的芦苇一望无际,露水还是没有消完。
所谓伊人,在水之涘⑩。	我的心上人啊,就站在河水的边沿。
溯洄从之,道阻且右⑪。	逆流而上去寻找,道路险阻曲曲弯弯。
溯游从之,宛在水中沚⑫。	顺流而下去寻找,她好像还在河中的小沙滩边。

【注释】①蒹葭(jiān jiā兼家):没有抽穗的芦苇。苍苍:茂盛的样子。白露为霜:露水凝结成霜。②伊人:那人。伊:指示代词。在水一方:在河的另一边。③溯洄:逆着水流的方向走。洄:指弯曲的水道。从之:寻找他,指想念的那个人。阻:险阻。④溯游:沿着河流向下走。宛在:仿佛在。⑤凄凄:同"萋萋";茂盛的样子。晞(xī):干。⑥湄(méi):水草交接之处,即岸边。⑦跻(jī):登高处,升。⑧坻(chí迟):水中的小高地,即小沙洲。⑨采采(古音yǐ):众多的样子。白露未已:白露未止,意思是露水还没有全干。⑩涘(sì寺):即涘,水边。⑪右:向右拐,喻弯曲。⑫沚(zhǐ):水中小沙滩(陆地)。

【赏析】　这是一首深沉含蓄、抒发倾慕之情的古诗:意中人可望而不可得,是男是女并未说明,有人说是思念情人之作。首章(前八句)写秋天早上露霜寒重;二章(中八句)写旭日初升,露霜渐融;三章(后八句)写阳光普照,露珠还未全干。刻画了诗人深深怀念伊人的迫切心情。

【相关链接】　电视剧《在水一方》片段,琼瑶词,邓丽君唱:
绿草苍苍,白露茫茫,有位佳人,在水一方。
绿草萋萋,白露迷离,有位佳人,靠水而居。
我愿逆水而上,依偎在她身旁。无赖前有险滩,道路又远又长。
我愿顺流而下,寻找她的方向。却见依稀仿佛,她在水的中央。
我愿逆流而上,与她轻言细语。无赖前有险滩,道路曲折无已。
我愿顺流而下,寻找她的足迹。却仿佛依稀,她在水中伫立。
绿草苍苍,白露茫茫,有位佳人,在水一方。

君子于役

(先秦)诗经·国风·王风　　　　　　　　　　　　　　　　　　　初

君子于役,不知其期①。 曷至哉?鸡栖于埘②, 日之夕矣,羊牛下来③。 君子于役,如之何勿思④!	丈夫服役在外,不知要有多长时间。 何时才能回到家乡?鸡儿已经进了窝, 太阳已经落山,牛羊成群结队下了山坡。 丈夫还服役在外,叫人怎能不思念!
君子于役,不日不月⑤。 曷其有佸?鸡栖于桀⑥, 日之夕矣,羊牛下括⑦。 君子于役,苟无饥渴⑧!	丈夫服役在外,日月难计太漫长。 何时才能相聚首?鸡儿已经上了架, 太阳已经落山,牛羊都已下山回到了家。 丈夫仍然服役在外,希望他不要挨饥渴!

【注释】　①君子:指丈夫。于:动词词头。役:指服兵役或劳役。期:服役的期限。②曷(hé):文言文表示疑问的词,如何时、怎么。埘(shí):墙壁上挖洞砌成的鸡窝。③下来:指从高处下来。④如之何:怎么;勿思:不想他。⑤不日不月:不能用日月来计算。⑥有佸(huó活):有,即又;佸,即聚会。桀(jié杰):树桩、架。⑦下括(kuò):下山来了。⑧苟:或许,带疑问口气的希望之词。苟无饥渴:意思是希望我的丈夫不至于挨饿又挨渴。

【赏析】　这首诗描写妻子怀念在远方长期服役的丈夫。黄昏来临时,妻子看见鸡回窝,牛羊下山,睹物生情,心头涌起对丈夫的阵阵思念:不知丈夫何时才能回家团聚?他出门在外,该不会挨饿受渴吧?用朴素的语言,表达了真挚的感情。

【常识】　1.“六艺”:一是指古代的六种知识和技能,即礼(礼仪)、乐(音乐)、射(射箭)、御(驾车)、书(会读五经六籍)、数(计算);二是指六种经书,即《诗》《书》《易》《礼》《乐》《春秋》。

2.世界卫生组织公告,健康的一半是心理。洪昭光教授说,心理平衡很重要,好的心态是健康、长寿、幸福的金钥匙。他建议大家常喝“四君子汤”,即:君子量大,小人气大;君子不争,小人不让;君子和气,小人斗气;君子助人,小人伤人。他还说,快乐与痛苦,不在外界而在你自己。“春有百花秋有月,夏有凉风冬有雪,若无烦事在心头,人间都是好季节。”与其天天痛苦,不如天天快乐,换一种心态就行了。

氓

(先秦)诗经·国风·卫风　　　　　　　　　　　　　　　　　　(高)、大

氓之蚩蚩,抱布贸①丝。 匪来贸丝,来即我谋②。 送子涉淇,至于顿丘③。 匪我愆期,子无良媒④。 将子无怒⑤,秋以为期。	小伙走来笑嘻嘻,拿着布币来换丝。 其实不是真换丝,是来找我谈婚事。 谈毕送你过淇水,直到顿丘难分离。 过时误期不怪我,怪你没有好媒人。 请你不要生闲气,约定今秋莫迟疑。

其他各朝代

乘彼垝垣,以望复关⑥。 不见复关,泣涕涟涟。 既见复关,载笑载言⑦。 尔卜尔筮,体无咎言⑧。 以尔车来,以我贿迁⑨。	爬上坡墙张目看,看来看去找复关。 不见复关在何方,心里着急泪涟涟。 仔细一瞅看见了,心里高兴笑开言。 你说已经问过卦,卦上全是吉利话。 那你赶快驾车来,把我嫁妆拉走吧。
桑之未落,其叶沃若⑩。 于嗟鸠兮,无食桑葚⑪。 于嗟女兮,无与士耽⑫。 士之耽兮,犹可说也⑬。 女之耽兮,不可说也。	桑葚熟透枝叶嫩,桑叶青青多柔润。 小斑鸠呀小斑鸠,不要随便吃桑葚。 好姑娘呀好姑娘,切莫同那小伙混。 小伙若是爱上你,要离开你很容易。 你若痴迷把他恋,想要解脱难上难。
桑之落矣,其黄而陨⑭。 自我徂尔,三岁食贫⑮。 淇水汤汤,渐车帷裳⑯。 女也不爽,士贰其行⑰。 士也罔极,二三其德⑱。	等到桑树叶儿落,片片枯黄随风飘。 自我嫁到你家来,多年吃苦向谁说。 淇水滚滚如我泪,溅得车帷湿淋淋。 我女之心没变,你这男儿变了心。 男儿心思猜不透,真伪好歹难区分。
三岁为妇,靡室劳矣⑲。 夙兴夜寐,靡有朝矣⑳。 言既遂矣,至于暴矣㉑。 兄弟不知,咥其笑矣㉒。 静言思之,躬自悼矣㉓。	我当媳妇好多年,家务劳动全承担。 起早睡晚忙不停,天天如此未间断。 你的目的达已到,对我凶狠把脸变。 兄弟姐妹不知情,对我嘲笑把我嫌。 静下心来细思量,独自感伤太可怜。
及尔偕老㉔,老使我怨。 淇则有岸,隰则有泮㉕。 总角之宴,言笑晏晏。 信誓旦旦,不思其反㉗。 反是不思,亦已焉哉㉘!	本想同你好到老,老来反教我愁怨。 淇水虽宽也有岸,湿地再大也有边。 咱们小时玩得好,说说笑笑多喜欢。 海誓山盟犹在耳,不想你却耍欺骗。 既已受骗不多想,那就罢了莫再言。

【注释】 ①这是春秋时期卫国(今河南淇县一带)民歌。题目取自诗的首句第一个字。氓:民。蚩蚩(同"嗤"):笑嘻嘻,老实状。抱:拿。贸:买,交换。②匪:非,不。即:就,靠近。谋:商量婚事。③子:古代男子的通称。涉:渡水。淇:淇水(卫国的一条河)。顿丘:邑名,春秋卫城,在今河南省浚县西。④愆(qiān 千)期:错过时间,即误了婚期。良媒:好媒人。⑤将(qiāng 枪):请。无怒:不要生气。⑥乘彼垝(guǐ 鬼)垣(yuán):登上那破墙。复关:地名,指住在复关的那个男子,即复关的人。⑦载笑载言:又说又笑。载:又,则。⑧尔卜尔筮(shì 室):你占课你卜卦。体无咎言:卦上没有不吉利的话。体:卦体,占卜显示的卦象。咎言:不吉利的话。⑨以我贿迁:驾着你的车子来把我的财物拉走;贿:财物,这里指嫁妆。迁:拉往男家。⑩沃若:润柔。⑪于(xū

虚)嗟:感叹词,表示叹息;于,同"吁"。鸠:斑鸠,鸟名(图40)。桑葚:桑树结的果实(图63)。⑫耽(dān):这里指欢乐得入迷。⑬说(tuō),同"脱",这里当"解脱"讲。⑭陨(yǔn):落。⑮徂(cú)尔:嫁给你。三岁:多年;三为虚数。食贫:生活贫困。⑯汤汤(shāng商):形容水大。渐车帷裳:浸湿我的帷帐。此二句形容被弃回娘家的狼狈相。⑰爽:这里作违反、差错讲。贰其行:行为前后不一,变了。⑱罔极:罔,无,极,准则。二三:反复易变。二三其德:三心二意,行为不专。⑲靡室劳:没有一件家劳活不干。⑳夙(sù)兴夜寐(mèi):早起晚睡。靡有朝矣:没有一天不是这样。㉑言既遂矣:目的达到了;言,语助词。至于暴矣:男子的粗暴。㉒咥(xì),大笑的样子。此处作讥笑解。㉓躬自悼矣:独自悲伤。㉔及尔偕老:本想和你共同生活到白头。偕:同。㉕隰(xí)则有泮(pàn判):低湿的地方也有边,而我的痛苦却无限。㉖总角:古代儿童头上结发像角。宴:欢乐。言笑晏晏:在一起说笑多么融洽。㉗信誓:山盟海誓;旦旦:明明白白。不思其反:没有想到你反复无常。㉘反是不思:反复无常是没有料想到的;亦已焉哉:那就算了吧!

【赏析】 这是一首叙事诗。描写一位劳动妇女和她的丈夫从恋爱到结婚直到共同生活,最后被遗弃的全过程。丈夫在求婚时,装模作样。成婚后,尽管妻子勤俭持家,任劳任怨,家庭生活过得也很好,但丈夫却三心二意,对妻子经常打骂。妻子怀着深深的哀怨和无限的悔恨,但想到既然一切都无可挽回,那就了断算了。

【常识】 "伯仲叔季"是兄弟中长幼排行的次序:伯是老大,仲是老二,叔是老三,季是老四,古代贵族男子的字前加伯、仲、叔、季表示排行(兄弟姐妹中排行居长的为孟,如孟姜女;孟兄)。

(先秦)诗经·小雅 采薇①

采薇采薇,薇亦作止②。 曰归曰归,岁亦莫止③。 靡室靡家,猃狁之故④。 不遑启居⑤,猃狁之故。	采呀采呀去采薇,薇菜刚刚发出芽。 回呀回呀快回家,眼看岁末又到了。 离了亲人没有家,都因猃狁来烧杀。 不得安居无闲暇,为与猃狁拼厮杀。
采薇采薇,薇亦柔止⑥。 曰归曰归,心亦忧止。 忧心烈烈,载饥载渴⑦。 我戍未定,靡使归聘⑧。	采呀采呀去采薇,薇菜新鲜发嫩芽。 回呀回呀快回家,心中忧闷很牵挂。 满腔愁绪如火烧,又饥又渴受煎熬。 我们征战都不定,无人回去捎家信。
采薇采薇,薇亦刚止⑨。 曰归曰归,岁亦阳止⑩。 王事靡盬,不遑启处⑪。 忧心孔疚,我行不来⑫!	采呀采呀去采薇,薇菜长得很挺拔。 回呀回呀快回家,转眼十月又来了。 战事频仍无停息,想要休息无闲暇。 心中忧愁积成病,只怕出征难归家。

彼尔维何？维常之华⑬。 彼路斯何？君子之车⑭。 戎车既驾，四牡业业⑮。 岂敢定居？一月三捷⑯。	什么花儿开得盛？棠棣花开密层层。 什么车儿高又大？那是元帅将军乘。 驾起兵车又出战，四匹壮马齐奔腾。 边地怎敢图安居，一月要争几回胜！
驾彼四牡，四牡骙骙⑰。 君子所依，小人所腓⑱。 四牡翼翼，象弭鱼服⑲。 岂不日戒？玁狁孔棘⑳！	驾起四匹大公马，四马雄壮高又大。 将帅乘车来指挥，掩护兵士也靠它。 四匹雄马排整齐，鱼皮箭袋象牙弭。 没有一天不警惕，玁狁猖獗军情急。
昔我往矣，杨柳依依㉑。 今我来思，雨雪霏霏㉒。 行道迟迟，载渴载饥㉓。 我心伤悲，莫知我哀！	回想当初上征途，杨柳依依随风舞。 如今战罢把家回，雨雪纷纷满天飞。 归途一路缓缓行，又渴又饿真劳累。 我心悲伤感慨多，此中悲哀谁体会！

【注释】 ①选自《大学语文》(南京大学出版社)。创作时间是西周后期。当时北方玁狁部族经常侵犯边境,西周兴师反击。诗篇通过一位出征久戍的士兵在归途中的回顾,描述了士兵的征战生活和内心感受,反映了战争带来的苦难,表现了士兵抵抗侵略、卫国保家的意志,同时也表达了士兵思乡怀亲和归来时痛定思痛的心情。薇(wēi):野生的豆科植物,今名野豌豆或大巢菜,嫩茎叶与种子可食(图122)。②作:兴起。这里指刚刚生长出来。止:句末语助词;无义。③曰:说。一作首语助词。岁、莫:年末、年终。莫,同"暮"。④靡:无,没。玁狁(xiǎn yǔn 显允):我国古代北方一个民族,殷代称鬼方,西周称玁狁,春秋称北狄,战国、秦称匈奴。⑤遑(huáng 皇):闲暇。启居:古人的两种不同坐姿。这里表示休息,安居。古人席地而坐,两膝着席,臀部离开脚跟,腰部挺直,叫危坐,即启;臀部紧脚跟,叫坐,即居。⑥柔:柔嫩。⑦烈烈:火势猛烈。这里指忧心如焚。载:语助词,成对用在并列的两个动词或形容词之间,译为"又……又……"。⑧戍:驻守、驻防。靡使归聘:无法托人带信回家去问侯。一说没有使者回去代问家室情况。聘:询问,问侯。⑨刚:坚硬。这里指薇菜已变老。⑩阳:指夏历十月,即周历十二月。古人称夏历"十月为阳"。⑪王事:指国家大事。这里指抵抗玁狁的战事。盬(gǔ古):止息。启处:同"启居"。⑫孔:很,非常。疚:病,痛苦。行(xíng 邢):行役,指从军。不来:不能归家。来:归,回家。⑬彼:那。尔:同"苶"(ěr),花盛开的样子。维:语助词。常:常棣(dì地),即小叶杨、青杨,也作常棣、唐棣。华:同"花"。⑭路,通"辂"(lù录),古代车前面的横木,形容战车的高大。君子:指将帅。⑮戎车:战车。牡:雄马。业业:马健壮高大的样子。⑯定居:安居,休息。三捷:多次交战。三,泛指多,频繁,非实数。捷,通"接",指交战。一说捷作"胜"。⑰骙(kuí):马威武强壮的样子。⑱依:依靠,乘坐。小人:指隶属于战车的步率。腓(féi肥):隐蔽,掩护。⑲翼翼:行列整齐的样子。象弭(mǐ 弥):用象牙装饰两端的弓。鱼服:鱼皮做的箭袋。服,通"箙"(fú),盛箭的袋。⑳日戒:每天警戒、警备。日,

名词作状语,天天,每天。棘:通"亟",紧急。这里指狁进攻危急。㉑依依:杨柳茂盛而随风摇曳的样子。㉒来:归途。思:语助词。一说"雨"作动词用,"雨雪"即下雪。㉓行道:归途。迟迟:时间很长。一说迟缓。

【赏析】 诗的前三章以倒叙的方式,回忆了征战的苦况。为了抵御狁的侵扰,他长期离开家室,戎马倥偬,多么渴望边境早日安定而返故乡!四、五章陡转笔锋,描写了边防军士出征的威仪,全篇气势为之一振,士兵们的爱国精神得到了充分的体现。末章写解甲归里,虽能生还,然昔日的征战劳累却只换来今日的"载渴载饥",怎不令人黯然神伤?此诗选自《小雅》,却有"国风"民歌的特点,颇为讲究句式重叠与比兴手法的运用。如前三章中的重章叠句,文字略有变化,以薇的生长过程,衬托离家日久企盼早归之情,异常生动妥贴。第四章以常棣盛开象征军容之壮、军威之严,新警奇特。末章以从征前与归来时的景致,寄托不尽的感伤,言浅意深,情景交融,历来被认为是《诗经》中的妙言佳句。

无 衣①

(先秦)诗经·秦风

岂曰无衣?与子同袍②。	岂能说我们无军衣?与你曾披一战袍。
王于兴师,修我戈矛③。	大王兴师保边疆,修理我的戈和矛,
与子同仇④!	同仇敌忾士气高!
岂曰无衣?与子同泽⑤。	岂能说我们无军衣?与你曾穿一内装。
王于兴师,修我矛戟⑥。	大王兴师保边疆,修理我的矛和戟,
与子偕作⑦!	同仇敌忾举刀枪!
岂曰无衣?与子同裳⑧。	岂能说我们无军衣?与你曾穿一下装。
王于兴师,修我甲兵⑨。	大王兴师保边疆,修理我的兵器和盔甲,
与子偕行⑩!	同仇敌忾上战场!

【注释】 ①选《大学语文》(全军院校统编教材)。作者可能是一名秦国士兵。西周时,地处西北的西戎等部族经常侵扰周王朝及秦等诸侯国,导致数百年的战争,人民深受其难。这首诗就是当时秦国抵抗外族入侵的军中歌谣。它表现了士兵慷慨激昂、同仇敌忾的爱国主义精神。②同袍:同穿一件战袍。袍,外衣,如斗蓬之类。这里指战袍。③王:周王,指周天子。当时西戎与西周为敌,秦伐戎自然打起周天子"王命"的旗号。一谈指秦襄公。他曾受周平王之命兴师代戎。于:语助词。兴师:发兵。戈矛:古代装有长柄的作战武器。戈的刀儿是横向装的,用来横击;矛的刀儿是纵向装的,用来直刺。④仇:通逑(qiú求):仇恨。⑤泽:通襗(zé),贴身的内衣,一作汗衣。⑥戟:一种冷兵的具有戈、矛两种作战功能,既能直刺,又能横击。⑦偕作:一起行动。⑧裳:下衣,裙的一种。这里指战裙。古代称上衣为衣,下衣为裳。⑨甲兵:盔甲和兵器。⑩偕行:一起出发。

【赏析】 诗的开头从"无衣"说起。无衣,是当时劳动人民生活景况的真实写照。人民在无衣的情况下,仍然奋起保卫国家,这就更突出表现了他们的爱国精神。数千年的历史证明,当民族生死存亡之际,总是他们首先奋起,保家卫国。这同统治集团中那些平日欺压百姓、战时屈膝卖国的投降派形成强烈对照。

全诗共三章,采取复沓的手法,产生"一唱三叹"、回旋跌宕的艺术效果。文章首句都用反诘句"岂归无衣"开始,流血牺牲都不怕,"无衣"岂在话下。接着分别用"同袍"、"同泽"、"同裳"来相互号召鼓舞。大家宁愿同袍、同泽、同裳,共赴国难,显示了崇高的思想境界。接下来,又分别以修理矛、戟、兵甲的具体行动,表达高昂的战斗热情。最后用"与子同袍"、"与子偕作"、"与子偕行",表现同仇敌忾的凛然气概。一章之内,句句相接,层层深入,最后一句推动高潮,感情充沛,气势磅礴。各章之间,由"同仇"到"偕作"到"偕行",上下相接,最后递进,逐步深化了爱国主题。

《诗经》每章的句数一般是偶数,而此诗却是五句一章。节奏紧张而急促,恰好与抒情主人公激昂的情绪相适应。这实际上是诗人内心律动的外现,诗人的情感与诗的形式达到了完美的统一。诗中所写袍、泽、戈矛等物也耐人寻味。戈写是杀敌武器,袍泽是战士的贴身之物,用它们表达生死与共的战友情谊,显得纯真、朴实,给人以淳厚而亲切的感觉。

(先秦)诗经·国风·王风① **黍离** 大

彼黍离离②,彼稷之苗③。 行迈靡靡④,中心摇摇⑤。 知我者,谓我心忧, 不知我者,谓我何求⑥。 悠悠苍天!此何人哉⑦?	黍子齐整一行行,稷苗青青长得壮。 走在路上步尺疑,心神不安人悲伤。 知我之人说我忧,不知之人问何求。 悠悠苍天你在上,是谁使我如此愁?
彼黍离离,彼稷之穗。 行迈靡靡,中心如醉⑧。 知我者,谓我心忧, 不知我者,谓我何求。 悠悠苍天!此何人哉?	黍子齐整一行行,稷穗黄黄长得壮。 走在路上步迟疑,如痴如醉更彷徨。 知我之人说我忧,不知之人问何求。 悠悠苍天你在上,是谁使我如此愁?
彼黍离离,彼稷之实。 行迈靡靡,中心如噎⑨。 知我者,谓我心忧, 不知我者,谓我何求。 悠悠苍天!此何人哉?	黍子齐整一行行,稷实累累长得壮。 走在路上步迟疑,可怜心中闷得慌。 知我之人说我忧,不知之人问何求。 悠悠苍天你在上,是谁使我如此愁?

【注释】 ①选自《大学语文》(南京大学出版社)。"王风":"王"指王都(镐京,即长安)。公元前770年,周平王迁都洛邑(今洛阳)后,王室衰微,天子同列国诸侯,其地产生的诗歌便称为"王风"。王风,多乱离之作,特别是《黍离》一诗,历来被视为是悲悼故国的代表作。但仅从诗中难以看出是周大夫

感伤西周的沦亡,倒是看到一个四处漂泊的浪子形象,听到他因流离失所而发出的愤怒呐喊。②黍(shǔ蜀):一年生草本植物,子粒淡黄色,去皮后叫黄米,供食用或酿酒。离离:行列整齐的样子。③稷(jì寄):粟,谷类的一种。"黍"、"稷"为互文,离离对二者兼而形容,下二章仿此。有人认为,这里的黍、稷是生长在皇宫内的庭院和王宫附近的禁地里(过去是种花木的,现在却种黍稷,意谓王室的式微),而不是长在田野上。④行迈:复合词,即行走。靡靡:缓慢的样子。⑤中心:心中。摇摇:心神不定的样子。⑥求:寻求。⑦此:指造成这种伤心的局面。⑧醉:指心中忧愁如醉酒一样不能自持。⑨噎(yē):咽喉塞住。这里指忧愤得连气也上不来了。

【赏析】 诗分三章,每章八句。前二句都是借景起兴,引出第三、四句浪子彷徨不忍离舍家园远去的描述。后四句以旁人对"我"的态度来烘托浪迹天涯的悲情,并以呼天抢地的形式,愤怒谴责给自己带来灾难的罪魁祸首。

本诗采用了重章叠句的形式,各章间仅有个别字句有变化。第二句尾的不同字(苗、穗、实),不仅起了分章换韵的作用,而且造成景致的转换,反映了时序的迁移,说明浪子长期流浪而不知所归。第四句末分别是"摇摇"、"如醉"和"如噎",生动地显示出浪子长期"行迈"而内心逐渐加重的悲伤。其余各句反复咏叹,有回环往复之妙,使强烈的悲愤之情倾吐得淋漓尽致。

《古诗十九首》之一

迢迢牵牛星 (高)

迢迢牵牛星,皎皎河汉女①。	河那边牵牛星遥遥相望,河这边织女星皎洁明亮。
纤纤擢素手,札札弄机杼②。	织女星摆动细白的双手,织机上飞梭"札札"作响。
终日不成章,泣涕零③如雨。	整日里没织成一件布匹,只见她泪珠儿像下雨一样。
河汉清且浅,相去复几许④?	银河水不深清澈可见底,两岸间的距离也不算太长。
盈盈一水间,脉脉⑤不得语。	一条河把二人隔在两边,难见难言只得深情相望。

【注释】 ①迢(tiáo)迢:遥远的样子。牵牛星:即牛郎星,传说牛郎织女二星本为夫妇,分别在银河南北,除了每年农历七月七日晚能相会外,其余时间只能隔河相望,用眼神来传递爱恋之情。皎皎:明亮;河汉:指银河;河汉女:指织女星。②纤纤:细柔修长的样子。擢(zhuó):摆动。素:白色。札扎:织布机的声音"札札"作响。杼(zhù):织布机上理纬线的梭子(图109)。③章:布的经纬纹理,指布帛。涕:泪。零:断断续续地落下。④相去:相离。复几许:有多远。⑤盈盈:水清浅的样子。脉脉:深情相视。

【赏析】 这首东汉末年无名氏的诗,描写一位妇女对远在异地的丈夫的思念。诗中借神话传说故事,形象地表现这种痛苦哀怨的感情,想象丰富,意境优美。诗中六句用叠词,增强了诗的音韵节奏感,也增加了诗的美感。

江　南　(小)
汉乐府①

江南可采莲②,	江南正是采摘莲子的时候,
莲叶何田田③,	荷花叶子圆圆的非常茂密,
鱼戏莲叶间。	鱼儿在荷花叶子下面嬉戏。
鱼戏莲叶东,	鱼儿一会儿游到荷叶东边,
鱼戏莲叶西,	一会儿游到荷叶西边,
鱼戏莲叶南,	一会儿游到荷叶南边,
鱼戏莲叶北。	一会儿游到荷叶北边。

【注释】 ①汉乐府:汉代的乐府。秦汉时期,官方设立的一种音乐机构叫乐府,其主要职责是从民间收集诗歌配上音乐演唱,人们把这些歌词也叫"乐府",今天,我们把这种独特题材的诗歌统称"乐府"。②可:正是。莲:水中荷花结的莲蓬,里面有许多莲子(图79右)。③何田田:何,即何其、多么;田田:茂盛挺拔的样子。

【赏析】 这首诗属于汉乐府《相和歌》,是一首一人唱、多人和的歌。诗中描绘江南荷花的丰茂盛美,以及鱼儿在荷叶下自由自在嬉戏的情景,同时暗示了江南女子在荷花丛中采莲的场面。作品文字浅显,节奏简单明快,在反复的语调中,通过荷花的茂盛,鱼儿的悠忽游荡、游戏水中,景色的欢快愉悦,反映出采莲人喜悦兴奋的心情:既为收获而喜悦,也因集体劳动、热闹而喜悦。江南水乡的美丽,人情的美丽,尽包涵在诗歌所写的画面之中。

【常识】 "三辅"是指西汉时期治理京畿(jī基)的三位官员,后指三位官员管辖的地区。

园中葵① (图67)　小
汉乐府·长歌行

青青园中葵,	园中的葵菜绿油油,郁葱葱,
朝露待日晞②。	早晨的露珠到太阳出来就被晒干。
阳春布德泽③,	美好的春天把希望洒满人间,
万物生光辉。	世上的万物展现出一派繁荣!
常恐秋节至,	经常担心寒秋季节就要来临,
焜黄华叶衰④。	到那时花草树木都开始衰败枯黄。
百川东到海,	时光流逝像江河之水徐徐流向东海,
何时复⑤西归?	什么时候才会再向西流回?
少壮不努力,	年少时不珍惜时间好好努力学习,
老大徒⑥伤悲。	到年老的时候只能白白悔恨悲伤。

【注释】 ①这是一首汉代乐府民歌,乐府《平调曲》名,现存古辞两首,这是第一首。后世流传的"少壮不努力,老大徒伤悲"的成语,即出于此。②青青:绿色。葵:葵菜,又名冬葵(图67)或冬寒菜,我国古代的主要蔬菜之一,称

为"百菜之主";现在湖南、江西、四川等地仍有种植。《辞海》(1980年版)把此菜与冬葵子(一种中草药)混为一谈,似不妥。朝露:早晨的露水。日晞:被太阳晒干。③阳春:温暖的春天。德泽:恩德、恩惠。④秋节:秋季。焜黄:草木枯黄。华:同花。衰(shuāi摔):事物发展转向微弱,如衰败、衰弱。⑤百川:无数条河流。复:再。⑥徒:白白地。

【赏析】 这首古代民歌从花草树木盛衰、河水东流不归联想到时间一去不复返,以此劝勉青少年应珍惜时光、努力向上。

【常识】 几个短暂时间的确切分秒:一须臾为0.3小时(约18分钟);一弹指为7分20秒;一瞬为0.36秒;一念为0.018秒。

山上亭　　　　　高

汉乐府·长歌行

岧岧山上亭①,	登上高高的山顶长亭,
皎皎云间星。	天空中布满了皎皎明星。
远望使心思,	越远望越觉得心中难受,
游子恋所生。	远行人最留恋生身母亲。
驱车出北门,	乘车儿早已经出了北门,
遥观洛阳城。	久久地远看着洛阳故城。
凯风吹长棘②,	和煦的南风啊吹拂枣林,
夭夭枝叶倾。	树枝儿树叶儿嫩绿葱葱。
黄鸟飞相追,	小黄鸟叽叽叫飞来追去,
咬咬弄音声。	一声声尽都是爱母亲情。
伫立望西河③,	忽想起望西河当年吴起,
泣下沾罗缨。	久伫立思母泪滴湿罗缨。

【注释】 ①岧岧(tiáo迢):高峻的样子。亭:指长亭,古代十里一长亭,五里一短亭。②凯风吹长棘:和煦的南风吹拂着枣林。此句以及下三句是化用《诗经·邶风·凯风》中诗句而来,意思是说母亲辛劳地抚育子女,子女在温暖的呵护下快乐地成长,他们像小鸟啾啾追鸣一样,表达对母亲的眷念之情。③望西河:说的是战国时期卫国人吴起的故事。吴起离开卫国前,对母亲告别时说,如果做不到卿相之类的高官,就不回卫国。后来母亲去世,他果然未能回去。他曾任魏国西河(今陕西合阳县一带)守将,后被迫离去,临走时望着西河伤感地哭泣。

【赏析】 此诗写一位游子即将远行时的思亲之情。他乘车出了洛阳北门,登上高高的长亭,遥望着洛阳城,想到要远离慈母,内心十分伤感,依依不舍,久久伫立,直到点点星光布满天穹;他想到母亲的温馨和博大,自己却要飘然而去,不知何时才能报答母亲养育之恩;他的思绪一下子飞到战国时代,仿佛看到吴起凝望西河的身影,于是百感交集,泪水夺眶而出,沾湿了衣衫上的罗缨。全诗写得质朴自然而又充满真情,没有出现执手诀别的场面,而是选取了告别后游子却不忍远行的场景,别出心裁,收到了更加强烈的艺术效果。

汉乐府　　　　　　　　　陌 上 桑（图63）　　　　　　　　初、大

日出东南隅①，照我秦氏楼。	太阳从东南喷薄而出，照耀这秦氏家的阁楼。
秦氏有好女，自名为罗敷②。	秦氏家有个好姑娘，自己取名叫罗敷。
罗敷喜蚕桑③，采桑城南隅。	罗敷喜欢采桑养蚕，采摘桑叶来到城南。
青丝为笼系，桂枝为笼钩④。	采桑的竹篮系着青丝绳，桂树枝儿作笼钩。
头上倭堕髻，耳中明月珠⑤。	头上梳着"堕马髻"，耳环用的明月珠。
缃绮为下裙，紫绮为上襦⑥。	下身穿着浅黄色的绸裙，上身是紫色绸做的短衣裳。
行者见罗敷，下担捋髭⑦须。	行路人看见罗敷女，放下担子捋捋胡须。
少年见罗敷，脱帽著帩头⑧。	青年男子看见罗敷女，脱下帽子露出帩头。
耕者忘其犁，锄者忘其锄。	耕地人看见罗敷忘了耕地，锄地人看见罗敷忘了锄。
来归相怨怒，但坐⑨观罗敷。	回去后相互来埋怨，误了活儿只因为观望罗敷。

使君从南来，五马立踟蹰⑩。	有位太守打从南边来，乘坐的五马车在桑田边徘徊。
使君遣吏往，问是谁家姝⑪？	太守打发人上前去探问，那是谁家女子竟如此漂亮？
"秦氏有好女，自名为罗敷⑫。"	"秦氏家里有美女，名字叫做秦罗敷。"
"罗敷年几何？"	"罗敷今年多大啦？"
"二十尚不足，十五颇有余⑬。"	"看样子二十岁不到，十五岁又有余。"
使君谢罗敷："宁可共载不⑭？"	太守请问罗敷："可否和我一起乘车回家去？"
罗敷前置辞："使君一何愚⑮！	罗敷上前答言道："太守说话怎么这样荒谬！
使君自有妇，罗敷自有夫。	你本来是有妇之夫，我罗敷是有夫之妇。

东方千余骑，夫婿居上头⑯。	东边骑马的千余人，我的丈夫在最前头。
何用识夫婿？白马从骊驹⑰。	凭什么识别我的丈夫？他的大白马后面跟着黑马驹。
青丝系马尾，黄金络⑱马头。	马尾系着青丝绳，黄金镶上马笼头；
腰中鹿卢剑，可直⑲千万余。	他腰间佩挂的辘轳剑，价值可抵千万余。
十五府小吏，二十朝大夫⑳。	十五岁在太守府里当小吏，二十岁在朝廷里当大夫。

三十侍中郎,四十专城居㉑。	三十岁升为侍中郎,四十岁统辖一方当太守。
为人洁白皙,鬑鬑㉒颇有须。	我夫长得皮肤颇白皙,留着一缕胡须略显稀疏。
盈盈公府步,冉冉府中趋㉓。	从容不迫地迈着四方步,在官府中趋前又走后。
坐中数千人,皆言夫婿殊㉔。"	在座的官员数千人,都说我丈夫超群最出色。"

【注释】 ①东南:在北回归线北看太阳东升时,太阳稍偏南面出,一说"东南"为偏义复词即指东方。隅:方。②好女:犹言美女。罗敷:古代美女的通称。秦:也是诗歌中美女常用的姓。③喜:喜欢,一作"善"。蚕桑:养蚕和采桑。④青丝:青色的丝绳。笼:篮子。系:篮子上的络绳。桂枝:桂树上的枝条,取其香洁。钩:篮的提柄,把桂枝弄弯,两端钩在篮上,中间弯曲部分可以提携。⑤倭(wō)堕髻:发式名,也叫堕马髻,其髻歪在头部的一侧,似堕非堕。明月珠:宝珠名。⑥缃绮(xiāng qǐ):杏黄色绫子。缃:杏黄色。襦(rú孺):短衣或短袄。⑦下担:放下担子。捋(lǚ吕):抚摸。髭:嘴上边的胡子。⑧著:戴。帩头:包头发的纱巾,古人先用头巾把头发束好,然后再加冠。⑨来归:即归来,回到家里。怨怒:抱怨。但坐:只是因为。坐:因为、由于、为了。如"停车坐爱枫林晚"(杜牧《山行》)。⑩使君:指太守、刺史。五马:指太守所乘的车马。据《宋书•礼志》载,"五马"是古代诸侯乘车所驾的马数,汉代太守为一郡之长,相当于诸侯,所以用五马。踟蹰(chí chú):要走不走的样子,徘徊不前。⑪姝(shū):美女。⑫"秦氏"二句,这是小吏询问后对使君的答词,非罗敷语。⑬"二十"两句:小吏对使君的答词。⑭谢:请问。宁可:犹言"甚可"。共载:共乘一辆车子。不(fǒu):同"否"。⑮置辞:致辞、作答。一何:与"何其"同义,犹今语"怎么这样"或"多么"。⑯东方:指丈夫居官之地。千余骑(jì):指众多骑马的随从,此处用夸张手法以示丈夫官位之高。居上头:居于前列。⑰何用:何以、用(凭)什么。识:辨认。骊驹(lí jū):深黑色的小马。⑱"青丝"句:指马尾上系着青丝。黄金:指金黄色,一说用黄金饰品。络:笼住。⑲鹿卢剑:剑柄用丝带缠绕起来,像鹿卢形;鹿卢,即辘轳,井上汲水用的滑轮。直:通"值"。⑳十五:指年龄,十五岁,以下"二十""三十""四十"皆同。小吏:太守府里的低级官员。朝大夫:朝廷上的大夫,汉代官名。㉑侍中郎:出入官禁的侍卫官。专城居:指州牧、太守之类的大官。专:擅据。专城:即据一城,官居太守则为一城之主,故说"专城居"。㉒白皙(xī晰):皮肤白。鬑鬑(lián廉):形容胡须稀疏。颇:略显。㉓盈盈:形容步伐缓慢。公府步:踱官派方步,一说在官府中踱着步子。冉冉:同"盈盈",步伐缓慢。府中趋:在府中踱着方步,古礼尊贵者步伐缓慢,卑贱者步伐迅速。㉔殊:特殊,与众不同。

【赏析】 这是一首民间故事诗。最早见录于《宋书•乐志》,名《艳歌罗敷行》。《乐府诗集》题作《陌上桑》,属相和歌辞。诗通过采桑女秦罗敷拒绝使君调戏的故事,赞美了女主人公不畏强暴,不慕富贵的高洁品质,暴露了当时上层社会的丑恶与无耻。

作品塑造了罗敷美丽、勤劳而又勇敢机智的性格特征,她的美丽为众人赞叹美慕,却引起使君的占有欲望。她则针锋相对,巧妙地以夸夫的形式,痛斥了使君的无耻行径。

为塑造罗敷形象,诗成功地运用了想象与夸张,如写她的打扮与夸夫,都极尽铺排之能事。诗还采用了正面描写与侧面描写相结合的方法,如"行者"以下八句的侧面描写与正面描写相得益彰,将罗敷的楚楚动人写到极致。

【常识】 1."六礼"是指中国古代婚姻的六种手续和礼仪。即纳采、问名、纳吉、纳征、请期、亲迎。

2. 我国《诗经》里有40首诗描写到鸟,涉及的鸟类70多种。现在世界上有300多个国家和地区(包括属地和岛屿)发行过鸟类邮票,总共有8 000多种。

饮马长城窟行①

汉乐府

青青河畔草,	河边的草儿发青了,沿河堤延伸得很远,
绵绵思远道②。	使我想念那踏着这条道路远去的心上人。
远道不可思③,	心上人的境况不可思议,
宿昔梦见之④。	但昨夜我真的梦见了他。
梦见在我旁,	才梦见他在我的身旁,
忽觉在他乡⑤。	又急然感到梦境非真,他仍远在异乡。
他乡各异县,	彼此身居异地,丈夫行迹飘泊不定,
展转不相见⑥。	翻来复去地找啊找,还是不能相见。
枯桑知天风,	枯萎的桑树仍然可以感到天风的吹拂,
海水知天寒⑦。	从不结冰的海水仍然能够察觉天气的寒冷。
入门各自媚⑧,	远方归来的人各自进了家门,只顾怜爱自己的亲人,
谁肯相为言⑨?	谁肯告诉我丈夫的半点音讯!
客从远方来,	客从远方来,(又是异想天开的一场梦),
遗我双鲤鱼⑩。	在恍惚中看见有人送来一封信(双鲤鱼)。
呼儿烹鲤鱼⑪,	叫儿子拆开信一看,
中有尺素书⑫。	是一条一尺长的生绢(信笺)。
长跪读素书⑬,	我直起身子跪着读书信,
书中竟何如?	信上写了什么呢?
上言加餐饭⑭,	上头写着"劝你不要因思念损害健康,一定要多吃些饭",
下言长相忆⑮。	下头写的是"我永远永远想念你"。

【注释】①选自《文学语文》(全军院校统编教材)。此曲又名《饮马行》,写一妇人思念远方戍边的丈夫。诗中细致地描述了妇人在丈夫久别后孤苦无依的心境,抒发了强烈的思夫盼归之情。②"绵绵"句:从河边绵延不断的青草联想到远方戍边的丈夫。此语义双关,既形容青草的蔓延,又形容相思的缠绵。远道,指远方戍边的丈夫。③不可思:意谓思念是徒劳无益的。④宿昔:昨夜。宿,通"夙"。昔,通"夕"。⑤觉(jué 决):醒来。⑥县:古作悬。展转:亦作"辗转",不定。这是说在他乡作客的人行踪无定,也可理解为由于思念而不能入睡。⑦"枯桑"两句:枯桑因无叶,所以能感觉到天风凛冽;海水因没有遮蔽,所以能知道天的寒冷。比喻自己的孤独、相思之苦,别人难以理解。⑧媚:爱,悦。⑨相为言:替我捎个信儿。⑩遗(wèi 卫):送。双鲤鱼:指藏书信的函,其形制为刻成鲤鱼形的两块木板,一底一盖,书信夹在里面。⑪烹:煮。假鱼本不能煮,诗人为了造语生动故意将"打开书函"说成"烹鲤鱼"。⑫尺素书:指书信。素,古人写信用的生绢,约一尺长一条。⑬长跪:直起身子而跪。古人席地而坐,坐时两膝着地,坐在后跟上。如果对人表示尊重,就要直起身子,不坐在后跟上,只用两膝支地,即"长跪"。"鲤鱼"句云云,是古诗词的名句,后人用"鱼"或"鲤"作书信的代称,就是从这首诗来的。⑭上:书信的前半部分。⑮下:书信的后半部分。收到丈夫的来信,应该是件喜事,但书信的内容却带来更大的悲痛。因为信里用的是近乎永别的语句。不言归期,隐隐暗示归家无期。这倒不是作者故意要笔花留下这句要紧的话让读者去想,而是写信的人不忍说,看信的人也不敢想。读到这里,真让人黯然魂销,肝肠寸断!

【赏析】这首民歌产生于五言诗滥觞的时代,还带着童稚的天真。不拘任何框框,不借助任何雕饰,一任真情自然流露。读者感觉到的只有那情感的活力,至于文字技巧,则仿佛天马行空,欲寻无迹。诗的结构也很简单,开头从"何畔草"起兴,想到远方戍边的丈夫,直到夜梦见他,这是直接写"我"的离情。后一部分则忽然来了一个大转折,抓来如同天外飞来的两个情节——他家有人归来和自身接到来信——从侧面写"我"的离情,似断非断。这几个情节,梦耶醒耶?真耶幻耶?仍然是迷离恍惚,同上文的梦思连成一气。常见画龙,龙身被云雾遮掩,忽然断开,横出一只脚爪。但仔细推导,断处的筋骨可以凭想象绘出,自有一个全龙在。这里使用的就是画龙的手法。最要玩味的是最后两句,得到丈夫的来信应该是一件喜事,但信的内容却带来更大的悲痛,好像是永远诀别的语句。全诗写的都是思妇的种种臆想。诗情千回百转,似断似续,分节和用韵也无拘无束,随着思绪的变化自由发展。不用典故,不假雕琢,语言清新活泼,好象刚摘下来的熟透了的鲜桃,一咬一兜水。这些,都充分表现了民歌的特点,也充分显示了五言诗初起阶段的活力。一个文,一个情,情以驭文,文以表情。以一分文表达十分情,好比一个小杯子盛满了酒,满得要溢出来,必是好诗。否则就好比一个大杯子盛着几滴酒,仰起杯子也难闻到一点酒香,这样的诗如同嚼蜡。这首诗动人,就在那蕴含于诗里的情,满得都要出来了。

汉乐府·铙歌　　　　　上　邪①

上邪！	天啊！（苍天可以作证！）
我欲与君相知②，	我发誓与您相知相爱，
长命无绝衰③。	使我们的爱情永久不衰。
山无陵④，	即使高山变为平地，
江水为竭⑤，	江水为之干涸，山河化为乌有了，
冬雷震震⑥，	冬天打雷，
夏雨雪⑦，	夏天下雪，气候全变了，
天地合⑧，	天塌下来，天地重合成为混沌一体了，
乃敢与君绝⑨！	我也不与你分开！

【注释】 ①选自《大学语文》（全军院校统编教材）。这是一位女子的自誓之词。她呼告苍天，表白自己对爱情的矢志不移之心。全诗直抒胸臆，情感真挚热烈，语言泼辣大胆。上邪！（yé 爷）：犹言"天啊"。上，指上苍、上天。邪，同"耶"，感叹词。②君：您，此指所爱者。相知：知心相爱。③"长命"句：使我们的爱情永远不破裂，不减少。长，永远。命，令，使。衰，减少。④山无陵：高山变为平地。陵，峰。⑤江水为竭：江水为之枯竭。⑥震震：雷声。⑦雨（yù 玉）雪：下雪。雨，这里作动词，降落。⑧天地合：天塌下来与地合二为一。⑨乃：岂。

【赏析】 此诗之所以脍炙人口，乃在于它的作者在开头三句之后，紧接着便以人们意想不到的异常想象写出了"山无陵"等六句，体现了新颖的构思。此诗的结尾与开头是不一样的。开头抒发的是"我欲与君相知，长命无绝衰"，篇末说的却是"天地合，乃敢与君绝"。一首一尾，意思好象全然相反。但结尾的"绝"，是有条件的，恰恰是这些条件（山河化为乌有、季节混乱颠倒、天地重合成为混沌一片），又使她说的"乃敢与君绝"实际上依然是"长命无绝衰"的意思，并使这种感情得到了强化。这样的构思，有别于平白直叙，相当新颖巧妙。

项　羽（前232—前202）

秦末农民起义军领袖，名籍，字羽，下相（今江苏宿迁西南）人，楚国贵族出身。秦二世元年（前209），从叔父项梁在吴（今江苏省苏州）起义。项梁战死后，秦将章邯围赵，楚怀王任宋义为上将军，任项羽为次将，率军往救。宋义到安阳（今属河南）逗留不进，项羽杀了宋义，亲率军渡漳水救赵，在巨鹿之战中摧毁秦军主力。秦亡后，自立为西楚霸王，封刘邦为汉王，又划地分封了17个王。后来刘邦乘项羽出击齐地的机会，攻占关中，并继续东进，占领项羽的根据地彭城（今江苏徐州）。项羽军事上处于优势，回军抄后路大败刘邦。刘邦联合各地反对项羽的势力，与项羽在荥阳、成皋间相持。同时又派韩信攻占赵、齐等地,使项羽两面受敌。公元前203年,刘项约定以鸿沟(在今河南荥阳)为界,东属楚,西属汉。次年,刘邦乘项羽撤兵之机全力追击,并约韩信、彭越合围。项羽败退至垓下(今安徽灵璧南),不久在乌江(今安徽和县东北)自刎。于是刘邦即帝位,建立汉朝。

垓下歌①

力拔山兮气盖世②,	我的勇力能拔山,气概可盖世,无人能比,
时不利兮骓不逝③。	可时运不济,被困重围,连宝马也不肯走了。
骓不逝兮可奈何,	宝马不走了该如何是好,
虞兮虞兮奈若何④!	虞姬啊虞姬啊,我又该如何把你安排!

【注释】①垓下歌:项羽被刘邦困在垓下,穷途末路之际所唱的歌。垓(gāi 该)下:古地名,在今安徽灵璧东南沱河北岸,刘邦在此击溃项羽。②盖世:没有人能比得过。③骓(zhuī 锥):青白杂毛的骏马。逝:走、驰骋。④虞兮:即虞姬啊。她是侍候项羽的虞姓美人(江苏沭阳人)。奈若何:你该怎么办呢?

【相关链接】 1.公元前202年,项羽几千人被汉军团团围困在垓下,哀叹大势已去,唱出了这首《垓下歌》。虞姬以歌和项羽,后传其歌词为:"汉兵已略地,四面楚歌声。大王意气尽,妾妃何聊生。"唱罢即自尽。项羽带数十人突出重围,不久在乌江自刎。[注:略,此当"掠夺"解。]

2.对同一个项羽,有赞扬和批判两种不同的观点:(1)南宋女词人李清照认为,人们至今思念项羽,是因为他有宁死不屈、不肯忍辱回到江东偷生的英雄豪气(见她的《夏日绝句》)。其实,作者是借古讽今,抒发自己对南宋统治者的不满:她认为根本就不应该迁都到杭州去偏安一隅,而应继续进行抗金斗争,收复中原,统一大宋。(2)晚唐诗人杜牧有一首诗《题乌江亭①》:"胜败兵家事不期②,包羞忍耻③是男儿。江东弟子多才俊④,卷土重来⑤未可知。"意思说,胜败对将帅来说不是每次都能预期的,能够含羞愤、忍耻辱的人才是真男子汉。千里江东家乡父老兄弟有的是英才俊杰,重整旗鼓再争天下的结果有谁能知道?作者认为,胜败乃兵家常事,真正的男子汉大丈夫应该"包羞忍耻",韬光养晦,百折不挠,组织力量,卷土重来。杜牧隐含的意思是,主张削平藩镇,抗击吐蕃、回纥[唐宪宗元和四年(809),第四代回纥(hé 何)可汗保义奏请唐皇室改称回鹘(hú 壶),即今维吾尔族]统治集团的骚扰,加强防务,实现全国统一,重新回到初唐"贞观之治"的年代。[注:①乌江亭:在今安徽和县东北。②不期:不能预料。③包羞忍耻:能够包含羞愤、忍受耻辱。④才俊:英才俊杰。⑤卷土重来:比喻失败后再集结力量,重新恢复势力。此成语源于此诗。]

3. 2009年12月22日,澳大利亚《悉尼先驱晨报》发表题为《"韬光"结束——中国进行政治大跃进》的文章说,邓小平为了保障中国在世界上的地位曾经提出"冷静观察,稳住阵脚,沉着应付,韬光养晦,有所作为"的方针。过去,中国遵守了这个方针。"但现在情况再也不是这样了。2009年,中国不断增长的政治力量已经成为国际政治中一个不可回避的事实……那种认为中国在各个问题上的立场可以被任意左右的想法,已经成为一种落伍的幻想。哥本哈根就是证明。"其实,"韬光养晦,有所作为"是我国长期要坚持的方针。我国虽然在经济社会发展方面取得了巨大成就,但仍然是一个发展中国家。我国人口多、底子薄、差别大,要实现现代化还有很长的路要走。2010年3月7日,杨洁篪外长在记者会上说,现在外界对中国有些误解,"比如有人认为,现在中国对外表现得越来越强硬,我想说的是,坚持原则立场同是否强硬是两码事,国与国之间打交道,重要的是看是不是占'理'。中国的外交是以维护国家主权、安全和发展利益,以促进世界的和平与发展为己任,这就是中国外交的'理'。如果把一个国家维护本国的核心利益和尊严的行为视为'强硬',而把侵犯一个国家利益的事看成理所当然,那么公理何在?"

刘 邦(前256—前195)

即汉高祖,西汉王朝的建立者,公元前202—前195年在位,沛县(今属江苏、当时属楚国)人,曾任泗水亭长,是中国第一位平民出身的皇帝。秦二世元年(前209)陈胜起义,他起兵响应,称沛公。初属项梁,后与项羽领导的农民起义军同为反秦主力。前206年,率兵攻占咸阳,推翻秦朝统治。约法三章,废除秦的严刑苛法。同年,项羽率军入关,大封诸侯王,他被封为汉王,占有巴蜀、汉中之地。不久,即与项羽展开长达5年的战争(史称楚汉战争)。前202年,战胜项羽,即皇帝位,建立汉朝。在位期间,继承秦制,实行中央集权制度。先后消灭韩信、彭越、英布等异姓诸侯王;迁六国旧贵族和地方豪强到关中,以加强控制;实行重本抑末政策,发展农业生产,打击商贾;以秦律为根据,制定《汉律》九章。这些措施有利于社会经济的恢复和中央集权的巩固。

大 风 歌

大风起兮云飞扬①,	大风吹起呀云彩飞扬,
威加海内②兮归故乡。	我的威德遍布全国,功成名就时回到故乡。
安得③猛士兮守四方!	怎样才能得到大批勇猛的将士啊,与我共守四方!

【注释】 ①大风起兮云飞扬:既是对北方清秋景色的描写,又是喻指群雄逐鹿,天下大乱。兮:助词,相当于现代的"啊""呀"。②威加海内:把中央集权的威力施加于全国,指已取得胜利,统一了全国。③安得:怎么能得到。

【赏析】 西汉王朝建立后,斗争仍然十分激烈。刘邦在粉碎了韩信、陈豨(xī希)、彭越等异姓诸侯王的武装叛乱之后,又于公元前196年冬,亲自率军镇压淮南王黥(qíng情)布的武装叛乱。在回师途中,刘邦路过久别的家乡,稍作停留,置酒沛宫,款待乡亲。酒酣之际,刘邦触景生情,击筑而歌。《大风歌》由儿童120人伴唱,邦自起舞。后入"乐府",史称《大风歌》。整首歌气势壮阔,立意深远,充满了激情。第一句,既是对秦末农民起义风起云涌的壮丽气势的描绘,也是对平叛战争的回顾和歌颂,妄图割地称雄的武装叛乱违反历史潮流,他们在中央政权的镇压下,如风卷残云,立即烟消云散。第二句,表现了平叛胜利后的自豪心情,但当时梦想分裂中国的还大有人在,刘邦从平叛中痛切地感到削弱王侯权力,加强中央集权,保卫国家统一的重要性。第三句,抒发他的这种感情,表示要招贤纳才,动员大批勇士来保卫国家。这句是他在连续平定了几起王侯的武装叛乱之后的感叹,更是他的希望和理想。次日,刘邦又把王媪、武妇以及各家老妇人召来参加宴会。因为刘邦年轻时,经常到她们的酒店赊酒,为了答谢她们,特地请她们来赴宴,大家谈及往事,且笑且饮,消磨了一整天。刘邦在沛县住了10多天后,不想再耗费民力,决定离开。汉高祖回到长安后,沛县父老在行宫前筑了一座高台,命名为"歌风台"。

【相关链接】 1. 李商隐写过首《题汉祖庙①》:"乘运②应须宅八荒,男儿安在恋池隍③。君王自起新丰④日,项羽何曾在故乡。"意思是说,应当乘着有利的形势去统一八荒,大丈夫怎能胸无大志贪恋故乡?刘邦做君王后仿照家乡建立新丰时,项羽的衣锦还乡早成了一枕黄粱。作者写此诗,对晚唐那些只图苟安,胸无大志的皇帝也是个极大的讽刺。[注:①汉祖庙:汉高祖刘邦的庙,在今江苏省沛县。②乘运:乘着有利形势;宅八荒:宅,用作动词,即以天下为家;八荒:极远的地方。③池隍(huáng 黄):城池,这里指故乡,影射项羽恋故乡。④新丰:刘邦定都长安后,在长安附近按家乡丰邑的样子另建街区,并把丰邑百姓迁来,此处便叫"新丰"。]

2. 第一次喊"毛主席万岁"的竟然是蒋介石。1945年国共两党重庆谈判期间,蒋介石对前来谈判的毛泽东六次呼喊"毛主席万岁",体现了他对毛主席的敬佩之情。一见毛泽东进了官邸,站在台阶前迎接的蒋介石就三呼"毛主席万岁"。他在日记中写道:"我很佩服毛泽东,他的烟瘾那么大,跟我对谈八个小时居然不抽一根烟,这个真让我吓了一跳。"10月9日《大公报》报道:"昨晚张部长又一次大宴宾客,……毛泽东发表演讲:'张部长说我们要统一,统一是好的,不统一不好,我们一定要统一!(鼓掌)……要在蒋委员长领导下,克服困难,建设独立、自由、民主、统一、富强的新中国!'(鼓掌)毛先生更郑重声明:我们的合作是长期的,困难会打消的。"蒋介石又咆哮般地大喊:"毛主席万岁!"连呼三次。可见毛、蒋二人都植根于中华文化,追求合作与国家统一。

曹　操(155—220)

东汉末年著名政治家、军事家、诗人,字孟德,小名阿瞒,沛国谯(今安徽亳县)人。曾起兵讨伐董卓,镇压过黄巾起义,在军阀混战中,打败了吕布、袁绍等军事集团,征服了乌桓贵族,统一了北方。建安元年(196),他随汉献帝建都于许昌(今属河南省),任丞相,后被封为魏王。在魏、蜀、吴三国时期,魏国的实力最强。死后其子曹丕废汉称帝,追封他为"魏武帝"。他在北方屯田,兴修水利,对农业生产的恢复有一定作用;用人唯才,打破世族门第观念;抑制豪强,加强中央集权。他精通兵法,著有《孙子略解》《兵书接要》等书。善诗歌,其诗都是乐府歌辞,如《蒿里行》《观沧海》《短歌行》等,抒发了统一中国的政治理想和抱负,并反映汉末人民的苦难生活,充满积极进取的豪迈精神,气魄雄伟,慷慨悲凉。遗著有《魏武帝集》,已佚,有明人辑本,又有今人整理的《曹操集》。

观沧海 (初)

步出夏门①行

原文	译文
东临碣石②,以观沧海。	东行登上碣石山,观看渤海浪滔天。
水何澹澹,山岛竦峙③。	海水起伏多波澜,山岛高耸在海水中间。
树木丛生,百草丰茂。	山中树木丛生,百草丰盛茂密。
秋风萧瑟④,洪波涌起。	秋风吹来,草木萧瑟,滔天巨浪汹涌而起。
日月之行,若出其中。	太阳月亮的运行,似乎就从海中起程。
星汉⑤灿烂,若出其里。	满天星光灿烂,就像刚从海中出浴。
幸甚至哉,歌以咏志⑥。	幸运之至啊,作诗歌唱来抒发情志。

【注释】 ①夏门:洛阳北面的城门。②碣(jié)石:山名,在今河北昌黎北,上有巨石耸立,高数十丈,故名。秦始皇、汉武帝都曾东巡到此刻石观海。东汉建安十二年(207)曹操北征乌桓经过这里,作有《碣石篇》。③澹澹(dàn):形容水波摇荡。竦峙:竦(sǒng),同"耸",高起之状;峙:挺立。④萧瑟:秋风的声音。⑤星汉:银河。⑥幸甚至哉:幸,庆幸;至,极;志,情意。

【赏析】《观沧海》是曹操《步出夏门行》(又名《陇西行》)中的一章。《步出夏门行》是汉乐府旧题,此诗最前有艳(序曲),下分四章,文章内容不同,可独立成篇,每章末都有两句相同的话,表示庆幸,歌唱情志,是乐曲套语。《观沧海》描写诗人登上碣石山,眺望沧海景色,气象万千,联想到日月东升西落,繁星闪烁的银河,就像是在洪波涌起的大海中运行、出没一样,生动地表现了祖国海疆的壮丽风光和诗人丰富的想象力,气势豪迈雄浑。

【常识】 1. 人类每年排放的二氧化碳总量为300亿吨,其中一半滞留大气中危害人类;约75亿吨被海洋吸收,约75亿吨被陆地植被吸收。

2. "三曹"指的是曹操、曹丕、曹植。

龟虽寿 初

步出夏门行

原文	译文
神龟虽寿,犹有竟时①。	神龟即使长寿,也有死亡之时。
腾蛇乘雾,终为土灰②。	腾蛇即使腾云驾雾,最终还要化为灰土。
老骥伏枥③,志在千里。	千里马即使因年老伏卧槽中,其志仍在驰骋千里。
烈士④暮年,壮心不已。	刚烈的志士即使到了晚年,雄心壮志仍不停息。
盈缩⑤之期,不但在天。	生命的长短,不只是取决于上天。
养怡⑥之福,可得永年。	修养身心带来福分,也能长寿延年。
幸甚至哉,歌以咏志。	幸运之至啊,作诗歌唱来抒发情志。

【注释】 ①神龟:古人以为龟长寿,其通灵者称神龟,可活三千年。竟时:竟,完了,此处指死。②腾蛇:又作"螣蛇",龙类,传说是一种能飞的蛇,能腾云驾雾(参见图112)。土灰:死后化为尘土。③骥(jì):好马,千里马。枥:

马槽。④烈士:怀着雄心壮志的政治家。⑤盈缩:盈,满;缩,亏,指人生中的种种遭际,此指人的寿命长短。⑥养怡:修养性格,修养身心健康。

【赏析】 这是曹操《步出夏门行》(又名《陇西行》)的第四章,独立成诗名《龟虽寿》。作者认为,世上万物,都不能违背生死这一自然规律,对人来说虽不例外,但一个心胸宽阔、积极建功立业的政治家,即使到了晚年,他的志向也不会消沉。作者指出,人的寿命长短并非决定于天,只要坚持养身怡性,就可获得延年益寿,最终实现自己的宏伟抱负。暗示他自己"虽已暮年壮心不已",仍要为国家统一大业做贡献。此诗寓哲理于形象,融感情于景物,具有深刻的艺术感染力,诵读时声调要铿锵有力。

【常识】 1. 什么运动项目最好?一般是做有氧代谢运动,即做操、打拳、慢跑等等,中老年人最好是快走。常速步行30分钟可燃烧132千卡热量,快走30分钟可燃烧186千卡热量,既可锻炼心肺功能,又能减去过多的脂肪,人们称之为"健康走"。 2. 少吃的确有助于长寿。吃七八成饱、偶尔断食(一周有一天或一餐不进食)或限制热量均可延长寿命。因为这种方法可以帮助提高机体抵御压力、控制蛋白质摄取量和保持基因载体的完整性。3. 人生有目标,老人更长寿。感到余生还有事可做的老人,其死亡率低一半。4. 传统观点认为,具有肥胖遗传基因的人怎么运动都无济于事;而实验证明,易胖基因突变每增加一个,会使人们肥胖的可能性增大1.1倍,但对积极锻炼的人来说,每个基因突变所增加的肥胖危险比例要低40%。所以说,多运动多锻炼对任何人都能达到减轻体重的目的。

短歌行(二首选一) (高)、大

对酒当歌,人生几何?	面对酒筵要放声高歌,人生在世日子并不多。
譬如朝露,去日苦多。	比如朝露转眼就晒干,美好时光匆匆如穿梭。
慨当以慷,忧思难忘。	心情感奋我慷慨激昂,内心忧思却时刻难忘。
何以解忧,惟有杜康①。	忧思烦闷怎样来解脱,只有杜康能消我愁肠。
青青子衿②,悠悠我心。	青衣贤士你今在哪里,日日夜夜牵动我的心。
但为君故,沉吟至今。	忧思烦闷都是为想你,渴望见你日夜在沉吟。
呦呦鹿鸣,食野之苹。	荒野麋鹿在呦呦长鸣,呼朋引伴共来吃蒿苹。
我有嘉宾,鼓瑟吹笙③。	可喜来了尊贵的客人,奏瑟吹笙我热情欢迎。
明明如月,何时可辍④?	仰望高空那一轮明月,古往今来何时会停歇?
忧从中来,不可断绝。	我的忧思发自内心里,幽深绵长永远难断绝。
越陌度阡,枉用相存⑤。	跋山涉水路途多辛劳,让你屈尊远来探望我。
契阔谈䜩,心念旧恩⑥。	欢宴会上畅叙别离情,回忆往昔情意似江河。
月明星稀,乌鹊南飞。	月光明亮星儿也显稀,一群乌鹊缓缓向南飞。
绕树三匝⑦,何枝可依?	围着树儿绕来又飞去,哪有一条枝头可栖息?
山不厌高,海不厌深。	巍巍高山不嫌土石广,茫茫大海总爱江河多。
周公吐哺⑧,天下归心。	要像周公那样待贤士,普天之下谁不拥护我。

【注释】①杜康：据传为造该酒的创始人，此指美酒。②青青子衿：读书人；周代读书人穿青色衣服，衿（jīn 今）：即衣襟。悠悠：深长连绵不断，此指忧思。作者引用《诗经·郑风·子衿》的诗句，抒发思贤之情，求贤不得，故忧思沉吟。③呦呦（yōu）：鹿鸣声。苹：艾蒿，嫩叶有香气，可食。鼓瑟吹笙："瑟"，弹弦乐器（见图52）；"笙"，吹奏管乐器。作者引用《诗经·小雅·鹿鸣》中的诗句表示求贤既得，要以礼相待、奏乐相娱。④何时可掇：渴求贤士的愿望不会消失，就像明月不能摘下来一样。掇（chuó 绰）：拾取。⑤越陌度阡，枉用相存：指贤士若能屈驾前来。陌：田间东西小路；阡：田间南北小路。枉：屈就。用：以；存：问候。⑥契（qì 气）阔谈䜩，心念旧恩：欢宴畅叙昔日的友谊。䜩：同"宴"。⑦匝（zā 咂）：环绕一周。三匝：三周。⑧周公吐哺：周代大臣姬旦史称周公（周武王之弟），他为招揽人才，正吃着饭，也要把食物吐出来，以便接待贤士。

【赏析】《短歌行》属乐府《相和曲·平调曲》。曹操《短歌行》有二首大约作于其晚年。曹操想到统一大业尚未完成，而人生譬如朝露，转眼即逝，因此忧从中来。他深感治理天下，必须依靠贤能之士，于是情不自禁地吟诵起《诗经》的有关篇章。又看见月明星稀的晚上，一群乌鸦纷纷南飞，寻找栖身的地方，联想到贤能之士也会择主而事，从而表示，只要自己有周公"一饭三吐哺"的精神，天下贤能之士怎能不归心拥戴呢？这首诗艺术表现手法有：感情深挚，婉曲动人；引用《诗经》成句，自然贴切。风格则苍茫悲凉。它是继《诗经》之后的四言名篇。

【相关链接】 1."天下归心"也就是得民心。2012年12月27～30日，习近平总书记轻车简从到河北阜平县考察，10人就餐"四菜一汤"，还特别交代不上酒水。目前，习近平及其领导班子掀起的新风深得老百姓欢迎。12月初，政治局出台了改进工作作风、密切联系群众的八项规定。军队也不例外，军内接待禁止饮酒，不得铺张浪费。此前在广东考察，习近平与水兵一起就餐，并自己端着盘子排队取食。

2.《新华社盘点中共新领导集体履新一百天》之四"网上出现领导人"粉丝团：从探访艾滋病患者，到看望出租车司机和清洁工；从到农户家庭访问，到走访各民主党派中央和全国工商联，中共领导人认真体察民情和深入调查国情的作风给民众留下了深刻印象。艾滋病患者小杨说："总书记主动向我伸出手，问我服药有没有副作用，还鼓励我坚持下去。"网络上还出现了关注领导人的众多"粉丝"，他们随时注目和热议自己"偶像"的一举一动。

曹　植（192—232）

三国魏诗人，字子建，沛国谯（安徽亳州）人，曹操第三子，曹丕同母弟。封陈王，谥思，世称陈思王。因富有才华，早年曾被曹操宠爱，一度欲立为世子，及曹丕、曹睿（ruì）相继为帝，备受猜忌，郁郁而死。其诗歌多为五言，前期作品有少数表现社会动荡和自己的抱负；后期诸诗，则反映自己所受迫害的郁闷心情，部分诗篇掺杂着较浓的消极思想。其诗善用比兴手法，语言精炼，而词采华茂,对五言的发展颇有影响。也善词赋、散文,《洛神赋》尤为著名。原有集已散失,宋人辑有《曹子建集》。

七步诗① (图83)

三国·魏　　　　　　　　　　　　　　　　　　　　　小

煮豆燃豆萁②,	燃烧豆秸煮豆子,
豆在釜中泣③。	豆子在热锅中哭泣。
本是同根生④,	咱们本是同根生长出来的,
相煎何⑤太急。	你煎熬我何必要这样着急!

【注释】①选自《三曹诗选》。②豆萁(qí):豆类作物的茎秆。③釜(fǔ):古代人煮食物的器具。泣:小声哭泣。④同根生:双关语,豆和豆萁都是同一条根上长出来的,暗喻自己和哥哥曹丕是同父同母所生。⑤相煎(jiān):比喻兄弟手足相残。何:为什么这样。

【赏析】曹植很有才华。曹操去世后,哥哥曹丕即位,嫉恨其才。相传有一次,曹丕命令他七步之内做出一首诗,否则将其处死,曹植真的在七步之内作成了此诗。曹丕听了,面有惭色,诗名也由此而来。诗的比喻贴切,用语巧妙,通俗易懂而又含义深长。"煮豆燃豆萁"的情形,也许我们很多人都看过,但有谁想象过"豆"的激愤,想象过"同根相煎"的惨痛呢?是啊,兄弟如手足,本不该相侵相残,正所谓兄须爱其弟,弟应恭其兄;勿以些许利,伤此骨肉情。

【相关链接】　此诗原作是:"煮豆持①作羹②,漉③菽④(图83)以为汁。萁在釜下燃,豆在釜中泣。本是同根生,相煎何太急?"[注:①持:用来。②羹:用肉或菜做成的糊状食物。③漉(lù):过滤。④菽:豆类。此句的意思是把豆子的残渣过滤出去,留下豆汁作羹。]

白马篇①

三国·魏　　　　　　　　　　　　　　　　　　　　　大

白马饰金羁②,	白马佩带着金色的马具,
连翩西北驰③。	飞跑不停地向西北方奔去。
借问谁家子,	请问这是谁家的孩子,
幽并游侠儿④!	是幽州和并州的骑士。
少小去乡邑⑤,	年纪轻轻就远离了家乡,
扬声沙漠垂⑥。	到边塞显身手建立功勋。
宿昔秉良弓⑦,	想当年他练习武艺的情景,
楛矢何参差⑧。	早早晚晚弓箭从来不离身。
控弦破左的⑨,	开弓能够射中左边的靶子,
右发摧月支⑩。	向右射可穿透白色的靶心。
仰手接飞猱⑪,	仰面能射中如梭的飞猱,
俯身散马蹄⑫。	俯身可射碎黑色的马蹄。
狡捷过猴猿⑬,	灵巧敏捷赛过猿猴,
勇剽若豹螭⑭。	勇猛剽悍有如豹螭。

其他各朝代

边城多警急⑮,	西北边境的军情屡屡告急,
胡虏数迁移⑯。	外族部落的骑兵又犯内地。
羽檄从北来⑰,	征召檄文从北方迅速传来,
厉马登高堤⑱。	少年游侠策马登上了高堤(防御工事)。
长驱蹈匈奴⑲,	带兵长驱踏破匈奴地,
左顾陵鲜卑⑳。	回师东向又扫平鲜卑。
弃身锋刃端㉑,	既然已投身于流血的事业,
性命安可怀㉒!	怎能把个人安危放在心里!
父母且不顾,	对父母尚不能尽孝瞻顾,
何言子与妻!	又怎能念及儿女和爱妻!
名在壮士籍㉓,	名字既已列上光荣的壮士册,
不得中顾私㉔。	就顾不上个人的私念和得失。
捐躯赴国难,	为国家解危难奋勇献身,
视死忽如归。	我义无反顾,视死如归。

【注释】 ①选自《大学语文》(全军院校统编教材)。此篇用首二字为篇名。本诗塑造了一位武艺高超而有强烈爱国精神的英雄形象,是曹植前期的代表作。②金羁:金属制成(或黄金色)的马笼头(图93)。③连翩:飞跑不停。驰,即奔驰。显示了情况紧急。④幽:古幽州,今河北北部、北京、天津及辽宁西南部一带。并(bīng兵):山西省太原的别称。古并州,今山西大部分和陕西、河北、内蒙古的部分。游侠儿(ní尼):讲义气、轻生死的青年男儿。⑤乡邑:家乡。⑥扬声:扬名。垂:通"陲",边疆。⑦宿昔:往日,从前。秉:持,执。⑧楛(hù苦)矢:用楛木做成的箭。楛,外形像荆的灌木。参差(cēn cī岑刺):不齐的样子。⑨控弦:拉开弓弦。破:射穿。左的(dī弟):左边的箭靶中心。⑩右发:向右边发射。摧:摧毁,穿透。月(ròu肉)支:一种白色的箭靶名,又称素友。⑪仰手:仰面开弓。接:迎射前面飞来的物体。这里是射中的意思。飞猱(náo挠):猿类动物,敏捷如飞,所以说飞猱。这里用来比喻飞快的物体。⑫俯身:弯下身子。散:射碎。马蹄:一种黑色的箭靶名。⑬狡捷:灵活敏捷。⑭勇剽(piāo飘):勇猛而又迅速。剽,行为轻捷。螭(chī蚩):古代传说中形状像龙的一种凶猛的野兽。⑮警急:紧急警报。⑯虏骑:胡人的骑兵。数(shuò硕):屡次,多次。迁移:调动,指调兵侵犯边境。⑰羽檄(xí媳):插上羽毛的军事文书,表示军情紧急,必须火速送到。檄,古代军用文书。⑱厉马:策马。堤(dī低):用来防水的长堤。这里引伸为抵御敌军的工事。⑲蹈:践踏。匈奴:我国古代北方的一个游牧民族,汉代时,经常从北方或西北方入侵。⑳陵:通"凌",压制。鲜卑:我国古代东北方的一个游牧民族,又称东胡、山戎。"长驱"二句只是概括性的说法,并非实指。"蹈""凌"不过表示可以战胜之意,并非已然之词。㉑弃身:委身。端:尖端。㉒安可怀:哪里还顾得上考虑。㉓籍:名词。㉔中:指内心。

【赏析】 曹植生于汉献帝初平三年(192),正是曹操击败黄巾,收编为青州兵之年。所以,曹植年轻时所经历的已是汉末大乱的后期。他自称"生乎乱,长乎军",少年时期随父亲南征北战,有过一些军旅生活。曹植八九岁以后,父亲降吕布,战官渡,败袁绍,征乌桓,下荆州,破汉中等等,一直征战不息。无论是当时中原的政治气氛,还是曹植的家庭生活,都在逐步走向统一的胜利旗帜下,洋溢着昂扬奋发的精神,充满着信心和慷慨激昂的气息。可以说,从汉末分裂以来,为国家的统一和社会的安危而献身,一直是时代的最强音。《白马篇》就是这样一曲时代的慷慨之歌。

全诗28句,可分为四层来理解。开篇两句为第一层。首句不写人而人却在其中。这里用的是借代和烘托的手法,以马代人,以马的雄骏烘托人的英武,以白马指代他理想中的少年英雄,是再贴切不过的了。次句显示了军情紧急,创造出浓郁的战争气氛。"借问"以下12句为第二层。3、4句以问答宕开,缓笔插入对这位白马英雄的描述,造成诗篇节奏上的一张一驰。王翰有"醉卧沙场君莫笑,古来征战几人回"的诗句,而这位白马英雄却能久经征战而扬名边塞(5、6句),何也?接着便以饱蘸热忱的笔触描述英雄的精绝武艺(7—14句),这就不仅回答了这位英雄是何等人物,而且为下边写他英雄事迹作了坚实的铺垫。"边城"以下6句为是第三层。从结构上讲,这里是紧承开头第2句的,既是"西北驰"的原因,也是"西北驰"的继续。从内容上讲,这是把人物放在严酷的战争环境中来塑造。边塞城邑多次报警告急,敌军骑兵频繁犯边,插着羽毛的紧急文告从北方传来,白马英雄立即催马登上防御工事。只用了4句20个字,便写出了英雄急国家之此所急的侠肝义胆。接下来"长驱"二句,是正面描写人物的英勇。"蹈""陵"二字有力地表现了英雄压倒敌人的气概。从结构上讲,这两句是承前启后的过渡句,既是前段描写的自然归结,又是诱发下文议论的引言。"弃身"以下8句是最后一层。意思说,既然投身于战场,岂能不置生死于度外?哪里还顾得上父母妻儿之情?既然编入了壮士名册,参加到军队的行列,心中就不能有私念,就要随时准备为国捐躯视死如归。这既是诗中主人翁的独白,又是诗人对英雄崇高精神世界的揭示和礼赞。就一般的叙事诗来说,把人物事迹表达出来就够了,不必参加议论;而本诗的这段议论是必不可少的。诵读本诗,我们就不难感受到,在层层的铺垫描述中,诗人心中的激情步步上升,到最后是汹涌澎湃了。"情动于中而形于言",不得不一吐为快。这是诗人心声的自然流露。也正因为如此,我们读来不仅没有空泛之感,反觉得句句真切,震撼心灵。

《白马篇》有作者在内而又不是完全写自己,塑造了一个作者崇敬的人物形象,而又反映了当时多数人的愿望和理想,正是此诗成为历代传诵佳篇的重要原因。这种技艺高超而一心为国的人物,不仅在整个封建社会中是可贵的,他的精神直到今天,仍有值得发扬之处。特别是"捐躯赴国难,视死忽如归",成为千古传诵的名句。

陶渊明(365—427)(图2)

东晋大诗人,伟大的文学家,又名陶潜,字符亮,浔阳柴桑(今江西省九江市)人。少时家贫多病,但他有崇高的志向,学识渊博。从东晋孝武帝太元十八年(393)起,断断续续任过江州祭酒、镇军参军、彭泽令等职,但最终(405年)因不耻于"为五斗米折腰"而弃官隐居。《晋书·陶潜传》上说:陶渊明做彭泽县令时,上级派一个长官到县里来视察,县里的职员劝他穿戴整齐去迎接。他说,我不能为五斗米的薪俸向一个无知识的人弯腰行礼,于是辞官回家。旧时官员多借此表示清高,不为小利而向人低头。死后,谥"靖节先生"。

他擅长以五言的形式,白描的手法作诗,在表现田园生活、农民疾苦的同时表达自己恬淡闲适的心情和洁身自好的志向,其间也不乏对当时腐败现实的揭露;但有的也宣扬"人生无常""乐天安命"等消极思想。作品的艺术特色兼有平淡与爽朗之胜;语言质朴自然,而又极精炼,具有独特风格。诗以《归园田居》《饮酒》,散文以《桃花源记》最有名。有《陶渊明集》。

归园田居五首① (其一)　　(高)、大

少无适俗韵②,	从小就没有投合世俗的情趣,
性本爱丘山。	本性生来就只爱这山水田园。
误落尘网③中,	误入歧途我落进了官场罗网,
一去三十年④。	离别故园竟然过了十三年。
羁鸟⑤恋旧林,	关在笼里的鸟怀恋当初自由飞翔的山林,
池鱼思故渊⑥。	养在池中的鱼儿想要跃进原来嬉戏的深潭。
开荒南野际,	我在这平旷的原野上开荒种地,
守拙⑦归田园。	清贫自守我返回了可爱的家园。
方宅⑧十余亩,	乡间宽阔,住宅旁有十多亩地,
草屋八九间。	草屋简陋,数起来也有八九间。
榆柳荫后檐,	榆树柳树遮掩屋的后檐,
桃李罗堂前。	桃树李树花儿开在厅堂前面。
暧暧⑨远人村,	远处村庄暮色中隐隐约约,
依依墟⑩里烟。	村落上空飘浮着缕缕炊烟。
狗吠深巷中,	深巷里不时传来汪汪狗叫声,
鸡鸣桑树巅⑪。	雄鸡啼鸣在高高的桑树顶端。
户庭无尘杂,	门前宁静没有世俗琐杂的事情烦扰,
虚室有余闲。	简陋的屋子里我的心情幽静安闲。
久在樊笼⑫里,	长期在官场就像关入笼子里一样,
复得返自然。	现在总算又返回这可爱的大自然。

【注释】①归园田居:陶渊明一生四次做官,三次归隐。晋安帝义熙元年(405)八月,他第四次做官,任彭泽县(今江西省九江市东北部)令,但就任80多天(即同年十一月)便弃官归隐田园,直至去世。《归园田居》组诗共5

首,作于归隐后第二年,此为第一首。②适俗韵:投合世俗的情趣;韵:品性。③尘网:人世好像罗网,这里指仕途如罗网。④"三十年",应为十三年。⑤羁(jī)鸟:关在笼中的鸟。⑥故渊:过去生活的水潭。⑦守拙:愚笨,说自己不善于做官,只好回家种田。⑧方(páng)宅:住宅周围。⑨暧暧(ài ài):日光昏暗。⑩依依:形容轻柔。墟(xū 虚)里:村落。⑪巅(diān 滇):顶部。⑫樊(fán)笼:笼子;樊,也是笼子,用于关鸟兽。

【赏析】 这首诗描写了诗人重归田园的原因、归隐后的新鲜感受和由衷的喜悦。在诗人笔下,田园是与浊流纵横的官场相对立的理想洞天,寻常的农家景象无不显现出迷人的诗情画意。诗人在用白描的手法描绘田园风光的同时,也巧妙地在其间融入自己的生活理想、人格情操。诗人把仕途比作"尘网""樊笼",把自己做官看成是"羁鸟""池鱼",把"旧林""故渊"比喻山丘,把回到田园看成是冲出樊笼,获得自由,返回自然,深刻地表现了他对当时统治集团的痛恨和对田园风光的热爱。如果说那洒遍浓荫的庭院就像是诗人"复得返自然"之后的恬静心境,那么在村落上空缓缓飘逸的炊烟就像是诗人对故乡田园的依恋之情。甚至那几声最普通不过的鸡鸣狗吠也以其特有的乡土气息传达着诗人对淳朴、宁静的生活理想的追求。"无尘杂"和"有余闲"正是"返自然"的具体感受。诗的语言非常质朴,但给人的印象却非常真切,韵味深长。以田园之景写胸中之意,是此诗的显著特色。

【常识】 爱鸟教育是环境教育的重要一环,它包容着广泛的科学知识和丰富的教育内容,受到世界各国的重视。英国全民性的爱鸟教育从幼儿园开始,除听课外,常去动物园、观鸟站参观学习,增进爱鸟的感情和知识。在美国,青少年是不伤害鸟类的,所以那里的鸟儿不怕人。

归园田居五首①(其三)(图83) 初

种豆南山②下,	在庐山下种豆子,
草盛豆苗稀。	杂草长得旺盛,豆苗却稀少。
晨兴理荒秽③,	早晨起来去清除杂草,
带月荷④锄归。	直到月亮升起才扛着锄头回家。
道狭草木长,	回家的道路狭窄草木长得很高,
夕露⑤沾我衣。	入夜的露水打湿了我的衣裳。
衣沾不足惜,	衣裳湿了没有什么关系,
但使愿⑥无违。	只要不违背我的初衷就行了。

【注释】 ①《归园田居》共5首,这是第3首,描写了他的劳动生活和隐居决心。②南山:指庐山。③兴:起。理:整理,治平。秽:田中杂草。④带:被围绕,可引申为"披"。荷:扛。⑤夕露:入夜的露水。⑥但:只。愿:愿望,这里指归隐的初衷。

【赏析】 《晋书》和《宋书》均谓陶渊明是陶侃的曾孙,其性格与文风可能与家风有关,因中道衰落,家贫并未损其志。这首诗描绘出劳动中淳朴的生活情志,语言自然而平易近人,不加雕饰,是诗人乐于归田隐居、弃绝尘世的精神境界之自然流露。诗人亲自参加农业劳动,表明作者宁可隐居躬耕,也不与世俗同流合污的志愿。

【常识】　陶渊明开辟了田园诗这一诗歌流派,后来唐代诗人王维则开辟了山水诗的诗歌流派。

饮酒(其五)　　　　　(初)、大

结庐①在人境②,	居住在人群聚居的地方,
而无车马喧。	却听不到车水马龙的喧闹。
问君何能尔③?	问我为什么能够做到这样?
心远地自偏。	只要心境远离了世俗,自然就显得清静。
采菊东篱下,	在东篱下采几朵菊花,
悠然见南山。	悠闲自得地望望南山。
山气日夕佳,	黄昏时的山间气象分外美妙,
飞鸟相与④还。	飞鸟结伴款款回巢。
此中有真意,	这南山风景中含有人生的真谛,
欲辨已忘言⑤。	想要辨析,却又找不到合适的语言。

【注释】　①结庐:构筑房舍。结:建造、构筑。庐:简陋的房屋。②人境:人聚居的地方。③问君:这里是作者自称。尔:这样。④相与:结伴。⑤"欲辨已忘言":想要辨析却不知怎样表达。辨:辨析。忘言:出自《庄子·外物》:"言者所以在意也,得意而忘言。"

【赏析】　陶渊明写的《饮酒》诗共20首,大约写于晋安帝义熙十三年(417)秋冬之际。因这些诗都是酒后题咏,所以总题为《饮酒》,这里选的是其中第五首。"结庐在人境"是陶诗艺术风格的典型体现,其突出特点就是写景与哲理的融合,在旖旎(yǐ nǐ)的田园风光描写中透露出"心远地自偏"的哲理。"心远地自偏"是魏晋名士探索的胜义,它与诗尾的"此中有真意"相互呼应,故清人吴淇在《六朝选诗定论》里说,"心远"为一篇之骨,而"真意"为一篇之髓。"采菊"两句是千古名句,是全诗精髓所在,使写景达到了物我两忘的化境。

【常识】　竹林七贤是指嵇康、阮籍、山涛、向秀、阮咸、王戎、刘伶。

饮酒(其九)①　　　　　　大

清晨闻叩门,倒裳往自开②。	清早就闻敲门声,未及整衣去开门。
问子为谁欤③,田父有好怀④。	请问来者是何人?善良老农怀好心。
壶浆远见候⑤,疑我与时乖⑥:	携酒远道来问候,怪我与世相隔分。
"褴缕茅檐下,未足为高栖⑦。	"破衣烂衫茅屋下,不值先生寄贵身。
一世皆尚同⑧,愿君汩其泥⑨。"	举世同流以为贵,望您随俗莫认真。"
"深感父老言,禀气寡所谐⑩。	"深深感谢父老言,无奈天生不合群。
纡辔诚可学⑪,违己讵非迷⑫!	仕途做官诚可学,违背初衷是迷心。
且共欢此饮⑬,吾驾不可回⑭。"	姑且一同欢饮酒,决不返车往回奔!"

【注释】 ①选自《大学语言》(全军院校统编教材)。《饮酒》二十首是陶渊明创作的以咏怀为内容的组诗,本篇是假以问答表现诗人坚持隐名、拒绝仕宦的决心的诗作。它使人们能更清楚地了解陶渊明归隐后的生活,以及他对"仕"与"隐"的认识和思索。②倒裳:倒着穿衣服。意谓忙着迎客,来不及穿好衣服。形容匆忙之状。③欤:语气词。④田父:对老农的尊称。好怀:好的情意。⑤壶浆:用壶盛的酒。⑥疑:怪。乘:违背。⑦"褴缕"两句:穿着褴缕的衣衫住在茅屋里,不值得作为你的隐居之所。褴缕:衣衫破烂。⑧一世皆尚同:以同于流俗为贵。⑨汩其泥:把水搅混。典出《楚辞·渔父》:屈原曰:"举世皆浊我独清"。渔父曰:"何不汩其泥而扬其波?"汩(gǔ骨):搅混。汩泥扬波,指同流合污。⑩禀气:天赋的气质。寡所谐:难与世俗谐合。谐,合。⑪纡辔(yū pēi 淤胚):拉着车倒回去。纡,屈曲。引申为放松。辔,马缰绳和嚼子。纡辔:借喻作官。⑫讵(jù句):岂。迷:糊涂,不分情。⑬共欢此饮:共同欢饮。⑭驾:车驾。喻志向。回:逆转而行。

【赏析】 《饮酒》组诗二十首,是陶渊明归隐之初写的,大抵表述醉中的乐趣和对人生的感悟。

此诗用典不着痕迹,诗里隐含屈原《楚辞·渔父》语意,表示自己不从流俗、趋时附势,归隐之志不可动摇。与《渔父》相比,还有一个共同点,都是问答式,一问一答,《渔父》还多了一个"再问再答"篇幅也长得多。

此诗同其他19首一样,都是用诗的语言对自然主义人生哲学的精辟阐述。他深知仕宦生涯和追求名利是对人的真性的异化,是一种违背人性的生活。于是其诗曰:"纡辔诚可学,违己讵非迷!"只有归田隐居,方如"羁鸟"返归林,"池鱼"归故渊,逐得"自然"之态,获得人生的真正情趣。相比之下,屈原更高洁、更伟大。渔父说:"何故深思高举,自令见放为?"屈回答:"安能以皓皓之白,而蒙世俗之尘埃乎?"

陶渊明是东晋开国元勋陶侃的后代,只是到了他这一代,这个家族才衰落。他也断断续续做了一阵子官,无奈靠山不硬,脾气又分外高傲,玩不来官场中钻营取巧取那一套,终于回家为隐士去了。屈原也出身于官宦之家,他是楚武王熊通之子屈瑕的后代,学识渊博,善于辞令。初辅佐怀王,做过左徒、三闾大夫。主张彰明法度,举贤授能,东联齐国,西抗强秦。在同反动贵族子兰、靳尚等人的斗争中,遭谗去职,被顷襄王放逐,长期流浪沅湘流域,比较接近人民生活,对当时的黑暗现实愈益不满。后因楚国的政治腐败,首都郢(故址在湖北江陵西北)亦被秦国攻破。他既无力挽救楚国的危亡,又深感政治理想无法实现,遂投汨罗江而亡。

咏荆轲①

东晋 大

燕丹善养士②,	燕国太子喜欢收养门客,
志在报强嬴③。	目的是对秦国报仇雪恨。
招集百夫良④,	他到处招集有本领的人,

岁暮得荆卿⑤,	这年年底招募得到荆卿。
君子死知己⑥,	君子重义气为知己而死,
提剑出燕京。	荆轲仗剑就要辞别燕京。
素骥鸣广陌⑦,	白色骏马在大路上鸣叫,
慷慨送我行。	众人意气激昂为他送行。
雄发指危冠⑧,	个个同仇敌忾怒发冲冠,
猛气充长缨⑨。	勇猛之气似要冲断帽缨。
饮饯易水上⑩,	易水边摆下盛大的别宴,
四座列群英。	在座的都是人中的精英。
渐离击悲筑⑪,	渐离击筑筑声慷慨悲壮,
宋意唱高声⑫。	宋意高歌歌声响遏行云。
萧萧哀风逝⑬,	座席中吹过萧萧的哀风,
淡淡寒波生⑭。	水面上漾起淡淡的波纹。
商音更流涕⑮,	唱到商音听者无不流泪,
羽奏壮士惊⑯。	奏到羽音荆轲格外惊心。
心知去不归,	他明知这一去不再回返,
且有后世名⑰。	将会留下英名万古长存。
登车何时顾⑱,	登车而去何曾有所眷顾,
飞盖入秦庭⑲。	飞车直驰那秦国的宫廷。
凌厉越万里⑳,	勇往直前行程超过万里,
逶迤过千城㉑。	曲折行进历经何止千城。
图穷事自至㉒,	展开地图忽地现出匕首,
豪主正怔营㉓。	秦王一见不由胆颤心惊。
惜哉剑术疏,	可惜呀！只可惜剑术欠佳,
奇功遂不成。	奇功伟绩终于未能完成。
其人虽已没,	荆轲其人虽然早已死去,
千载有余情。	他的精神永远激励后人。

【注释】 选自《大学语文》(全军院校统编教材)。本诗写的是公元前227年(战国末)荆轲刺秦王之事(见《史记·刺客列传》),对荆轲的失败表示惋惜,对其不畏强暴的豪侠行为予以歌颂,足见作者并未真正忘怀政治而一味恬淡。②燕丹:战国时燕王喜的太子。③强嬴:指秦国。嬴,秦王的姓。④百夫良:百夫之中的雄壮之士。⑤荆卿:荆轲,战国时卫人,到燕后,燕人称之为荆卿。⑥死知己:士为知己者死。⑦素骥:白马。荆轲出发时,燕太子丹及宾客都穿戴白衣冠送于易水边上,这里作者推想马也是白的。广陌:大路。⑧指:撑起。危:高。⑨冲:一作"充"。缨:系冠的带子。⑩易水:在今河北境内。⑪渐(jiān尖)离:高渐离,战国时燕人,与荆轲友善。轲刺秦王未死,后渐离以善于击筑得亲近嬴政,乃置铅于筑中,伺机投掷,不中也被杀。筑:一种

与筝相似的乐器,十三弦,颈细而曲(图94)。⑫宋意:燕国的勇士。⑬萧萧:风声。⑭淡淡:水波动的样子。⑮商音:古代乐调分宫、商、角(jué决)、徵(zhǐ止)、羽五音。商音比较凄凉。⑯羽:五音之一,其音激昂。⑰且:将。⑱何时顾:何曾时时回顾,即不回顾的意思。⑲飞盖:形容车子奔驰的迅速。盖,车的顶盖。⑳凌厉:奋勇直前之状。㉑逶迤:曲折行进之状。㉒"图穷"句:荆轲以燕国地图献秦王,秦王打开地图,图尽而匕首见。荆轲以左手持秦王之袖,右手持匕首击之。秦王以剑断袖,绕柱而走。轲被秦王左右所杀。㉓豪主:指秦始皇。怔营:惊恐不安之状。

【赏析】 总起来说,这首诗对秦及秦王突出其强暴,对燕太子丹突出其报嬴之志,对主人公荆轲突出其勇于铲除强暴的精神,三位一体,相互衬托,将锄暴气氛涂抹得极浓。而诗人似乎只是客观叙述,不动声色;实际上,作者已将对暴乱政治的憎恶倾注在秦及秦王身上,将锄秦王的强烈激情倾注在燕太子丹、特别是荆轲身上。因此,咏史的过程也就是表达诗人意旨的过程,故全诗显得形象生动、含蕴籍而鲜明有力。有了如此深厚的基础,诗末两句结以对奇功不成的惋惜,对锄暴勇士的由衷怀念,便成为画龙点睛之笔,使诗人锄暴之情,赫然昂立于纸上了。

朱熹说:"陶渊明诗,人皆说是平淡,据某看他自豪放,但豪放得来不觉耳。其露出本相者,是《咏荆轲》一篇。"是颇有眼力的。陶诗主调是平淡自然,但作者胸有"金刚怒目"之情故亦有豪放一面,本篇即典型代表。陶虽有豪放,却又"豪放得来不觉",既不似屈原那样狷急激切,也不像李白那样壮浪纵恣,即以本篇而论,仍是以舒缓之笔写激愤之情,以平淡之语表刚毅之志,内寓坚刚而外敛锋芒,与平淡自然有其相通之处,这就是卓然成家有独特风格的大家风范,非一般工力所及的。

对历史人物的评价,是一个复杂的争论已久的问题。如陶说荆轲刺秦王未死是"剑术疏",而有人却说荆轲是故意刺到秦的非要害处,因为他已认识到杀了秦王会天下更乱,老百姓也会更加遭殃。具体可参见骆宾王《易水送别》的"相关链接"。

其他各朝代

北朝民歌

木兰辞

初

唧唧复唧唧,木兰当户织①。不闻机杼声,惟②闻女叹息。问女何所思,问女何所忆③。女亦无所思,女亦无所忆。昨夜见军帖(tiě),可汗(kè hán)大点兵④,军书十二卷,卷卷有爷名⑤。阿爷无大儿,木兰无长兄,愿为市鞍马⑥,从此替爷征。(图109)

东市买骏马,西市买鞍鞯(jiān),南市买辔(pèi)头,北市买长鞭⑦。旦辞爷娘去,暮宿黄河边。不闻爷娘唤女声,但闻黄河流水鸣溅溅。旦辞黄河去,暮至黑山头。不闻爷娘唤女声,但闻燕(yān)山胡骑鸣啾啾(jiū jiū)⑧。(图93)

万里赴戎(róng)机,关山度若飞⑨。朔(shuò)气传金柝(tuò)⑩,寒光照铁衣。将军百战死,壮士十年归⑪。

归来见天子,天子坐明堂⑫。策勋十二转,赏赐百千强⑬。可汗问所欲⑭,"木兰不用尚书郎⑮,愿驰千里足,送儿还故乡⑯。"

爷娘闻女来,出郭相扶将⑰。阿姊(zǐ)闻妹来,当户理红妆⑱。小弟闻姊来,磨刀霍霍⑲向猪羊。

开我东阁门,坐我西阁床。脱我战时袍,着⑳我旧时裳。当窗理云鬓(bìn),对镜贴花黄㉑。出门看伙伴,伙伴皆惊惶,"同行十二年㉒,不知木兰是女郎。"

雄兔脚扑朔,雌兔眼迷离。双兔傍地走,安能辨我是雄雌?㉓

【注释】 ①唧唧:织机声,一说叹息声。当户织:面对门口织布。②机杼(zhù):指织布机(图109)。杼:织布的梭子。惟:只。③何所思:想什么。忆:心里思念。④军帖:军方的文件。可汗大点兵:可汗大规模征兵。可汗:古代西域和北方一些少数民族对君主的称呼。⑤军书十二卷:征兵名册有很多卷,这里的"十二卷"和下文"十二转""十二年"中的"十二"都是指数量很多,而不一定是具体数字。爷:同下文的"阿爷",都指父亲。⑥愿为市鞍马:愿为此而去买鞍马,一说"为"在这里没有实在意义的衬字。⑦"东市"四句:是说忙着到处去买出征用的战马、鞍鞯、鞭子等;"东西南北"并非确定的方向。鞯:马鞍下的垫子。辔头:牲口头上用的嚼子和缰绳。⑧"旦辞"以下八句:"旦":早晨。但:只。溅溅(jiān jiān):流水声。黑山:同下文的"燕山"都是当时北方的山名,在今河北省北部。胡骑(jì):胡人的战马。胡:泛指古代北方少数民族。啾啾:马叫声。这八句中所说的"旦辞""暮宿""旦辞""暮至",都不是实指一天早晚的行程,而是形容军队出征时间紧迫和征途遥远。⑨戎机:指战争。关山度若飞:飞一般地冲过一道道关,跨过一座座山,形容战争的频繁和紧张。⑩"朔气":北方的寒气传送着打更的声音。朔:北方。金柝:古代军中守夜打更用的金属梆子。铁衣:护身铠甲。⑪"将军"二句:互文见义,是说上句里包含下句的某些含义,下句里又包含了上句某些含义,是指将军和战士在十多年里身经百战,有的战死在沙场,有的最后回到了后方。⑫天子:君主,即前文的"可汗"。明堂:古代帝王举行祭祀或召见诸侯等重大活动的地方。⑬策勋十二转:(给木兰)记战功时,一下子就提升了许多级。策勋:记战功;转:战功的等级,即升迁之意。赏赐百千强:奖赏的财物非常多。强:通缰,指串钱的绳子。绳子越长,说明钱越多。⑭欲:要求。⑮"木兰"句:木兰不愿做尚书郎(尚书省的官员,尚书省是古代管理国家政事的中央机关)。不用:不愿做。⑯"愿驰"二句:愿能骑上千里马,早点回到故乡。⑰"出郭"句:(木兰的父母)互相扶持着到城外去迎接女儿。郭:指外城。将:也是扶的意思。⑱红妆:古代女子的装饰叫红妆。⑲霍霍:磨刀声。⑳着(zhuó):穿。㉑"当窗"二句:向着窗户、对着镜子梳理像云一样好看的鬓发,在脸上贴上花黄(当时妇女的一种装饰)。㉒"同行"句:一起在部队里生活十二年。"行",是古代部队的一种编制,25人为一行(háng)。㉓"雄兔"四句,抓住两耳将兔子提起时,雄兔两只前脚总是扑腾爬搔,雌兔两只眼睛常常眯着,雄雌即可辨认,但当两兔一起贴着地面跑时,哪能辨认出雌和雄呢?

【赏析】 北魏明元帝拓跋嗣泰常八年(423),太子拓拔焘率军与柔然大檀可汗军决战于河套附近。花木兰的故事发生在此后,《木兰辞》这首优秀的乐府民歌,当产生于迁都洛阳(494)以后的南北朝时期。这首叙事诗,通过木兰女扮男装代父从军的传说故事,表现了我国古代劳动人民乐观勇敢的爱国精神和热爱和平热爱劳动生活的崇高愿望,塑造了巾帼英雄花木兰的光辉形象。故事情节曲折,布局严谨,详略得当。描写生动,语言丰富,浪漫主义色彩浓厚,对后世文学有较大的影响。只用10个字就概括了10年的征战生活,回家的路途干脆不写,而对能突出表现花木兰性格特点和英雄气概的出征前的准备过程、心理活动及回家后的情节,则浓墨重彩,大笔渲染。又大量使用了对偶、排比等修辞手法,使这位有血有肉的英雄形象更加鲜明。读此诗要注意它的叙事特点和民歌风味,体会花木兰的思想感情变化和情节发展的节奏,有疾有徐,抑扬顿挫,勿平铺直叙。

【相关链接】 1. 2009年11月11日,由中国人民解放军总政歌舞团排演、中国著名歌唱家彭丽媛扮演木兰的歌剧《木兰诗篇》,带着歌颂和平与友谊的旋律在日本首次公演。后来她长期致力于公益事业,身兼结核病、艾滋病、青少年犯罪等问题的亲善大使,被艾滋病孤儿称为"彭妈妈"。作为获得全国"德艺双馨"荣誉称号的人民艺术家,她常用"树高千尺不能忘了根"来形容艺术家与人民群众的亲密关系。她说过:"人民将我培养,我只有将所有的才华奉献给广大群众,才能报答'养培之恩'。" 2. "乐府双璧"是指《木兰辞》和《孔雀东南飞》(安徽潜山是其发源地)。

敕 勒① 歌 (小)

北朝民歌

敕勒川,阴山下②,	阴山脚下的敕勒川啊,
天似穹庐③,笼盖四野。	天空就像一顶大圆帐,笼罩四野。
天苍苍,野茫茫④,	灰白色的天空,没有边际的草原。
风吹草低见⑤牛羊。	风吹来草低头,一群群的牛羊才显现出来。

【注释】 ①敕(chì 赤)勒:我国古代北方少数民族名,北齐(550—577)时,居住在朔州(今山西省西北阴山山脉南面)。②敕勒川:敕勒族居住地为山间平原,川即平川。阴山下:阴山在内蒙古中部;阴山下,指阴山南坡。(再往南过黄河便是鄂尔多斯市,成吉思汗陵园就位于该市伊金霍洛旗境内的甘德利敖包之上。)③穹庐:毡帐,俗称蒙古包。④天苍苍:灰白色的天空;野茫茫:没有边际的原野;茫茫:看不清楚。⑤见(xiàn 现):露在外面,使人看得见。

【赏析】 这首民歌是敕勒族歌咏草原风光和水草畜牧繁盛的牧歌,全诗只用27个字就在质朴、自然的语言中描述了辽阔、壮丽的草原风貌和繁荣景象。前两句点明了敕勒族人居住的地方是一马平川,在气势雄伟、绵亘千里的阴山脚下,一起笔就显露出了雄伟的气势;后两句具体描写敕勒川天和地的气势:你看,一望无际的大草原上,风起处,便可望见雪白羊群隐在其中;苍茫的天地,萋萋的野草,时隐时现的羊群,极具一种原始的风味,而这种原始之中又透露出一种强悍与粗犷,对祖国河山的热爱。唯有原始,极具魅力。

李　煜(937—978)(图20)

五代十国时期南唐末代皇帝,史称李后主,著名词人;初名从嘉,字重光,徐州(一说湖州)人。他一心想当隐士,根本不想当皇帝,由于长兄太子突然死去,才不得已于961年即位,在位15年,过的是偷安、享乐的生活。975年南唐亡于宋,李煜投降后到达汴京(开封),封"违命侯"。978年7月7日,喝了宋太宗赵炅(jiǒng 炯)所赐牵机药酒而死。李煜是写词的"圣手",亡国后写的词十分哀怨,内容却只是追怀过去宫廷生活的享受,不可取。而他的表现才能很高,运用朴素、洗练的语言,不加修饰,写出来又生动又深刻,艺术价值极高,曾被称为"词帝"或"千古词帝"。南唐立国仅三代共39年,辖土不过江淮,最盛时期也只有35州,大约跨今江西全省及安徽、江苏、福建和湖北等省的一部分。在五代十国中,唯独"南唐"经常被世人提起,这是因为它和李煜紧密联系在一起,因而双双"不朽"。

浪淘沙令①　　　　　　　　　　高、大

帘外雨潺潺②, 春意阑珊③。 罗衾不耐五更寒④。 梦里不知身是客, 一晌贪欢⑤。	帘外的细雨淅淅沥沥下个不停,细雨沙沙, 春意衰残。 丝绸薄被啊,怎抵得住五更清寒。 只有梦中才忘了自己是个战俘, 那片刻的欢乐真叫人贪恋。
独自莫凭栏⑥, 无限江山⑦。 别时容易见时难⑧。 流水落花春去也, 天上人间⑨!	一个人不要去扶栏杆(一扶栏杆必远看), 失去的河山哪忍细看。 分别容易再见它何等艰难。 流水载着落花,春天已去得很远, 昨天还快乐得像神仙,今天却成了异国的囚犯!

【注释】　①《浪淘沙令》:唐教坊曲名,后用为词牌,又名《浪淘沙》《卖花声》《过龙门》等,双调54字,仄韵。②潺潺(chán 蝉):指下雨的声音。③阑珊:衰残,春意阑珊的"春"当是孟春时节。④罗衾(qīn 钦):丝绸的被子。五更:凌晨3—5点钟。这时气温最低,而人已睡醒,即使盖着丝绸被也冷受不了。⑤身是客:指离开故国,当了俘虏。一晌贪欢:贪图(梦中当皇帝)一时的快乐。一晌:本指半天,也指正午或午时前后,这里指片刻、一会儿。⑥莫凭栏:不要靠在栏杆上(向远处眺望)。⑦江山:一作"关山",即关隘山川,这里指原来属于南唐的土地。⑧"别时"句:离别(失掉)故国很容易,要想见到已不可能了。⑨"流水"句:随着流水落花,美好的春天已经过去(故国已亡),春归何处?是天上还是人间?天上人间:今

昔对比、天壤之别。

【赏析】 南唐被宋朝灭了以后,李煜976年正月初四被押到汴京(今河南开封),受封"违命侯",行动受到监视,只有在梦中才"不知身是客",才能获得片刻的"贪欢",这首词就是在这种情况下(约976年雨水节前后)写的。他用对比的手法,来抒发亡国后的囚徒生活和哀痛心情。上阕写自己梦里怀恋着过去的生活贪欢;下阕哀惜这种生活已像流水落花一样过去了,再也不可能回来了,想想现在的囚徒生活真是有"天上人间"的巨大反差。此词语意精辟,含思凄婉,是一首亡国之君绝望的哀歌。

【相关链接】 1953年我国开始实施第一个五年计划,标志着我国有计划的大规模社会主义建设正式拉开帷幕。1954年初,国家着手制定中华人民共和国第一部宪法,毛泽东进一步号召全国人民经过50年(即10个五年计划)的艰苦奋斗,把祖国建设成为社会主义强国。这年夏天,他来到风景秀丽、气候宜人的避暑胜地北戴河。一天,北戴河海滨狂风大作,洪波百丈,银山万叠。毛泽东极目幽燕,缅怀魏武,兴致百倍,下海畅游了1个多小时。上岸后,意犹未尽,一气呵成创作了《浪淘沙·北戴河》:"大雨落幽燕①,白浪滔天,秦皇岛②外打渔船。一片汪洋都不见,知向谁边③?往事越④千年,魏武⑤挥鞭,东临碣石⑥有遗篇⑦。萧瑟秋风今又是,换了人间。"它与李煜的这首词相比,意境和格调完全不同;结尾一个是"天上人间",一个是"换了人间"。在毛泽东领导下全国基本解放了,祖国由百废待兴转变为百废俱兴的繁荣局面,真是"换了人间"。现在,祖国更"崛起为地球上第二大重要国家",超出了毛泽东当年的设想。难怪电视连续剧《解放》选择这首词为主题歌。[注:①幽燕:这里泛指河北省。我国古代的幽州和燕国都在今河北省北部。②秦皇岛:位于河北省东北部,相传秦始皇巡游到此,由此得名。③谁边:何处。④越:过去了。⑤魏武:指魏武帝曹操,三国时期著名的政治家、军事家,汉献帝封他为魏王,死后其子曹丕建立魏国,追尊他为魏武帝。⑥碣石:山名,在河北省昌黎县,靠近渤海。⑦遗篇:遗留下来的诗篇。详见其《观沧海》注。]

相见欢·秋闺①

（初）

无言独上西楼,	我默默无言独自登上西楼,
月如钩,	看到天上的月亮如弯刀一样,
寂寞梧桐深院锁清秋②。	只有梧桐做伴的深院紧锁着寂寞笼罩的凄清秋色。
剪不断,理还乱,	剪刀剪不断,梳理仍烦乱,
是离愁③,	这是远离亲人和家乡的忧愁,
别是一般④滋味在心头。	更有一种难以言表的滋味在心头。

【注释】 ①《相见欢》:唐教坊曲名,后用为词牌,又名《秋夜月》《上西楼》、《乌夜啼》等,双调36字。闺:古代女子住的房间,李煜在此把软禁自己的院子比作闺房。②锁清秋:深深地被清爽的秋色所笼罩,甚是寂寞悲愁。梧桐:指中国梧桐(见图76)。③离愁:远离亲人和家乡的忧愁。④一般:一种。

【赏析】 李煜对诗词、音乐、书画都十分精通,可就是不懂得处理国事,北宋建国后,宋太祖派兵攻下南唐,李后主被押到东京(汴京),从一个尽情享乐的国君变成了一个亡国的俘虏,心里十分辛酸,每天以泪洗面。在这段时间里,他写了许多抒发亡国之愁的词。此词名"相见欢",又作"乌夜啼",咏的却是"离别愁",深刻地表现了一个亡国之君离乡背井的痛楚,情随景移,情景交融。首句"无言独上西楼",已"摄尽凄婉神"(俞平伯语),接着描写自己被囚禁在幽静空寂的大院,举头见新月如钩,低头见桐阴深锁,无人共语,此时涌上心头的离愁情思,剪它不断,越理越没有头绪,只能说"别是一般滋味在心头"。李煜作为昔日的国君,如今远在异乡为虏,他所受到的痛苦,所尝到的悲伤与常人不同。是悔,是恨,欲说也说不清楚,所谓"亡国之音哀以思"。这种"无言"的哀痛,更胜于痛哭流涕的哀痛。

虞美人①　　　　　　　　　(高)、大

春花秋月何时了②？ 往事知多少③！ 小楼昨夜又东风④， 故国不堪回首月明中⑤。	春去秋来年复一年何时有个尽头？ 当年的赏心乐事想来使人愁上加愁！ 小楼上昨夜又吹来一年开始的春风， 月光下回想故国怎能经得起凄苦伤情。
雕栏玉砌应犹在⑥， 只是朱颜改⑦。 问君⑧能有几多愁？ 恰似一江春水向东流！	当年的雕花栏杆白玉台阶想来依然在， 只是人事变迁、红润的容颜早已改变。 试问您的心中到底能够有多少忧愁？ 正像春天的江水滔滔不绝地向东奔流！

【注释】　①《虞美人》:是唐教坊曲名,后用为词牌,取名于项羽宠姬虞美人,又名《一江春水》《壶冰》等,双调56或58字,上下阕均两仄韵转两平韵。②了:完结,尽头,慨叹时光流逝,历史永恒,自己亡国后的囚徒生活何时是个尽头？③"往事"句,想起当年的帝王生活,一件件都难以忘怀;"知多少"似问实答,实际上记得很清楚,而越清楚就越折磨人。④又东风:东风是春天的象征,是说一个春天又到,即又一年过去了。⑤故国:已经亡国的南唐;"回首":指回忆;月光之下,回首故国往事,其悲痛凄苦是实在无法忍受的。⑥"雕栏玉砌":泛指豪华的宫殿,代指当年旧物;"应犹"则有猜度之意,语言委婉。⑦朱颜改:指人事变迁,国家改变了颜色,宫女改变了容颜,自己也变憔悴了。⑧问君:问您,假设语,把自己作为第二人称来说,实际上是作者在自问,下句又自答。

【赏析】　李煜在政治上是个无所作为的亡国之君,但在文学上却有重大成就。他多才多艺,善书法,知音律,能诗文,最善于填词。他的词自然直率,直抒胸臆,善于抓住事物特征和人物形象及心理活动进行艺术的描写,语言单纯明净,凝练准确,特别是亡国后的词作,充满亡国的深哀巨痛和对故国的真切怀念。这首《虞美人》是李煜被俘入汴京后所作,是他饱含血泪和愁恨的代表作之一,也是直接招来杀身之祸的绝命之词。这首词痛悔亡国,怀念故国,感情真切,语言朴质流畅,可以说通篇都是名句,而以结句最为脍炙人口。"一江春水

向东流",把愁之深广浩大、连绵不断、起伏汹涌、永无休止形容得神情兼备,而"向东流"本身就暗示着深沉的故国之情。这样的警句在艺术上是不朽的。

【相关链接】 宋太宗赵炅(jiǒng 炯)得知李煜在其生日晚会上让伶工反复弹唱此词,很不高兴,当晚就派人赐御酒让他喝。李煜喝了"牵机药"后,抽筋得很厉害,人渐渐缩成弓形,最后头与脚相接,挣扎几小时后才痛苦地死去。陪伴李煜从南京来到开封的小周后毅然为李煜殉情,而不肯踏进赵炅的府第。

有人说,"男中李后主,女中李易安","二李"都是杰出的词人,如果"二李"能相会该多好!还有人说,李煜"词中之帝,当之无愧"。

马致远(约1264前—1321后)

元戏曲家、散曲家,号东篱,字千里,大都(今北京)人,曾任江浙行省官吏。所作杂剧至少有15种。现存《汉宫秋》《荐福碑》《岳阳楼》《任风子》《陈抟高卧》《青衫泪》及同别人合写的《黄粱梦》作品中,《汉宫秋》较著名,《误入桃源》仅存一曲,一说南戏《牧羊记》也是他所作。剧作文词豪放有力,内容显示出对当时社会的不满,但也有向往仙道的消极情绪。散曲有《东篱乐府》,其中以散套《夜行船·秋思》较著名。

天净沙①·秋思 （初）

枯藤老树昏鸦②,	远远望着黄昏时的乌鸦,正在寻找老树栖息,
小桥流水人家,	近看还有依傍着小桥和流水伴居的人家,
古道③西风瘦马。	眼前却只有一匹瘦马,驮着一位游子,在秋风古道上漫步。
夕阳西下,	眼看太阳就要下山了,
断肠人④在天涯。	羁旅在外漂泊的旅客正百无聊赖地浪迹天涯。

【注释】 ①《天净沙》:元代曲牌名。②昏鸦:黄昏时的乌鸦,乌鸦色黑,黄昏时天色昏暗,人们更不易看清乌鸦的头脑,故称昏鸦(图34)。③古道:古老的驿路,一定人迹罕至,杂草丛生。④断肠人:指漂泊天涯、百无聊赖的旅客。

【赏析】 《天净沙》一曲,篇幅虽短,却为世人所知晓,不失为千古绝唱。短短18字,刻画出一幅非常真实生动的秋郊夕照图。起首三句一连推出九幅画面:枯藤、老树、昏鸦、小桥、流水、人家、古道、西风、瘦马,以景生情,在苍凉的背景上勾勒出行旅之人漂泊不定而又忧愁的情怀。这里,作者创造性地将孤立的景物精巧地组合在一起,使整个画面富有流动感、生命感,同时有意识地突出了画面的昏暗阴冷,以便充分表现"断肠人"浪迹天涯的浓烈的思乡愁怀。

【常识】 1."元曲四大家"是指关汉卿、白朴、马致远和郑光祖。
2. 元杂剧的"四大悲剧"是指关汉卿的《窦娥冤》、马致远的《汉宫秋》、白朴的《梧桐雨》和纪君祥的《赵氏孤儿》。

张养浩(1270—1329)

元代著名散曲家,字希孟,号云庄,山东历城(今济南)人。曾任监察御史,因指斥弊政,纠弹百官,惩奸制恶,为权贵所忌,免官。后复官至礼部尚书,参议中书省事。又因直言进谏而触怒英宗,险遭不测,乃辞职归隐,屡召不赴。天历二年(1329),关中大旱,出任陕西行台中丞,办理赈灾,积劳病卒于任所,追封滨国公,谥号文忠。其散曲多写弃官后的田园隐逸生活,有的流露出对官场的不满。他是一位才情横溢的文学家,诗、赋、文、散、曲无所不能。有些表现了对人民疾苦的同情,也有不少作品宣扬了远祸保身的消极思想。有《云庄休居自适小乐府》《云庄类稿》传世。

山坡羊·潼关怀古①　　　(初)、大

峰峦如聚,	华山的山峰好像从四面八方聚合起来,
波涛如怒,	黄河的波涛汹涌澎湃好像在发怒,
山河表里②潼关路。	潼关外有黄河内有华山,山河雄伟地势险。
望西都③,	我遥望古都长安一带,
意踟蹰④。	意绪翻腾起伏。
伤心秦汉经行处⑤,	最令人伤心的是经过秦汉宫殿的遗址,
宫阙⑥万间都做了土。	看到了无数间的宫殿都成了泥土。
兴,百姓苦!	封建王朝建立时,百姓受苦!
亡,百姓苦!	封建王朝灭亡时,百姓还是受苦!

【注释】　①《山坡羊》:曲牌名,北曲中吕宫,南曲商调,都有同名曲牌。此曲写于作者去世前数月。他在陕西任职时曾目击人民遭灾受难,写有九首怀古的散曲《山坡羊》,此为其中一首。潼关:在陕西东南部的黄河拐弯处。②山河表里:指潼关外有黄河、内有华山。③西都:指长安。④踟蹰(chí chú):心里犹豫不决,要走不走的样子,意指思潮起伏,陷入深思。⑤伤心秦汉经行处:令人伤心的是途中所见的秦汉宫殿遗址。经行:经过。⑥宫阙(què 鹊):皇宫前面两边的楼,泛指皇宫。

【赏析】　张养浩赴陕西途中登临潼关古塞,怀古思今,写下了这一抒情名篇。前三句写登临潼关所见,由远到近,既是写景也是抒情,含蓄地表述了心中波澜起伏的情感,"聚"和"怒"写出了山河动态,将山的雄伟与水的奔腾之势勾画了出来,有力地烘托了作者怀古伤今的悲愤伤感之情;"望西都"四句展现了作者面对昔日帝都的遗址,展开的充分想象,突出了历史的变迁;最后两句,一语道破了封建社会朝代兴亡的本质。从历史的变革中,从兴亡的对比里,作者把人民的悲惨命运揭示出来,既是历史的概括,也是现实的反映,深化了全曲的思想内容。所以,"兴,百姓苦;亡,百姓苦"。成了千古名言。

【常识】　1."鲜赵"是指元代的鲜于枢和赵孟頫(fǔ 俯)两位大书法家。赵孟頫是宋太祖赵匡胤第11代孙。

2.三门峡是黄河最著名的景观,相传大禹治水,以天斧将高山劈成人门、天门、神门三道峡谷,三门峡由此而得名。

张可久（约1271—1348后）

元散曲家。字小山（一作名伯远，字可久），号小山，庆元路（今浙江宁波）人。以路吏转首领官。又曾漫游江南，专力写散曲。《全元散曲》收集了他的小令855首，套曲9套，为元人中最多者。多描写自然风景，咏歌颓放生活，也写了不少写闺情及应酬之作。风格典雅清丽，与乔吉并称为元散曲两大家。被后人称为词林宗匠。著有《小山乐府》。

醉太平① · 感怀

原文	译文
人皆嫌命窘②，	人人都嫌命苦事不顺，
谁不见钱亲？	哪个见了钱财不开心？
水晶环入面糊盆③，	水晶丸一样的聪明人，一旦掉进名利这个面糊盆，
才沾粘便滚。	一沾边就会粘（nián 年）上去，越陷越深。
文章糊了盛钱囤④，	读书人用文章为自己糊个装钱的囤，
门庭改作迷魂阵⑤，	没教养的人把自己家庭作妓院昧着良心坑害他人，
清廉贬入睡馄饨⑥。	清正廉洁就别想在官场混，趁早回家去装傻笨。
葫芦提倒稳⑦。	要想稳，只有糊里糊涂是非黑白一切都不问！

【注释】①《醉太平》：词牌名，又名《凌波曲》《四字令》等，双调38字，平韵。②命窘（jiǒng 炯）：命运穷困。③水晶环：比喻精明乖巧的人。面糊盆：比喻使人陷入后难于自拔的污浊龌龊的环境。④囤：用竹席或木板等围成的装东西的器具。⑤门庭：原指门前的空旷地，这里泛指宅院。迷魂阵：元代指妓院。⑥睡馄饨：比喻昏聩（kuì 溃）糊涂。⑦葫芦提：糊里糊涂的意思，和前面的"水晶环"相对。

【赏析】这只曲子辛辣地讽刺钱迷官迷的世态人物，语言冷峻情绪激愤。开头两句从正面反面写出世人憎恶贫穷，贪爱钱财、见钱眼开的一般世相。本来，恶贫喜富的心理无可厚非，但君子爱财，应取之有道，作者讥讽的正是爱财却取之无道的世态。钱这个东西使人迷糊，有如一个面糊盆，即使精明得如同水晶环一样的人跌进了钱眼，也会利令智昏。读书做文章的人为了捞取钱财，把道德廉耻丢到脑后，把读书当做聚敛钱财的手段，在文章里胡说八道，斯文扫地。为了钱财，良善之家甚至让亲人卖身，把家宅变成妓院，真正是卑鄙无耻到了极点，一些表面上清廉的人还把清廉当成了弄钱的幌子。最后一句是作者对钱财和为人的态度，对钱财感觉迟钝的人倒是可靠的，那样的人生必是平实稳定的人生，言外之意是那些自以为精明、唯利是图、不择手段地弄钱的人却是前程堪虞。

本曲以钱迷为鞭挞对象，讽刺了低下的世风。人们为了钱，费尽心机，不择手段；钱使斯文变成卑鄙，善良变成邪恶，老实变成奸刁，精明变得糊涂。全曲全用口语俚语，多用比喻，通俗生动，尖锐泼辣，对当时的社会讽刺力度极强。

【常识】 1. 刘徽是我国历史上伟大的数学家，他的杰作《九章算术注》是我国宝贵的数学遗产。2. 古代中国和古希腊的数学都很发达，但是发展的方向有很大区别,中国侧重于算术,而古希腊侧重于几何。

王 冕(1287—1359)

元代诗人,字元章,号梅花屋主,别号煮石山农,浙江诸暨(jì 既)人。出身贫苦农民,7岁丧父,靠母亲做些针线活供他读书,幼时放牛,自力苦学,后被学者韩性收为弟子。应举进士屡试不第,见天下将乱,遂绝意仕途。作品对元代末的黑暗现实与人民的苦难反映较多。作者死后9年,元朝就为明朝所取代。著有《竹斋集》。

墨 梅① (小)

吾家洗砚池头②树,	我家洗砚池边的梅树开花了,
朵朵花开淡墨痕③。	朵朵梅花瓣上都有淡淡的墨痕。
不要人夸好颜色,	我不希望人们夸它颜色有多美丽,
只流清气满乾坤④。	但愿它把清纯的气质长流天地人间。

【注释】 ①墨梅:用水墨画的梅花。早梅的颜色有多种(如图81)。②洗砚(yàn)池:画家洗砚台的池塘。头:即边,传说晋代大书法家王羲之练习书法时,在池子里洗毛笔,天长地久,池水都变成了黑色,作者与王羲之同姓,借此自比。③淡墨痕:指画梅花时使用淡墨勾勒。淡墨:水墨画将墨色分为几种:淡墨、浓墨、焦墨。④清气:清香的气味,寓指高尚的情操与气节。乾坤:天地人间(乾为天,坤为地)。

【赏析】 这是一首题画诗。诗人是用墨梅表达自己做人的理想:即使没有那娇艳的颜色,也要有不屈不挠的斗争精神和凌寒独开的高洁品格。在诗人看来,他的梅花不需要有美丽的颜色,只要能长久地流传它那清雅之气于天地人间就足够了。后两句是千古名句,末句中的"流"字也有用"留"的,到底是"留"还是"流"?现在用"只留",作者的原诗却是"只流"。如果用心领会王冕诗的臆境,作者不只是要让梅花的清气留在人间,更要让它流向浩翰的广宇,使之充满天地,流芳百世。这个"任务",用静态的"留"是胜任不了的,必须用动态的"流"才能实现。所以,我们在这里恢复了原诗的"流"。

【相关链接】 王冕还有一首姐妹篇《白梅》:"冰雪林中着此身,不与桃李混芳尘①。忽然一夜清香发②,散作乾坤万里春。"大意是:白梅生长在冰天雪地之中,不和桃李一起混杂在人间。忽然有一天梅花开放了,香气遍布天地,呼唤着春天来临。[注:①混芳尘:混杂在人间。②清香发:梅花开放,香气传播。](图81)

【常识】 1. 文房四宝指是笔、墨、纸、砚。
2. 我国古书中的"江"和"河"是专指长江和黄河。

于 谦(1398—1457)(图28)

明代杰出的军事家、政治家、抗敌卫国英雄,字廷益,钱塘(今浙江省杭州市)人。明永乐进士,历任监察御史,河南、山西巡抚,曾平反冤狱,赈济灾荒。正统十四年(1449),"土木之变"后,从兵部侍郎升任尚书,拥立英宗之弟朱祁钰,反对南迁。调集重兵,在北京城外击溃瓦剌军,加ού保。次年(景泰元年)瓦剌(蒙古部族)首领见已无隙可乘,被迫释放英宗。于谦认为议和难恃,努力整顿京营军制,创立团营,加强训练。天顺元年(1457),英宗发动"夺门之变",夺回帝位,以"谋逆"罪将于谦杀害,万历年间谥忠肃。于谦也是一位杰出的诗人,代表作《荒村》《咏煤炭》等,《石灰吟》是他17岁时的作品。著有《于忠肃集》。

石灰吟①
(小)

千锤万凿出深山②,	经过千锤万凿才从深山开采出来,
烈火焚烧若等闲③。	只把那烈火焚烧看得平常一般。
粉骨碎身浑④不怕,	即使粉身碎骨也全都不怕,
要留清白⑤在人间。	为的是要把自己的清白长留在人间。

【注释】 ①吟:古代诗歌体裁的一种,一般都是自吟。②出深山:石灰是从山中开采出来的石灰石烧制而成。③若等闲:好像很平常。④浑:全。⑤清白:指高尚情操与气节,人的"清白"与石灰的颜色语意双关。

【赏析】 这是一首托物言志诗。作者以石灰作比喻,表达自己为国尽忠,不怕牺牲的意愿和坚守高洁情操的决心,全诗用句铿锵(kēng qiāng),寓意深刻。阅读时,请注意"清白"二字,它既是石灰的颜色,更是一种人格和精神的写照。首句写开采石灰石的艰难困苦,说明石灰从出世时就经受磨练;次句写石灰在烧制时经过烈火煅烧,面对残酷考验,却从容自若,"烈火焚烧"与"若等闲"鲜明对照,更表现出石灰的顽强,也借石灰的自吟来表现作者坚韧顽强,敢于为真理粉身碎骨的献身精神和清白高洁的优秀品格;后两句借石灰之口,表达了作者不怕牺牲的精神及永留清白本色在人间的追求。诗中运用拟人、借喻等手法,形象生动,全诗贯穿着一种磊落刚正的英雄气概,具有很强的思想和艺术感染力。

于谦在河南、山西做地方官时,从不向朝廷大员送礼、行贿。有一次进京前,下属要于谦带点土特产送人,他不干,而是提着两只袍袖对手下人说:"你看,这就是我要带的礼。"手下人躬着身子看了看,不解地问:"您带的是什么?""两袖清风!"于谦说完,哈哈大笑起来。

【相关链接】 1. 1995年5月,时任福建省委常委、福州市委书记的习近平说,当官要有文化之根;要从我党政论库里寻求智慧,毛泽东等老一辈倡导的许多东西都是我们行动的指南;要有强烈的开放意识,学习外国先进的东西。文化上有了根,就好像有了脊梁骨,遇事就不会随波逐流了。他还说,"我读过二十四史的大部分,最爱读的是《三国志》、前后《汉书》和《资治通鉴》。我也爱读古代诗歌。在读历史时,有一个强烈的精神在鞭策启迪我——国家要兴旺,文官不爱钱,武官不惜死。"内争于朝,外不能御敌,就要亡国……做官、做事以做人为本,就能超越私欲干扰,为政者不离宗旨。

2. 习家有着从严教子、勤俭持家的家风。习近平生活俭朴,小时候常常和弟弟一起穿姐姐们穿过的衣服、鞋子。他担任领导干部后,每到一处工作都会告诫亲朋好友:"不能在我工作的地方从事任何商业活动,不能打我的旗号办任何事,否则别怪我六亲不认。"无论是福建、浙江还是在上海工作,他都在干部大会上公开郑重表态:不允许任何人打他的旗号谋私利,并欢迎大家监督。(新华社2012年12月23日特稿)

【常识】 1. 郑和(1371—1435)第七次下西洋回国是1433年,那时的中国是世界上最大经济体,是第一大海洋强国,还有最先进的文明。1449年明英宗朱祁镇被北面的瓦剌人(蒙古部族之一)俘虏,次年放回后夺回皇位,尔后杀了于谦。历史学家认为:正统年间(1436—1449)明朝政府放弃官方组织的海外活动,中国便逐渐陷入衰落状态。有专家认为,现在中国在教育、文化甚至思想方面都在进一步加强对外交流,国内不少高校早就有外国企业资助的各种奖学金项目,只是没有(美国)"苏世民学者"这样具有冲击力。围绕苏世民学者项目的争议表明,中国社会的开放还要逐步深入,在这种情况下,我们必须抛弃保守思维,敢于参与国际游戏,不要自我拒绝国际合作,那样反而会失去"在狼群中成长"的机会。

2. 北京在周代叫蓟,蓟在春秋战国时代是燕国的国都,元代改为大都,徐达攻克大都后改称北平,朱棣迁都北平后改为北京。

王　磐(pán)(约1470—1530)

明代诗人、画家。字鸿渐,号西楼,高邮(今江苏高邮)人。生于富家,但厌弃富贵豪华生活。好读书,精通琴、棋、书、画,声名甚好。然厌弃科举功名,一生未尝做官,徜徉(cháng yáng)山水,寄兴烟云,喜与名流交往,悠闲自适,善为南北曲。作品题材广泛,咏山水、风云、时事、记事、抒情均有佳作。其散曲以清俊秀美见长,然亦时带幽默。现存《玉西楼乐府》一卷。

朝天子①·咏喇叭(图48)　　　小

喇叭,唢呐②,	喇叭,唢呐,
曲儿小,腔儿大。	曲儿虽然短小,腔调却很大。
官船往来乱如麻,	官船来往乱如麻,
全仗你抬身价。	全靠你来抬身价。
军听了军愁,	军官听了军官愁,
民听了民怕,	百姓听了百姓怕,
哪里去辨什么真共假?	到哪里去辨什么真和假?
眼见的吹翻了这家,	眼看着吹翻了这一家,
吹伤了那家,	又吹伤了那一家,
只吹的水尽鹅飞罢③!	吹得水流干枯、鹅也飞光了!

【注释】 ①《朝天子》:曲牌名,北曲中吕宫,南曲南吕宫均有同名曲牌。

②唢呐:形似喇叭的簧管乐器,金元时期从波斯(今伊朗)传入中国,后经改造,有喇叭、大吹、海笛等类别。喇叭与唢呐没有本质区别,只是唢呐稍小、音稍尖。③水尽鹅飞罢:比喻民穷财尽,家破人亡。

【赏析】 明正德年间(1506—1521),宦官当权,欺压百姓,行船时常吹起喇叭和唢呐来壮大声势,这支散曲就是为讽刺宦官而作。曲中表面上写的是唢呐,实则处处写的都是在骂宦官。"曲小"比喻宦官的地位低下,"腔大"比喻他们仗势欺人,"军愁""民怕"说明他们走到哪里,就给哪里带来灾难,"水尽鹅飞罢"进一步说明他们把老百姓欺压得倾家荡产。整首曲子虽未正面提到一个宦官的字样,但却活画出了他们的丑态,在轻俏诙谐中充满了对宦官的鄙视和愤慨。

文 嘉(1501—1583)

明代画家,字修承,号文水,长洲(今江苏吴县)人。文征明(明代著名书法家)次子,官至和州学正,继承家学,工小楷书;擅画山水,笔墨秀润;兼能花卉,好作诗,精于鉴别古书画。著有《铃山堂书画记》。

明 日 歌①

小

明日复明日,	明天以后还有明天,
明日何其多②!	明天真是太多了!
我生待明日,	一辈子什么事都等到明天去做,
万事成蹉跎③。	那就什么事都做不成。
世人若被明日累,	唉,"等明天"这句话害了多少人!
春去秋来老将至。	春去秋来,明天永远都有,可人却老了。
朝看东流水,	早晨看河水向东流,
暮看日西坠④。	傍晚看太阳西边落。
百年明日能几何?	这样等待明天,即使活一百年也是空的,
请君听我《明日歌》。	您若不信,请再听听我这《明日歌》吧!

【注释】 ①《明日歌》的作者有两位:一是明代的文嘉,一是清代的钱鹤滩(生卒不详)。前四句是文嘉所作,后六句是钱鹤滩续作。通过这一"续",这首诗就更具体、更深刻了。②何其多:多到无法计算。③蹉跎(cuō tuó):时光白白地浪费,什么事都做不成。④坠(zhuì):落下。

【相关链接】 1. 你会利用时间吗?看看你属于哪种人:

聪明者——利用时间　　愚蠢者——等待时间
求知者——抓紧时间　　无为者——放弃时间
劳动者——创造时间　　懒惰者——丧失时间
勤奋者——珍惜时间　　闲聊者——消磨时间

2. 懒汉歌:"春天不是读书天,夏日炎炎好睡眠。秋多蚊虫冬多雪,收拾书包等过年。明年又有春夏秋,玩玩耍耍到冬天。得过且过年复年,一事无成到老年。"

【常识】 1.据《不列颠百科全书》称：世界上最大的百科全书是明代的《永乐大典》。 2.世界上现存最大、最古老的宫殿——北京故宫，建于明朝。 3.我国诗歌创作最多是明代而不是唐代。

夏完淳（1631—1647）（图29）

明末抗清将领，诗人，原名复，字存古，松江府华亭（今上海市松江）人。14岁从父夏允彝、老师陈子龙起兵抗清。父亲兵败自杀，又与陈子龙等人倡义，受鲁王封为中书舍人，参谋太湖吴易军事，易败，他仍为抗清奔走。被捕后，在南京痛骂洪承畴，终被杀害，就义时仅16岁，是名副其实的少年英雄。所作诗赋，抒发政治抱负，反映其斗争经历，悲歌慷慨，传世有《南冠草》等集。另有纪明末史事的《续幸存录》（传本不全），今合编为《夏完淳集》。

别 云 间①

原文	译文
三年羁旅客，今日又南冠②。	离家三年奔波，如今又成囚犯。
无限河山泪，谁言天地宽③！	山河破碎泪涟涟，谁说人生天地宽！
已知泉路④近，欲别故乡难。	明知死期将临近，告别故乡难上难。
毅魄归来日，灵旗空际看⑤。	不屈之魂归来时，且看灵旗变征幡。

【注释】 ①云间：松江县（今上海松江区）的古称。②"三年"二句：说自己在外奔波了三个年头，今天却成阶下囚。南冠：楚国人带的帽子，春秋时晋国帮助郑国打楚国，楚国的钟仪被俘虏，他不忘祖国，仍然戴着楚国的帽子，弹奏楚国的曲子，后人称被俘作囚为南冠。③"无限"二句：言外之意是，国破家亡，像我这样一个人，天地之间无处可以容纳。④泉路：黄泉路，即死亡。⑤"毅魄"二句是说，即使我死了，魂魄归来也要举旗抗清。

【赏析】 这首诗是作者被捕解往南京前临别松江家乡时作。诗中表现了他的爱国民族气节，抗清不成，国仇未报的悲愤心情和宁死不屈的决心。同时也对永别的家乡流露出无限的依恋。

【相关链接】 1.史可法（1601—1645），明末河南祥符（今开封）人，字宪之，崇祯年间进士。初任西安府推官，崇祯十七年（1644），他在南京（时称南都）拥立福王（弘光帝），加大学士，称史阁部，随后自请镇守扬州。清将多尔衮率军逼近扬州时奉命驰援南都，刚到燕子矶又奉旨赶回扬州守城，故未能面母，于是便有了一首《燕子矶①口占②》："来家未面母，咫尺③忧④千里。矶头洒清泪，滴滴沉江底。"[注：①燕子矶：在江苏南京东北、长江南岸。②口占：不打草稿，脱口吟诵。③咫尺：比喻距离很近（古代8寸为一咫）。④忧：一作"犹"。]多尔衮仰慕史可法的贤名，致书诱降，却之，继续坚守孤城。清军破城后自杀未死，为清军所执，不屈被杀。扬州人民在城外梅花岭筑衣冠冢，以为纪念。有《史忠正公集》传世。

2.明代抗倭名将戚继光（1528—1587），山东蓬莱人，出身将门。他见旧军素质不佳，到浙江义乌招募农民矿工，编练新军，后成为抗倭主力。先后在台州、福建、广东剿灭倭寇,升任总兵。后被派到北方,镇守蓟州(今天津蓟县)16年。他有一首《马上作》:"南北驱驰②报主恩①,江花边月③笑平生。一年三百六十日,多是横戈马上行。"也可视为"口占"。(注:①恩,一作"情"。②南北驱驰:指作者在福建、浙江、广东一带防守海疆,后在蓟州一带镇守边塞。③江花边月:指江岸花草和边关明月。)

3. 清初在鳌拜掌权期间实行残酷的民族压迫政策,此间的反清斗争都是正义的(包括夏完淳的反清斗争);康熙8岁登基(夏完淳已英勇就义第14年),14岁亲政,次年逮捕鳌拜。康熙亲政后,实行民族团结政策,反清斗争就缺乏正义性了,直到1843年洪秀全创立拜上帝会前。

王士禛(1634—1711)

清代诗人,死后因避雍正(胤禛)讳,改名士正。乾隆时,诏命改称士禛,字子真,号阮亭,又号渔洋山人,山东新城(今桓台)人。顺治进士,官至刑部尚书,谥文简。论诗创神韵说,所作多写日常琐事及个人情怀,模山范水,吟咏风月,亦能词,符合当时统治阶级以诗歌粉饰太平的需要。生前负有盛名,门生甚多,影响很大。有《带经堂集》等传世,曾自选其诗辑《渔洋山人精华录》,另有笔记《居安录》《池北偶谈》等多种。

题秋江独钓图

一蓑一笠一扁舟①,　一丈丝纶②一寸钩。
一曲高歌一樽③酒,　一人独钓一江秋。

【注释】 ①蓑(suō):蓑衣(图50)。扁(piān)舟:小船。②丝纶(此处应读 lún 伦):钓鱼用的丝线。③樽(zūn):古代的盛酒器具。

【赏析】 古人说:"诗中有画。"读了这首诗,该深有体会,它是一幅美丽的《秋江独钓图》。

【相关链接】 数字诗拾趣:

1. 无名氏:"一望(去)二三里,烟村①四五家。亭台②六七座,八九十枝花。"大意:一抬头能看到二三里远,那山脚下有四五户人家,烟囱正冒着缕缕炊烟。山上还有六七个好看的亭子,路旁正开着各种各样的鲜花。[注:①烟村:冒着烟的村庄。②亭台:建筑在山上的亭子。]

2. (牧童)咏雪:"一片一片又一片,两片三片四五片。六片七片八九片,飞入芦花都不见。"[注:芦花,亦称秋雪。]

3. 郑板桥《咏雪》:"一片二片三四片,五六七八九十片。千片万片无数片,飞入芦花总不见。"

4. 张祜①(hù 福)的《宫词》"故国②三千里,深宫二十年。一声何满子③,双泪落君前。"意思说:远离故乡三千里啊时刻思念着亲人,住在深宫二十年啊白白断送了青春。皇帝面前刚唱一声哀怨的《何满子》,万种悲愁涌心头啊两行眼泪落衣襟。[注:①张祜:字承吉,南阳(今河南南阳县)人,一说清河(今河北清河县)人。卒于大中年间。因受元稹排挤,终身未仕。②故国:这里指宫女的故乡。③何满子:歌曲名。相传开元中沧州有个叫何满子的唱歌人,临刑前献了这个曲子,想以此赎自己的死罪,但皇帝还是没有赦免他。曲调哀怨感人。]

5. 咏船:"一帆一桨一渔舟,一个钓翁一钓钩。一俯一仰一顿笑,一江明月一江秋。"(乾隆下江南时,要纪晓岚以10个"一"字咏船,纪脱口而出,乾隆大喜。)

6. 巧用数字生妙趣:上联"二三四五";下联"六七八九"。隐喻缺衣(一)少食(十),运用之妙,独具匠心。

康 熙[①](1654—1722)(图30)

爱新觉罗·玄烨,清世祖福临第三子,清代最有作为的皇帝,1662—1722年在位,8岁登基,年号康熙。初由贵族鳌拜等专擅朝政,继续推行圈地政策,广大农民被迫流亡。吴三桂等三藩也日益强大,逐渐形成为割据势力。他14岁亲政,次年(1669)逮捕鳌拜,革职拘禁;20岁下令削藩,康熙二十年平定三藩叛乱;两年后又攻灭台湾郑经政权,并屯兵驻守,备御西方殖民者的侵略。二十四年(1685)出兵驱逐盘踞黑龙江流域雅克萨的沙俄侵略军,遏制了沙俄对华侵略的野心;二十八年派索额图等签订《中俄尼布楚条约》,确定中俄之间的东段边界。当时准噶尔部首领里通沙俄发动叛乱,进攻喀尔喀蒙古(外蒙古)、内蒙古、西藏等地,他三次派兵平乱。晚年又派兵镇压藏族少数上层分子勾结准葛尔部的叛乱,加强了多民族国家的统一。在位期间重视农业,治理黄河,进行全国性土地测量,完成《皇舆全图》的绘制,标志着一个空前规模的多民族中央集权大帝国实现了真正统一。开博学鸿词科、明史馆,编纂《全唐诗》《康熙字典》等书,使文化多脉一流。至康熙末年,全国人口达到1亿,号为"治平",因"文治武功"卓著,被称为"千古一帝"。然大臣多结党营私,地方官吏亦多贪酷。

班师次拖陵[②]

战马初闲甲士欢,	战马刚得闲,战士心里欢。
挥戈早已破楼兰[③]。	大军早已平定叛乱的噶尔丹。
弥天星斗销兵器,	战事结束以后,夜空澄澈,
照彻边山五月寒。	星月朗照边关,五月犹寒。

【注释】 ①康熙:清圣祖爱新觉罗·玄烨的年号,1662年为康熙元年。②次:驻扎。拖陵:在今蒙古国境内克鲁伦河上游。③楼兰:汉代西域古国名,这里借指噶尔丹叛乱势力。1875—1877年,左宗棠率兵讨伐阿古柏,收复新疆,阿古柏自杀,其子率残部逃入俄境,1884年新疆建省后废弃了"西域"这一旧名称。

【历史背景】 17世纪下半叶,一个由准噶尔、和硕特、土尔扈特、卫拉特等部组成的蒙古部落联盟(明史称作"瓦剌",亦称"西蒙古"),进驻额尔齐斯河、鄂毕河一带,继而南下占领天山以北及伊犁河流域,当时经济和商业较发达的伊犁被定为"会盟之地"。准噶尔首领噶尔丹(康熙女婿)征服其余三部称汗后，南越天山染指"叶尔羌汗国"教派纷争，从中渔利，继而借助沙俄东击哈密、吐鲁番、青海及喀尔喀蒙古诸部，甚至兵逼长城附近，欲与满清争皇权，一时成为朝廷心腹大患。

1688年，噶尔丹趁喀尔喀（外）蒙古三部不和，率兵3万越过杭爱山向东进攻，三部首领仓皇率数十万人逃往内蒙乌珠穆沁旗一带，要求清王朝保护。1690年5月，噶尔丹以追击三部首领为名，率兵2万自呼伦池沿大兴安岭南下，并扬言要联合俄军进攻北京。8月，康熙率两路清军合击噶尔丹军于乌兰布通，经数日激战，噶尔丹仅带数千人逃脱，并具疏向清王朝请罪，康熙便下令班师。1695年9月，噶尔丹又率兵3万由科布多（辖阿尔泰山南北两麓）东进到巴颜乌兰（克鲁伦河上游东边），并扬言借了俄乌枪兵6万，将大举南进，次年5月被康熙率领的10万大军歼灭于昭莫多，噶尔丹仅率数十人西逃。6月，清军中、西两路会师后返回归化城（今呼和浩特）。1697年2月，康熙再次亲征噶尔丹，由贺兰山北进。噶尔丹由于进退无路，部众瓦解，被迫于3月服毒自杀，外蒙地区重归清王朝统治。

康熙这首诗是部队凯旋而归暂驻拖陵时写的，康熙和"甲士"一样"欢"。因国家又归统一，蒙古各部族不再当噶尔丹的奴隶，各民族又可以平等相处了。

【相关链接】 1. 1960年4月在全国人大二届二次会议期间，毛主席和老舍谈话，着重谈了康熙的伟大贡献：一是维护国家统一和主权。他的最大贡献是打下了今天我们国家所拥有的这块土地。他三征噶尔丹，把新疆牢牢守住；进兵西藏，尊重黄教，护送六世达赖进藏，为维护西南边疆的统一迈出了关键的一步；收复了台湾；并为巩固东北边疆作出了贡献。二是发明并坚持了统一战线政策。满清入关时只5万兵力，加上家属也不过20万人，要统治这么大一个国家，就是融入中华（汉族）文化，尊孔崇儒，提倡满汉平等，实现了民族大融合。三是建立奖罚分明的用人制度。高级官吏都是一满一汉，有功则奖，有过则罚。即使皇子，打了败仗也不能进"得胜门"，要在城外听候处置。于是组织了一支纪律严明、所向无敌的军队。毛主席还特别夸奖康熙的学习精神。他精通诗词歌赋、琴棋书画，除了会几种民族语言外，还会几种外语，包括希腊文，他是最早懂得向西方资本主义先进知识学习的开明君主。喜欢研究自然科学，对数学、天文、地理、医学、生物学、解剖学、农艺学和工程技术有浓厚的兴趣，还亲自主持编辑科技书籍。（老舍是满族正红旗人，50岁前，他从来不在公开场合说自己是满族人。听了毛主席这番议论，使他大为惊讶。回到家，便说他完全换了脑子，换了眼睛。尔后，他开始写表现满族人民的作品，如历史剧《神拳》、长篇小说《正红旗》等）。

2. 1953年，在国民党"七大"上，蒋介石宣布不承认外蒙古独立，并沉重检讨说，"在当时，外蒙古问题唯有如此决策，或有确保战果，争取建国的机会。这是我的责任，亦是我的罪愆。"1945年8月14日，国民政府和前苏联政府在莫斯科互换《中苏关于外蒙古问题的照会》。《照会》称：中国政府声明，于日本战败后，如外蒙古公民投票证实这种（独立）愿望，中国政府应承认外蒙古的独立，并以现在的边界作为国界。依约,1945 年 10 月 20 日外蒙古举行公民投票,多数赞成独立。1946 年 1 月 3 日"国民政府"宣布,承认外蒙古独立。

【常识】 1.《四库全书》纂修于清乾隆年间,主要负责人是纪晓岚。
2.我国从宋朝开始已有民办报纸。

纳兰性德(1655—1685)

清初文人,纳喇氏,本名成德,字容若,号楞伽山人,满洲正黄旗人,顺治大学士明珠长子,康熙进士,官一等侍卫。善骑射,好读书。词以小令见长,多伤感情调,间有雄浑之作。共存词 34 首,时人誉为"清代第一词人"。词集名《纳兰词》,有单行本。也能诗,有《通志堂集》,又与徐干学编刻唐以来说经诸书为《通志堂经解》。

长相思① 小

山一程,水一程, 身向榆关②那畔行, 夜深千帐灯。	山路一程,水路一程, 部队向山海关那边前行, 夜深了,千万座帐篷点起了灯。
风一更,雪一更③, 聒④碎乡心梦不成, 故园无此声。	风吹一更,雪打一更, 搅碎了思乡之心梦不成, 家乡都没有如此刺耳的风雪声

【注释】 ①《长相思》:又名《双红豆》,唐教坊曲名,后用为词牌,因内容多为描写男女或朋友久别思之情而得名。双调小令,36 字,上下阕各三平韵,一叠韵。②榆关:山海关。那畔:那边。③更(gēng):古代夜里分五更,每更约两小时。④聒(guō):声音嘈杂。

【赏析】 这次军事行动当是雅克萨反击战(1683—1686)的一部分。雅克萨在漠河东、黑龙江的北岸。1685 年 1 月康熙下令反击,2 月间都统彭春率水陆军 2 000 人北上,期与萨布素协攻雅克萨。本诗没有写战争的残酷,只写了行军的艰苦、战争环境的恶劣和战士思乡之情。"风一更,雪一更,聒碎乡心梦不成"成为名言佳句。

【常识】 "乡学"是泛指我国古代地方所设的学校。

郑 燮(1693—1765)

清代画家、文学家,字克柔,号板桥,江苏兴化人。早年家贫,乾隆年间方为进士,曾任山东范县(今属河南)、潍县知县 10 余年。后以助农民胜讼及办理赈济,得罪豪绅而罢官。作官前后均居扬州卖画。善写兰竹,以草书中竖长撇法运笔,体貌疏朗,风格劲峭。工书法,用隶体参入行楷,自称"六分半书"。能诗文,《悍吏》《私刑恶》《孤儿行》《逃荒行》等作,描写人民疾苦颇为深切。所写《家书》《道情》,自然坦率,为世所称。为"扬州八怪之一"。他的诗不为时风所囿,自成一格。有《板桥全集》存世。

竹　石① 　　　　　　　　　　（小）

咬定②青山不放松，	竹子咬住青山毫不放松，
立根原在破岩③中。	它的根原来深深扎在石缝中。
千磨万击还坚劲④，	经过千种磨难万种打击仍然坚韧刚劲，
任尔⑤东南北风。	任凭你从东西南北刮来的狂风。

【注释】 ①竹石：扎根石缝的竹子（通常是小竹），这是诗人题写在其竹石画上的一首诗。②咬定：比喻竹子牢牢地立在山石之中。③立根：扎根。破岩：岩石缝隙。④坚劲：坚韧刚劲。⑤尔：你。

【赏析】 这幅竹石画题诗的前两句再现了画面内容：几竿绿竹，深深地扎在乱石之中；后两句赞美竹子的风格，说它立根破岩，根基牢固，任凭四面八方的狂风吹打也决不会低头哈腰的。首句的"咬"字，极其生动地比拟竹根深进石下，稳扎青山，顽强的形象呼之欲出。"咬"字可看做这首诗的"诗眼"，品味这个"咬"字，就不难理解"立根""坚劲"的含义了。

诗人说过："读书好问，一问不得，不妨再三问，问一人不得，不妨问数十人。"也是"咬"的精神发挥到极致的表现，一旦"咬"定，不解决问题不松手。可见这也是一首哲理诗，"咬"住不放的精神应当体现在人生的各个阶段。

【相关链接】 1. 清康熙年间，文华殿大学士兼礼部尚书张英（1637—1708）接到老家安徽桐城一封"十万火急"的家书，信中说，邻居盖屋时砌的山墙占了他家一尺地，要他赶快回家处理。张英大笔一挥，回信两句："千里修书为堵墙，让他三尺有何妨！"家人接信后果然让他三尺。邻居不好意思了，也缩回三尺，于是留下一条至今犹在的"六尺巷"，成了一道奇特而又美丽的人文景观。凡去桐城的外地人，都要去看看这条"六尺巷"，充分说明人们都很崇尚这种互相谦让的美德。郑板桥也很欣赏张英这两句，于是续写了两句，成了一首名诗。"千里修书为堵墙，让他三尺有何妨！万里长城今犹在，不见当年秦始皇。"可见，这首诗是张英和郑板桥的共同作品，也是处理人际关系和求得心理平衡的典范。张英家和邻居可以说是得到了"双赢"的结果。

2. 现代人终于认识到，"和则两利，斗则两伤"。作家蒋子龙在《2007的绝招》一文中的一段话可以作实例的注释："去年的十大杰出青年、安踏掌门人丁志忠，讲出了他成功的原因：'51%～49%，是父亲教给我的黄金分割比例。他很早就告诉我，你做每件事情，都要让别人占51%的好处，自己只要留49%就可以了。长此以往，可以赢得别人的认同、尊重与信任。'"这种新的思维是被现实的发展逼出来的，它与人类固有的竞争意识相悖，但也是不以人的主观意志为转移的；它符合我国的"仁"和"义"的理念，符合人类的人性、智慧和理想，符合人类长期生存的需要，是人类良知发展到今天的一次必然的飞跃，一次具备了条件的质变。可以把它凝结为两个字——共赢。共赢的思想是人类的最高智慧！

3. 2012年7月，习近平在清华大学举行的"世界和平论坛"上指出，一个国家要谋求自身发展，必须也让别人发展；要谋求自身安全，必须也让别人安全;要谋求自身过得好,必须也让别人过得好。他在访问新加坡会见李光耀时指出,国强未必称霸,中国会把和平发展道路、互利共赢开放战略、永远不称霸的宣示和承诺,一代一代传承下去。

4.2013年1月5日,习近平总书记在新进中央委员会的委员、候补委员学习贯彻党的十八大精神研讨班开班式上说:"我们就是要有这样的道路自信、理论自信、制度自信,真正做到'千磨万击还坚劲,任尔东西南北风'。"

【常识】 1.品石四标准:瘦、丑、皱、漏。 2.盆树四条件:叶细、枝密、干粗、根露。 3.2011年5月18日,20名诺贝尔奖得主在斯德哥尔摩向联合国递交建议,说"地球已进入一个新的地质年代,即'人类世'",要让"全球二氧化碳排放量最迟从2015年开始减少。"又说,全球领导人还必须认识到,"环境可持续性是实现消除贫困、经济发展和社会正义的一个先决条件。"

袁 枚(1716—1798)

清代诗人,字子才,号简斋、随园老人,浙江钱塘(今杭州)人。乾隆四年(1739)进士,选庶吉士,入翰林院,曾任江苏溧水、沭阳、江宁等地知县。辞官后定居江宁(今江苏南京),筑园林于小仓山,号随园,世称随园先生(今南京市乌龙潭公园有一艺术护栏,名为"随园大观",且有说明)。他写诗主张独抒性灵,自成一格。对儒家诗教表示不满,部分诗歌对汉儒和程朱理学进行抨击,并宣称《六经》尽糟粕(《偶然作》);但多数作品则抒发其闲情逸致。作品构思新颖灵动,语言通俗。所作书信颇具特色。有《小仓山房诗文集》《随园诗话》和笔记小说《子不语》等传世。

所 见① (图88)　　(小)

牧童骑黄牛,	牧童骑着黄牛唱着小调,
歌声振林樾②。	清脆的歌声在树林间荡漾。
意欲捕鸣蝉③,	忽然看见"知了"在枝头欢唱,想要捕捉它,
忽然闭口立④。	牧童马上停止唱歌,静悄悄地站在树旁准备动手。

【注释】 ①所见:所看到的。②林樾(yuè):众多树木合成的树阴,即树木成阴之处。③意欲:想要。鸣蝉(图37):正在鸣叫的知了。④闭口立:闭上嘴巴,静静地站立着。

【赏析】 本诗是对一位牧童的素描速写。牧童骑着黄牛,唱着小曲,走在林中,歌声回荡在树阴之中,何其自得,不胜快哉! 突然间,他看到了树枝上一只蝉儿,正在嘶鸣,便想捕捉,脚步停了下来,唱歌的口闭住了,近乎屏住呼吸,怕惊飞了鸣蝉。牧童的活泼、欢快,尽在其动作表情的变化中,得到了淋漓尽致的表现。诗中刻画人物全用白描手法,无任何议论,无一句说明,人物的神态性格,已经鲜明跳出。

【常识】 "宗庙"是古代天子、诸侯祭祀祖先的场所,宗庙制度规定:天子七庙,诸侯五庙,大夫三庙。

赵 翼(1727—1814)

清代史学家、文学家,字云松或云崧、耘松,号瓯北,阳湖(今江苏常州)人。工诗,精史学,尤长考据。乾隆年间进士,官至贵西兵备道。旋辞官家居,主讲安定书院,专心著述。著有《二十二史劄记》《陔馀丛考》《瓯北诗抄》《瓯北诗话》等。论诗主张"独创",力反模拟。所作五、七言诗中,有些作品嘲讽理学,隐寓对时政的某些不满之情。这里选的是《论诗五首》的一、二首,极其概括地表述了他对诗歌创作力主"争新"的基本见解。

论 诗(其一)

满眼生机转化钧①, 天工人巧②日争新。 预支五百年新意, 到了千年又觉陈③。	满眼生机都是自然界的神奇创造, 自然天成和人工创造都不断变换。 即使有超前五百年的新奇创意, 千年过后也会觉得陈旧不堪。

【注释】 ①转化钧:即造化陶钧。化:造化,指自然界。钧:本指制造陶器泥坯所用的转轮,这里比喻造就、创建。②天工:指自然界所造就的。人巧:指人的智力所创造的(包括文学创作)。③陈:陈旧。

【赏析】 这第一首论诗,作者认为,天地间万事万物,满眼生机的景象,都是缘于宇宙的运转变化而生"新","诗文随世变,无日不趋新"。随着时代、社会情况的变化,原本"新"的东西也会变成"陈"旧的东西。他举例说,即使有位作家"预支"了五百年的"新意",到千年以后那种新意也会使人感到陈旧。"人工巧艺夺天工""诗文无尽境,新者辄成旧",作者反复强调的这一艺术史发展规律,正是对"天工人巧日争新"的通俗诠释。

【相关链接】 1. "寅吃卯粮"也是一种预支。2007年10月5日,一亚洲媒体说,国际形势"一消一长",中国的"长"与美国的"消"一样来得突然。中国被卷入全球化和美国靠全球化起家完全不同:美国从来有恃无恐、躺在地球母亲怀中吸奶;中国却战战兢兢,一手敞开欢迎外国资本,另一手做好防守姿势。美国民情是"寅吃卯粮",口袋里没钱也尽情消费;中国民情是"未雨绸缪",积蓄成性,现在民间积蓄都变成建设资金。中国现在是稳定加发展,越来越富;世界却仍然有很不稳定的因素。在这种不对称的形势下,世界资金流向中国就成为必然趋势。

2. 现在欧美一些有识之士也看到了西方式民主在全球衰落和中国政治制度的优点。2010年3月10日新加坡《联合早报》发表了题为《比较政治:中国的政治制度何以优于西方》一文。文章说,中国真正与众不同的特色是有效的政治制度,这才是中国实现经济成功、创造出"中国模式"的全新现代化之路的真正原因。中国的政治制度有六大优势(见《参考消息》2010年3月18日第14版)。该报5月11日文章又说,中国也曾经尝试过西方式的制度,但都失败了。之后,在长达半个多世纪的战争和革命过程中,传统的皇权慢慢转型到具有现代性的党权。不难发现,传统皇权和现代党权有很多共同之处,例如皇权和党权都是中国社会的整合力量,都是中国大一统文化的政治表现。

但是,党权既是现代中央集权制度的基础,也可以实现民主化(如票选民主与协商民主相结合的民主形式。这是中国式的民主,而不是西方的"民主化")。

2012年10月11日英国《金融时报》网站载文说,中共非但不是奉行一个独断专行的专制体系,而且已成功建立了一个强大而可持续的制度化体系,这个体系产生的领导层,可能是中国所能产生的最好的领导层(英国广播公司网站11月3日文章说"中国政府是世界上最称职的政府")。现在我们完全可以想象,中国领导团队将在未来表现得更为出色。

论　诗(其二)　　初

李杜诗篇万古传①,	李白杜甫的诗篇万古传诵,
至今已觉不新鲜。	至今已经感到不那么新鲜。
江山②代有才人出,	江山更替各代都有杰出人物出现,
各领风骚③数百年。	各自引领诗坛不过数百年。

【注释】　①李杜:唐代伟大诗人李白和杜甫。万古:原作"万口"。②江山:犹言天地之间。③领风骚:指引领诗坛,开一代新风。

【赏析】　作者指出,一代有一代的杰出诗人和诗坛代表人物。李杜诗作之所以能够万口传诵,是因为他们的诗歌描绘了祖国美丽河山和当时的人文风貌,集中地反映了盛唐社会的时代精神。但时代在前进,社会在发展,过去"新鲜"的东西,至今也许不那么新鲜了,李杜的诗歌也不例外。他认为诗歌创作(包括其他文学作品)一定要力主"争新",发挥独创精神,才具有时代特色和生命力。这种观点,对发展社会主义文艺创作和改革开放,都具有指导意义。

【相关链接】　1. 1502年(明弘治十五年),哥伦布第四次西行到达南美洲,发现新大陆,此后西方就处于世界的支配地位。2009年12月哈佛大学教授尼尔·佛格森发表《世界向东方倾斜的十年》。文章说,"我们正在见证西方500年支配地位的终结。"又说,"21世纪初,美国的GDP是中国的8倍多",(到2011年美中GDP分别为15.23万亿美元和7.37万亿美元)。国际货币基金组织预测,中国将在2017年取代美国成为世界第一大经济体。20世纪90年代,中国的GDP仅为日本的13%,两者根本无法相提并论;2010年中国的GDP为58 786亿美元,超过日本的54 742亿美元,成为世界第二大经济体(日本占据这个宝座42年)。还有一组数据,2002年美国的GDP占世界的31%,2009年只占18%,这7年下降得太快了。按照1993年诺贝尔经济学奖得主福格尔的估算,到2040年,中国GPD将占全球的40%,而届时美国将占14%、印度占12%、东南亚国家占12%、欧洲占5%、日本占2%。

2. 2010年6月15日西班牙《起义报》发表文章说,中国经济奇迹得益于中国共产党的领导。十八大党章修正案总纲指出:改革开放以来中国取得一切成绩和进步的根本原因,归结起来就是开辟了中国特色社会主义道路,形成了中国特色社会主义理论体系,确立了中国特色社会主义制度。

龚自珍（1792—1841）

清代思想家、文学家、诗人，名巩祚，字璱(sè色)人，号定庵，浙江仁和（杭州）人。道光九年（1829）中进士，官至"内阁中书"、礼部主事等职。任内对改革当时吏制、开发边疆有过不少建议，但都未被采纳。他是我国近代改良主义运动的先驱者，有强烈的爱国主义思想。其诗多表现对当时政治、社会的不满和忧愤，充满了对美好理想和改革现实的追求。诗风瑰奇洒脱，语言洗丽，气势雄伟。有《定庵全集》传世。

己亥①杂诗（一） （初）

浩荡离愁白日斜②，	无限愁绪恰是夕阳西下时，
吟鞭东指即天涯③。	扬鞭东去返回家乡到天涯。
落红④不是无情物，	凋零的落花不是无情之物，
化作春泥更护花⑤。	化作春泥也要养护新生的万花。

【注释】 ①己亥：清道光十九年（1839）。②浩荡：形容广阔或壮大。斜：旧读xiá，与二、四句同韵。③吟鞭东指：一边策马东去，一边吟诗。天涯：即天边，意寓作者家乡杭州离京城很远。④落红：落花，作者被迫辞官回乡，故以落花自比。⑤"化作"句，承上句意，指落花不是没有感情的东西，就是化作春天的泥土，还会去养护来年新开的花朵，暗示即使牺牲自己，也要为理想中的一代新人成长贡献力量。这里的花是指来年新开的花。

【赏析】 1839年（3月10日林则徐到广州查禁鸦片）农历四月，作者受排挤辞官南归，后又北上接家眷，在往返途中写成组诗315首，题为《己亥杂诗》，此为其中一首。面对内忧外患的形势，作者的心情不好，无限哀愁涌上心头。诗中用"浩荡"形容"离愁"，用"白日斜""天涯"进一步烘托映衬"离愁"，表达了诗人辞官南归的痛苦心情。但是诗人无意消极地逃避斗争，去寻求自己的安乐，而是想利用另一种方式继续为国效力。在诗的后两句，诗人用鲜花虽已凋谢、但它绝不是随风飘零，而是愿意化为肥料来滋养新花这一形象比喻，说明了自己不畏挫折、不甘沉沦，任何时候都要为国家效力的坚强性格和不屈不挠的献身精神。"落红不是无情物，化作春泥更护花"也因此成为千古名句。

己亥杂诗（二） （小）

九州生气恃①风雷，	要使中国大地有生气，必须依靠狂风惊雷才行，
万马齐喑究可哀②。	现在人们不敢说话，就像万马齐喑多么可悲。
我劝天公重抖擞③，	我希望天公重新振作起精神来，
不拘一格降人才。	大破陈规产生出各种各样的人才。

【注释】 ①九州：指中国。恃(shì是)：依靠、依仗。②万马齐喑：所有的马都沉寂无声，比喻人人沉默，不敢发表意见，局面死气沉沉。可哀：可悲。③抖擞：振作精神。

【赏析】 《己亥杂诗》都是七言绝句，是我国诗词史上罕见的大型组诗。

这组诗题材广泛,其中不少篇章真实而深刻地反映了当时社会的主要矛盾,抒发了作者不满黑暗腐朽的封建统治,要求变革现实的进步思想和主张严禁鸦片、抵御外国侵略的爱国精神。本诗为第125首,是在镇江应道士之邀为祭天神而写;但诗的内容,已远远超出祭祀的范围,诗人以祭祀的形式,表达了呼唤改革的内容。第一句便表达了对变革的呼唤,他希望风雷激荡,有一场轰轰烈烈的社会革命,使僵死的社会脱胎换骨,使神州大地重现勃勃生机;第二句是当时社会现实的具体描写,万马齐喑,死气沉沉,如大厦将倾,轮船将沉;三、四两句是对封建皇帝的希冀,期望最高统治者能够振作起来,解放思想,大胆选拔人才,奋发有为。全诗想象奇诡,激情澎湃,气势宏大,表达了时代的强音,全民的心声,因而颇让人共鸣,成为人们常常引用的名句。

【常识】 被今人誉为"开眼看世界第一人"的林则徐,不仅是虎门销烟的民族英雄,也是世界伟人。"海纳百川,有容乃大;壁立千仞,无欲则刚"是他的名言。

高 鼎(生卒不详)

清代诗人。字象一,又字拙吾,仁和(今浙江杭州)人。咸丰年间(1851—1861)仍在世。

村 居 (小)

草长①莺飞二月天,	早春二月,草长嫩芽,鸟儿飞翔。
拂堤杨柳醉春烟②。	河堤上的柳条垂地,像酒醉似的摇摇晃晃。
儿童散学归来早,	儿童散学回来得早,
忙趁东风放纸鸢③。	急忙趁着春风去放风筝玩。

【注释】 ①长:在这里读 zhǎng,不读 cháng。②拂:轻轻擦过。春烟:春天水中升起的雾气。③鸢:鹰的一种;纸鸢(yuān):风筝。

【赏析】 本诗写村居早春所见。前两句写春天里生机勃勃、万物复苏的气息;后两句写散学回家早的学童,在东风里竞相放飞风筝,益发丰富了春的色彩,确是乡间早春风物。诗人对村居的喜悦心情,油然可见。诗中写杨柳"醉"于"春烟",用的是拟人化手法,明写杨柳,暗则写人在春天的感觉。绿草、黄莺、嫩柳、纸鸢,不同的颜色,构成了春的交响曲。

【相关链接】 1. 宋代诗人张舜民的《村居》不写春天,而是写秋天所见,且很有特色:"水绕陂田竹绕篱,榆钱落尽槿花稀。夕阳牛背无人卧,带得寒鸦两两归。"意思是:清清的渠水绕着山坡的田地,青青的翠竹围绕着低低的篱笆。榆钱已经落尽,槿树上只留着几朵小花。夕阳西下,无人看管的老牛自己向家走去,它的背上还落着两只带有寒意的乌鸦。[注:○陂(bēi):山坡。○榆钱:《本草纲目》木部二:榆枝未生叶时,枝条间先生榆荚花,形状似钱而小,色白成串(图113),俗称榆钱,早春先开花,翅果不久成熟,秋天落下。○槿(jǐn):木槿,落叶灌木,夏秋开花(图114),花单生叶腋,花冠紫红或白色。]

2. 古诗词常运用叠词,以收到传神、绘形、动情、悦耳的艺术效果。下为叠词填空：
(1)无边落木(萧萧)下,不尽长江(　　)来。　　　(杜甫《登高》)
(2)留连戏蝶(时时)舞,自在娇莺(　　)啼。　(杜甫《江畔独步寻花》)
(3)渭城朝雨浥轻尘,客舍(　　)柳色新。　(王维《送元二使安西》)
(4)柴门(寂寂)黍饭馨,山家烟火春雨晴。庭花(　　)水(泠泠),小儿啼索树上莺。　　　　　　　　　　(五代·贯休《春晚书山家屋壁》)
(5)二月巴陵(　　)风,春寒未了怯园公。海棠不惜胭脂色,独立(濛濛)细雨中。　　　　　　　　　　　　　　　　(宋·陈与义《春寒》)
(6)黄梅时节(家家)雨,青草池塘(　　)蛙。有约不来过夜半,闲敲棋子落灯花。　　　　　　　　　　　　　　　(宋·赵师秀《约客》)

杨昌浚(生卒不详)

晚清诗人,左宗棠率军收复新疆后,曾赴疆考察,写下了这首诗。

七言绝句

大将筹边①尚未还,	左大将军西征剿灭阿古柏匪军尚未返乡,
湖湘子弟满天山②。	湖湘子弟兵在天山南北屯田守卫边疆。
新栽杨柳三千里③,	植树造林新栽的杨柳就有三千多里,
引得春风度玉关④。	改变了"春风不度玉门关"的老皇历。

【注释】①大将:指督办新疆军务的左宗棠(1812—1885)。他是清末湘军主将、洋务派领袖,湖南湘阴人;筹边:1876年,年逾花甲的左宗棠毅然"抬棺西征",攻打1865年从中亚侵入新疆、并在英国和沙俄支持下建立汗国的阿古柏,当时的新疆基本上脱离了清王朝的行政版图。经过三年的"剿抚兼施",阿古柏自杀,其子带残兵败将逃入俄境。1882年,以左宗棠大军为后盾,清政府通过谈判收复了被沙俄强占11年的伊犁地区,创造了赢弱的晚清王朝从强横的沙俄"虎口夺食"的奇迹。②湖湘子弟:指左宗棠率领的大军都是湖南人;满天山:形容湘军人数之多,阵容之强大,天山南北和整个新疆都由湘军控制。③新栽杨柳:代指汉人屯田戍边,建设新疆;三千里:形容规模宏大。④末句说,本来是"春风不度玉门关",如今新疆重归一统,步入了开发建设阶段,定会迎来"引得春风度玉关"的新时代。

【相关链接】 1.新疆自古以来就是一个多民族集聚地(主要少数民族有13个),自西汉以来绝大多数时间处在中国中央政府的管辖之下。1884年清政府在新疆建省后,有如19世纪后期美国白人西进。汉人在地广人稀的新疆逐年增长(如约占全区总人口的34%)。1949年新疆和平解放,政府认真贯彻党的民族政策,保障了少数民族当家作主的民主权利,这是世界上最好的少数民族政策。2008年,新疆总人口为2 130.8万,其中少数民族1 294.5万,占全疆人口的60.8%。全区各族人民相处融洽,生活得到极大改善。2008年生产总值达4 203亿元,比自治区成立前的1952年增长了86.4倍,人均 GDP 在全国 31 个省级行政区划(不含港、澳、台)中排名第 11 位。50 多年来，中央给新疆的财政补助已累计超过万亿元，为新疆的繁荣发展创造了可靠前提。

2009 年 7 月 5 日，乌鲁木齐发生 60 年来最严重的"打砸抢烧"暴力事件，造成数以千计的无辜群众死伤，数以百计的车辆和店铺被砸毁、焚烧和洗劫。其直接策划者热比娅却说这是"和平示威"！她在美国造谣说："中国压制维吾尔人"是当前维吾尔人"心怀不满"的原因，但这根本不是民族或宗教问题，而是外部势力和"世维会"("世界维吾尔人代表大会"的简称)无视"风景这边独好"的中国形势而策划的严重暴力事件。事实上我国政府对少数民族的政策在各方面都是倾斜和优惠的，如 1951 年出生的热比娅养有 11 个孩子；她从路边摆摊做生意，直到成为新疆女首富，还当上了新疆政协常委、全国政协委员，这不仅说明维吾尔人同样享受到了改革开放的实惠，也充分表明维族人根本没有被排除在中国政治生活之外。热比娅极尽颠倒是非、造谣造假之能事，在媒体出示的中国警方镇压乌鲁木齐"和平示威者"和"维吾尔人遭屠杀"的照片，竟分别是 2009 年 6 月 26 日湖北石首警方处理一起群体性事件和 5 月 15 日发生在杭州一场车祸的照片。这些拙劣的表演尽管欺骗了不少西方人士，但在正义面前都成了笑柄；当地所有的阿訇都明确谴责这种暴行，说她代表不了 900 万维吾尔人。

上述铁证说明，"7·5"事件完全是热比娅之流在某些西方人士故意纵容下策划的一个大阴谋。他们认为，只要"藏独"与"疆独"在中国内部严重削弱中央政府，就能够阻止中国重新崛起，长期维护自己的全球霸权。

【常识】 1."世维会"已成为"三股势力"("东突"分裂势力、宗教极端势力和暴力恐怖势力)的总代表，美国布什政府早在 2002 年就把几个"东突厥斯坦独立"组织列入恐怖组织名单。

2. 如果说左宗棠年逾花甲毅然"抬棺西征"收复了新疆，毛泽东则在耄耋之年仍顽强关注国家、民族利益及领土完整，并亲自指导了一场规模不大但意义非凡的海上自卫反击战。当时我国内忧外患不绝，国内尚处于"文化大革命"的混乱中，且中苏关系紧张，无力南顾。南越阮文绍集团自认为是"海军强国(1973 年美国欲从越战泥潭中脱身，把许多舰艇给了他们，使其海军进入世界前十)，频频入侵我西沙海域，占据了几个岛礁，并打死打伤我渔民多人(南越承认打了第一枪)。1974 年 1 月 19 日，81 岁的毛泽东亲自指导、周恩来和叶剑英具体指挥的西沙群岛保卫战打响，并取得胜利。这是中国海军舰艇部队首次同异国海军作战，也是毛主席一生中决策的最后一仗。

丘逢甲(1864—1912)

近代诗人，字仙根，号蛰仙，民国后即以仓海为名，台湾彰化人。清光绪年间进士，官至工部主事，曾讲学台中、台南各书院。甲午(1894)中日战起，在乡督办团练，后与台湾士民抵抗日本。抗战二十昼夜，兵败后回到广东镇平(今蕉岭)，创办学校，推行新学。曾任广东教育总会会长，广东咨议局议长。民国建立,赴南京,被举为参议院参议员,因病返粤卒。其诗发扬爱国感情,风格上受杜甫、陆游诸家的影响。著有《岭云海日楼诗抄》。

春 愁

春愁难遣①强看山,	今春忧愁实难消,心情不好勉强看看山色,
往事惊心泪欲潸②。	一想起触目惊心的往事就泪流满面。
四百万人③同一哭,	全台湾四百万人都在为一件事哭泣,
去年今日割台湾④。	那就是去年的今天台湾被割让给日本。

【注释】 ①遣:消除。②潸(shān山):流泪的样子。③四百万人:当时台湾只有400万人(现2 300万)。④去年今日割台湾:指写本诗前一年的今天,即甲午战争中国失败,清政府于1895年4月17日在日本马关(今下关市)签订《马关条约》,割让台湾及附属岛屿、澎湖列岛、辽东半岛给日本(这是中华民族的屈辱日)。可惜作者没有看到,50年后日本战败,1945年台湾等地又回到了祖国怀抱。此句句式似脱胎于崔护的"去年今日此门中"。

【赏析】 作者32岁时写成此诗。诗的字里行间,表现了爱国主义精神、热爱人民的真挚感情和对当时清政府的不满与无奈的复杂心情。

【相关链接】 1. 2013年2月25日,习近平总书记会见连战时说,实现中华民族伟大复兴,是中华民族近代以来最伟大的梦想,需要两岸同胞共同努力,"兄弟齐心,其利断金"。当然,解决两岸之间的棘手问题需要时间和耐心。

2. 2013年6月13日,习近平总书记会见吴伯雄时提出"四个坚持":坚持从中华民族整体利益的高度把握两岸关系大局;坚持在认清历史发展趋势中把握两岸关系前途;坚持增进互信、良性互动、求同存异、务实进取;坚持稳步推进两岸关系全面发展。

3.《大国的兴衰》引用经济史学家贝诺克的统计:中国经济总量世界第一的宝座,直到1890年才被美国夺去,但中国在整个19世纪和20世纪上半叶都被动挨打(如1900年,英、美、德、法、俄、日、意、奥等八国侵华联军2万人攻入北京,横冲直撞),不被看作大国;直到1950年(抗美援朝战争,美国等17国组成的百万"联合国军",在朝鲜却被中国打败了,美军死了3.65万人,"联合国军"伤亡14.2万人),此后才被视为大国。自从拥有尖端国防科技后,中国的国际地位更大大提高,已跃居世界"大三角"之一。2009年7月27日,奥巴马总统亲自揭幕的"中美战略与经济对话",又促使中国从"大国外交"进入"强国外交"时代。2011年1月,胡锦涛主席访美掀开中美"合作伙伴"新篇章,受到空前礼遇,彰显中美"平起平坐"时代到来。英国《卫报》网站1月17日载文说,"中国太大,美国欺负不了;中国非常精明,美国欺骗不了;中国太复杂,美国从外部改变不了。把美国影响力下降的责任加在中国头上绝非明智之举。"革命先行者孙中山先生曾期望西方列强"以平等待我之民族",毛泽东决心使中华民族"自立于世界民族之林",习近平在当选总书记后举行的记者会上表示:"我们的责任,就是……使中华民族更加坚强地自立于世界民族之林"。

其他各朝代

4. 美国环球通视有限公司估计:2011年中国占世界制造业产出的19.8%,略高于美国的19.4%。中国成为头号商品生产国,使它回到了19世纪初的地位,打破了美国连续110年占据世界头号商品生产国的历史。美联社首尔另一项贸易数据分析结果显示,在短短5年内,中国已超过美国,成为世界大部分国家的头号贸易伙伴,其中包括韩国和澳大利亚这样的美国盟友。在2006年,美国还是127个国家的最大贸易伙伴,而中国只是70个国家的最大贸易伙伴。到2011年,两国明显换位,中国是124个国家,美国变成76个国家。从非洲到美国亚利桑那州,这一趋势正在改变人们的生活和经商方式。农场主种植更多大豆卖给中国,还有更多学生报名学汉语。这些现象显示,中国正在快速地崛起并挑战美国几个世纪来作为全球首要贸易对象国的地位。这一变化正逐步转化为政治影响力。

5. 2012年11月29日,新当选的中共中央总书记习近平在国家展览馆参观《复兴之路》展览时说,经过鸦片战争以来170多年的持续奋斗,中华民族伟大复兴展现出光明的前景。现在,我们比历史上任何时期都更接近中华民族伟大复兴的目标,比历史上任何时期都 更有信心、有能力实现这个目标。(中华民族还有多久才能伟大复兴?2012年8月,国家发改委宏观经济研究院专家杨宜勇称,2010年中华民族复兴指数为0.6274,即完成了62%的复兴任务。但用量化指标衡量复兴进度也引发广泛争议。)

习近平强调,回首过去,全党同志必须牢记,落后就要挨打,发展才能自强。审视现在,全党同志必须牢记,道路决定命运,找到一条正确的道路多么不容易,我们必须坚定不移走下去。展望未来,全党同志必须牢记,要把蓝图变为现实,还有很长的路要走,需要我们付出长期艰苦的努力。

6. 1999年5月8日,美国B-2隐身轰炸机悍然轰炸我驻南联盟大使馆,就是因为我国的武器装备落后。经过十几年卧薪尝胆和"艰苦的努力",我国终于"喷"出了一批具有世界先进水平的武器装备。2013年5月11日多家媒体报道:近日,中国"利剑"隐身无人攻击机即将首飞,中国将成为继美、法两国之后,世界第三个试飞大型隐身无人攻击机的国家;"其外形前卫可上航母,标志中国已进入无人机研发世界顶尖行列"。(就在美机炸我驻南使馆的第二天,菲律宾乘机占了我南海的仁爱礁,办法是用一搁浅的破登陆舰,把它凿沉搁在那里,派几个士兵轮流守卫,一待就是14年,并说这个环礁是菲律宾的。该礁南北长15公里、宽5.6公里,退潮时环礁才露出水面,环礁内潟湖可供30吨以下的小船从南侧进出。菲侵占的附近另外8个岛礁中并未提及仁爱礁,表明它已处于中国的实际控制之下。仁爱礁位于中国控制的美济礁东南14海里处。)

【常识】 钓鱼岛资料拾零:

1. 钓鱼岛位于中国东海海域,在福建省的正东,是中国最东端的岛屿。西距中国大陆330千米,西南距台湾、东南距石垣岛均170千米,东距琉球(冲绳)本岛410千米(中间相隔一条2 000多米深的大海沟),距东京约2 000千米。钓鱼岛附近水深100~150米,岛上悬崖峭壁,怪石林立,自然风貌独特,盛产山茶、棕榈、仙人掌、海芙蓉及珍贵药材(慈禧太后曾把此岛赏给邮政大臣盛宣怀采药用)。除最大的钓鱼岛(面积4.3平方千米)外,还有东北附近的黄尾屿(1.08平方千米),东110千米处的赤尾屿(0.195平方千米),以及北小岛、南小岛、北屿、南屿、飞屿等71个无人岛屿,陆地面积共6.5平方千米。周围海域17万平方千米,渔业资源丰

富,自古以来就是闽、台渔民的重要渔场,海底蕴藏着丰富的石油天然气等资源。

2. 钓鱼岛是中国的固有领土。明代永乐元年(1403)的《顺风相送》航海图抄本,是今存最早记载钓鱼岛的文献典籍,原件藏于英国牛津大学鲍氏图书馆。这表明早在14、15世纪中国就已经发现、命名、利用了钓鱼岛。明洪武五年(1372),琉球国王向明朝朝贡,明太祖朱元璋遣杨载出使前往琉球,至清同治五年(1866)近500年间,明、清朝廷先后24次派使臣前往琉球王国册封,每次都在钓鱼岛和赤尾屿等岛屿上歇息。中国还对钓鱼岛实行了长期管辖。早在明朝初期,为防御东南沿海的倭寇,中国就把钓鱼岛列入防区。清朝继续将钓鱼岛等岛屿列入防区范围,并明确将其置于台湾地方政府管辖之下。从中外地图标绘看,1579年,明朝册封使萧崇业所著《使琉球录》中的"琉球过海图"就将钓鱼岛列入中国版图。日本最早记载钓鱼岛的文献为1785年林子平所著《三国通览图说》的附图"琉球并三十六岛之图",就将钓鱼岛列于琉球三十六岛之外,并与中国大陆绘成同色,意指钓鱼岛为中国领土的一部分。

3. 日本窃取钓鱼岛始末。日本在明治维新以后加快了对外侵略扩张。1879年,日本吞并琉球王国并改称冲绳县。此后不久,日本便密谋侵占钓鱼岛,并于甲午战争末期将钓鱼岛秘密"编入"版图。1884年,有日本人声称,首次登上钓鱼岛,发现该岛为"无人岛"。日本政府随即对钓鱼岛进行秘密调查,并试图侵占。由于顾忌清朝政府的反应,日本未敢轻举妄动。1894年7月,日本发动甲午战争。同年11月底,日本占领旅顺口,清朝败局已定。1895年4月17日,清朝在甲午战争中战败,被迫签订不平等的《马关条约》,割让"台湾全岛及所有附属各岛屿",钓鱼岛也就割让给了日本。1900年,日本将钓鱼岛改名为"尖阁列岛"。日本官方文件显示,从1885年开始调查钓鱼岛至1895年正式窃占始终是秘密进行的,从未公开宣示,这就进一步证明其对钓鱼岛的主权不具有国际法规定的效力。

4. 美日对钓鱼岛私相授受非法无效。"二战"结束后,作为反法西斯战争胜利成果的《开罗宣言》(1943年12月)和《波茨坦公告》(1945年)明确规定日本的主权"限于本州、北海道、九州、四国及吾人所决定其他小岛之内",不包括钓鱼岛。1951年9月8日,美日背着苏联和中国,私下达成的《旧金山条约》,将琉球群岛等交由美国托管。1953年12月25日美国琉球民政府发布《琉球列岛的地理的境界》(第27号公告),将当时美国政府和琉球民政府管辖的范围扩大,把中国的钓鱼岛裹挟其中。1971年6月17日,美日签订"归还冲绳协定"时,将钓鱼岛也划入"归还区域"。这就是日本主张对钓鱼岛拥有

主权的"理由",也是中日岛争的根源所在。1971年12月30日,中国外交部发表声明严正指出:"美日两国政府在'归还'冲绳协定中,把我国钓鱼岛等岛屿列入'归还区域'完全是非法的,这丝毫不能改变中华人民共和国对钓鱼岛等岛屿的领土主权。"台湾当局此前也表示坚决反对。面对中国政府和人民的强烈反对,美国不得不公开澄清其在钓鱼岛主权归属问题上的立场。美国国务院发表声明说,尽管美国将该群岛的"施政权"交还日本,但是在中日双方对群岛对抗性的领土主张中,美国将采取中立立场,不偏向于争端中的任何一方。

5. 2012年9月25日,中华人民共和国国务院发表《钓鱼岛是中国的固有领土》白皮书。白皮书指出,日本试图侵占钓鱼岛,实质是对《开罗宣言》和《波茨坦公告》等法律文件所确立的战后国际秩序的挑衅,是对"二战"成果的否定,严重违背了战败国日本应承担的国际法义务。白皮书指出,针对日本侵犯中国钓鱼岛主权的非法行径,中国政府采取了一系列反制措施,坚决捍卫中国的领土主权和海洋权益,切实维护中国公民的人身和财产安全。一直以来,钓鱼岛问题受到港澳台同胞和海外侨胞的共同关注,两岸同胞在民族大义面前,在反对日本右派势力、共同维护民族利益和尊严方面是一致的。他们纷纷开展各种形式的活动,维护钓鱼岛领土主权,强烈表达了中华儿女的正义立场,向世界展示了中华民族爱好和平、维护国家主权、捍卫领土完整的决心和意志。作为回应,10月6日美国国会报告证实,美国从未承认日本对钓鱼岛拥有主权。

6. 2010年10月4日香港《信报》载文说,"国际法权威指中国必获钓鱼岛主权"。"马英九师父"就是美籍华裔学者熊玠,现在75岁,美国纽约大学政治系终身教授,精通国际法、国际政治及国际关系。1987年,远赴北戴河与邓小平长谈6个多小时,并曾相约1997年7月1日于香港重聚。熊教授指出:"国际法有关土法、岛屿的主权谁属之界定,无外乎三原则:发现、转让、征服。"……至于"转让"问题,日本的"理据"是1972年美国归还冲绳群岛时一并还给了日本。其实美国国务院当时承认在该岛仅行使了"行政权"(以别于主权——美国知道主权应属于中国,这就在中日之间打进了一个制造矛盾的楔子)熊教授强调"在法理上而言,既然美国自己承认它对钓鱼台列岛从来没有主权,那么日本绝不可能由美国转承而得来对钓鱼台的主权。"熊教授的结论是"国际法绝对站在中国这一边,所以中国不须畏惧,"而"一定会在很多不愿意看到国际法被日本蹂躏践踏国家中得到共鸣与支持。"

7. 台湾《联合早报》2012年8月22日以《美日夺岛联合军演,陆媒:一张废牌》为题报道:大陆外交学院前院长吴建民撰文指出,中国国内生产总值十年增长近6倍,世界刮目相看;随着中国日益崛起,在国际上的麻烦也在增多,这是"成长的烦恼";而2010年,中国经济总量超过日本,日本因此受到巨大冲击,并产生不安、焦虑。对于美日"夺岛"军演(计划37天),《人民日报》昨发表题为《大国崛起新路的信心与定力》的文章称,日本极力将钓鱼岛归属问题与《美日安保条约》扯到一起,试图借外部力量向中国施压,这实在是低估了中国维护领土主权的坚定意志,"明知是一张'废牌',却打得热火朝天,这究竟是在激怒中国的战术小聪明,还是战略上的不自信?日美两国想必心知肚明。"

附 录

附一 古典诗词常识

一、什么是诗？什么是诗歌？什么是词？

诗即诗歌,文学的基本样式之一,与散文、小说、戏剧并列为重要的文学体裁。

《辞海》对诗歌的解释是:"文学的一大样式。中国古代,称不合乐的为诗,合乐的为歌,现在一般统称为诗歌。是最早产生的一种文学体裁。"

词也是我国古代文学重要的文学样式之一,广义来说,它属于诗歌的范畴。但是词与诗(包括近体诗和古体诗)是有着显著差别的,它最重要的特点是和音乐密不可分。中国最早的音乐称为"雅乐",配雅乐的歌词保存到现在的是《诗经》。到了公元4世纪以后,中国西部各兄弟民族的音乐及中亚、印度的音乐随着佛教大量传播进来,和中原的音乐长期接触、融合,发展成为在唐代时经常在宴会上演奏的"燕(宴)乐"。后来,逐渐有人试验依照这种乐曲的节拍来填写长短句的歌词,这就是唐宋词的滥觞(shāng,酒杯。滥觞,即起源)。

二、诗歌的基本特征

诗歌创作按照一定的音节、声调和韵律的要求,用凝练的语言,充沛的情感,丰富的想象,高度而集中地表现社会生活和人的精神世界。诗歌一般要分行排列,具有形象性、抒情性、音乐美、凝练美等特征。

三、诗歌的类别

诗歌有不同的类别范围,著名古汉语学家王力认为类别比较复杂。按有无比较完整的故事情节,可分为叙事诗和抒情诗;按语言有无规律,可分为格律诗、自由诗和歌谣诗;按是否押韵,可分为有韵诗和无韵诗。若按时代分,又可分古典诗和现代诗;若按体裁分,则可分古体诗和近体诗。

四、什么是古体诗？什么是近体诗？

古体诗是和律诗相对的诗体的总称。在唐代人看来,从《诗经》到南北朝的庾信(513—581)都算是古体诗。古体诗的句式一般有三言、四言、五言、六言、七言,不讲究对仗、平仄等格律,用韵也比较自由。可以这样说,凡不受近体诗格律束缚的,都是古体诗。

近体诗又称"格律诗",包括律诗和律绝(即近体绝句)。要求限制篇幅,讲音韵,论平仄,用对仗。

五、什么是律诗？什么是绝句？

律诗因格律严格而称。律诗有四个特点：(1)每首限定八句，五律共40个字，七律共56个字；(2)押平声韵；(3)每句的平仄都有规定；(4)每篇必须有对仗。

另有一种超过八句的律诗，称为长律。

绝句比律诗字数少一半。五言绝句共20个字，七言绝句共28个字。绝句分为"古绝"和"律绝"，律绝属格律诗。所以，不能把绝句与律诗混为一谈。

六、五言，七言

五言就是5个字一句，或每行5个字。七言就是7个字一句，或每行7个字。五言古诗简称五古，七言古诗简称七古；五言律诗简称五律，七言律诗简称七律；五言绝句简称五绝，七言绝句简称七绝。

七、什么叫平仄？

现在的普通话共有四个声调：阴平、阳平、上声、去声。古代汉语也有四个声调，但和今天普通话的声调不完全一样。古代的四声是：(1)平声——这个声调到后代分化为阴平和阳平。(2)上声——这个声调到后代有一部分变为去声。(3)去声——这个声调到后代仍是去声。(4)入声——这个声调是一个短促的调子(现在没了，但现代江苏浙江一带仍保留着入声)。

平仄是诗词格律的一个术语。诗人把四声分为平仄两大类，平就是平声，仄就是上、去、入三声。仄，就是不平的意思。如果让这两类声调在诗中交错着，那就是使声调多样化，而不至于单调。古人所谓"声调铿锵"，说的就是平仄交替之谐和。

八、律诗的韵

诗歌的显著特征之一就是韵律美。古人写律诗，是严格依照韵书来押韵的。我国有名的韵书如《佩文韵府》。清代常常使用查阅的韵书有《诗韵集成》《诗韵合璧》。诗韵共有106个韵，所谓"诗韵"，一般就是指的这个。古人写律诗用韵十分严格，今天写诗，即使写律诗，也不必拘泥于古人的诗韵，只要朗诵起来和谐上口就可以了。

九、什么叫"一三五不论，二四六分明"？

这是写诗的人相传的口诀，是指律诗(七律、七绝)来说的。意思是说，每句诗的第一、三、五字的平仄可以不拘，第二、四、六字的平仄必须分明。至于第七字呢，自然也是要求分明的。如果五言律诗，那应该说"一三不论，二四分明"。这个广为流传的口诀对初学律诗的人是有用的，但从严格意义上讲，它又是不够全面的。

十、首联、颔联、颈联、尾联

这是专门用于律诗的。律诗共八句，每两句为一联。一联至四联分别取名首联、颔联、颈联和尾联。其中律诗的对仗大致在中间两联，即颔联和颈联。首联、颔联、颈联、尾联和散文差不多，按"起承转合"起笔和收笔。首联就是"起"诗的开端,颔联属"承",颈联属"转",尾联属"合"。

十一、律诗的对仗

诗歌的表达离不开比喻、拟人、夸张、对偶等修辞手法。对偶的修辞手法用于诗歌,就是对仗。可以这么说,对仗也是对偶,它是诗歌中的特有概念。对仗是一种形象的说法,古代的仪仗队是两两相对的,这是"对仗"这个术语的来历。

汉语中词的分类是对仗的基础。古代虽然没有语法,但古人写诗在应用对仗时所分的词类,和今天语法上所分的词类大同小异。比如说,名词对名词,形容词对形容词等等。律诗的对仗一般用在颔联和颈联,即第二联和第三联。律诗的对仗有许多讲究:分工对、宽对和邻对。"工对"顾名思义就是很工整、很严格的对仗;"宽对"是比较宽松的对仗,只要平仄、同性词就可以了,不讲究词的具体门类;"邻对"就是用邻近的事类相对,如天文对时令,颜色对方位等。因为形式要服从于内容,诗人不应该为了追求"工对"而损害内容,所以诗人写诗常常用宽对,简单地说就是不那么严格的对仗。

十二、什么叫互文?

写诗的常用修辞手法除了对偶、双关、借代、叠字、比喻、夸张、比拟等,还有一种叫互文的修辞手法。互文,就是交错为文,也称"互文见义"。"互文见义"的意思就是上下文义相互呼应,相互补充。在运用时,把一个完整的意思拆开、分置,在解释时必须前后互为补充或互相合并词意,比较典型的诗句如王昌龄的《出塞》:"秦时明月汉时关,万里长征人未还。但使龙城飞将在,不教胡马度阴山。"首句"秦时明月汉时关",不能理解为秦代的明月,汉代的关城,而是指当时征人所对的明月,既是秦时的明月,也是汉时的明月;当时征人所处的关城,既是秦时的关城,也是汉时的关城。又如白居易的《琵琶行》中的一句:"主人下马客在船,举酒欲饮无管弦。"指主人和客人一同下马,一同上船。还有杜牧《泊秦淮》:"烟笼寒水月笼沙,夜泊秦淮近酒家。"是指烟雾和月色笼罩着寒水,也笼罩着沙岸。

十三、诗歌的变化与发展

古代诗歌的发展历史可分为先秦诗、汉代诗、魏晋南北朝诗、隋唐五代诗、宋代诗、辽金元诗、明代诗、清代诗。

十四、《诗经》和《楚辞》

二者都是先秦时期的诗歌。《诗经》是我国第一部诗歌总集,也称"诗三百",共305篇。《诗经》分风、雅、颂三类。"风"乃风土之曲,是当时采集的民间民谣;"雅"乃朝廷之乐,多为京都一带朝廷官吏的作品,一般认为是天子诸侯享用的音乐,雅是正的意思,分"大雅"和"小雅";"颂"乃庙堂之音,是宗庙祭祀时的乐歌。《诗经》采用的赋、比、兴的艺术手法,也被后代诗人遵循与发扬。"风雅颂"和"赋比兴"合在一起,称为六义。

《楚辞》就是楚国的诗歌。当时楚国的诗人屈原,在他写的诗中,有一篇重要的作品叫《离骚》,于是后人也将楚辞称为"骚"。

十五、什么叫"乐府"?

乐府亦称"汉乐府"或"汉乐府民歌"。从汉代开始,朝廷里专门设立了一个负责管理音乐的机构,叫"乐府"。它的职能:一是到民间采集民歌,二是为文人创作的诗歌谱曲配乐并演奏。这样,便留下了大量的优秀作品,人们也就把这些作品统称为"乐府"了。现在说"乐府",不再是指哪个机构的名称,而是指一种诗体。

十六、建安诗歌及其代表人物

建安是汉献帝的年号,当时天下三分,和政治格局相关联的是文学走向新纪元,建安诗歌也就顺势而生了。其刚健的创造精神在文学史上独树一帜,代表人物有"三曹"(曹操、曹丕、曹植)和依附于"三曹"的"建安七子"(王粲、孔融、陈琳、徐干、阮瑀、应玚、刘桢)。

十七、陶渊明和田园诗

东晋末年,产生了中国文学史上伟大的诗人陶渊明。他以五言诗描写田园景物,格调清新,独树一帜。陶渊明的出现,标志着中国诗歌的历史长河进入了新的流程。

附二 古诗词鉴赏方法简说

一、鉴赏诗词的形象

古代诗词的形象一般包括物体、景物和人物三种,作者的思想感情借助这些形象得以充分抒发。在诗人笔下,这些形象已经不再是客观之物、之景、之人物形象,而是渗透了作者主观情感("意")的"象",是主观与客观的统一,也称"意象"。

1. 把握物体形象。以物象为主要抒情对象的往往称作咏物诗,它在客观物象上有所寄托是我国古代诗词的传统。《离骚》中有用"美人""香草"来比喻君臣。《楚辞》的《橘颂》有"受命不迁,生南国兮。深固难徙,更一志兮",正是用"橘"比喻自己高洁刚直的人品。

在古代诗词中,作者常用一些特定的事物来表达主题及感情,在漫长的历史长河中这些事物已经被赋予了某种特定的内涵,具有一定的稳定性,我们称之为"传统意象"。如以故乡"明月"传达思乡之情,以长亭"折柳"抒发送别之意,以"鹧鸪""鸿雁"抒离愁别绪、传思亲怀远之感,以"落花""流水"喻岁月匆匆、时光无情,发惜时惜春、物是人非之叹。

2. 把握景物形象。"诗言歌咏,见景生情",景物更是古代诗歌中最常见的抒情载体。张继《枫桥夜泊》:"月落乌啼霜满天,江枫渔火对愁眠。姑苏城外寒山寺,夜半钟声到客船。"这首七绝描绘了多种景物,塑造了许多形象。

月落、乌啼、霜天、江枫、渔火、钟声，这些景物难道仅仅是当时当地枫桥夜景的重现吗？当然不是。这些意象经过诗人的"缀合"，创造出的特殊意境抒写的是诗人的"心中意"，是流寓江南那个不眠之夜生发的羁旅客思，也是作为正直诗人面对"安史之乱"后江南的惨象而产生的忧愤之情。"一切景语皆情语"，可见把握景物的特征，是开掘诗人内心思想情感的钥匙。

3. 把握人物形象。鉴赏人物形象包括诗中所表现的一般人物形象和抒情主人公自己的形象。曹植的《白马篇》塑造了一位英姿飒爽、意气风发的少年将军形象；柳宗元的《江雪》则勾画了一位不畏严寒、遗世独立、清高孤傲的渔翁形象，这些人物形象都寄予了作者自己的壮志抱负或思想情感。表现抒情主人公自己形象的诗篇也很多，让我们来读读李白《月下独酌》里的几句："花间一壶酒，独酌无相亲。举杯邀明月，对影成三人。"李白有抱负、有才能，可是得不到重用和支持，找不到多少知音，因此常陷入苦闷中。诗中我们仿佛可以听到一个孤独的灵魂的呼喊。这里面有对不合理社会的不满与控诉，有对自由和美好的热切盼望。

二、鉴赏诗词的思想内容

1. 从诗题入手。题目往往反映诗词的内容或看出诗词的题材，例如初唐四杰之一的王勃《送杜少府之任蜀州》、王维《送元二使安西》、高适《别董大》等送别诗，李白《望庐山瀑布》、王维《山居秋暝》、陶渊明《归园田居》等山水田园诗，李白《登金陵凤凰台》、白居易《长恨歌》、刘禹锡《乌衣巷》等咏史怀古诗。

2. 从诗眼入手。诗眼就是一首诗最精练传神的字，如韦应物《滁州西涧》："独怜幽草涧边生，上有黄鹂深树鸣。春潮带雨晚来急，野渡无人舟自横。"这首诗一句一景，绘景如画。最后以一"自"字点睛，写出郊外野性天趣，创造一个悠然自适的意境。

3. 从典故入手。古代诗词语言以凝练含蓄取胜，因此，擅长用典也是古代诗人的独特处。无论是化用前人诗句，还是引用历史人物、故事，都是作者表达思想情感的载体。当然，了解典故本身并不是阅读重点，分析体会作者运用典故的目的意图才是我们鉴赏所更应当注意的。

4. 知人论世，深入理解。诗词是个体创作，每首诗都带有鲜明的个性色彩。因此了解诗人个人的资质禀赋、生活经历、文化素养、性情爱好等等，对于深入了解诗作思想情感很有帮助。同时，个人又是社会时代的产物，每个时代都会在个人身上打上深深的烙印。

唐诗宋词各领风骚，其原因之一就是不同时代又赋予每个作者共性特点。且不论盛唐景象，单说偏安于一隅的南宋小朝廷对作者和诗词作品就都产生了巨大影响。一方面，关注国家命运、抗金复国主题的诗词很多；另一方面，也有壮志难酬的抑郁，以及对昏庸无能的朝廷的不满和愤恨的表达。

三、赏析语言和用词炼字

古人讲究炼字，我们赏析就是要把精炼又蕴含深意的字给"泡"开。例如,陆游《夏日六言》:"溪涨清风拂面,月落繁星满天。数只船横浦口,一声笛起山前。""拂""落"炼字精当,准确生动、形象传神地表现了恬静、清幽的夏夜情景。"横"不俗,表现闲适的意境美,"一"字可见用心良苦,既与上联对偶,又不破坏清幽自然的意境。

对诗词的语言赏析还包括赏析语言的风格。如白居易的诗浅白如话,李商隐的诗绮丽姿摇,杜甫的诗沉郁顿挫等。

附三 古诗词鉴赏常识

一、修辞手法

1. **比喻**:用一种事物或情感比作另一种事物或情景,从而突出事情的特征,把抽象事物具体化。比喻可分为明喻、暗喻、借喻。比喻是最常用的一种修辞手法。

2. **借代**:借用他物来代替要表达的事物,使语句幽默、智慧而含蓄。借代可以个体代替全部、事物代替人物、具体代替抽象。

3. **夸张**:对事物的形象、作用、特征等作夸大或缩小的描写,使其突出事物的个性,更鲜明地表现事物。如李白《望庐山瀑布》:"飞流直下三千尺,疑是银河落九天。"

4. **对偶**:用结构、字数相同的句子或短语两两相对,表达相同或相近的意思。从形式上看,语言简练,音律和谐;从内容上看,更为含蓄优美。如唐王绩《野望》:"树树皆秋色,山山唯落晖。"唐李商隐《晚晴》:"天意怜幽草,人间重晚晴。"唐杜甫《登高》:"无边落木萧萧下,不尽长江滚滚来。"

5. **排比**:将内容相关、结构相同的词句并列展示,以增强表现力和艺术感染力。

6. **比拟**:把物当作人,或把甲事物当乙事物来描写,可使读者产生丰富的联想,使所描写的对象更生动、更形象。比拟有拟人、拟物两种手法。把物拟人如唐杜甫《春夜喜雨》:"随风潜入夜,润物细无声。"唐李白《春思》:"春风不相识,何事入罗帏?"将人拟物如唐孟郊《怨诗》:"看取芙蓉花,今年为谁死!"

7. **设问**:提出问题,给出答案,引动全篇,深化主旨,含蓄蕴藉。如唐杜牧《初冬夜饮》:"砌下梨花一堆雪,明年谁此凭栏杆?"

8. **反问**:用疑问的形式给出肯定的意思,以加强语气,抒发感情。如宋王安石《迭题乌江序》:"江东弟子今虽在,肯为君主卷土来?"

二、表现形式

1. **想象**:如唐常建《三日寻李九庄》:"故人家在桃花岸,直到门前溪水流。"就用了设想手法。想象荡舟沿溪而上,桃花深处即是故人之家,以虚写实。另外唐贺知章《咏柳》和刘禹锡《望洞庭》,都是想象之法运用极高之作。

2. **象征**:诗词惯用手法,由此物联想到彼物,借以表现与之相似相近的思想和情感。如唐皎然《寻陆鸿渐不遇》："近种篱边菊,秋来未着花。"以"篱边菊"象征陆鸿渐的高洁节操。元王冕《墨梅》："不要人夸好颜色,只流清气满乾坤。"以墨梅代表自己的高洁和不向世俗献媚的操守。

3. 烘托:通过特定的环境气氛描写,以突出人物的心绪或形象。简单地说,烘托是不论本身,只论与之相关的事物,以达到烘托的目的。此手法常与渲染手法结合起来使用,要注意分清二者区别。如唐刘禹锡的《石头城》："山围故国周遭在,潮打空城寂寞回。淮水东边旧时月,夜深还过女墙来。"诗人从石头城周围景物入手,烘托出石头城的没落与荒寂。

4. 渲染:对事物形象、环境等作多方面的描写,以突出形象,增强艺术感染力。如唐王昌龄《长信秋词》："金井梧桐秋叶黄,珠帘不卷夜来霜。"即以写秋景来渲染深宫寒夜。

5. 对比:将两种不同的事物作比较,通过其不同表现,强化情感的抒发。如唐李白《越中览古》："越王勾践破吴归,战士还家尽锦衣。宫女如花满春殿,只今惟有鹧鸪飞。"前三句的繁荣和后一句的凄凉形成了强烈的对比,让人感受极深。

6. 抑扬:如宋叶绍翁《游园不值》："应怜屐齿印苍苔,小扣柴扉久不开。春色满园关不住,一枝红杏出墙来。"先抑后扬,前两句写诗人的扫兴,后两句写诗人的惊喜。

7. 托物言志:在描摹事物的同时,加入作者的感悟,使全诗更含蓄蕴藉。如唐虞世南《咏蝉》："居高声自远,非是藉秋风。"唐白居易《杨柳枝词》："永丰西角荒园里,尽日无人属阿谁?"都以高树之蝉和荒园孤柳表达自己的心声。

8. 抒情:分成直接抒情和间接抒情两种。直接抒情又称为直抒胸臆,如唐王之涣《登鹳雀楼》："欲穷千里目,更上一层楼。"间接抒情如唐李白《黄鹤楼送孟浩然之广陵》："孤帆远影碧空尽,唯见长江天际流。"诗人要表达的情感在诗中不着一字,全都寓于眼前的自然景象之中。

9. 描写:描写的手法较多,分述如下:(1)正面描写,如唐杜甫《绝句》:"两个黄鹂鸣翠柳,一行白鹭上青天。窗含西岭千秋雪,门泊东吴万里船。"(2)侧面描写,指着力于描写事物的周边环境,从而使对象更鲜明、更突出。如唐李白《梦游天姥吟留别》:"天台四万八千丈,对此欲倒东南倾。"就是借对天台之高的描写来表现天姥的雄伟高大。(3)白描,对所描写的对象进行直接的细致的客观描绘,如唐杜荀鹤《山中寡妇》:"夫因兵死守蓬茅,麻苎衣衫鬓发焦。桑柘废来犹纳税,田园荒后尚征苗。"全诗没有雕饰,不用典故,纯以白描手法塑造人物,将战乱时剥削之残酷、人民之苦难集于寡妇一身,取得了震人心魄的艺术效果。

10. 用典:用典有用事和引用前人诗句两种。用事是借用历史故事来表达作者的思想感情;引用或化用前人诗句目的是加深诗词中的意境,促使人联想而寻意于言外。

附四 古诗词常用意象一览

所谓意象,就是客观物象经过创作者独特的情感活动而创造的一种艺术形象。意象和意境既有联系,又有区别,虽然它们都是主客观相统一的情与物的结合体,但意象只与词句有关,它是意境的基础部分;而意境则是全诗的中心所在,是创作者所追求的终极目标。

1. 月:望月怀人、思乡。如唐李白《静夜思》:"举头望明月,低头思故乡。"唐杜甫《月夜忆舍弟》:"露从今夜白,月是故乡明。"唐王建《十五夜望寄杜郎中》:"今夜月明人尽望,不知愁思落谁家。"唐崔国辅《古意》:"下帘弹箜篌,不忍见秋月。"

2. 菊:象征着隐逸的风度、坚强的品格、清高的气质。如东晋陶渊明《饮酒》其五:"采菊东篱下,悠然见南山。"唐元稹《菊花》:"不是花中偏爱菊,此花开尽更无花。"、宋郑思肖《寒菊》:"宁可枝头抱香死,何曾吹落百花中。"宋陆游《晚菊》:"菊花如志士,过时有馀香。"(图78)

3. 梅:凌霜傲雪,品格高洁。如何逊《咏早梅》:"应知早飘落,故逐上春来。"元王冕《墨梅》:"不要人夸好颜色,只流清气满乾坤。"明于谦《和梅花百咏》之一:"玉为肌骨雪为神,近看葱茏远更真。"(图80、图81)

4. 莲:"莲"与"怜"同音,故常以"莲"表达爱情。如南朝乐府《西州曲》:"低头弄莲子,莲子清如水。"莲,出淤泥而不染,更是超凡脱俗的象征。唐陆龟蒙《白莲》:"素蘤多蒙别艳欺,此花端合在瑶池。无情有恨何人觉,月晓风清欲堕时。"(图79)

5. 兰:高洁的情操,隐士的象征。如唐张九龄《悲秋兰》:"遇赏宁为佩,为生莫碍门。"宋杨万里《兰花》:"生无桃李春风面,名在山林处士家。"方岳《咏兰》:"几人曾识《离骚》面,说与兰花枉自开。"(图68)

6. 松:傲霜斗雪,坚贞不屈,还象征长寿。如三国魏刘桢《赠从弟》:"岂不罹凝寒,松柏有本性。"唐李白《赠韦侍御黄裳》:"愿君学长松,慎勿作桃李。"

7. 梧桐(图76):象征凄凉悲惨。如唐王昌龄《长信秋词》:"金井梧桐秋叶黄,珠帘不卷夜来霜。熏笼玉枕无颜色,卧听南宫清漏长。"元徐再思《双调·水仙子》夜雨:"一声梧叶一声秋,一声芭蕉一点愁,三更归梦三更后。"

8. 杜鹃(图31):凄凉、哀伤的象征,也以此表达幽深的乡思。如唐李白《闻王昌龄左迁龙标遥有此寄》:"杨花落尽子规啼,闻道龙标过五溪。我寄愁心与明月,随风直到夜郎西。"宋王令《送春》:"子规夜半犹啼血,不信东风唤不回。"(别称:见72页)

9. 鹧鸪:象征旅途的艰险和离愁别绪。如唐李群玉《九子坡闻鹧鸪》:"落照苍茫秋草明,鹧鸪啼处远人行。"(图42)

10. 寒蝉:悲凉的象征,既引发思乡之情,又触动离愁别绪。如唐骆宾王

《在狱咏蝉》:"西路蝉声唱,南冠客思深。"唐李商隐《蝉》:"烦君最相警,我亦举家清。"(图37)

11. 雁:游子的思乡之情和羁旅伤感。如隋薛道衡《人日思归》:"人归鸿雁后,思发在花前。"唐赵嘏《长安秋望》:"残星数点雁横塞,长笛一声人倚楼。"宋欧阳修《戏答元珍》:"夜闻归雁生乡思,病入新年感物华。"另外,鸿雁传书也是一个特定的景象,如唐杜甫《天末怀李白》:"鸿雁几时到,江湖秋水多。"(图36)

12. 柳:送别,思念,惜别怀人,依依不舍。如唐王昌龄《闺怨》:"忽见陌头杨柳色,悔教夫婿觅封侯。"唐韦庄《台城》:"无情最是台城柳,依旧烟笼十里堤。"

13. 燕:在古诗中意象非常丰富。(1)表现春光之美,叹惜春之情,如唐韦应物《长安遇冯著》:"冥冥花正开,飏飏燕新乳。"元张可久《凭栏人·暮春即事》:"乌啼芳树丫,燕衔黄柳花。"(2)爱情的象征以及对情人的思念,如《诗经·燕燕》:"燕燕于飞,差池其羽。之子于归,远送于野。"(3)表现世道沧桑,抒发昔盛今衰、国破家亡的感慨和悲愤,如唐刘禹锡《乌衣巷》:"旧时王谢堂前燕,飞入寻常百姓家。"(4)以燕传书,相诉离情,如唐郭绍兰《寄夫》:"殷勤凭燕翼,寄于薄情夫。"(5)寄托着漂泊流浪、羁旅情愁,如宋苏轼《送陈睦知潭州》:"有如社燕与飞鸿,相逢未稳还相送。"(图44)(图36)

14. 孤灯:羁旅凄凉,思乡怀人。唐马戴《灞上秋居》:"落叶他乡树,寒灯独夜人。"唐杜牧《旅宿》:"寒灯思旧事,断雁警愁眠。"唐韦庄《章台夜思》:"孤灯闻楚角,残月下章台。"(图85)

15. 船:往往是漂泊的代名词。如唐杜甫《旅夜书怀》:"细草微风岸,危樯独夜舟。星垂平野阔,月涌大江流。名岂文章著,官应老病休。飘飘何所似,天地一沙鸥。"《登岳阳楼》:"亲朋无一字,老病有孤舟。戎马关山北,凭轩涕泗流。"唐李白《宣州谢朓楼饯别校书叔云》:"人生在世不称意,明朝散发弄扁舟。"(图86)

16. 夕阳:苍茫,衰暮,对时光流逝、世事沧桑的悲叹。如唐李商隐《乐游原》:"夕阳无限好,只是近黄昏。"

17. 猿:孤寂、愁苦的象征。如唐王昌龄《送魏二》:"忆君遥在潇湘月,愁听清猿梦里长。"唐韩愈《湘中酬张十一功曹》:"今日岭猿兼越鸟,可怜同听不知愁。"韩愈此为反话正说,更有韵味。唐孟浩然《宿桐庐江寄广陵旧游》:"山暝听猿愁,沧江急夜流。风鸣两岸叶,月照一孤舟。"(图92)

18. 芳草:常暗含离恨。如《楚辞·招隐士》:"王孙游兮不归,春草生兮萋萋。""萋萋"是形容春草茂盛。汉乐府《相和歌辞·饮马长城窟行》:"青青河边草,绵绵思远道。"以"青青河边草"起兴,表达对远方伊人的思念。唐白居易《赋得古原草送别》:"远芳侵古道,晴翠接荒城。又送王孙去,萋萋满别情。"

19. 琴瑟:象征夫妇感情和谐。亦作"瑟琴",如《诗·周南·关雎》:"窈窕淑女,琴瑟友之。"也可用来比喻兄弟朋友的情谊。唐陈子昂《春夜别友人诗》:"离堂思琴瑟,别路绕出川。"(图51)(图52)

还有一些物类也具有相对明确的意象,比如:

禾黍:黍离之悲,象征着国家的今衰昔盛。(图82)
银杏:象征古老文明。(图98)
竹:气节,不屈的品格。也代表正直、虚心。(图84)
梅子:以其成熟比喻少女青春。(图61)
丁香:象征愁思或爱恋。(图54)
孤雁:比喻思亲,思乡,孤独。(图36)
霜:象征恶劣的社会环境,人生的坎坷。
紫荆:象征兄弟和睦。(图59)
红豆:比喻相思。(图77)
红叶:传情之物。(图60)
芭蕉:象征孤独与忧愁。(图74)
沙鸥:象征飘零、伤感。(图41)
海鸥:象征搏击风浪。(图106)
鸳鸯:象征恩爱夫妻。(图45)
西风:比喻落寞惆怅,游子思归。
露:象征人生苦短,生命易逝。
云:象征游子漂泊。
珍珠:比喻美丽无瑕。
阑:比喻思念离愁。
玉:比喻高洁脱俗。
骆驼:比喻任重道远。(图87)
黄牛:比喻任劳任怨。(图88)

附五 毛泽东青少年时代的三首诗词

井 赞[①]
（1906年秋）

天井[②]四四方,周围是高墙。
清清见卵石[③],小鱼围[④]中央。
只喝井里水,永远养[⑤]不长。

【注释】 [①]此诗最早发表在1990年7月香港昆仑制作公司出版的《毛泽东诗词全集注》(刘济昆编纂),1993年7月西南师范大学出版社出版的《毛泽东诗词疏证》(胡国强主编)加标题"井赞"。②天井：一指四周高峻中间低洼之地，如《孙子·行军》"凡地有绝涧、天井、天牢、天罗、天隙，必亟去之，勿近也。"二指民间四周或四面房屋和围在中间的空地所建的露天小池，其形如井。③卵石：一般直径在5毫米以上的岩石或矿物碎块，俗称鹅卵石。④囿（yòu诱）：养动物的园子，或局限、被限制。⑤养：成长、养育。

【背景】1906年秋，毛泽东13岁，在韶山井湾里读私塾，塾师是堂兄毛宇居。学的是《四书》《五经》，学习生活刻板。天性活跃、好动、爱思索的毛泽东反对私塾里的陈规陋习和古板的教学方法。一天，毛宇居有事外出，规定学生们在屋里背书，毛泽东觉得这是难得的放松的好机会，便跑到后山，一边背书一边采栗子。毛宇居返回知道后，把毛泽东叫到院子中央站着，并罚作诗。毛泽东略加思索，便写下了这首五言诗，表达自己对私塾学习生活的不满。这是迄今为止发现的毛泽东最早的一首诗。诗句虽短小、浅直，但含义深刻，表达了少年时代的毛泽东就具有反对旧教育制度的叛逆精神。

【赏析】诗的开头两句，作者以比喻的方法将私塾喻为四四方方的露天天井，周围高墙壁立，密不透风，形象地再现出私塾的闭塞与陈腐。"清清见卵石"是写实，即鲜蹦活跳的鱼儿被禁锢在井中，不得任其遨游。这里，"小鱼"喻私塾里的小学生，一个个成了井底之蛙，不知井外之天、井外之海为何物，并写出了私塾学生的苦闷处境与烦恼。后两句是从私塾教学的严重后果说的。井里的鱼儿只喝一井之水，不能广泛吸取其它井水和江河湖海之水的丰富营养，是永远也长不长（大）的。同理，私塾学生如果不开阔视野，只固守封建教育的陈规陋习，不能吸取新思想、新观念和新知识，也就培养不出有益于社会、有益于大众的人才来。可以说，这是少年毛泽东对封建教育思想的批判。全诗思想激进，压抑愤懑之气流淌其间。语言通俗流畅，比喻生动形象，浅近诙谐的文字中暗藏深刻的哲理，给人以深深的启迪。

【相关链接】私塾产生于春秋时代，孔子是其创始人之一。几千年来，它是我国盛行于民间的私人办学形式，是传播儒家思想和传统文化的重要基地。其教学内容包括：(1)识字，即在儿童五、六岁入私塾时进行，每天10个字左右，天天温习，翻来覆去，待到识一千字后，再教学童读《三字经》《百家姓》《千字文》之类的韵文书。(2)习字，老师教点、横、直、撇、勾及转折、轻重等基本笔法，再由学童自己练习写字。(3)读书，先读《四书》(《大学》《中庸》《论语》《孟子》)，后读《五经》，采用教读法，即学童立于教师案旁，教一句，学生跟着唱一句，读数遍至十数遍之后，学童回到座位上自己读数十遍，再到教师案前背诵，背诵无误才上新课。每天课前还得将前几天、前几个月学的内容轮流背诵，以求巩固，这叫"温书"。教师不讲解，学生无法理解其意。(4)作诗文，包括做对子、作文、做诗赋。私塾中规矩甚严，教师除了上课外，对学生"不交一言，不示一笑"，并经常对学童罚立、罚跪、打手心、"笞臀"（打屁股）等体罚。毛泽东不仅反对这些做法，他在长沙第一师范学校读书时，还提出"闭门求学,其学无用,若从天下国家万事万物而学之,则汗漫九垓,遍游四宇尚已"。每到暑假,他就穿着草鞋走两千多里路,向农民作社会调查。

咏 蛙①
（1909年）

独坐池塘如虎踞②,绿荫树下养精神。
春来我不先开口,哪个虫儿敢作声？

【注释】 ①此诗最早发表在1987年7月17日《羊城晚报》,1988年4月10日《中国青年报》曾刊载张湘藩辑的此诗,1990年12月26日《新民晚报》曾提及,1991年山东人民出版社出版的《毛泽东诗词史论》又选录了此诗。②独坐：独自坐着；踞：蹲或坐。庾信《哀江南赋》："昔之虎踞龙蟠,加以黄旗紫气也。"

【背景】 1909年秋,16岁的毛泽东离开家乡韶山冲,前往50里外的湘乡县东山高等小学堂去读书。该小学坐落在离湘乡县城二三里的东岸坪,背靠巍峨的东台山,面向碧绿的连水河。校园内小河环绕,树木青葱,环境优美。凡来就读的学生都要进行入学考试,作文题目是"言志"。毛泽东不像其他学生写尊孔读经、"学而优则仕"之类的内容,而是联系人民疾苦、民族危难、祖国前途来立意,写出自己立志救国救民的远大抱负。校长李元甫阅后大加赞赏地说："我们学堂录取了一名建国之才。"可是在这里读书的多是富家子弟,他们瞧不起毛泽东这样的乡下人。在这种歧视的眼光下,春天校园里四起的蛙声激发了毛泽东的灵感和那颗热爱生活、追求真理的童心。于是,他就写下了这首《咏蛙》七言古诗。

【赏析】 此诗以拟人手法,通过对青蛙形象和心理的描写,表现了毛泽东蔑视一切权贵,力图主宰天下的宏图大志。诗的开篇突兀而起,写出了青蛙高大的形象和自身的修养。"独坐池塘"点明青蛙生活的环境及生活习性；"如虎踞",生动地描绘出了青蛙的孤傲情志,藐视一切,高高在上,如同山中之王老虎一般。这既是写实,也是诗人广阔胸怀和豪迈气概的写照。正如前面所说,东山小学的学生多为富家子弟,穿绸缎、着轻裘,不是坐轿而来,就是仆人护送。而毛泽东年龄较大,口音不雅,穿着陈旧的粗布长衫,土里土气,常常引来那些阔少们的轻蔑和歧视。但毛泽东不以为然,我行我素,倒觉得比那些纨绔子弟要高大得多。所以,用"如虎踞"的形象来自况,表达他蔑视权贵的思想情感。"绿荫树下养精神",是说青蛙在绿荫树下养精蓄锐,以图一逞,暗示自己决不自暴自弃,而是自激自励,刻苦奋斗,学习知识,充实自己,将来报效祖国。事实上,毛泽东在东山学堂正是争分夺秒地阅读中外历史、地理、哲学等方面的书籍,并作了详细的读书笔记,探寻救国救民的道理。在此期间,他曾写过《救国图存论》《宋襄公论》等作文,深得国文老师谭咏春的赞赏,批道："视似君身有仙骨,震观气宇,似黄河之水,一泻千里。"他还在课余时间与同学们一起,畅谈理想,激励大家将来为国家和民族的振兴而出力,"养精神"三个字写出了毛泽东"自强不息"的精神状态。诗的末尾两句:"春来我不先开口,哪个虫儿敢作声",是说春天到来,如果我不先叫唤,哪个虫儿敢发出叫声呢?即是说,"我"是处在领主地位,豪情激荡,雄气四起,充分表达了毛泽东那"万里江山我为主"的救国救民的雄心壮志!这同他后来的诗句"问苍茫大地,谁主沉浮"如出一辙。

此诗构思巧妙,诗人自比"青蛙",托物言志,想象奇特,新颖独到。它既写青蛙,更富人情,人蛙结合,联想深远。语言平实,口语入诗,顺畅自然,更加深了诗的情韵与意境。

沁园春·长沙①
(1925 年)

独立寒秋,湘江北去,橘子洲②头。看万山红遍,层林尽染;漫江碧透,百舸③争流。鹰击长空,鱼翔浅底,万类霜天竞自由④。怅寥廓,问苍茫大地,谁主沉浮⑤?

携来百侣曾游,忆往昔峥嵘岁月稠。恰同学少年,风华正茂;书生意气,挥斥方遒⑥。指点江山,激扬文字,粪土当年万户侯⑦。曾记否,到中流击水,浪遏⑧飞舟?

【注释】①沁园春:词牌名,又名《寿星明》《洞庭春色》等,双调,114 字,平韵。长沙:湖南省会,毛泽东青年时代曾在这里求学,进行革命活动。②湘江:湖南省的最大河流,长沙即在湘江之畔。橘子洲:水陆洲名,是长沙城西湘江中的一个狭长的小岛。③舸(gě 各):大船。④浅底:指清澈可见底的水下。《水经注·湘水》引《湘中记》:"湘川清照五六丈,下见底。"万类霜天竞自由:万类,指一切生物;霜天,即秋天。句意:一切生物都在深秋的自然环境中争着自由地生长、活动。⑤怅(chàng 畅):失意,不痛快,感愤的意思。寥廓(liáo kuò 辽括):这里指宇宙广阔。西汉司马相如《大人赋》:"上寥廓而无天……"谁主沉浮:究竟是谁主宰着世间万物的升沉起浮?这是诗人对国家前途命运、人民祸福等问题的思考。⑥挥斥方遒:挥斥,即奔放;遒(qiú 酋),即强劲。全句指:热情奔放、干劲十足地向旧社会开火。⑦指点江山:批判旧世界。激扬:激,激浊,破旧的意思;扬:扬清、立新的意思。万户侯:侯,封建统治等级制度(公、侯、伯、子、男)的一级,大者统治上万户,故称万户侯。这里指官僚、军阀等达官贵人。⑧击水:指游泳。遏(è 饿):阻止、阻挡。

【背景】1911 年 9 月毛泽东考入长沙的湘乡驻省中学。辛亥革命爆发后,他参加了湖南革命军。以后,他又在商业学校读书。1913 年至 1918 年,就读于湖南省立第一师范学校(先考入第四师范,不久并入一师)。1918 年 4 月,他和一批进步同学在长沙成立了新民学会。一师毕业后,先后在长沙修业小学、一师附小任教。"五四"运动时期,他主编《湘江评论》,宣传十月革命和马克思主义思想。1920年9月,他与何叔衡在长沙建立了湖南共产主义小组,次年7月,与何叔衡一道代表湖南出席中共第一次全国代表大会。10月10日在长沙成立中共湖南支部,毛泽东被选为书记,不久又任中共湘区委员会书记。1923年4月,30岁的毛泽东离开长沙到上海、广州从事革命活动,参与中央领导工作,9月返回长沙,开展反对军阀的斗争和发动工农运动。1925年春,他回到韶山,组建中共韶山支部。秋天,他离开韶山去广州参加国共合作,并接办农民运动讲习所。路过长沙时,他重游岳麓山、橘子洲,面对着滔滔江水、满山红叶,忆昔抚今,豪情激荡,写下了这首词。

【赏析】 这首词形象地展现了青年毛泽东的雄才大略。词的上阕,借秋景来抒发激情。"独立寒秋,湘江北去,橘子洲头。"是说深秋的一天,他站在橘子洲头,望着滔滔北去的湘江水,心潮起伏。作者在这里首先营造了一种空旷、清寒的秋日环境,置身四面环水的小岛,容易激活人的心性,将历史、现实和未来联系在一起。上面开头三句,塑造了一位思索者的形象。"看万山红遍,层林尽染;漫江碧透,百舸争流。"远眺群山,漫山遍野层层枫林都已红透;近看江面,江水清澈碧绿,满江大小船只争相行驶,这是一派色彩缤纷,充满生机和活力的秋景。"鹰击长空,鱼翔浅底,万类霜天竞自由。"抬头看,雄鹰在高远的空中奋飞;低头看,鱼儿在清澈的水中嬉戏,大自然的一切啊,都在自由自在地生长、活动。词人是一位思考者的形象,胸怀大志,抱负高远,由景而人,由自然界而转入社会层面。他考虑的是国家前途和民族命运的大事,颇有我主沉浮的冲天豪气。

下阕紧接上面的思考,追忆往事,具体描绘当年为主沉浮所做的准备和努力。"携来百侣曾游,忆往昔峥嵘岁月稠。"作者的思绪一下子转入社会现实,转入斗争生活,在这重游多次的故地情不自禁地想起了志同道合的朋友和各种革命活动,对走过的路进行总结、评价。"恰同学少年,风华正茂,书生意气,挥斥方遒。""恰,即正值,正当之意,起领下面四句。这四句描绘了一群才华横溢、意志坚强的有志青年奋发向上的精神风貌,这是中国的希望,是革命的种子。"指点江山,激扬文字,粪土当年万户侯。"同学们议论、评点国家大事,用褒贬分明的雄文,宣传革命,批判腐朽旧事物,视反动势力为粪土。这几句点出了热血青年的豪情壮志和反帝、反封建的挑战姿态,表达了改天换地的决心。"曾记否,到中流击水,浪遏飞舟?"你还记得吗?在大风大浪里奋力拼搏,激起的波浪竟然挡住了顺流直下的快船。收尾这几句,是一种信心的表达,表明同学们的智慧和力量,足以改变社会面貌。江中击水,暗含在革命暴风雨中的奋斗之意。运用设问句收尾,顺畅自如,富有鼓动性。

这首词是青年毛泽东写景言志之作,紧扣自然景物,将湘江秋色写得意境高远、色彩明快,动感十足,扫传统诗词中萧杀之秋愁,显示了一位革命者的博大胸怀。词通篇写景、抒情、言志,由自然景观而思考国家大事,展现了自己及志同者将改造中国河山、驾驭中国航船的决心和信念。

参考文献

1. 胡云冀.唐宋词一百首.北京:中华书局,1963
2. 徐州市教育局教研室.唐人绝句百首译注.1979
3. 徐荣街,朱宏恢.唐宋词选译.南京:江苏人民出版社,1980
4. 武汉大学中文系古典文学教研室.新选唐诗三百首.北京:人民文学出版社,1980
5. 张双平.小学生必背古诗70篇.北京:人民文学出版社,2002
6. 王峰.初中生必背古诗文50篇.北京:人民文学出版社,2002
7. 吴建民.高中生必背古诗文40篇.北京:人民文学出版社,2002
8. 新教育《开心教程》丛书编写组.小学生必背古诗词80首开心全解.长沙:湖南教育出版社,2003
9. 冯帆.小学生必背古诗词.南京:凤凰出版社,2004
10. 李杰.小学生必背古诗70+10首.哈尔滨:哈尔滨出版社,2008
11. 骆守中.初中生必背古诗文.西安:三秦出版社,2008
12. 骆守中.高中生必背古诗文.西安:三秦出版社,2008
13. 蘅塘退士.唐诗三百首.西安:三秦出版社,2007
14. 谢枋得,丁军杰.千家诗.西安:三秦出版社,2008
15. 彭进.唐诗三百首.通辽:内蒙古少年儿童出版社,2002
16. 童趣出版有限公司.摇头晃脑读古诗.北京:人民邮电出版社,2004
17. 周春玲.古诗300首(上下册).长春:吉林美术出版社,2004
18. 胡世宗.古诗词300首.沈阳:辽宁少年儿童出版社,2007
19. 康静.毛泽东诗词鉴赏.北京:人民日报出版社,2005
20. 袁行霈.历代名篇赏析集成.北京:中国文联出版公司,1988
21. 王步高.大学语文.南京:南京大学出版社,1999
22. 王吉尧.大学语文.北京:外语教学与研究出版社,2011
23. 徐中玉.大学语文.上海:华东师范大学出版社,2012
24. 总政治部.中国历代军旅诗词选编.北京:解放军出版社,2013

(彩图附后)

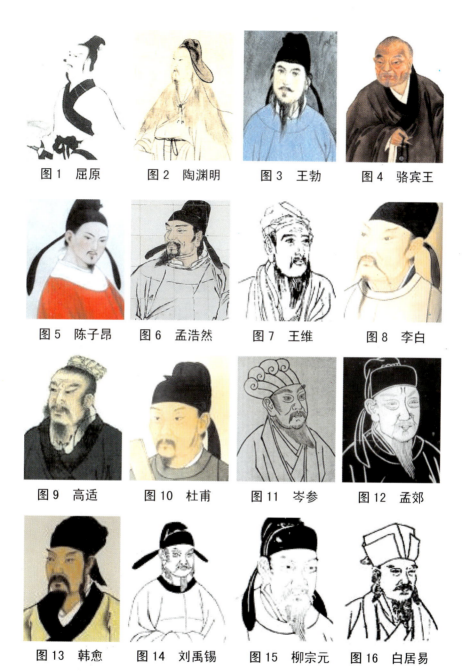

图1 屈原　　图2 陶渊明　　图3 王勃　　图4 骆宾王

图5 陈子昂　　图6 孟浩然　　图7 王维　　图8 李白

图9 高适　　图10 杜甫　　图11 岑参　　图12 孟郊

图13 韩愈　　图14 刘禹锡　　图15 柳宗元　　图16 白居易

图17 元稹　　图18 杜牧　　图19 李商隐　　图20 李煜

图21 王安石　　图22 苏轼　　图23 李清照　　图24 岳飞

图25 陆游　　图26 文天祥　　图27 辛弃疾　　图28 于谦

图29 夏完淳　　图30 康熙　　图31 布谷鸟（郭公、子规、大杜鹃）：凄凉、哀伤的象征　　图32 白鹭（鹭鸶）："闲适"的象征

图33 黄鹤（白天鹅）　　图34 乌鸦　　图35 画眉　　图36 孤雁：比喻思亲、思乡、孤独

图37 寒蝉：悲凉的象征　　图38 雎鸠　　图39 黄鹂（莺、黄莺）　　图40 斑鸠

图41 沙鸥：象征飘零、伤感　　图42 鹧鸪：象征旅途的艰险和离愁别绪　　图43 野鸭　　图44 燕子：古诗中意象非常丰富

图45 鸳鸯：象征夫妻的恩爱　　图46 鹳雀（又名苍鹭、青庄、老等）　　图47 河豚　　图48 唢呐（小）、喇叭（大）

图 49　交床（带靠背的马扎）与马扎（右）　　图 50　蓑衣　　图 51　琴

图 52　瑟（琴瑟：象征夫妇感情和谐）　　图 53　筝　　图 54　丁香：象征愁思或爱恋

图 55　芍药（草本）　　图 56　海棠：象征美女　　图 57　蔷薇花　　图 58　牡丹（花中之王）：象征富贵

图 59　紫荆花：象征兄弟和睦　　图 60　红叶：传情之物　　图 61　梅子：以其成熟比喻少女青春　　图 62　红枫叶

图 63　桑叶与桑葚　　图 64　蒌蒿与可食嫩茎　　图 65　艾萧：喻奸佞之人　　图 66　红杏

图 67　葵菜（冬葵）　　图 68　兰草：比喻高洁的情操和贤德之士　　图 69　芦芽（芦苇的嫩芽）非芦笋（右）　　图 70　蒹葭（未抽穗的芦苇）

图 71　杏子　　图 72　荇菜叶和茎（嫩茎可食用）　　图 73　茱萸：插在头上，认为可消灾免祸　　图 74　芭蕉：象征孤独与忧愁

图 75　木芙蓉　　图 76　梧桐：象征凄凉与悲惨　　图 77　红豆：比喻相思　　图 78　菊花：象征隐逸的风度、坚强的品格、清高的气质

图79 莲：象征超凡脱俗和廉洁；因莲与"怜（爱）"同音，又以"莲"表达爱情

图80 蜡梅：象征凌霜傲雪、品格高洁

图81 梅花（早梅）：象征同左

图82 玉蜀黍 黍离之悲：象征国家的今衰昔盛

图83 菽（豆类总称，此为豌豆）

图84 竹：象征气节，不屈的品格；也代表正直、虚心

图85 孤灯：羁旅凄凉、思乡怀人

图86 船：往往是飘泊的代名词

图87 骆驼：比喻任重道远

图88 黄牛：比喻任劳任怨

图89 萤火虫：比喻生命在燃烧

图90 鲈鱼（淡水中最凶猛的动物，以鱼虾为食）

比目鱼：游动时相配成对，常用来比喻情侣

图91 蝴蝶

图92 猿（猴）：孤寂、愁苦的象征　　图93 马与其头上的络脑　　图94 筑：古代击弦乐器　　图95 杜鹃花：与仙客来、石腊红、吊钟海棠、山茶花合称"盆花五姐妹"

图96 钲：古代军中一种乐器　　图97 刁斗：古代军中打更、做饭的铜器　　图98 银杏：象征古老文明；果（白果）　　图99 竖式箜篌

图100 李花和李子　　图101 莓苔及果实　　图102 琼花　　图103 蟋蟀（促织、趋织、蛐蛐儿）

图104 屐：古代的雨鞋　　图105 蝗虫（蚂蚱、蚱蜢）　　图106 海鸥：象征搏击风浪　　图107 苍鹰（猎鹰）

图108　黄猎犬　　图109　杼:织布机上理纬线的梭子　　图110　麦花(小白花)、麦穗与麦芒　　图111　槲叶(落叶变黄)、槲树与果实

图112　菰(即茭白):野生的结子叫菰米　　图113　榆钱(榆荚花开后生叶)　　图114　槿花与木槿(落叶灌木或矮乔木)　　图115　枳花与枳壳(枸橘,可入药)

图116　杜衡(马辛):一种香草(入药)　　图117　辛夷(木兰):一种香木　　图118　荪(即荃):一种香草　　图119　杜若(竹叶草)

图120　蘋(蘋草)秋生于江湖,雁食之　　图121　白芷:以根入药,性温味辛　　图122　薇菜:嫩茎可食　　图123　菖蒲:与菊花、兰花、水仙合称"花草四雅"